Series of Ideas of History

编辑委员会

主　编

耶尔恩·吕森（Jörn Rüsen，德国埃森文化科学研究所）
张文杰（中国社会科学院哲学研究所）

副主编

陈　新（浙江大学历史系）
斯特凡·约尔丹（Stefan Jordan，德国巴伐利亚科学协会历史委员会）
彭　刚（清华大学历史系）

编　委

何兆武（清华大学历史系）
刘家和（北京师范大学历史系）
涂纪亮（中国社会科学院哲学研究所）
张广智（复旦大学历史系）
于　沛（中国社会科学院世界历史研究所）
海登·怀特（Hayden White，美国斯坦福大学）
娜塔莉·戴维斯（Natalie Z.Davis，美国普林斯顿大学）
索林·安托希（Sorin Antohi，匈牙利中欧大学）
克里斯·洛伦茨（Chris Lorenz，荷兰阿姆斯特丹自由大学）
于尔根·施特劳布（Jürgen Staub，德国开姆尼斯技术大学）
卢萨·帕塞里尼（Luisa Passerini，意大利都灵大学）
埃斯特范欧·R.马丁斯（Estevao de Rezende Martins，巴西巴西利亚大学）
于尔根·奥斯特哈默尔（Jürgen Osterhammel，德国康斯坦茨大学）

历 史 的 观 念 译 丛

史学原理

〔英〕柯林武德 著
〔英〕W. H. 德雷 〔荷兰〕W. J. 冯·德·杜森 编
顾晓伟 译

The Principles of History
And Other Writings in Philosophy of History

R. G. Collingwood
Edited with an Introduction by W. H. Dray and W. J. van der Dussen

北京大学出版社
PEKING UNIVERSITY PRESS

著作权合同登记号 图字：01-2005-4643
图书在版编目(CIP)数据

史学原理/(英)柯林武德著；顾晓伟译.—北京：北京大学出版社，2023.1
（历史的观念译丛）
ISBN 978-7-301-33471-3

Ⅰ.①史… Ⅱ.①柯…②顾… Ⅲ.①历史哲学 Ⅳ.①K01

中国版本图书馆 CIP 数据核字(2022)第 188484 号

The Principles of History: And Other Writings in Philosophy of History was originally published in English in 1999. This translation is published by arrangement with Oxford University Press. Peking University Press is solely responsible for this translation from the original work and Oxford University Press shall have no liability for any errors, omissions or inaccuracies or ambiguities in such translation or for any losses caused by reliance thereon.
© Theresa Smith 1999; introduction and editorial matter W. H. Dray and W. J. van der Dussen 1999

书　　　名	史学原理 SHIXUE YUANLI
著作责任者	〔英〕柯林武德（R. G. Collingwood） 著　〔英〕W. H. 德雷（W. H. Dray）　〔荷兰〕W. J. 冯·德·杜森（W. J. van der Dussen） 编　顾晓伟 译
责任编辑	李学宜
标准书号	ISBN 978-7-301-33471-3
出版发行	北京大学出版社
地　　　址	北京市海淀区成府路 205 号　100871
网　　　址	http://www.pup.cn　新浪微博：@北京大学出版社
电子信箱	pkuwsz@126.com
电　　　话	邮购部 010-62752015　发行部 010-62750672　编辑部 010-62752025
印　刷　者	三河市北燕印装有限公司
经　销　者	新华书店
	965 毫米×1300 毫米　16 开本　24.75 印张　374 千字 2023 年 1 月第 1 版　2023 年 6 月第 2 次印刷
定　　　价	78.00 元

未经许可，不得以任何方式复制或抄袭本书之部分或全部内容。
版权所有，侵权必究
举报电话：010-62752024　电子信箱：fd@pup.pku.edu.cn
图书如有印装质量问题，请与出版部联系，电话：010-62756370

"历史的观念译丛"总序

序 一

在跨文化交流不断加强的当下,如影相随的是,我们面对着全球化时代的一种紧迫要求,即必须更好地理解文化差异及特殊性。由中外学者携手组织的这套丛书,将致力于把西方有关历史、历史编纂、元史学和历史哲学的话语带入中国历史文化的园地。

历史论题是人类生活中极其重要的元素。在历史中,人们形成并且反映了他们与其他人的认同感、归属感,以及与他者的差异。在归属感和差异的宽泛视界中来看待"世界诸文明",人们才能够谈及"文化认同"。历史学家们的专业学术工作往往涉及并依赖于认同形成的文化过程。由于这种牵涉,无论历史学家是否意识到,政治都在他们的工作中起着重要作用。不管学术性的历史研究仅仅是作为资政的工具,还是因其方法的合理性而有着特别功能,这都已经是公开的问题。

关于历史思维的学术地位的许多讨论,还有它对"客观性"或普遍有效性的执着,都与世界范围内现代化过程中的历史思维之发展联系在一起。在这一过程中,历史思维获得了学术学科或者说"科学"(Wissenschaft,采该词更宽泛的意义)的形式。历史学研究的传统,其自尊就在于,它声称与非专业历史学相比有着更高层次的有效性。一般用的词就是"客观性"。与这种对客观性的执着相反,许多重要论述进入了历史学家的自我意识,这牵涉他们与各自国家历史文化的相互关系。例如，后现代主义极力否认客观性这种主张，并且指出，尽管历史研究有其方法的合理性，而在历史研究之外的政治利益、语言假定和文化意义标准等等，历史的解释却对它们有一种根本的依赖。

在意识到了记忆的作用，并且意识到了非专业性因素在异彩纷呈的人类生活领域中表现过去的作用之后，发生在历史学内外的、有关历史思想以及它作为学术学科的形式的讨论，就因这种新的意识而被扩大了。在人类生活的文化定向中，记忆是一种巨大的力量，它似乎要取代历史在那些决定历史认同的行为中所处的核心位置。这样一种更迭是否会造成足够重要的后果，影响到历史在民族文化生活中的角色，这一点还悬而未决。只要记忆与"实际发生的"经验相关，历史就仍然是对集体记忆中这种经验因素的一种言说。

在反思历史思想与职业历史学家的工作时，这种视界的扩展因为如下事实而获得了额外的扩大和深化，即人们为了理解现在、期盼未来而研究过去的方式存在着根本的文化差异；没有这样的洞见，就不可能正确地理解历史。既然认同关系到与他者的差异，而历史是呈现、反思和交流这种差异的领域，历史学家的工作就必然一直处在对付这种差异的张力之中。"文明的冲突"便是一个口号，它表明，通过回忆和历史形成的认同中存在着紧张因素。

既然认同不只是界定和奋争的事情，它同时还是理解和认知，为此，这双重因素在历史话语中都必须主题化。每一种认同都因识别出他者而存在，而各种认同或认同的文化概念之间的张力以至于斗争或冲突，都不得不被理解为一种认知的要求。是什么使得他者出现差异呢？对此不理解，认知就不可能实现。这样，就必须了解他者的差异中那些强有力的文化要素和过程。

进而，若缺少贯穿这种差异的可理解性原则，认知也不可能。就学术性话语的层面而言，在将历史认同主题化，使之成为差异的一个事例时，这些普遍的要素和维度与专业性历史思维的话语特征有着本质上的关联。

这就是本丛书的出发点，它想把西方世界人们理解、讨论、扩展、批判和利用历史的途径告诉汉语世界。

  这套丛书可谓雄心勃勃，它试图展现西方历史话语的整个领域。在思考历史的西方人眼中，西方历史思想是什么？谁的观点成了有影响的观点？想象一种单一的西方历史思想类型，并以之与非西方的中国人或印度人的历史思想相比对，这相当容易。但更进一步，人们就会发现，西方并没有这样一种类型，即单一的"观念""概念"或者"根本"。相反，我们找到了一种话语，它呈现出各种不同概念、观点和实际作用之间错综分合的交流。这套丛书便展现了这种多样性和话语特征，当然，非西方世界也会有类似情形。

  本丛书分为作者论著和主题文集两类出版。第一类选取该作者对历史话语而言有着重要地位的作品，第二类则选取历史话语中的一些中心主题。每一卷都有介绍该作者或主题的导论、文本注释和文献目录。

  本丛书期待对历史学领域中在新的层次上并且是高质量的跨文化交流有所贡献。抱着这种呈现更广泛的意见、立场、论证、争执的雄心壮志，它希望成为跨文化交流中类似研究的范例，使不同文化彼此得到更好的理解。在跨文化交流与对话的领域内，就一种对文化差异彼此了解的新文化来说，这种理解是必要的。

耶尔恩·吕森
2006年5月于德国埃森

序　二

近代以来,西方历史思想家为人类提供了丰富的历史思想资源。历史的观念经过一代代思想家的演绎,构成了多元的话语系统,而且,这个系统还随着思想家们不断的思考、表现而获得扩充。

我们往往通过书本了解思想家们对历史的看法,但对于读者自身而言,我们却不能只是从书本中去理解历史。事实上,我们就生活在历史中,这并不是说我们现在的经历将成为历史,而是指我们身边的每一处能够被言说、被体悟的事情,如果不能够获得历史解释,它都无法进入理性的思索之中。从历史中获取意义,获取人生在某个时刻具有的确定性和行动的立足点,这是试图了解历史的人所追求的。但这样一种能力对于个人而言并不是可遗传的或可积累的,每个人都不得不在自己的生活中重新发展它。思想家们对过去的理解与认识、对历史这个观念的思考,以及对与历史相关的一些问题的探询,这些都只为我们耕耘未来生活这块荒原提供各式各样的工具,却不提供秋收的果实。

系统地译介西方史学理论或历史哲学作品,一直是20世纪以来几代中国学者的梦想。这个梦想曾经深藏在何兆武先生年轻的头脑中,此后,他身体力行,译著丰卓,为拓展国人的历史思维付出了不懈的努力。如今,跨文化交流的加强,以及国内学术事业的繁荣,使得这一梦想更有可能变为现实。

本丛书有幸得到了德国学者耶尔恩·吕森教授的大力支持。吕森教授认为,加强跨文化交流有利于创造一种新的世界文化,现存诸种文化可以包含在其中,但它们了解彼此的差异,尊重彼此的习惯;平等交流使得我们可以跨越文化鸿沟,同时拓宽我们理解历史的文化限度。这也是中方编辑者的初衷之一。这样,中德双方组织者表现出极大的热忱。从丛书框架、选题的设计,到约请编译者,乃至沟通版权,一项项艰巨的任务在数年来持续不断的交流与努力中逐渐得到落实。

丛书编者有着极大的雄心,希望以数十年的努力,将西方18世纪以来关于历史、历史编撰、元史学和历史哲学的重要文献渐次翻译,奉献给汉语世界。如果可能,这套丛书还将涉及非西方世界史学思想的文献。

  显然,这套丛书的出版是一项跨文化交流的成果,同时也是一项民间的学术事业,在此,我们要对所有帮助这套丛书出版的编者、译者、出版者表示感谢。愿这样的努力,也能够得到读者的关注、批评与认可。

张文杰 陈新

2006 年 5 月

目 录

致 谢 　　　　　　　　　　　　　　　　　　*1*
编者手记　　　　　　　　　　　　　　　　*2*
编者导言　　　　　　　　　　　　　　　　*3*

第一部分　历史学诸原理

第一卷导言　　　　　　　　　　　　　　　3
第一章　证据　　　　　　　　　　　　　　7
第二章　行动　　　　　　　　　　　　　　39
第三章　自然与行动　　　　　　　　　　　77
第四章　过去　　　　　　　　　　　　　　106
历史学与哲学　　　　　　　　　　　　　　108

第二部分　历史哲学论文和笔记（1933—1939）

通向一种形而上学笔记　　　　　　　　　　113
作为理解现在的历史学　　　　　　　　　　135
就职演讲：粗略笔记　　　　　　　　　　　138
作为历史的实在　　　　　　　　　　　　　163
历史学家能够不偏不倚吗？　　　　　　　　199

历史编纂学的历史和历史哲学笔记 　　209
历史编纂学笔记 　　225
自然与心灵讲座的结论 　　240

参考文献 　　258
索　引 　　263
译后记 　　291

致　谢

我们特别感谢牛津大学出版社的哲学编辑皮特·莫切洛夫（Peter Momtchiloff）先生，他提议由他们来承担这个项目，感谢柯林武德的女儿特蕾莎·史密斯（Teresa Smith）夫人，她不仅允许我们出版手稿，而且还允许我们自由地编选手稿，以及感谢博德利图书馆特别藏书和西方手稿部的首席图书馆助理柯林·哈里斯（Colin Harris）先生，他的兴趣和帮助极大地促进了我们在相当长一段时间内对柯林武德藏品的研究。其他在具体问题上给予许多宝贵意见和帮助的人，包括里克·皮特斯（Rik Peters）博士、格雷斯·辛普森（Grace Simpson）博士、雷克斯·马丁（Rex Martin）教授、大卫·盖洛普（David Gallop）教授以及协助核实和翻译希腊文段落的莱奥弗兰克·霍尔福德-斯特雷文斯（Leofranc Holford-Strevens）博士。我们还要感谢牛津大学出版社柯林武德委员会的持续支持，尤其要感谢威廉·里克曼（William Rieckmann）先生和戴维·布彻（David Boucher）教授。

编者手记

我们的编辑体例是尽可能少地对手稿的原文做出改动,并在脚注中告知了几乎所有改动。柯林武德的字迹一般都清晰可辨,但在我们不得不进行猜测的少数情况下,我们会给出解释。我们纠正了偶尔出现的标点、拼写或连字符的不一致或错误的地方,恕不另行告知,但如果提供了一个丢失的单词,或更改了某个单词的大小写或时态,我们的更正将用方括号括起来。我们保留了柯林武德在手稿中将"重生"(re-live)和"重演"(re-enact)等语词用连字符号连在一起的方式,因为这是他的准技术性术语,而且,在柯林武德的关键文献中,通常也是如此。在柯林武德本人提供脚注的地方,我们将其与我们自己的脚注区分开来,我们对他的脚注的任何补充都用方括号括起来。在少数情况下,如果我们插入了一个段落分隔符,或更改了时态,或在柯林武德留下空白的地方添加了一条参考文献,或稍微重新排序了材料,或用斜体字标识了标题,或删除了手稿标题中的数字,甚至增加了一个似乎遗失的标题,我们将在脚注中提示读者注意。我们将序数改为拼写形式,比如用 nineteenth 代替 19th。我们不时在脚注中附上柯林武德自己删去的一段话或另外一段话,并给出解释。总而言之,在以编辑的方式进行改动时,我们试图让读者更容易理解或核实我们所采取的做法。

编者导言

一、柯林武德的历史哲学

罗宾·乔治·柯林武德在哲学分支的数个领域都做出了卓著的贡献,不过,他最为知名的工作还是在历史哲学领域。① 实际上,许多人认为他不仅是这个领域的一流理论家,而且是唯一一位使用英语来表述的哲学家。柯林武德于1943年英年早逝,但他留下的一系列观念,有力地为在历史哲学领域工作的人设定了行动的议程。令人惊讶的是,柯林武德主要是通过他的遗著《历史的观念》(The Idea of History)获得了这个崇高的地位,而这部著作是由遗稿执行人马尔科姆·诺克斯爵士(Sir Malcolm Knox)将他的大部分演讲笔记和手稿放在一起编辑而成的,尽管作为补充,柯林武德在1939年出版的《自传》(Autobiography)一书中阐述了他的历史观的发展历程。在柯林武德有生之年,除了后期工作(不包括1924年出版的《心灵之镜》[Speculum Mentis])将历史的兴趣提升为一种探究形式之外,他还在20世纪20年代零散

---

① 《泰晤士报文学副刊》(The Times Literary Supplement)将《历史的观念》列为二战以来最有影响的一百本著作之一(1995年10月6日第39版)。关于柯林武德对心灵哲学、艺术哲学、自然哲学、宗教哲学和政治哲学,以及哲学本身的贡献,参见《艺术原理》(The Principles of Art, 1938)、《自然的观念》(The Idea of Nature, 1945)、《宗教与哲学》(Religion and Philosophy, 1916)、《新利维坦》(The New Leviathan, 1942)、《哲学方法论》(An Essays on Philosophical Method, 1933)、《形而上学论》(An Essay on Metaphysics, 1940; rev.edn.1998)。

地写作了一些关于历史哲学的文章,但当时很少有人注意到。① 他关于历史思想进展的"临时报告",作为英国历史协会的小册子于1930年以"历史哲学"(The Philosophy of History)为题出版;两篇公共演讲——一篇是《历史的想象》("The Historical Imagination"),这是柯林武德1935年当选牛津大学温弗莱特形而上学讲座教授的就职演讲,另一篇是《人性与人类历史》("Human Nature and Human History"),这是他1936年入选英国国家学术院院士的演讲。诺克斯将这两篇演讲也编入《历史的观念》一书的"后论"部分(《历史的观念》,第205—249页)。

关于历史思想的核心观念,柯林武德认为历史探究是或应当是"自律的"(autonomous),更具体地来说,历史学的研究方法和概念框架与自然科学存在着很大的差异,尽管有一些相似的地方。在众多著名的柯式学说中,跟这一立场紧密相连的是,历史学家需要把他的结论建立在证据(evidence)而非证词(testimony)之上;历史学家要在他的研究中把系统性的提问放到首要位置;历史学家努力构造过去时要进行规范性的想象(disciplined imagination);历史学家需要把表达思想作为他们兴趣的中心;历史学家要通过在自己的心灵中重演过去人们所表达的思想来探寻对行动的理解。此外,柯林武德还强调历史学家研究题材的个体性,强调历史的不可预测性,强调历史的过程性特征,强调历史与历史学家自身所处当下的必然相关性。更重要的是,柯林武德坚持认为,历史哲学家要密切理解和认识历史研究的实际工作程序,只能"从内部"来展开哲学的批判。基于此,正如柯林武德所声称的那样,他是从历史研究的第一手经验中得出自己的史学理论,他经常也就被视为卓越的历史学家的历史哲学家(the historian's philosopher of history)。柯林武德肯定也是一位不同寻常的哲学家,他通过自己独特的方式写作历史,从而获得了实践历史学家和考古学家的地位,这可以从

---

① 威廉·德宾斯(William Debbins)将这些论文汇编,于1965年出版,题名为《历史哲学论文集》(Essays in the Philosophy of History)。

他被同时任命为牛津的罗马史和哲学教师得到证明①,可以从他出版有关罗马不列颠历史的两本专著和大量论文得到证明,还可以从他出版的许多考古学论著得到证明。很多人都将历史学著作和考古学著作看作两种不同标准的著作,但在柯林武德看来,考古学与历史学是有着紧密关联的研究。② 实际上,柯林武德一生当中,比之他一直念兹在兹的哲学著作,他在这些"次要"领域的工作使他获得了更多的认可。

解释者对于柯林武德著作的解释所遇到的困难,部分是由于他写作迅速,部分是由于他总是在"用笔思考"(thinking on paper)③,这使得他的想法随时都会发生很大的变化,在某些情况下,柯林武德在很短时间内就会改变原有的想法。诺克斯在《历史的观念》一书的编者序言中,首次试图将柯林武德的思想划分了几个阶段:从早年到1924年《心灵之境》出版的形成时期;柯林武德处于事业巅峰的漫长的第二阶段,在这一时期,柯林武德写作了《哲学方法论》和《历史的观念》一书的大部分章节;随后是柯林武德陷入怀疑论和性情易怒的时期,诺克斯认为写于这一时期的《自传》《形而上学论》《新利维坦》都是这些特征的表现。然而,诺克斯更关心柯林武德的哲学观,而不是他的历史观。与作为一种探究形式的史学理论——柯林武德自己有时称之为狭义的历史哲学④——更直

---

① 除了1912年至1935年担任彭布鲁克学院的研究员之外,柯林武德从1927年至1935年讲授哲学和罗马史的课程。
② 《罗马不列颠》(*Roman Britain*, 1923, rev. edn. 1932)和大部分的《罗马不列颠和英国定居点》(*Roman Britain and the English Settlements*, 1936.跟J. N. L. Myres合作);柯林武德的考古学著作是《罗马不列颠的考古学》(*The Archaeology of Roman Britain*, London, 1930; repub. London, 1996)和去世后出版的《不列颠的罗马铭文:石刻铭文》(*The Roman Inscriptions of Britain, i: Inscriptions on Stone*, with R. P. Wright, Oxford, 1965);有关柯林武德在历史学和考古学领域的论文信息,参见泰勒:《柯林武德:文献目录》(D. S. Taylor, *R. G. Collingwood: A Bibliography*, New York, 1988),第157—164页;或克里斯托弗·德赖斯巴赫:《柯林武德:书目手册》(Christopher Dreisbach, *R. G. Collingwood: A Bibliographic Checklist*, Bowling Green, Oh., 1993),第5—14页。
③ 《通向一种形而上学笔记》("Notes towards a Metaphysic", 1933—1934)的"序言";另见《自传》,第116页。
④ 我们在第二节将会看到,柯林武德所计划写作的《史学原理》(*The Principle of History*)的第一卷和第二卷属于狭义的历史哲学,第三卷则属于广义的历史哲学。关于广义与狭义之分,参见《历史的观念》,第6—7页。

接相关的一种划分方式是根据他在《自传》中所提到的1928年所获得的哲学"启示",他首次形成了历史理解需要重演过去思想的观念。① 与这一重大转折相比,柯林武德后来历史观的变化则相对较小,虽然他自己认为他最后的工作与之前的工作有很大的不同,二者很难等量齐观。然而,诺克斯把柯林武德1935年至1936年写作大部分《历史的观念》的时期和1938年至1939年写作《自传》和《史学原理》的时期归于同一阶段显然不妥。② 人们划分柯林武德思想发展阶段的另一种方式,是认为柯林武德有一个从实在论哲学向历史的观念论转变的过程,尽管他本人拒绝了"观念论者"的标签。③ 事实上,在他专门讨论历史学的著作中,往往可以找到这两种立场的痕迹。

诺克斯在《历史的观念》的编者序言中说到,柯林武德在临终前的这段时间里,一直在研究历史学的性质和意义,诺克斯认为这是他二十多年来对这一主题的研究高潮。以1936年以来的大学讲稿为基础,柯林武德计划将《历史的观念》作为另一本书的姊妹篇出版,尝试对从希腊至今的欧洲历史思想的发展进程进行历史的考察,这基本上是后来《历史的观念》一书的第 II—V 部分;另一姊妹篇的标题是"史学原理"④。柯林武德去世之前,已经完成了他为后者计划写作的三分之一,这是他1939年在荷兰东印度群岛航行时完成的。但是,诺克斯决定把柯林武德关于历史的文章编成《历史的观念》一书,而不是柯林武德最初计划的两本书,他仅仅从《史学原理》手稿中选择了三节,还不到原初可用手稿的一半,他认为其余的手稿没有足够大的价值或足够高的质量以供出版。

随着人们对柯林武德历史哲学的兴趣日益浓厚,整个20世纪50

---

① 柯林武德:《自传》,第107、111—112页。
② 划分柯林武德历史工作的另一种方式是区分三个主要的创造性活动时期:1925—1930、1935—1936、1938—1939。参见《历史的观念》,第 xxxii—xxxvii 页。
③ 柯林武德:《自传》,第56页。
④ 柯林武德曾与牛津大学出版社合作,将这些著作纳入更大的出版计划。他构想了三类著作:第一,"哲学论集"(《形而上学论》和《哲学方法论》);第二,"哲学原理"(《艺术原理》和《史学原理》);第三,"观念史研究"(《自然的观念》和《历史的观念》)。

年代和 60 年代,出版了几本重要的解释著作,对他的思想的各个方面的研究论文也在不断增加,①人们对诺克斯的编辑意见常常感到不解。令人感到更不解和遗憾的是,柯林武德本人对他想要说的东西赋予了崇高的价值。柯林武德不止一次提到他所计划的著作,因为他相信他的整个哲学经历都在为这一工作做准备,而且他最希望这些著作能够流传下来。② 因此,当人们得知柯林武德几千页未出版的手稿 1978 年初由他的遗孀凯特存放到牛津大学新博德利图书馆,人们普遍希望在其中会发现《史学原理》的原稿。这些手稿确实包含了大量关于哲学、历史学和考古学主题的材料,其中有许多都跟历史哲学有关;1980 年进一步存放的手稿,主要是 1921 年至 1940 年的道德哲学讲义,也有关于历史哲学问题的不同观点的材料。③ 这些资料中的许多内容已经成为对柯林武德思想发展感兴趣的学者们密切关注的对象,有些手稿已经全部或部分出版了。④ 但是,《史学原理》的手稿却不在其中。牛津大学出版社给的说法是,诺克斯完成编辑后,很可能销毁了手稿,这在那时也是正常的做法。因此,这些手稿可能就无可挽回地丢失了。⑤ 人们只能根据一个简短而又让人遐想万千的纲要来猜测它可能包含的内容,这是柯林武德在他开始写作之前,在一份名为《历史编纂学笔

---

① 参见艾兰·多纳根:《柯林武德的后期哲学》(Alan Donagan, *The Later Philosophy of R. G. Collingwood*, Oxford, 1962; repr. Chicago, 1985);莱昂内尔·鲁宾诺夫:《柯林武德与形而上学的改造》(Lionel Rubinoff, *Collingwood and the Reform of Metaphysics*, Toronto, 1970);路易斯·明克:《心灵、历史与辩证法》(L. O. Mink, *Mind, History, and Dialectic*, Bloomington, Ind., 1969; repr. Middletown, Conn., 1987)。关于柯林武德思想的其他论著的参考文献,参见泰勒:《文献目录》,第 177—268 页;德赖斯巴赫:《书目手册》,第 35—75 页。
② 进一步的细节,参见下面的第十节。
③ 有关这两次存放文献的详细情况,见泰勒:《文献目录》,第 51—84 页;德赖斯巴赫:《书目手册》,第 25—33 页。
④ 有一些材料已列入《历史的观念》《新利维坦》《形而上学论》的修订版。大量手稿的摘录出现在泰勒的《文献目录》,以及杜森的《历史学作为一门科学:柯林武德的哲学》(W. J. van der Dussen, *History as a Science: The Philosophy of R. G. Collingwood*, The Hague, 1981)一书中。
⑤ 参见杜森:《柯林武德的未刊手稿》(W. J. van der Dussen, "Collingwood's Unpublished Manuscripts", *History and Theory*, 18 [1979]),第 309 页。

记》("Notes on Historiography")的手稿中所提到的。①

二、丢失的手稿

相当令人振奋的是,1995年初,牛津大学出版社宣布,在其档案中发现了《史学原理》的原始手稿。② 他们同时还发现了柯林武德为"自然与心灵讲座"所写的两个早期结论,诺克斯在编辑《自然的观念》时,放弃了这两个早期结论,而选择了第三个结论。在柯林武德死后出版的《自然的观念》一书就源于这些讲座。《史学原理》的手稿包含了一些令人惊奇的内容。在这里,柯林武德提出了一些关于历史探究的新学说,并以可能引起争议的方式发展了一些旧的学说。但最令人惊讶的是,人们发现重新找到的文本偏离了"本书计划"的大纲——这是柯林武德在《历史编纂学笔记》中所描绘的。③

按照"计划"里所提出的,此书的规划如下:它由三个部分组成,前两个部分各分为四个章节,第三部分的内容仅以较一般的讨论方式来展开。在介绍了"历史"一词的涵义——尤其是柯林武德所谓的"专门化"或"科学"的涵义——的变化之后,第一部分将阐述现在的历史科学的主要特征。④ 第一章将阐明证据的观念,将其与纯粹的证词,以及柯林武德所谓的依赖于证词的剪刀加浆糊的历史学进行对勘。第二章

---

① 这一手稿也收录在本书中。
② 受益于柯林武德历史思想的所有学生都应该向档案工作者彼得·福登(Peter Foden)和詹妮·麦克默里斯(Jenny McMorris)致谢。关于这次发现的更多细节,参见杜森:《"丢失"的柯林武德〈史学原理〉手稿》(Jan van der Dussen, "Collingwood's 'Lost' Manuscript of The Principles of History", *History and Theory*, 36 [1997]),第334页;戴维·布彻:《柯林武德〈史学原理〉一书的重要意义》(David Boucher, "The Significance of R. G. Collingwood's Principles of History", *Journal of the History of Ideas*, 58 [1997]),第313—314页。
③ 这个大纲收录在本书的《历史编纂学笔记》中。另可参见诺克斯在《历史的观念》(第 V 页)原始版本序言部分中的评论。
④ 柯林武德始终坚持认为,历史学已经成为一门科学,尽管是与自然科学不同意义上的科学。参见《历史哲学纲要》("Outlines of a Philosophy of History", 1928),第490页;《历史的观念》,第18—19、209页。

将阐述人类行动或 res gestae[活动事迹]的概念,将其与单纯的过程和变化进行对比,后者被归为伪历史(pseudo-history)。第三章将阐发历史理解的观点,涉及对过去思想的重演,柯林武德认为过去的思想仍然活在当下,而不是死亡和结束了。第四章将阐述柯林武德关于历史研究是心灵的自我认识的观点,并解释为什么其他研究心灵的方式都无法做到这一点。

在此书的第二部分,柯林武德构想将要追溯历史学与其他类型的探究之间的关系。第一章将探讨历史学与自然科学的关系,展现两者具有不可化约的差异性,并强调科学对历史思维的依赖,而不是像人们通常认为的那样,历史学依赖于科学。① 第二章将历史学与其他的人文科学进行比较,这里的人文科学包括所谓的社会科学在内,尽管社会科学试图与历史学和历史方法脱离,它们仍然是一种隐秘的历史学(crypto-history)。② 第三章将考察历史学与哲学的关系。

在第三部分中,柯林武德将会考察被特征化的历史学与实际生活之间的关系。从历史思维的角度来思考人类关系,可以建立一种独特的道德方法,实际上,这是一种整全的文明模式,它可以取代我们现在所拥有的以科学为导向的文明模式,柯林武德认为后者已经被证明是灾难性的。这种改变的关键之处在于破除主体与客体之间、理论与实践之间的传统区分,并建立以重演式理解而非试图掌控或操纵为中心的人类关系方式。③

实际上,柯林武德所完成的《史学原理》并没有超出此计划第一部

---

① 历史学不能被简化为科学的论断呼应了《历史的观念》(第223页)中的警告——断言使用科学的方法处理人类事物"摧毁了"历史学,并预示了《史学原理》(第三章)中对心理学的攻击,这一点在《形而上学论》(第101—142页)中更全面地完成了。
② 参见《历史编纂学笔记》中有关"隐秘的历史学"的相关笔记。
③ 柯林武德的计划是为道德、事实上整个文明提供一个包含历史观念的案例,他在《历史的观念》(第7页)和《自传》(第147页及以后)中提到,他的想法是如此地根深蒂固。他在《就职演讲:粗略笔记》("Inaugural: Rough Notes", 1935)的结尾最终阐述了从历史的视角来构想的完整哲学。柯林武德的这一想法在《历史的观念》(增订本,第xxxix页)的编辑导言中有更多介绍。

分的范围,就第一部分而言,他也仅仅完成了前三章,第四章只写了一个简短的开头。① 附在后面的是讨论"历史学与哲学"的单页,或许可以将其合并到第二部分的第三章中。对"历史"这个词的各种涵义的初步讨论的承诺并没有兑现。第一章严格遵循《史学原理》的大纲,包括柯林武德对剪刀加浆糊的历史学的批判,以及他对历史探究与犯罪侦查的异同之处的讨论。第二章则有点偏离了原初的计划。虽然柯林武德分析了历史学的恰当主题是人类行动,同时也回到历史学家如何从证据进行论证的议题,大大扩展了前一章提出的证据理论,并建立起《史学原理》与《艺术原理》之间的联系。但柯林武德没有像计划中所承诺的那样来讨论过程、变化和伪历史。第三章原计划讨论重演的议题,但柯林武德实际上并没有提到这个观念。② 不过,他确实探讨了相关概念的含义,即作为对行动的一项研究,所有的历史都是思想的历史,比之其他著作,他在这里更清晰地对勘了人类历史与自然历史之间的异同之处。此书第二部分的第一章也讨论了人类历史与自然历史的话题。第四章并不是关于心灵如何通过历史思维来达到自我认识的问题,而是讨论了历史探究是关于过去的这一观念是如何产生的。因此,《史学原理》手稿逐步背离了原计划:第二章有些偏离原计划;第三章与原计划只有些许的联系;第四章跟原计划没有任何关系,尽管第四章与第三章中所处理的主题有一些关联。

因此,我们现在所看到的《史学原理》手稿,还不到柯林武德原计划所承诺写作的三分之一。然而,这些手稿确实包含了一些具有挑战性的新观念,比如,柯林武德分析了解释历史证据与理解语言之间的相似性,以及他认为非理性的行动也属于历史学家研究的范围。这份手稿还进一步发展了柯林武德的读者已经熟悉的思想,比如,史学实践必须作为历史思维的性质和可能性之哲学论断的试金石;历史学与传记之间存在着巨大的鸿沟,尽管它们看起来具有类似的探究类型;以及历

---

① 由于前三章附有摘要,我们可以假定它们是完整的草稿。
② 参见下面第十一节的讨论。

编者导言

史自然主义的危险。人们也可以发现手稿与柯林武德其他相似领域的著作,特别是《艺术原理》有重要的联系,我们在手稿中看到了他对思想与情感之间关系的分析,他认为情感也是历史学家研究的题材,这导致他对以前的看法做出了惊人的修正。① 手稿中也有一些对我们熟悉的学说和事例的重新认识,并给出了新的例证,这些可以被认为是对一些已经引起争议的问题的一种回应。

鉴于现在所知的《史学原理》,以及如果柯林武德能够按照原计划或多或少地完成工作,再加上可能会增补的内容,我们能否认同他自己对此书的期望,比如,就像他在1939年2月14日写给他儿子的信中所说的那样,它会成为公认的"杰作"吗?② 我们倾向于认为这是不太可能的。但这里存在一个视角错位的危险。对于熟悉《历史的观念》和《自传》的读者来说,我们很难想象自己面对这样一种情况,前者只是以口头报告的形式出现在参加柯林武德讲座的学生面前,③后者只是他在前往荷属东印度群岛前夕匆匆写下的他想要说的一些话,他担心可能没有机会在有关历史的最后一部著作中说出来。尤其重要的是要记住,柯林武德于1936年开设的形而上学后论(Metaphysical Epilegomena)讲座在1939年尚未出版;也没有任何迹象表明

---

① 这大概可以看作是对路易斯·明克等评论者所强调的东西的证明,比如,明克在《心灵、历史与辩证法》(第163页及以后)一书中关于《艺术原理》与柯林武德史学理论相关性的讨论。关于评论者批评柯林武德在他的史学理论中没有关注情感,参见杜森:《历史学作为一门科学》,第823页。
② 参见杜森:《历史学作为一门科学》,第61页。
③ 虽然很多人对柯林武德的讲座表示深深的赞赏,但是,后者从来没有像维特根斯坦的讲座那样,获得在忠实的追随者中流传的珍贵文本的地位。对柯林武德讲座的赞赏,参阅戴维·布彻:《柯林武德的社会和政治思想》(David Boucher, *The Social and Political Thought of R. G. Collingwood*, Cambridge, 1989)第6页;这表明柯林武德的史学理论在他有生之年很少被重视,甚至知道的人都很少,他的名字并没有出现在雷蒙德·克利本斯基和帕顿编辑的《哲学和历史学:恩斯特·卡西尔纪念文集》(Raymond Klibansky and H. J. Paton eds., *Philosophy and History: Essays Presented to Ernst Cassirer*, Oxford, 1936)中,这是20世纪30年代英语世界关于这个主题的少数重要出版物之一。

他打算要出版。① 我们还要注意的是，诺克斯编入《历史的观念》"后论"部分的两篇先前发表过的论文，虽然毫无疑问是非常精彩的，但它们都是柯林武德在20世纪30年代完成的，只能作为他思想发展方向上的中期报告，而不能作为他关于史学理论的确定性陈述。②

　　这样的考虑使得柯林武德对《史学原理》的性质和预期的重要性的看法更为合理一些。尽管这部作品非常重要，因为这项工作无疑是他在这个主题上所做的最后一件事，他自己已经做了如此多的工作，而且其中许多工作都是有价值的和新颖的。然而，在我们看来，这项工作似乎只不过是他关于历史学的一系列受欢迎和经常有启发性的著作的进一步补充而已。虽然这项工作包含了早先发表的意见的新发展，但很难把它们看作一个整体，很难把它看作是一个终极的工作。这项工作并非意味着柯林武德此前的所有工作都是朝着这个方向前进的。例如，在最近的《历史的观念》增补本中，我们可以看到柯林武德在1926年和1928年讲座中关于证据的非常精彩的文章，在某种程度上，比他在20世纪30年代所写的同类主题的论文更出色，应该将它们放在一起阅读。③ 柯林武德在20世纪20年代发表的一些关于历史思想的相对性和视角性的文章中所说的大部分内容，在后来的文章中既没有重复，也没有被取代。④ 他在1935年以后所写的东西，也没有匹配他在就职演讲中归于科学的历史学家之系统性"构图"（picture-building）的讨论。⑤ 无论如何，在这种情况下，我们似乎可以公正地说，最后的并

---

① 1936年原初的形而上学后论讲座原初由三个部分组成："重演过去的经验作为历史学的本质""历史学的题材"和"进步"。诺克斯略微更改了第一部分和第三部分的标题，作为《历史的观念》"后论"中的第四、五、七节。为了避免混淆，我们在下文中将使用"后论"来指代《历史的观念》第五部分的全部内容，而"形而上学后论"仅指1936年讲座中的三个部分。
② 柯林武德在1930年英国历史协会发表的《历史哲学》（《历史哲学论文集》，第121—139页）论文是一份较早的中期报告。
③ 《历史哲学讲稿》（1926），第368—390页；《历史哲学纲要》（1928），第482—496页。
④ 柯林武德关于历史的"观念性"的概念也是如此，在1928年的讲座之后，这一概念几乎没有出现过。
⑤ 柯林武德：《历史的观念》，第241页及以后。

不一定是最好的。我们在试图把握柯林武德的历史思想的时候,明智的做法是全面考察他的所有相关作品。①

诺克斯在《历史的观念》一书的编者序言中,对柯林武德1936年以后的手稿持有一些保留意见,他认为这些手稿是以"后来的方式"写成的,这并不是一种赞美。然而,作为哲学著作的一部分,比之柯林武德在史学理论领域所写的大部分论著,我们很难判断先前尚未发表的《史学原理》是更好,还是更差。柯林武德有时会倾向于采取迂回的方式来写作,尤其是第二章,有时他也会粗心地将其观点表达出来。但是,对于柯林武德在哲学著作上表现出一贯的随意挥洒而言,这并不是瑕疵。正如人们常说的那样,柯林武德是一位直觉敏锐的作家,而且常常是一位急切易怒的作家。他一眼就看到了很多东西,也不总是考虑那些他的读者中可能智力较低的人。当然,我们也不能说他在这里或其他领域的著作总是模糊不清,甚至是矛盾的。当他写作《史学原理》时,他更加急切。健康状况的迅速恶化,以及他强烈预感到自己不久将离世,这似乎只会驱使他继续前进。在他生命的最后三四年里,他的成就是非凡的,令人难以置信。然而,即使在更早的时候,无论他认为这一主题重要与否,他更有可能创作出令人兴奋和高度可读的作品,而不是精雕细琢的作品。柯林武德承认自己1933年出版的《哲学方法论》(一部优雅而有力的著作),是他唯一一本能够完成并知道应如何完成的著作。② 然而,在我们看来,即使是他最不完整的著作,作为对历史性质之富有成效的反思的一种启发,也具有独一无二的价值。未完成的《史学原理》也不例外。

---

① 在这一点上,不应该忘记,《史学原理》远不是一部完成了的作品,实际上它只是一份初稿。而且,柯林武德在写作《史学原理》的时候,也无法查询他以前的相关著作和笔记。柯林武德在进一步研究相关主题的时候,有时确实会查阅以前的著作,这可以从他1935年曾经参考过1928年的讲稿这一事例得到证实(《历史哲学纲要》[1928],第470页,注释16),此外,柯林武德也会对这些讲座的内容目录进行增补(《历史哲学纲要》[1928],第437页)。
② 柯林武德:《自传》,第118页。

三、本书的目的

　　本书的主要目的是为了让柯林武德的读者们能够看到重新发现的《史学原理》手稿，以及一些他在20世纪30年代所写的关于历史哲学的未发表作品。除了一处例外，所有的文本都是从存放在新博德利图书馆的手稿中挑选出来的。基于大家普遍感兴趣的内容，我们还挑选了一些额外的手稿，主要考虑它们与柯林武德在《史学原理》中想要说的内容的相关性，以及它们与柯林武德此领域其他著作的关联性。本书挑选的手稿还包括了新发现的关于自然和心灵讲座的结论，尽管其中的大部分内容与柯林武德的历史哲学这个主题有些距离，但无论如何，在他所谓的狭义的历史哲学上来说，这份手稿包含了一些直接与之相关的论证和段落，与他同一时间所写的其他著作进行对读，也是一件有趣的事情。结果就是，此书与《历史的观念》和《自传》一起，可以看作是我们对柯林武德20世纪30年代中后期历史思想的全面了解，有点像最近才出版的1926年和1928年的讲稿，再加上德宾斯在《历史哲学论文集》一书中收集的已发表文章，可以看作是柯林武德20世纪20年代在历史思想领域所做出的成就。

　　现存新博德利图书馆的手稿中，还有一些柯林武德从20世纪30年代开始写作的短篇论文，其中包含了与他的历史哲学主题有关的材料。① 在我们看来，这些似乎都不如我们所选择的那些手稿更适合纳入本书。然而，还有一份很长的手稿，对于我们认识柯林武德的历史观

---

① 这些手稿包括柯林武德1936年在英国人文社会学院讲座的草稿，与最终的版本没有太大的差别，如同本书中所包含的就职演讲的草稿（《就职演讲：粗略笔记》），跟现在《历史的观念》的版本并没有什么不同。其他有意思的篇目，包括柯林武德1931年和1932年历史哲学的课堂笔记的片段，以及1936年演讲的一组个人手抄；柯林武德1940年道德哲学讲座的一部分，《美德、正当、效用》（"Goodness, Rightness, Utility"）文稿，现在是作为《新利维坦》增订本的附录（《新利维坦》，第469—479页），对我们理解柯林武德的历史哲学也有很大的帮助。这强化了柯林武德把个体化的历史思想作为理论理性的最高形式与他把个体化的责任道德作为实践理性的最高形式之间的密切关联。

有巨大的潜在价值。这份手稿是他在20世纪30年代后期对欧洲民俗学所做的研究,这些研究使他实际上勾勒出一种与他的历史哲学有显著亲和力的人类学哲学。① 这篇文章的一些摘录已经出版了,由于整个手稿最终将会完好无缺地出版面世,我们在这里没有加以利用。

在这篇编者导言中,我们认为没有必要对《史学原理》中相当复杂的论点进行总结,更不必去评论那些较短的手稿中提出的所有理论主张。我们将注意力集中在我们特别感兴趣的手稿中所处理的四个议题:历史证据中的论证性质,历史学家恰当研究主题的范围,人类历史与自然历史之间的差异,以及历史自然主义的危险。在每一个议题上,柯林武德在这里所说的都与他在别处所说的相同或相关的问题有联系。为了帮助人们了解柯林武德经常具有挑衅性的声明所可能引发的争论,我们的评论既是说明性的,也是批判性的。接下来,我们还将用一节的篇幅,试图回答我们认为大多数读者想要问及的关于《史学原理》手稿的三个大问题:为什么诺克斯只把它的一部分内容纳入了《历史的观念》?为什么柯林武德把它留在一个未完成的状态?为什么与其他地方的史学理论密切相关的重演观念没有在手稿中出现?最后,我们将对每一篇简短的手稿的一般特征,以及这些手稿所提出的一些特殊问题逐一进行评论,但这些评论都会更简短一些。我们大致按照这些简短手稿的写作顺序来编排——除了《自然与心灵讲座的结论》("Conclusions to Lectures on Nature and Mind", 1934, 1935)之外,将其编排在末尾,很明显,它适合放到本书附录的位置。我们将指出,这些较简短的手稿是另一类型的手稿。《作为理解现在的历史学》("History as the Understanding of the Present", 1934)只是一个片段;《历史编纂学的历史和历史哲学笔记》("Notes on the History of Historiography and Philosophy of History", 1936)和《历史编纂学笔记》(1938—1939)两份手稿都不过

---

① 关于这份手稿和一些摘录的更多信息,参见杜森:《柯林武德的未刊手稿》,第303页及以后;泰勒:《文献目录》,第737页。这一文本对于我们认识柯林武德的证据理论、重演理论、情感理论和社会群体理论,以及更一般的历史学与社会科学之间的关系具有特殊的价值。

是柯林武德引导他后来写作所随手写下的笔记;《作为历史的实在》("Reality as History", 1935)是一篇实验性的文章,据柯林武德自己描述,其目的只是为了验证某个假说;《就职演讲:粗略笔记》(1935)是一份公开演讲的手稿,与最后发表的文稿有着很大的差别;《历史学家能够不偏不倚吗?》("Can Historians be Impartial?", 1936)是柯林武德在一个可能会挑起事端的场合给哲学学会的学生宣读的一篇论文;《通向一种形而上学笔记》(1933—1934)是由一个更大的"工程"的简短片段所组成的,不可避免地受到其原初语境遗失的影响。

对于我们所遵循的编辑方针,我们应该给出一个解释。① 我们认为《史学原理》的全部内容最好都能够编辑出版,包括被诺克斯纳入《历史的观念》的部分内容,即题为"证据""自由""头还是尾"的部分内容,以及他所遗漏的那些内容。我们这样做的一个原因是,这将有助于我们在适当的语境,即连续论证的语境中来阅读以前出版的部分内容,例如,我们可以将第二章看作是对第一章的修正或扩展。② 另一个原因是,重新发现的诺克斯曾利用过的这两个章节的文本与《历史的观念》中出现的部分细节有所不同。这种差异引发的一个问题,我们将在第九节中重申:就我们现在已经熟悉的这个文本而言,诺克斯在什么性质和多大程度上做了编辑性的更改?我们还可以补充一点,就如现在所发现的那样,手稿是从第二章开始的——或者更确切地说,从柯林武德对第一章进行总结的中间部分开始,不幸的是,诺克斯忽略了这一点,所以我们就有必要将其重新编辑为第一章,即现在呈现在《历史的观念》"后论"中的"历史的证据"这一节,尽管它也很有可能与原初的手稿不一样,但原初的手稿丢失了。更不幸的是,第一章前半部分的总结并没有在新发现的手稿中找到。

我们还应该对我们决定出版本书的材料做点说明,这些材料几乎

---

① 关于正字法等规则,参阅最开始的"编者手记"。
② 相应的益处在于,《历史的观念》的读者可以将其与原初的"形而上学后论"(即现在《历史的观念》"后论"中的第四、五、七节)放在一起对读,即想象性地切除诺克斯从《史学原理》中添加的片段以及他重新收录的柯林武德的两次公开演讲。

不可能会被认为是最后的形式。《史学原理》的手稿也是如此,尽管柯林武德是想要为了最后出版才写作的;对于简短的手稿来说更是如此,在柯林武德死后出版这些不完整和可能有缺陷的作品,也许会显得更加困难。柯林武德本人似乎不可能支持发表本书收录的所有文本。然而,他并没有明确指出在他去世后可能发表或不发表的内容。事实上,他对此颇为矛盾,他曾告诉一些人,他希望销毁他所有的论文,而又告诉另一些人,他不反对出版任何被认为具有临时兴趣的作品。① 柯林武德留下了一份具体的授权书,只要他妻子认为合适,那么就可以出版他已经完成的《史学原理》手稿。两代人之后,柯林武德出版的和未出版的、成熟的或探索性的著作,都构成了英语世界历史哲学所拥有的最丰富的资源。我们认为,到目前为止,我们应该允许这些手稿在实际使用的范围内由读者来自行判断,尽管存在一些粗糙和矛盾之处,但它们能够最好地促进相关主题的研究,并进一步阐明柯林武德思想的意义及其发展过程。这就是我们为本书挑选篇目的原则,也是柯林武德家族和牛津大学出版社愉快赞同的原则。

当然,从某种意义上来说,在柯林武德去世后不久,《自然的观念》和《历史的观念》的出版工作就被继续推进,而这两本著作都是根据手稿中的讲稿所编辑的,这原则上解决了是否应该选择柯林武德未发表的著作在他死后出版的问题。此外,如果当时诺克斯不反对这个想法,柯林武德的手稿很可能还会继续编辑出版。② 自 1978 年以来,这些手稿一直未能出版,但可以在博德利图书馆进行查阅。随着研究的不断深入,这些手稿越来越多地出现在公众视野中,人们在论文中大量引用了这些手稿,其中涉及柯林武德思想的各个方面。③ 在我们编辑的这

---

① 更多细节,参见戴维·布彻:《〈史学原理〉和〈自然的观念〉的宇宙论结论》(D. Boucher, "The Principles of History and the Cosmology Conclusion to The Idea of Nature", *Collingwood Studies*, 2 [Swansea, 1995]),第 141—146 页。
② 戴维·布彻:《柯林武德〈史学原理〉一书的重要意义》,第 311—312 页。
③ 参见杜森:《历史学作为一门科学》,第 127—199 页;以及泰勒的评论,见泰勒:《文献目录》,第 51—84 页。

个文本中,连同《史学原理》的手稿,柯林武德的一些更为随意的作品只是向更广泛的读者开放了,而它们已经为一些研究人员使用了一段时间。

四、证据与解释

我们要讨论的四个议题中的第一个议题,是柯林武德关于历史学与证据的关系的概念。他在《史学原理》第一章中对这一问题的看法,已经成为所有了解他的历史哲学的人的共同知识的一部分。① 柯林武德在证据与单纯的证词之间划出了一条鲜明的界限:依靠证词的历史记述只是重复、排列和某种程度上从以前的证词中推断出来的历史记述,一直追溯到目击证人的报告;然而,基于证据的历史记述则是从人类过去的现存遗迹中得出结论,有时甚至会超越那些曾经生活在那个时代的人所知道的事情。柯林武德提出这一学说的语言已经被纳入历史哲学家的普通词汇之中。他坚持认为,在19世纪之前的前科学的历史学阶段,几乎所有的历史写作都建立在"现成"(read-made)的知识上,其方法是"剪刀加浆糊"。② 换句话说,柯林武德宣称科学的历史学是自主的;历史学家的出发点不是他的来源报告,而是他自己准备针对来源报告所报告的事实说些什么。③

与这一著名分析相关联的,是柯林武德强调历史思维中系统提问的重要性。在这个方面,柯林武德极力声明历史学与自然科学不同。他有时通过如下宣称来证明这一点,历史学家在回答他想要问的问题之前,任何东西都不能被称为证据。与此相关联的第二个观点是,柯林

---

① 如前所述,第一章的文本与《历史的观念》(第249—282页)的内容是一致的,只有这一章的结语是新的。
② 关于此前的类似表述,参见《历史哲学纲要》(1928),第488页;《历史的观念》,第33、143页;《形而上学论》,第94、235页;《自传》,第79、99、114、131、133、145页。
③ 这一观点也在第一章中出现过,更详细的讨论是在第二章,即柯林武德宣称历史学家的兴趣不是资料说了什么,而是这些资料意味着什么。

武德认为传统上区分书面来源和非书面来源的范畴,对史学理论是不太重要的。因为科学历史学家感兴趣的,并不是证据说了什么,而是可以从中推断出来的东西,所以说,这两种来源都是证据。与此相关联的第三个观点是,如果一个人认为历史学依赖于保存在文件中的现成陈述,那么他就会被蒙蔽,柯林武德宣称任何在此地和此时可感知的东西都可以作为历史学家的证据。正如柯林武德在其他地方所观察到的①,史学史上的一大进步,就是历史学家发现了如何使用一种迄今为止从未被视为证据的遗迹。

然而,如果一个人确切地询问柯林武德,历史学是如何从证据中进行推理的,那么我们说他所否定的东西比他所断言的东西更容易。他否认历史学的推理跟数学和自然科学的推理特征一样是演绎的或归纳的。不过,他认为历史推理可以像数学推理那样是强制性的,不给其他可能的结论留有余地。在这一点上,如果我们提供一个历史学家实际推理过程的例证,可能会更有趣。②

柯林武德给我们提供的是一个关于犯罪侦查的虚构叙述,虽然它在某些方面具有指导意义,但它既没有从调查者的立场详细阐述一系列的推理过程,也没有明确说明如何正确地认为所涉及的任何推论是确定的。事实上,柯林武德本人承认,历史推理与法庭推理之间的类比并不完美,尤其是因为后者通常最终会被供词"确定"。他指出,如果

---

① 参见《历史哲学纲要》(1928),第491页;《历史的观念》,第247页;《自传》,第86页。
② 然而,作为历史学家和考古学家,柯林武德自己的声明有时会暗示他认为某些结论是"强制性的"。例如,他坚持认为,由考古学家吉布森(J. P. Gibson)和辛普森(F. G. Simpson)于1911年进行的挖掘工作,明确地证明了我们现在所说的哈德良长城是由哈德良(Hadrianus)建造的,而不是以前所认为的西弗勒斯(Severus)建造的,并使人们"绝对肯定"它是从2世纪上半叶开始建造的。(柯林武德:《哈德良长城:这一问题的历史》["Hadrian's Wall: A History of the Problem", *Journal of Roman Studies*, 11(1921), 62])他在其他地方这样说道,"哈德良城墙上的堡垒是在建石墙之前建造的,这比以往任何时候都更加确定","这是确定的……安东尼长城最终在公元181年左右被废弃。"(柯林武德:《不列颠的罗马边界》["The Roman Frontier in Britain", *Antiquity*, 1(1927), 23, 28])关于后一项声明,格雷斯·辛普森(Grace Simpson)博士向编辑们指出,柯林武德错误地认为堡垒建于哈德良长城的石墙之前。我们要感谢辛普森博士提供这些信息以及柯林武德父亲所做的挖掘工作的参考资料。

在历史探究中遇到这样的情况,只会进一步引发它自身的真实性问题。①

在重新发现的《史学原理》手稿的第二章中,柯林武德又回到了证据和历史推论的问题。② 更令人惊讶的是,在试图进一步澄清历史证据的性质时,他并没有把重点放在被认为是人工制品的遗迹的事例上,尽管他在侦探故事中强调了从油漆、脚印和诸如此类的东西中可以学到很多东西,以及他在其他地方断言历史探究类似于考古实践。③ 相反,他考察了一种更为传统的历史问题:如何解释一份据称是亨利一世颁发的特许状的文献。④ 他对这个事例的分析与他在其他地方的分析有着很大的不同。其中一个显著的特点就是,他现在声称,他看到了一种恰当的历史思维的理论与他两年前在《艺术原理》中所提出的语言和想象的理论之间的联系。

根据柯林武德的说法,一位试图解释亨利一世特许状的历史学家可能会涉及四种问题,这些问题确定了历史学家在试图利用潜在的证据时,可能需要运用的四个层面的思想。首先,如果文件是原始文件的副本,历史学家必须考虑它是否是真实的副本;第二,历史学家必须让自己确信,原始文件是它所宣称的那样,而不是伪造的;第三,历史学家必须能够读懂它,并找出它所说的内容;第四,历史学家必须根据他自

---

① 在《就职演讲:粗略笔记》中题为"历史学与侦探"的部分,以及《历史编纂学的历史和历史哲学笔记》中题为"关于证据和确信的笔记"的部分,也涉及了与犯罪侦查的类比。
② 他这样做的表面理由是,为了考虑其指定的主题,即历史探究的对象,必须首先更深入地探究历史方法的性质,这是基于这样一个原则:决定一种探究类型的主题的是它所带来的方法,而不是相反。在第三章第五段的"自由"这个部分,柯林武德又回到了主观性历史与客观性历史之间关系的讨论(另见《历史哲学纲要》[1928],第429、434页)。在《历史的观念》(第212—213页)中,柯林武德采取了几乎相同的路径,但更加小心谨慎。他至少准备考虑这个问题,即历史学家实际使用的方法是否涵盖了与其主题相适应的整个领域。
③ 在《历史哲学纲要》(1928)(第427、490—492、496页)中,柯林武德甚至把考古学——显然从广义上来讲——称为历史学的"经验性的方法论";在《自传》(第24—26页)中,他将其描述为一般的历史思想和历史知识的"实验室"。柯林武德关于历史学与考古学相关性的论述,进一步参见《自传》,第82、108页。
④ 柯林武德将他的分析隐含地扩展到了物质性证据的引用。

己确信的想法来确定它的含义——原始文件的作者在发布它时,想要达到的目的是什么。柯林武德认为,第一层面的思想,需要的是一种实务判断。第二层面,是文本的学术训练。然而,在这两个层面上的任何一种思维都不能被严格地描述为历史思维:什么事情发生只不过是历史思维的预备阶段。即使在第三层面,也不存在真正的历史判断。历史学家所需要的是一种感性的技能,即阅读一种思想表达的能力。只有在第四个层面,当历史学家探究他所读内容的含义时,才可能会出现全面的历史思维。因此,就亨利一世特许状而言,历史学家在第三层面上确定他面前的遗物给予某些臣民某些特权:这就是他面前的遗物所说的。在第四个层面,历史学家发现国王如何通过这种方式寻求自己的目的。①

  柯林武德坚持认为,第三个层面的历史判断不是推论性的。这一说法适用于《艺术原理》中关于语言理解方式的理论:理解某人所说的话,涉及"把他人说的话在你自己身上唤起的观念归属于他,这意味着把这些话当作你自己的话来对待"。② 这种领会是直接的,而不是推理的问题。然而,这种对语言理解的解释并不意味着对历史证据的解释完全不是推论的——这一立场与柯林武德在第一章中那么强烈地肯定,以及他在第二章的其余部分继续肯定这一点存在着明显的矛盾。③ 第四个层面的判断作为整个历史思维不可或缺的一个组成部分,仍然是推论性的。但是,如果争辩说推理只是发生在第四个层面,这就会产生一些问题。

  其中一个问题是,对历史学家诉诸证据的方式进行更为复杂的分

---

① 我们可以在《历史哲学讲稿》(1926)(第 377、382 页)中粗略地看到第三层面和第四层面的解释之间的区别,柯林武德并没有考虑到文件暗中授予特权是否是有效的,这个问题可能会迫使他进一步详细阐述第三层面与第四层面的思想之间的关系。
② 柯林武德:《艺术原理》,第 250 页。
③ 在他所说的许多其他方面,也存在着历史推论和证据解释之间的矛盾,参见《历史哲学讲稿》(1926),第 382、407 页;《历史哲学纲要》(1928),第 435、483 页;《自然与心灵讲座的结论》(1934),第 38 段;《历史的观念》,第 234、282 页。考古学作为历史学的经验方法论的观点,关键在于从证据中得出推论。

析,如何与柯林武德声称的历史学家的结论可以跟数学家的结论一样确定关联起来。很显然,在这个四层面的图式中,第四个层面所断言的真取决于第三层面所断言的真。第三个层面的解释所提供的,实际上是第四个层面得出的推论的前提。但是,在《艺术原理》中,柯林武德否认了对他人的思想表达的解释能够获得确定性。① 如果第三个层面的声明必须保持不确定性,那么这种不确定性肯定会影响到历史学家从第四个层面所做的任何推论。② 可以想象的是,柯林武德在第四个层面所要求的推论是相对于第三个层面的前提而言的确定性。但是,如果这就是他的立场,他实际上所说的话几乎没有对此做出任何暗示。

这一问题导致了其他一些问题。如前所述,在第一章中,柯林武德对于一个卓越的历史推论可能是什么样子几乎没有正面的评论。柯林武德强调了提问和证据对于历史学的重要性,但是,没有迹象表明历史学家已经拥有从前提到结论的第三种逻辑路径,它与柯林武德所否认的演绎或归纳的推理路径截然不同。柯林武德在第二章中所说的,历史学家的想象在这里也扮演着一个角色是更为复杂的问题。在《艺术原理》中,对思想表达的解释,即对语言的理解,被描述为一种想象性的工作。③ 因此,我们似乎有理由得出这样的结论:在第三个层面,替代推论而发挥作用的是一种历史想象。但在第二章中,第四个层面的历史思维也被描述为一种想象性的工作。由于这个层面也涉及推论,就很难说是同样意义上的想象。人们可能希望柯林武德继续将他在《史学原理》中所说的关于历史想象的角色,与他在就职演讲④和本书中标题为"插入式想象"(The interpolative imagination)的就职演讲草稿中简短而有力的说法联系起来。据说,一种构造性的历史想象是通过资料来源、批判性分析和某些先天原则所需要的推论(虽然没有得到"证实")的相互作用,对过去的一部分的"构图"进行越来越详细的描

---

① 柯林武德:《艺术原理》,第 251、309 页。
② 参见《艺术原理》,第 17 页,柯林武德在此形象地说明了这一点。
③ 柯林武德:《艺术原理》,第 225、251 页。
④ 柯林武德:《历史的观念》,第 241 页及以后。

绘。但是,即便在柯林武德为《史学原理》所写的计划中,当然也是柯林武德在第二章所采用的方法,似乎也没有什么地方可以看到历史构造运作的方式。①

我们还需要追问的是,柯林武德的四层面分析是否像他所认为的那样,便于普遍的应用。如前所述,他在讨论这四个层面的过程中所使用的事例是最合理的,即对一份文献的解释。然而,柯林武德继续明确地说到,他认为同样的理论可以适用于那些使用物质证据的事例。例如,对他称之为海布里的一个假想的古遗址的过去的重建,历史学家在这里没有任何文献证据可用,而只能使用考古学的方法。在他对此事例的分析中,关于前两个层面的解释很少,而且很难看出它们是如何运用的。即使是第三个层面的解释,如果不做很大的扩展,我们也很难看到它是如何运用的。正如柯林武德所认为的那样,连接的环节就是所有的人工制品都是关于过去思想的表达,因此都具有语言的"性质"。但是,他认为他想象的这个三角形物体可以被认定为织布机的砝码,这实际上是在"说"什么呢?这样来认定的话,它们的发现肯定支持柯林武德的结论:制造或使用它们的人一定是织布工。但它们是否说了亨利一世特许状所说的一切?这里有比隐含的重言逻辑或有趣的类比更多的内涵吗?②

五、扩大研究主题

虽然柯林武德在进一步发展他的证据理论时与第二章中所宣称的

---

① 虽然柯林武德没有充分地展开想象与推论之间关系的讨论,但早有证据表明,他打算把"历史想象"和"历史证据"中所做的分析结合在一起,他后来将其添加到了《历史哲学纲要》(1928)中的"待处理"目录中。其中之一是"历史想象"(即对历史推论本质的更深入研究)(《历史哲学纲要》[1928],第437页),因此,"历史想象"可能被理解为对历史推论的一种隐含的讨论。我们可以看到,这种想象性的论证和推论性的论证相结合的观点,是查尔斯·皮尔士所设想的"溯因"概念的典型特征:他也称之为"假设性的推论"(参见杜森:《"丢失"的柯林武德〈史学原理〉手稿》,第48页,注释33)。
② 如果某个物体被视为织布机的砝码,那么确实可以得出结论:它们是织布的人所使用的。但是,这个陈述显然是重言式的,而且,实质性历史推论的强制性质仍然是模糊的。

目标有所偏离,但他却是为了表明历史的研究主题是人类的行动,res gestae[活动事迹]①;而且,由于行动在意向性的意义上是行动者思想的表达,所有的历史就都是思想的历史。② 对于将历史学的恰当研究主题限定得太过狭窄所可能招致的质疑,柯林武德含蓄地以三种方式予以回应。③

首先,柯林武德认为,尽管将历史学看作是对被理解为思想表达的行动的研究,意味着它将关注人类理性的展示,但是,它的研究主题可以包括人类非理性的事例。柯林武德重申了他在《历史的观念》和其他地方所表达的人性观点,他承认理性是人类所拥有的一个相对薄弱的工具,人类很少以完全理性的方式行事。④ 作为对人性的真实情况的评论,这几乎没有异议。然而,更棘手的问题是柯林武德坚决主张,历史学并不只是关注"精神"(psyche)——由知觉、情感、动物欲望等组成的心灵"领地",非理性行动也属于心灵的恰当对象,因此,它们完全在历史学家的兴趣和技术范围之内。柯林武德观察到,在理性缺失和坏的理性之间存在着差异。⑤

那些认为柯林武德把历史学的研究主题限定得过于狭窄的人——因为它似乎排除了人类生活中完全理性之外的所有东西——会欢迎这种直截了当的相反声明。但是,柯林武德在这方面的简短评论留下了一个尚未解决的重要问题。如果柯林武德一直在讨论,就像他的计划

---

① 这一声明也出现在《历史的观念》(第 9 页),1940 年柯林武德很可能修订了 1936 年讲稿中的部分内容。
② 另参见《历史的观念》,第 216 页;《自传》,第 110 页。如果这里的思想是柯林武德在《历史的观念》(第 308 页)中所谓的"反思的"思想,那么历史学的研究主题似乎更加狭窄,令人难以接受。但是,关于他在那里所说的"反思的"思想,人们有相互冲突的解释。参见戴维·布彻:《新利维坦》(增订版),第 xxvii 页及以后;W. H. 德雷:《作为重演的历史学》(W. H. Dray, *History as Reenactment*, Oxford, 1995),第 110 页及以后。
③ 关于本节中的主要观点,更详细的考察参见德雷:《扩大历史学的研究主题》(W. H. Dray, "Broadening the Subject-Matter in *The Principles of History*", *Collingwood Studies*, 4 [1997]),第 2—33 页。
④ 柯林武德:《历史的观念》,第 41、116、227 页。
⑤ 关于这一立场的相似方法,参见《历史的观念》,第 116 页。

显示的他将在这一章中所做的那样,只有能够重演的过去思想才是历史学恰当的研究主题,那么人们也许会期望他会继续给我们做出解释,如同理性的思想一样,非理性的思想如何能够被重演。无论如何,我们很难看出他将如何做到这一点,因为通过重演所获得理解的观念通常被这样解释,即涉及将一个有效的实践论证归因到某一行动者,它要求实施该行动。① 当然,存在不同类型的不合理行为。柯林武德在《自传》中讨论过一个颇具争议的话题,他指出重构那些由于错误理解他们的处境而导致行动失败的行动者的思想是困难的。② 如果我们能够获得充分的证据来证明行动者构想他们情势的方式,似乎没有理由从重演这个观念本身,得出不合理的行动在此意义上不能被重演式地理解的原因。如果不合理的行动不仅没有被充分地告知,而且混乱或不合逻辑,那么在此意义上,宣称对此行动进行重演地理解则完全是另外一回事。因为这样的行动不会展现出任何有效的论证来获得重演。③ 因此,如果柯林武德在这里提出的历史学家的研究主题的扩大被无条件地接受,那么可能需要对重演的观念进行重大的修订,而目前还不清楚这将会是什么样子。

人们普遍认为,扩大历史学家的研究主题的第二个方式,是由柯林武德所说的某些类型的情感与人类行动的关联性来实现的。长期以来,人们对他的历史观不满的一个原因是,他除了把单纯的感受和纯粹的动物活动排除在历史学家的兴趣领域之外,还排除了人类的情感活动。但是,柯林武德对这个问题的立场似乎并非完全没有歧义。例如,他在几个地方指出,历史探究所涉及的是"最广泛意义的"思想,在其

---

① 参见雷克斯·马丁:《历史解释》(Rex Martin, *Historical Explanation*, Ithaca, NY, 1977),第 95 页及以后;德雷:《作为重演的历史学》,第 55 页及以后;海基·萨里《重演:柯林武德历史哲学研究》(Heikki Saari, *Re-enactment: A Study in R. G. Collingwood's Philosophy of History*, Åbo, 1984),第 108 页及以后。
② 柯林武德:《自传》,第 70 页。这个例子所引起的争论,参见赫尔曼·司米森:《论理解灾难》(Herman Simissen, "On Understanding Disaster", *Philosophy of the Social Sciences*, 23 [1993]),第 352—367 页。
③ 重演的概念将在第 11 节中有更详尽的讨论。

中的一个事例中,他宣称包括"人类精神的所有意识活动"①——这些活动可能包括人类的情感活动;在道德哲学讲稿和民俗学文稿中,他至少表达了他所称的"理性"情感,这种情感凭借恰当的历史方式是完全可以理解的。② 即使在《历史的观念》一书中,他也朝着他现在的学说迈出了一步,正如他赞扬黑格尔所持的观点一样,虽说历史是一个充满激情的故事,但它也是一个为理性服务的激情故事。这至少表明,对于有激情的人,他们所拥有的情感是有理由的(不仅仅是决定性的原因)。③

因此,令人感兴趣的是,在《史学原理》的第二章中,柯林武德明确地将他所称的"必要"情感(essential emotions)纳入历史学家的研究主题,他指的是那些必然伴随着历史学家们将思想赋予他们正在研究的行动的行动者的情感。他举了如下事例。他说,当一名军官在一次战役中建造了一座堡垒,以防范察觉到的危险,我们可以推断,在为这样一种动机而行事时,这位军官感受到了某种情感。当然,他可能感受到很多情感;但在大多数情况下,我们不是对行动者的体验缺乏证据,就是可以忽视这些体验,认为这些体验与建设堡垒无关。遗憾的是,虽然柯林武德给出了他所说的非必要情感(inessential emotions)的事例,但他并没有提供具体的事例来说明他所称的必要情感。也许有人会质疑,从严格的意义上来说,任何情感都与某种特定的行动有着必要的联系。通过对相关概念的分析,我们似乎并没有看到,某些情感必然与某些类型的行动相联系,就像柯林武德在行动和思想之间的关联方面可能会合理宣称的那样。④ 柯林武德在第二章中时而提到的《艺术原理》

---

① 《历史哲学纲要》(1928),第 444—445 页。
② 《道德哲学讲稿》(1933),柯林武德手稿,博德利图书馆,dep. 8, 125;《民俗学》,柯林武德手稿,博德利图书馆,dep. 21,第四部分。首次相关讨论,参见《新利维坦》(增订本),第 xxxv 页。
③ 柯林武德:《历史的观念》,第 116 页。
④ 雷克斯·马丁给我们提供了一些建议,根据所描绘的背景,柯林武德所构想的更可能是一个因果关系,而不是一个逻辑的关系。但他坚持认为,对于柯林武德来说,这几乎不可能意味着把一种必要情感设想为在法则上对所举例说明的那种行动的必要条件。它必须是指在为行动者提供其行动动机的意义上所实施的特定行动所必需的情感,从而在柯林武德认为行动可以单独被引发的特殊非法则意义上成为行动的原因。根据(转下页)

也没有进一步阐明这一点。

然而,即使柯林武德能够确定某些情感对于某些行动是必不可少的,并且历史学家有能力辨别这些情感,这也只能稍微打开一扇门,把人类的情感视为历史学研究主题的一个正当组成部分。因为柯林武德远远没有认识到,人类的情感可能像人类的行动一样,有时能够以它们自己的权利为历史学家提供一个合法的研究主题。例如,柯林武德不会给 1789 年夏天席卷法国社会的"大恐慌"的研究留有余地,而历史学家们常常会发现这是一个既有趣又令人困惑的现象。① 柯林武德是否赋予情感——甚至是必要情感——任何可能的解释角色,这一点也是不清楚的。我们被告知这样的情感可以从相关的行动中推断出来,但是,没有任何迹象表明它们甚至可能会构成对行动解释的一部分:例如,军官对敌人袭击的恐惧,可以作为他在何时、何地以及如何建造堡垒的一个理由。柯林武德甚至没有暗示我们,必要的情感,比起任何其他类型的情感,可能被理性地,即重演地解释。因此,尽管历史学的研究主题在这里有所扩大,但似乎是微乎其微,柯林武德的表述甚至是相当武断的。②

(接上页)这种阐释,一种必要情感将是对一个行动的真正非法则解释的必要组成部分(马丁称之为"连带原因"[contributory cause]),以及对于某一给定的历史而言,如果行动本身被认为是恰当的主题,那么它就是恰当的研究主题。我们可以注意到,这一问题的解决办法是将必要情感纳入历史学家的研究主题,就像任何其他行动的理由一样,包括行动者对自身情势的感知,可以同等地被称之为必要感知(essential perceptions)。

① 参见克莱恩·布林顿:《十年革命》(Crane Brinton, *A Decade of Revolution*, New York, 1934),第 35 页。

② 在柯林武德的心灵哲学和历史哲学中,他不仅对情感与(理性)行动或思想之间关系的分析不够明确,而且对情感与感受(feeling)之间关系的讨论也不清晰。例如,在《宗教与哲学》(第 10 页)中,情感与感受是相提并论的,并且柯林武德认为情感应该与其他的心灵能力密切相关。然而,在《艺术原理》中,柯林武德明确区分情感与感受:感受属于心理学家研究的心理层面(第 164 页),而思想和情感被认为是相互关联的(第 266—267 页)。在《新利维坦》中,感受被称为心灵的"属地"(第 18 页),"任何形式、无论高度发展与否的意识"的对象,它的直接对象"总是带着一种情感负荷"(第 25 页)。关于这一主题的讨论,参见明克:《心灵、历史与辩证法》,第 92—106 页;杜森:《历史学作为一门科学》,第 262—266 页;以及德雷:《扩大历史学的研究主题》,第 8—15 页。

柯林武德在本书第二章中所做的工作，可以看作是努力扩大历史学家恰当研究主题的第三种方式，这是他在最后一段中所总结的、对构想为一种特殊类型的历史学的传记的攻击所提示的，这个攻击相当苛刻，就像柯林武德对心理学可以构想为一门心灵科学的攻击一样，经常遭人诟病。① 在《历史的观念》"后论"部分题为"历史学的题材"的一节中，他已经将传记与历史学进行对勘，传记有时被认为是在追溯人类个体的历史，其结构是由生物学要素决定的。柯林武德认为，传记的内容是一些人类有机体的出生、生存和死亡，它倾向于强调那些与生命密切相关的人类体验，尤其是情感，它们与设定其极限的肉体生活息息相关。正如他在一个引人注目的短语中所说：历史的潮流穿过传记"就像海水冲刷搁浅的沉船一样"。② 在《史学原理》中，我们看到了柯林武德如何认为传记偏离历史学本身的一个更加广泛的叙述。他坚持认为，传记通常所包含的大部分内容都不是对思想的表达；即使是表达思想的内容，也不能因为这个原因而将其包括在历史学之内。传记选编的原则是"八卦价值"。或者，更具体地说，传记作者的主要目的是为了唤起读者的情感，特别是那些同情或恶意的情感，柯林武德认为它们与主体的肉体生活紧密联系在一起。③

人们很难抱怨说，柯林武德在这里错误地描述了许多传记的内容，或者说他错误地描述了传记作者的动机。但是，他显然声称自己对传记的论述具有普遍的适用性，这引发了人们对他所说内容的哲学地位的质疑。在早期著作中，柯林武德坚持认为哲学事业不是单纯地报告

---

① 关于这一点，参见本书第二章第七节及以后的讨论。
② 柯林武德：《历史的观念》，第 304 页。关于传记的早期讨论，参见柯林武德：《历史哲学讲稿》(1926)，第 398 页。
③ 他认为，传记作者对劝诫和道德指导的歌颂与他在《艺术原理》中所说的娱乐艺术和魔幻艺术形成了对比，这取决于其目的是否为了激发情感，以便在审美体验中释放它，或者把它囤积起来，以推动现实生活(《艺术原理》，第 57—104 页)。参照此目的，我们能发现在娱乐传记和魔幻传记之间也有类似的区别。

经验事实，而是要明确一个研究主题的普遍性和必要性。① 当他指出传记的整体结构时，认为由于其是由生物学决定的，因而不属于历史学的工作范围，他显然仍是在哲学任务的概念之内进行讨论的。但是，当他坚持认为传记**必须**由八卦价值来决定时，却没有提供一个类似源自传记观念本身的理由，这他显然超出了哲学概念的范围。②

然而，对于我们当前的任务，令人更感兴趣的是柯林武德论述传记这一部分不同寻常的意外结局。他认为，摒弃传记是历史学的一个分支的声明将有助于消除一种普遍的错觉，即历史实际上是无数传记的总和，由此它与关于某些特定个人过去所做的事情的知识联系在一起。对此，他回答说，尽管历史与思想有关，但历史与"那些思考它的人的名字无关"。这作为一个提醒可能是有益的，历史可以是关于无名人士的思想，例如，一名工会成员，或者伊丽莎白女王的侍从。但是，历史学家确实有时需要将思想归于可识别的个人，正如柯林武德自己所写的罗马不列颠历史精彩展现的那样。③ 这意味着，作为对过去思想的叙述，一种观念性的历史根本不会提及人类个体，充其量只是对一个有效和重要的观点的夸大：即使没有确定的个体思想者，历史学也可以是关于思想的。然而，与柯林武德所说的在历史学中为非理性和情感找到一席之地不同，即便为无名者找到这样一个位置，也需要相当大地扩展历史学家的研究主题，而这一观点也经常被归功于他。这至少清楚地表明，如果从一个引人注目而非精心构思的论证来说，柯林武德远非

---

① 参见柯林武德：《某某哲学，特别是历史哲学的观念》("The Idea of a Philosophy of Something and, in Particular, a Philosophy of History", 1927)，第352—357页，柯林武德在这里将经验的分析与先验的分析进行了对勘。
② 人们不禁要问，柯林武德是如何将目前的分析应用到他自己的《自传》之中的，其中包含了许多令人产生共鸣的声明，而且显然有意让世界变得更好。柯林武德在《历史的观念》(第219页)中似乎假定了一本经过充分研究的自传的历史性。
③ 在发表于20世纪20年代的一篇文章中，柯林武德本人基于斯宾格勒缺乏历史知识而驳斥了他的一个预言，即在欧洲文明的后期阶段，新的恺撒会出现。这不是因为斯宾格勒预言了未来，而是他说不出谁将是新的恺撒。参见柯林武德：《奥斯瓦尔德·斯宾格勒和历史周期理论》("Oswald Spengler and the Theory of Historical Cycles")，载《历史哲学论文集》，第69页。

一些批评家所认为的那种极端的方法论个人主义者。①

六、人类的历史与自然的历史

在本书第二章第四节中,柯林武德继续指出,历史学家的研究主题并不仅是人类行动,而是在过去被实施的人类行动。换言之,它是关于事件的,某种特定类型的事件,每个事件在时间尺度上都有一个确定的位置。② 然而,自然科学也是如此。柯林武德认为,现代历史学与现代科学之间的这种相似性,促使像怀特海和亚历山大这样的宇宙论学家和科学哲学家去寻找它们之间更进一步的相似之处。在一篇题为《事物的历史性》("The Historicity of Things")的文章中——这篇论文给柯林武德留下了深刻的印象(同时也让他担忧),他在写作中多次提到这篇论文③,亚历山大坚持认为,现代物理学强调"过程",强调其研究主题的"时间性",这使得它越来越像历史学。由于它们研究主题的共同的"历史性",以及历史学家在研究变化方面有着源远流长的技艺,科学家们可能需要从中学习很多东西。在亚历山大看来,科学真正的"女主人"并不是物理学,而是历史学。自 17 世纪以来,所有的探究模式都应该以自然科学为模型,这一主导地位发生了显著的反转。不过,对于历史学家来说,这可能是一种恭维,尽管他们不想断然拒绝这一观点,但柯林武德觉得有必要抵制它,事实上,他想对此提出反对的理由。④ 因为他将其视为一种思维方式,认为它可能会危及最近崛起的

---

① 多纳根称他是"在这个争议性的术语中最强意义上的"方法论个人主义者,参见艾兰·多纳根:《柯林武德的后期哲学》,第 206 页。
② 正如《历史的观念》(第 214 页)所述,柯林武德并不是将行动与事件对立起来,而是将其与"单纯"的事件区分开来。在《史学原理》中,柯林武德阐明了这一区分。
③ 参见柯林武德:《历史的观念》,第 210 页;柯林武德:《作为历史的实在》(1935),第 1、5 节;柯林武德:《自然与心灵讲座的结论》(1935),开头部分。柯林武德曾在克利本斯基和帕顿将其收入《哲学和历史学》(第 11—25 页)之前看到这篇论文。
④ 正如他对老虎和女人的形象所暗示的那样,他认为这种新的、表面上无害的"吞噬"历史学的尝试,甚至比那些更古老、更邪恶的"老虎"更危险。

历史学所取得的成熟和自主的学科地位。

　　柯林武德对亚历山大的论文的最初反应是毫不妥协的抵制：即使自然可能展现出过程，但它没有历史。他承认自然科学在当前的发展阶段，可能表现出许多历史探究的标志，例如，它可能会追踪发展，讲述故事，划定时期，发现起源。但是，柯林武德把所有这一切看作是单纯的年代记。他指出，即使自然科学家把其研究主题当作过程来看待，自然科学中也没有任何东西与历史学家通过"阅读"现存遗迹获取其含义，并以此来确定过去事件所表达的思想是一致的。自然科学根本不可能在历史学家的意义上使用"可读"证据的概念。柯林武德通过对比地质学家和考古学家在一个被毁遗址上重建过去一段时间发生的事情所采取的方法的差别来强化这一立场。他认为，两者都将使用地层学的方法来得出他们的结论，但是，只有考古学家（对于柯林武德来说，考古学家确实是特殊的历史学家）会把所发现的材料当作语言来对待。①

　　就此而言，这是可以接受的。但柯林武德的一些声明似乎把他的论点推得太远了。他已经阐述了人类历史与任何像亚历山大这样的人可能称为历史的自然过程之间的重要区别。但这仅仅表明，任何被称为自然历史的东西都会与人类历史至少有一个显著的不同之处，这并没有表明不存在任何所谓的自然史。② 当柯林武德将自然史看作是"单纯的年代记"，仅仅是真正历史的"骨架"时，这一点就被遮蔽了。在他看来，我们不能够像在历史的思想中发现一种可理解性那样，去追踪自然研究主题中的变化和发展的可理解性。因为人们对自然世界之变化的一个科学记述通常比"单纯的年代记"要多得多，正如柯林武德本人在他讨论历史的著作中的其他方面所承认

---

① 用稍微不同的方式来描述这两种方法的区别，参见柯林武德：《历史的观念》，第212页；柯林武德：《自传》，第107—108页。
② 当然，这里所说的自然历史，并不仅仅是基于分类和观察意义上的归纳科学（例如，初等植物学），而更像是地球表层变化的历史，或者生物物种演化的历史。

的那样。①

事实上,柯林武德并不是不了解自然的历史,也并非没有提出任何理论来解释一系列可理解的自然事件与一系列单纯的自然事件之间的区别,他似乎至少提出了两种理论,彼此之间并不明显相容。在《作为历史的实在》这份手稿中,柯林武德首先勾画了一种历史观:不论是处理人类还是处理自然的研究主题,在研究事件的过程中能够找到可理解性,找到实际上的必然性,这可以通过一种完全个体化的判断来辨别。② 只有在他的分析接近尾声的时候,他才继续观察到,虽然所有的历史都显示出某种意义上必然的序列,但只有人类历史具有表达思想的进一步特性,这就使得它能够独特地表现出理性的必然性。在其他著作中,柯林武德似乎很满足于这样一个说法:当一个探究涉及自然的研究主题,就像实证主义者理解个体序列那样,首先发现这些个体序列的事实,然后将这些事实纳入规律之中。③ 这两种关于自然史的可理解性的观点中,第一种观点显然是有争议的。但是,其可接受性并不是这里所讨论的问题。重要的是,柯林武德不需要提供,在其他一些情况下,也没有提供只在通过所表达的思想来获得可理解性的序列与由一个接一个不可理解的事物所组成的序列之间进行选择的方案。

在《史学原理》中,柯林武德对所谓的自然历史的事例分析并没有

---

① 例如柯林武德:《历史哲学纲要》(1928),第 474 页;《历史的观念》,第 115 页;柯林武德:《自然与心灵讲座的结论》(1934),第 39 段及以后。在讨论历史的哲学著作中,柯林武德经常把自然历史作为一个稻草人来攻击,认为其背离了自己对人类历史的观点,结果就是自然历史本身并没有得到很好的考察(《历史哲学纲要》[1928],第 445 页)。然而,在其他地方(例如在《通向一种形而上学笔记》《自然与心灵讲座的结论》《历史的观念》中),他又更深入地考察了自然历史的特征。
② 在《作为历史的实在》第三节中,柯林武德阐述了一般意义上的历史学,它是指任何个体化但可理解的随时间而发生方向性变化的概念,这是广义的历史学,而不是柯林武德式的人类事务的历史所例证的狭义的历史学。然而,在许多情况下(例如《历史的观念》,第 216 页),柯林武德都是在狭义上来界定历史学这个术语的。
③ 参见柯林武德:《历史的观念》,第 214 页;柯林武德:《历史哲学论文集》,第 27、32 页;柯林武德:《作为历史的实在》,第三节。

使用贬义的"伪历史"一词。但是，他在《史学原理》的"写作计划"及其为之准备的《历史编纂学笔记》中却是这样做的。① 因此，值得指出的是，除了偶尔的失误，他通常所说的伪历史，并不只是对那些没有思想表达的序列的描述，而是那些考虑到其研究主题的性质，**应该能够识别出来却没有识别出这些思想表达的序列的描述**。例如，社会和文化的变化被描述为貌似是一个自然的过程，就属于这种情况。② 这样的描述被恰当地称之为"伪"，因为它们假装以一种恰当的方式使一个过程性的研究主题变得易于理解，但却没能做到这一点。在后一种情况下，也就是柯林武德最为关心的那种情况下，谈论伪人类历史可能不那么容易产生误导。这表明，这里的部分问题是他倾向于在两种不同的意义上使用"历史"一词，一般也没人注意到这一点：狭义的"历史"只适用于他构想的人类历史，而更广义的"历史"适用于任何使随着时间而产生的个体性变化变得可理解的尝试。

柯林武德对自然历史可行性的讨论的有趣之处在于，他曾一度坚持认为，任何自然历史书写都必定不是真正的历史，因为就像哥白尼革命之前的人类历史一样，它只能使用剪刀加浆糊的方法。③ 但是，他在1934 年的《自然与心灵讲座的结论》中却揭示了这样一个奇怪的观点，他将生命出现之前的自然世界称为"自然进化的一个真正的过去阶段"，物理学家从现在的物理残骸中重建了这个阶段，"就像外科医生

---

① 另见柯林武德：《自传》，第 107 页，柯林武德在此明确是指地质学、古生物学和天文学，只要它们呈现为记述的形式。在《历史的观念》（第 212 页）中，柯林武德更模糊地将地质学称之为"准历史学"。

② 例如，参见第七节关于柯林武德对自然主义历史编纂学攻击的讨论。在《历史的观念》（第 223 页）一书中，柯林武德指责斯宾格勒将"文化"看作像是"自然产品"一样，即把人类历史当成好像是自然历史一样来写。

③ 如果柯林武德想到了"剪刀加浆糊的历史学"的原初描述，这将意味着自然历史必然会建立在证词而不是证据之上，正如柯林武德在《史学原理》第二章第八节中所假定的那样，他将传记批判为剪刀加浆糊的事不再是可以接受的。他在这里所说的有道理的一点是，自然历史不会（也不能）将过去的事件解释为思想的表达。然而，在后一种观点与前一种观点相联系的情况下，有两个不同的问题是混淆的：声称什么类型的事物（某一事件表达了某种思想）和它是否真实的可能性（这取决于是否引用了单纯的证词或者可靠的证据）。

从现在的身体状况重建了过去的阑尾炎发作这个阶段一样"。柯林武德在这里强调了人类历史与自然历史之间真正的相似之处：它们都是从目前所感知的东西中重建过去。① 当然，差异在于双方重建的性质和追求的可理解性的类型是不同的。在这样的段落中，柯林武德并没有被他保护人类历史免受仅适用于自然科学的思想模式污染的决心所驱使，他能够严肃地对待自然历史，将其本身看作是一件有趣和有价值的事情。然而，在他的大部分关于历史学的著作中，自然科学的研究人员发现自然的过去历程之方式并不是他的核心兴趣所在。这是令人遗憾的，因为通过比较和对比，仔细地阐述一种柯林武德式的自然历史的理论，可以进一步阐明柯林武德对人类历史的本质的描述。

七、历史的自然主义

在《史学原理》的第三章中，柯林武德分析和讨论了历史的自然主义——这是他反复关注的一个问题，比他在其他地方所做的讨论更加广泛和系统化。② 他首先区分并分别讨论了自然主义假设可能扭曲历史学家工作的两种方式。正如他在"写作计划"中也提到的那样，他们通过用自然事实取代应当成为调查对象的历史事实来做到这一点，或者通过承认历史事实，但将自然事实作为历史事实的原因来做到这一点。第一种可供替代的方案表现在自18世纪以来的一种需求中，即历史学要么转化为一种真正的人性科学，要么被一种真正的人性科学所取代。这门科学不仅可以记录，而且能够解释所发生的事情，也许是根据人们所发现的各种人类的典型特征来做到这一点。第二种可供替代的方案以历史解释的环境方法为代表，它将历史学家的发现追溯到现

---

① 《自然与心灵讲座的结论》(1934)，第39节。还有其他重要的相似之处：证据（不管是否使用了这个词）的概念在一个精心构思的自然历史理论中应该具有合法的地位，就像一些结构概念，比如时期、阶段或情节，这在柯林武德关于历史叙事的初步表述中也有体现。

② 与此同时，他考虑了历史学与自然科学之间的某些关系，从而预测了本书第二部分第一章的中心主题，即历史学与自然科学之间是不可化约的。

有自然科学(如地理学、气象学或植物学)研究的外部条件。柯林武德认为,这两种方法都误解了历史学家所关心的"事实"的性质:他们把历史事实当作貌似的自然事实来看待,当作只是简单的报告、组织和理论化的事情。

在一个有趣的小插曲中,柯林武德扩展了《格列佛游记》中的故事,提供了一个虚构的例子,认为一门按照自然主义来构想的人性科学注定会偏离它的目标。在这个例子中,研究对象是特定群体某一部分人所欣赏的音乐,而研究音乐的科学方法仅限于调查人员通过衡量听者身体变化所能发现的东西。显然,这样的调查研究将不会发现任何类似于历史学家——他们总是试图辨别某些事件所表达的东西——称之为音乐事实的东西。① 为了找到一个真实而非虚构的同样不合理的例子,柯林武德认为我们只需看看心理学就可以了,这种心理学被构想为一门自然的心灵科学。② 柯林武德在这里的核心论点是,真正的人性科学,如果它真的要处理人类的心理,就必须认真对待思想之自我批判的特质,他坚持认为自然的心灵科学没有做到这一点,而且也不可能做到这一点。一门真正的心灵科学必须是"规范的"(criteriological):注重人类行动所表达的价值。这是传统心灵科学(诸如逻辑学、伦理学、美学或经济学)长期以来所研究的领域,而心理学认为自己正在取而代之。③ 柯林武德指出,这正是自然主义的心灵科学的整个纲领中的一个潜伏的矛盾。虽然心理学祈求成为一门自然科学,公开放弃了被视为规范应用的人类行动研究,但它在其自身的探究中必然沉溺于同

---

① 音乐的调查人员能够听到声音,但不能掌握它们的音乐意义,甚至无法对真正的音乐事实(例如杂音的排除、主调的转换、主题的复调)提出规范性的或者其他形式的问题。如果这样来表述,柯林武德的主要观点在这里可能更为清楚。
② 依照类似的方式讨论心理学,参见柯林武德:《历史的观念》,第 173、231 页;《艺术原理》,第 35—36 页,第 171 页的注释;柯林武德:《形而上学论》,第 101 页及以后;柯林武德:《自传》,第 92—94、112、116、143 页。另见柯林武德关于社会学和人类学的评论:《作为历史的实在》,第三节。
③ 关于规范科学的概念,参见柯林武德:《史学原理》,第三章第二节;柯林武德:《艺术原理》,第 171 页的注释;柯林武德:《形而上学论》,第 109—111 页。

样规范应用类型的活动,而这些活动按照原则是从它自己的研究主题中排除的。柯林武德这样说,至少部分原因在于,历史事实在一定程度上是由价值构成的。如果是这样的话,尽管柯林武德在这里没有明确指明,但他似乎也承诺了这样一种观点:历史学是一种价值识别,即价值判断的研究。①

柯林武德在反驳第二种自然主义形式的环境方法时,采用了一种较为温和的路线,因为在他看来,人们在寻找超出人性本身的人类行动的原因时,至少提议的是非循环论证的解释。从自然主义构思的人性角度解释人类行动的概念是循环论证的,这是一个相当令人费解的观念。柯林武德大概不想排除通过参考物理条件和法则来解释物理事件——这很像循环论证。然而,柯林武德对依照环境因素来解释人类行动的观念,有另一个更为严肃的保留观点。这一观念很可能错误地表现为:就如环境因素对诸如肤色或性发育这样的身体条件有影响一样,对行动也有着同样的"直接"影响。他坚持认为,促使人类行动的动力,不是自然本身,而是他们根据自己的事业、知识和技术成就水平所造就的自然。② 临近海洋这一自然事实并不能解释生活在海岸上的人们对它的反应;他们将它视为一个障碍还是一个机遇,才能解释海岸上的人们对海洋的回应。不过,柯林武德承认自然条件在解释历史中的行动方面发挥了一定作用,前提是这种解释被认为是"通过心灵"进行的。柯林武德在这里的立场,让人想起他在《形而上学论》中所提出的纯粹必要条件和完全因果关系之间的区别。③ 我们可以换一种方式来表述柯林武德的观点,虽然对人类行动的充分解释需要参照自然环境以及行动者的思想,但应该被赋予原因地位的始终是思想,而不是环境。

---

① 当柯林武德第二次讨论公正性时,即在《历史学家能够不偏不倚吗?》(1936)一文中进一步探讨了这个观念。关于相反的观点,参见柯林武德:《历史哲学讲稿》(1926),第402—404页;柯林武德:《历史哲学论文集》,第76页。
② 进一步的讨论,参见柯林武德:《历史哲学纲要》(1928),第474页;柯林武德:《历史的观念》,第200页;柯林武德:《历史编纂学的历史和历史哲学笔记》(1936),题为"历史效力的观念"的部分;柯林武德:《形而上学论》,第98页。
③ 柯林武德:《形而上学论》,第285—312页。

这一观点肯定会引起争议。例如，人们可能会感觉到，没有充足的理由将其看作是一项普遍的原则，尽管行动者的思想及其意图可能都与所实施的行动的解释有关，但绝不应该将后者视为原因。但是，与柯林武德在这里进一步明显地修正了他的立场所可能引发的反对意见相比，这一批评显得苍白无力。正如他自己所说，迄今为止所提出的环境解释的观点，至少使自然本身在行动的因果关系中起到辅助或背景的作用。他继续坚持认为，即便如此，在历史研究主题下，这也是把更多的精力放在自然上，而把较少的精力放在思想上。因为单纯地相信——即使是错误地相信——自然条件也是作为行动原因的一种特定方式，就像知道自然条件的真实状态一样有效。我们将行动者对条件的认知作为他以某种方式行事的原因，某种程度上保留了这些条件本身的解释性作用，但是，行动者对这些条件的单纯信念却不能够作为他以某种方式行事的原因。柯林武德戏剧化地表达了这一立场，认为行动者如此行动之情势的"硬核事实"完全由行动者的思想所构成。换句话说，情势本身是解释不相关项（explanatorily irrelevant）。① 他通过提出如下问题来阐明这一点：一个被敌人征服的特定人群"必须"屈服于"暴力"，这句话的真正含义是什么？他坚持认为，在这种情况下，所谓的"暴力"只不过是受害者的信念，无论真实与否，他们都不再抵抗。

这一观点显然在很多情况下都是非常正确和重要的，但也有可能出现很多例外情况。一个显而易见的问题是，如果在决定抵抗之后，他

---

① 值得注意的是，我们能够在德国逻辑学家戈特洛布·弗雷格 1892 年的著名文章《论意义与指称》中找到类似于柯林武德的立场。弗雷格在文章中提出，在一个主句中所指的一个从句，包含一个思想作为它的指称，这里讨论的不是后者的真值，而是有关思想的意义。"如果在滑铁卢战役结束时，威灵顿为普鲁士人的到来感到高兴，"弗雷格认为，"他高兴的基础是一种信念。即使他被欺骗了，只要他继续保持这种信念，他就仍然感到高兴；并且在他确信普鲁士人到来之前，他不会感到高兴，即使他们事实上可能已经来了。"参见弗雷格：《论意义与指称》，彼得·吉奇和马克斯·布莱克编：《弗雷格哲学著作集》(Gottlob Frege, "On Sense and Reference", in Peter Geach and Max Black ed., *Translations from the Philosophical Writings of Gottlob Frege*, Oxford, 1970)，第 67 页。

们中的许多人被伤害或杀害,那么他们面临的威胁是真实的威胁还是仅仅被感受到的威胁?这对行动者来说无疑是一件很重要的事情。换句话说,尽管他们对所面对的情势的考虑(后来被发现是错误的)可以解释他们抵抗的决定,但并不能解释他们未能成功抵抗的原因。柯林武德在《史学原理》和其他著作①中都坚持认为,历史学家应该关注的问题,包括意向性的行动是否被成功实施,以及为什么被成功实施。②柯林武德坚持认为行动者的情势完全是由思想构成,他随后似乎对这种考虑做出了一些修正,他补充道,这种思想包括"他自己和其他人的思想"。但这很难解决问题,原因有两个。首先,不是敌人的思想,而是敌人的军刀和火枪将伤害和杀害这些行动者;其次,其他人所表达的思想(即他们的行动)会像自然条件一样,影响一个行动者的可能行动:它们允许或阻止行动者表达自己的意愿。正如柯林武德本人所说,在讨论他对人类自由分析的含义时,行动者必须这样定位自己,使他自己的思想表达融入与相邻思想表达之间的"空隙"中。因此,严格来说,我们很难看出他要减少并消除物理的因果作用的明显意图是如何能够维持的。

所有这一切都开始侵犯柯林武德在第三章结尾以"自由"为题的段落中所写的内容,其中一个版本已纳入《历史的观念》一书的"后论"之中。这里的论证比《史学原理》其他部分的大多数论证更加含混不清。也许最具争议的论点是,柯林武德声称在科学历史学的兴起与人类行动之自由的完全实现之间存在着联系。他坚持认为,在科学历史学的实践之中,历史学家同时发现了自己作为探究者的自由和人类作为历史行动者的自由。他还表示,正如科学历史学家摆脱了自然科学的统治一样,人类历史也不受自然界的支配,据说这一实例化的原则,是他在1920年代的讲座中首次阐述的,并在《史学原理》中以稍有不同的形式加以重申,即历史的主观部分(a parte subjecti)与历史的客观

---

① 柯林武德:《自传》,第70、72页。
② 另见边码第 xxxvi 页注释②。

部分(a parte objecti)必须一致。① 但是,这个相当令人吃惊的声明无疑会在柯林武德使用"自由"一词时带来歧义。以宣称历史探究独立于自然科学这个意义来说,"自由"一词的含义似乎是概念的或逻辑的(即它可以使其研究主题得到正确的理解,而不需要提供科学式解释),以宣称人类历史摆脱自然这个意义来说,"自由"一词的含义似乎是经验的或因果的②(即人类的行动方式不是在法则上由自然原因决定的)。柯林武德本人似乎更关心事先回答另一个可能的反对意见,即人们肯定知道,早在科学历史学兴起之前,人类就已经获得了自由,但根据他自己的说法,这并不会早于 18 世纪。他的许多读者肯定会觉得,他的回应确实是众所周知的,只对少数例外的人,或者对此模糊不清的人,才需要比他在这里所能提供的更多证据的支持。

八、两个片段

《史学原理》手稿第三章总结之后的内容已经遗失。我们只发现两个更短的片段。其中一篇题为"过去",由略多于一页的内容组成,作为第四章的开头。另一篇只写了不足一页,以"历史学与哲学"为题。尽管这两个片段的篇幅很短,但都很有趣。正如柯林武德在"写作计划"中为该章所规定的那样,第四章所考察的内容,并不是科学历史学如何实现心灵的自我认知,而是历史学关于过去的研究。③ 在此前的著作中,柯林武德提出了许多问题,人们本以为他会在"过去"这

---

① 参见柯林武德:《某某哲学,特别是历史哲学的观念》(1927),第 429—430 页;柯林武德:《历史哲学纲要》(1928),第 434 页;柯林武德:《史学原理》,第二章第一节。
② 当然,因果关系是在法则的或实证主义的意义上来说的,而不是在柯林武德看作动机或理由的特殊意义上来说的。参见柯林武德:《形而上学论》,第 286、290 页。
③ 柯林武德在引入这一话题时观察到,对历史方法的持续探究表明,历史学的研究主题并不仅仅是行动(正如柯林武德最初所坚持认为的那样),而且是过去所做的行动,因为历史学家所解释的是痕迹。另见柯林武德:《史学原理》,第二章第四节。以不同的论证方式得出相同结论的相关讨论,参见柯林武德:《历史哲学纲要》(1928),第 439 页。

样的标题下进一步深入探讨这些问题。比如,人们期望柯林武德扩展他在 1926 年的讲座中首次阐述并且从未完全放弃的观点:过去并不是实在的,而只是观念的。① 又比如,人们期望他进一步阐明历史学家——正如他在《历史的想象》一文中所坚持的那样——必须将关于过去的先验观念带到他们的工作当中。② 再比如,人们期望柯林武德再次考察早先提出的历史学家所构想的过去与历史学家自身似是而非的现在(被认为拥有一定的绵延时间)之间的区别。③ 此外,人们期望柯林武德会再次辩护这一观点:过去在确凿地可追溯的意义上是"必然的"。④ 相反,柯林武德开始朝着一个在早期著作中没有出现的方向出发,尽管他在《历史编纂学笔记》的"伪历史"这一节中对此有所预示。柯林武德坚持认为,历史探究并不是关于有时被认为是为了"纯粹历史兴趣"这个意义上的过去,好像历史的就是遥远的,与日常生活的迫切需求隔绝开来。更具体地说,历史学家所构想的过去与被视为逃离现在的过去没有任何关系:这种过去可以被称为"情感的过去"。柯林武德使用一种让人回想起迈克尔·奥克肖特的语言,坚持认为历史的过去就是"如此"的过去,他强调说,从一位律师那里收到的一封信跟一份古老的特许状一样,它们都是历史文献。⑤ 如果将相当朴素的客观主义关于历史过去的观点与柯林武德在《历史学家可以不偏不倚吗?》一文中关于历史研究的正当或不正当的动机进行比勘,那将会是非常有趣的事。显然,他认为在情感上眷恋过去和书写情感史之间并没有什么特别的联系,在后来的文章中,他承认自己对后者有某种偏爱。

第二个片段的标题——"历史学与哲学"——也显示出人们期望

---

① 柯林武德:《历史哲学讲稿》(1926),第 364 页。
② 柯林武德:《历史的观念》,第 248 页。
③ 参见柯林武德:《作为历史的实在》(1935),最后一节。
④ 柯林武德:《历史哲学讲稿》(1926),第 412 页。
⑤ 参见 M. 奥克肖特:《经验及其模式》(M. Oakeshott, *Experience and its Modes*, Cambridge, 1933),第 102 页及以后。柯林武德在《历史的观念》(第 219 页)中也预示了这一立场。

柯林武德可能会在此标题下思考的一些问题。例如，人们期望他会进一步解释他在1920年代的讲稿中所提出的学说的含义：历史哲学是历史学的先验(a priori)方法论。① 或者，人们期望他会扩展他在《历史编纂学笔记》中提出的明显不兼容的主张：哲学的各个分支全都是"历史科学"。② 再或者，人们期望他会更精确地阐明他在《史学原理》第二章中对"咨询哲学家"(consalting philosophers)的警告③，是如何与他在其他地方赋予历史哲学家本质上批判性的角色联系起来的。④ 又或者，人们期望他会为先前的论证提供进一步的理由，即哲学写作应该是自白的，而历史书写恰好是教化的。⑤ 如果柯林武德按照"写作计划"中制定的方案继续，毫无疑问，这些主题将成为此书第二部分第三章中详细论述的主题之一。实际上，柯林武德所考察的主题——或许也是此书第二部分第三章更充分讨论的话题——是一个常识性的观点：哲学的结论可以被证明是确定的，而历史的结论永远只能获得一定程度的可能性。与此相反，正如在《史学原理》的前两章中所论述的那样，他辩护道，历史推论也能达到确定性，并宣称历史学与可能性的关系并不

---

① 柯林武德：《某某哲学，特别是历史哲学的观念》(1927)，第347页；柯林武德：《历史哲学纲要》(1928)，第492页。
② 参阅题为"历史学是知识的唯一类型""逻辑学，一门历史科学"和"作为一门历史科学的伦理学"的章节。
③ 对"咨询哲学家"的攻击是柯林武德倾向于主张历史学的自主性的一个极端例子，这种倾向有时不仅体现在历史学独立于证词的意义上(例如，《历史的观念》，第236页)，而且体现在历史学独立于"外部"批评的意义上。早在《史学原理》和其他一些著作中(例如，《历史哲学纲要》[1928]，第494—496页；《历史的观念》，第8页)，柯林武德采取的形式是，只有一个学科的实践者(在这种情况下是历史学家本人)才能理解并批评其程序——尽管这并没有阻止柯林武德在没有做过任何自然科学方面研究的情况下对自然科学的性质发表哲学声明(例如，《作为历史的实在》《自然与心灵讲座的结论》《历史的观念》《形而上学论》)。这种学说的一种不那么咄咄逼人的形式是如下的声明：哲学家应该只询问历史是如何可能的，而不应该询问历史是否发生(《自传》，第77页)。一个更合理的观点是，哲学家应该将实际的历史实践作为他们的出发点，而不是简单地建立历史知识的先验理论(《历史哲学讲稿》，第381页)。
④ 参见柯林武德：《某某哲学，特别是历史哲学的观念》(1927)，第346页；柯林武德：《历史的观念》，第203、213页。
⑤ 柯林武德：《哲学方法论》，第210—211页。

比任何其他科学与可能性的关系更大。① 柯林武德接着简单地解释了他对可能性的理解,并以期望(expectation)这个术语来阐述这个观念。他所推崇的概念本质上是主观主义的理论,可视作为历史学家经常做出的可能性判断提供一个相当薄弱的理论基础,而这也是他作为历史学家经常做出的判断。②

九、选择性的编辑出版

现在,我们来看看在上文第三节中提到的关于新发现的《史学原理》手稿的三个问题中的第一个问题。正如前文所述,柯林武德本来打算将《历史的观念》和《史学原理》分为两卷出版,第一卷是关于科学历史学的起源和发展,第二卷是关于科学历史学的当前性质和意义。可以理解的是,由于柯林武德只完成了第二卷写作计划的三分之一,诺克斯本应该出版作为单独一卷的作品。难以理解的是,诺克斯只使用了不完整手稿的部分内容,尤其是当我们考虑到,柯林武德曾在此书标题页上写下授权他的第一任妻子将其出版的说明。以这种方式分割手稿的决定完全是由诺克斯做出的。在1945年3月31日写给牛津大学出版社的一封信中,诺克斯解释道:"尽管有出版授权,但我认为按照现有的样子来出版《史学原理》是不妥的。该书共分为三章。第二章和第三章的很多内容已经包含在《自传》和《形而上学论》两书中,而且,我并不认为有必要按照柯林武德很有可能在病重时所写的说明来出版。"③在《历史的观念》的编者序言中,诺克斯多处提及柯林武德生命最后几年每况愈下的健康状况,称之为"决定性的因素,给他后来所

---

① 关于这一点,另见柯林武德:《历史编纂学的历史和历史哲学笔记》,题为"关于证据和确信的笔记"的章节;柯林武德:《形而上学论》,第60页。对于可能性的处理,参见《历史编纂学的历史和历史哲学笔记》同一章节的内容。
② 参见柯林武德:《自传》,第131页;柯林武德:《罗马不列颠和英国定居点》,第215页。
③ 柯林武德:《历史的观念》(增订本),第 xii 页。实际上,从现存的《史学原理》手稿来看,第二章和第三章包含了很多在《自传》和《形而上学论》两书中没有的内容,而且手稿并不只有三章的内容。

有的工作都蒙上了一层阴影"。① 诺克斯认为,1939年的手稿存在问题的部分原因是柯林武德的健康状况所带来的暴躁和不耐烦。他抱怨说,即使是他勉为其难地决定将其纳入《历史的观念》中的部分,有时也会表现出一种"与书中其他部分有些格格不入"的"风格和情绪"。② 然而,即使这是真的,似乎也是一个奇怪的理由,诺克斯可以在排除手稿的部分内容的同时,又采纳其他部分的内容。更令人不解的是,当人们知道《自传》和《形而上学论》几乎是同一时段写成时,人们又必须假定这是柯林武德"后来的风格",更别提柯林武德自己修订《历史的观念》的部分内容这件事了。在柯林武德所完成的《史学原理》中,我们必须承认存在着某些粗糙的痕迹,甚至是存在着诺克斯所谓的"虚张声势"的痕迹。但是,这些并不只是他最后几年的写作特点。

比起手稿的写作风格,诺克斯面对手稿时的最大困扰显然是其内容的某些方面。有证据表明,他在文本中做了一些编辑性的修改(更多内容见下文),并且,他对出版来自这份手稿的所有内容的建议颇为疑虑。③ 然而,诺克斯认为柯林武德在《史学原理》的第二章和第三章中只是简单地重复了他在其他地方写过的东西,这只是部分事实。在柯林武德的其他著作中,我们找不到完全类似的论述,例如,他在这份手稿中强调证据作为语言的观念,强调历史的想象与美学的想象之间的类比,强调必然的和非必然的情感与人类行动的不同关联,以及强调历史学与传记的根本不同。正如我们所看到的,在这份新手稿中,柯林武德有力地澄清和扩展了诸多研究主题:他对历史的自然主义的驳论,他对历史学的自主性的概念,他对特定历史过去的看法,他的合理性观念,以及他对历史学和其他领域应用可能性概念的理解。当然,考虑到柯林武德大部分职业生涯都处在不利的哲学观氛围中,诺克斯几乎不

---

① 柯林武德:《历史的观念》,第 xxi 页。
② 同上书,第 vi 页。
③ 诺克斯还认为,柯林武德论述历史学的其他未发表的手稿几乎没有出版的价值。然而,牛津大学出版社的记录表明,包括在本书中的手稿,诺克斯只看到了《历史学家能够不偏不倚吗?》(1936),虽然有内部证据显示他肯定看过《历史编纂学笔记》(1938—1939)。

可能预料到,在柯林武德死后,人们会对他的思想产生如此巨大的兴趣,而且人们普遍期望他所写的几乎所有东西都能够供人学习和研究。不可否认的是,柯林武德所完成的《史学原理》,虽然彰显出耀眼的才华和洞察力,但在质量上参差不齐,有时其价值也会被过度夸大。随着手稿往后展开,它也有退化的趋势,被诺克斯纳入《历史的观念》的第一章,应该可以说是迄今为止最好的一章。

诺克斯在决定只选择出版《史学原理》的部分内容时,做出了一个编辑判断,在现有完整手稿的情况下,我们可以更好地对其进行评估。他仅编辑出版第一章的一个不幸结果是,因为柯林武德在第二章中进一步阐述了这一问题,第一章论证的不完整性因此被掩盖了;另一个不幸结果是,柯林武德的史学理论和他在《艺术原理》中所采取的立场之间的密切联系,因此没有得到阐述和检验。当我们把手稿与现在所知的《历史的观念》放在一起对照时,我们发现诺克斯做了其他更为详细的编辑判断,这些判断看起来更加可疑。例如,我们现在可以看到,他是如何删改《史学原理》的文本内容的,从而也删改了《历史的观念》的文本内容——主要通过对材料进行重新排序、加入遗漏的内容和对柯林武德最初写的内容重新措辞,有时是以改变意义的方式来进行删改。① 在大多数情况下,这样的变化是相对无害的,但并非所有的删改都是如此。而且,大多数人未能认识到,这一事实不得不让人对作为整体的《历史的观念》的编辑方式产生疑问。诺克斯将《史学原理》手稿中的内容以"历史和自由"为标题编入《历史的观念》一书,这是重新排序的一个显著例子。② 这一章节的内容是从它的原始语境中提取出来的,源自柯林武德反驳自然主义的长达一章的倒数第二节内容,并且被赋予了单独编入《历史的观念》一书中"后论"的形象,它很难排在基于可重演而被视为正当历史学的题材的讨论之后。③ 诺克斯在介绍性的

---

① 有关的更多细节,参见杜森:《"丢失"的柯林武德〈史学原理〉手稿》,第 59—60 页;戴维·布彻:《柯林武德〈史学原理〉一书的重要意义》,第 165 页。
② 柯林武德:《历史的观念》,第 315—320 页。
③ 同上书,第 302—315 页。

语句和其他一些地方也对原始措辞做了改动,我们现在至少可以说,这些改动是毫无理由的。例如,从以"因为我希望"开头到以"这种声明毫无根据"①结尾这段话主要是诺克斯自己的创造。在手稿中,柯林武德回顾了第二章第一节结尾的讨论——他在那里建立了历史学的主观方面和客观方面的联系,坚持历史学主观方面的优先地位。而在《历史的观念》中发现的段落,与手稿中相应的段落存在着很大的不同,后者的表述如下:"但我不会把问题完全留在那里,因为我在第二章的第一节中已经说过的内容将它推到了更远的地方。我在那里提到,只有运用历史方法,我们才能找到有关历史研究之对象的东西。"②至少,对于柯林武德来说,这一关联的重要性在这些改动中消失了。

在接下来题为"头还是尾"的一节中,出现了更多的"干涉性"编辑。正如诺克斯自己所承认的那样,当柯林武德对史学理论的历史考察涉及黑格尔和马克思的理论时,诺克斯将其中的大部分内容插入了《历史的观念》一书第三编的第八节之中。这涉及将1939年的材料暧昧地并入1936年的文献之中。更糟糕的是,诺克斯将柯林武德1936年的历史哲学讲稿中的部分内容放到了这一节的开头,即从第122页和第123页第一段到"银行家们对银行业的思考"这些内容源自讲稿的第116页,是少数保存下来的几页中的一页。这一节的其他部分内容都源自《史学原理》手稿,尽管原文的措辞并未完整保留。在诺克斯的一些改动中,似乎还存在着某些哲学上的偏见。一个典型的例子是,柯林武德关于黑格尔的一些论断被重新改写,因此,在一定程度上改变了论述的性质,并产生了累积效应。例如,手稿中写道,"黑格尔宣称历史学在原则上应当从它对自然科学的学徒地位中解放出来",诺克斯删除了"在原则上"字样。③ 在同一页上,"没有充分实现"这句话中的"充分"一词是诺克斯自己加上去的。在"黑格尔主要用剪刀加浆糊

---

① 柯林武德:《历史的观念》,第319页。
② 柯林武德:《史学原理》,第三章第五节。
③ 柯林武德:《历史的观念》,第125页。

的方法来满足自己"这个地方,诺克斯增加了"主要"一词。诺克斯似乎受到某种教条的激发,而将"历史通常所谓的东西"替换为相当不匹配的"他(黑格尔)称之为历史的东西",这就更进一步改变了原文的含义。①

然而,诺克斯在这份手稿中做出的最令人惊讶的改动,显然是为了削弱柯林武德对黑格尔的批评,从而删去了柯林武德论述黑格尔关于历史与逻辑关系的一整段内容。我们现在可以在《史学原理》第三章的结尾找到这一论述。柯林武德认为,黑格尔似乎只承认历史的自主性地位,因为他将其置于一个逻辑"观念"的结构之中,这与将历史学屈从于自然科学属于同一性质的误解。由于诺克斯遗漏了这一观点形成的大部分段落,他还发现有必要对后面段落的前两句进行修改,使得手稿的文本内容与《历史的观念》的文本内容大相径庭。② 诺克斯对纳入《历史的观念》中的第三章的部分内容所做的这种编辑处理,不能不让人怀疑第一章有多少内容已经被改动过了,可惜这一章的原始版本还没有找到。可以想见,人们对《历史的观念》中第四部分的内容的完整性也有类似的疑惑,仅存的几页表明,这部分内容并非毫发无损。③

十、未完成的手稿

比之诺克斯只编辑出版了《史学原理》的部分内容,更令人棘手的是,现存的《史学原理》是柯林武德的未完成稿。他以一个清晰而连贯的写作计划开始,并果断迅速地工作了几个星期。他显然对这个写作计划非常重视,并且有证据表明,他非常希望能够完成这一计划。1939

---

① 柯林武德:《历史的观念》,第 125 页。
② 其他一些任意编辑的例子是,诺克斯将柯林武德对伯里《论文选集》(H. Temperley ed., *Selected Essays*, Cambridge, 1930)的评论编入《历史的观念》(第 147—151 页),两个文本之间存在着很大的不同,原始文本来自《英国历史评论》(*English Historical Review*, 46 [1931]),第 461—465 页。此外,诺克斯的编辑序言中(《历史的观念》,第 xii—xiii 页)的一些引文与《历史编纂学笔记》中的引文也有明显的不同之处。
③ 有关杜森的评论,参见柯林武德:《历史的观念》(增补本),第 xvii—xix 页。

年2月14日,柯林武德在写作第一章的时候,写信给他儿子:"我已经开始写作《史学原理》,这将作为我的杰作流传下去。当我们快航行到苏腊巴亚的时候,我突然出乎意料地开始了写作,并且,在那个可怕的炎热小镇上,我尽可能地把全部时间都花在这上面。"①春天晚些时候回到英国后,他写信给他的朋友——考古学家杰拉尔德·辛普森(Gerald Simpson):"在过去的6个月中,我写了两本书,并开始写作第三本书……第三本,我在爪哇写了约4万字,我称之为《史学原理》,这是我一生都在准备写的书。如果能完成这件事,我就没有什么可遗憾的了。"②柯林武德打算在当年秋天晚些时候完成这项工作,他在1939年10月19日写给牛津大学出版社的一封信中进一步证明了这一点,他在信中明确提到《史学原理》将作为计划出版的"哲学原理"系列的第二卷。

在《历史的观念》的序言中,对于柯林武德为何未能完成他已经开始写作的《史学原理》,诺克斯提供了如下解释:"体力不支以及当务之急要写作的《新利维坦》是两个明显的答案,但真正的答案是柯林武德的写作计划已经变得不可能完成了,或者说已经没有必要完成了。"③根据诺克斯的说法,《史学原理》是不可能完成了,因为柯林武德开始相信"哲学已经被历史学所吸收"以及"理论和实践已经同一",这些学说分别出现在《形而上学论》和《自传》两书中。因此,柯林武德放弃了《历史的观念》和早期著作中关于历史思维的哲学分析和批判的写作方式。所有留给想要成为历史哲学家的人需要做的,就是阐明他自己的历史思考经验,而这在柯林武德这里已经没有必要了,因为他已经在他的《自传》中做过类似的工作。但是,诺克斯在这里所认为的"真正的答案"并不十分令人信服。因为《自传》中所设想的东西与柯林武德

---

① 转引自杜森:《历史学作为一门科学》,第61页。其中提到的是爪哇岛北岸的Surabaya[苏腊巴亚](这里以荷兰语拼写)。
② 这是杰拉尔德·辛普森博士捐赠给博德利图书馆的几封信之一。柯林武德提到的前两本书是《自传》和《形而上学论》。
③ 柯林武德:《历史的观念》,第xvii页。

同时计划写作的《史学原理》，并不是哲学与历史学之间的同一，而是哲学与历史学之间的融通（rapprochement），而且，理论与实践之间的关系也同样如此。哲学愈加变得更具有历史意识，历史学也变得更具有哲学意味。① 我们还不能忘记，正如我们所看到的，直到1939年10月，没有任何迹象能够表明柯林武德自己给出了应该放弃完成《史学原理》的理论上的理由。他所完成的部分也没有给诺克斯的诊断提供多少支持。柯林武德处理历史哲学中各种主题的方式，在很大程度上与他在早期作品以及《历史的观念》中的处理方式是一致的。

戴维·布彻给我们提供了《史学原理》未能完成的另一个原因。他指出，历史与实践之间的关系，本来是《史学原理》第三卷的研究主题，后来在《新利维坦》中进行了处理，一定程度上在《自传》中也进行了探讨。② 因此，尽管柯林武德最初想要完成《史学原理》，但这项工作对他来说可能变得不那么重要了。这不是因为他看到了其论证中的任何缺陷，而仅仅是因为，在他生命的这个关键时刻，他几乎没有时间再重复同样的话。然而，这个看法也有一些问题。因为柯林武德在《新利维坦》中没有以任何明确的方式讨论历史思维的实践蕴含，而布彻的观点并没有解释清楚，为何《史学原理》的第一卷和处理历史学与其他科学之间关系的第二卷也没有完成。正如诺克斯观察到的那样，柯林武德对《新利维坦》的专注使他更难完成《史学原理》的写作，但这似乎在很大程度上归咎于1939年9月爆发的战争。柯林武德在给考古学家克劳福德（O. G. S. Crawford）的信中写道："当战争爆发时，我看到所有事情的起因都是由于这样的事实，每个相关的人对于政治的首要原则的认识都处于一种完全混乱的状态，我审视自己的思想，发现我有

---

① 柯林武德：《自传》，第十二章。另见戴维·布彻：《柯林武德〈史学原理〉一书的重要意义》，第168—169页；杜森：《"丢失"的柯林武德〈史学原理〉手稿》，第35页。
② 戴维·布彻：《柯林武德〈史学原理〉一书的重要意义》，第168—169页。布彻认为，假如柯林武德能够继续完成《史学原理》，《形而上学论》和部分的《自然的观念》中的内容将在《史学原理》中找到一席之地。事实上，他认为柯林武德通过这些著作完成了《史学原理》的计划。然而，在考虑这个想法时，我们应该记住，当柯林武德开始写作《史学原理》时，《形而上学论》的初稿已经完成，并且《自然的观念》是基于柯林武德前期的讲稿。

很多想法要说出来,这将是对国家的一项公共服务。"①因此,我们似乎可以这样说,柯林武德推迟了他关于《史学原理》的工作,是出于一种道德上的迫切需要:在他认为对公众非常重要的事情上,有责任立即行动,而不是在未来或某个更方便的时候采取行动。

此外,更多世俗的因素,比如健康状况的恶化,以及他在印度航行时远离理想的工作条件,也起了部分作用。这本书的"写作计划"是柯林武德2月9日在一艘驶向苏腊巴亚的船上写的。根据柯林武德的日记,他从2月10日到2月13日致力于写作《史学原理》。2月14日,他住在日惹镇的一家旅馆里。第二天,他又开始写作,"完成和整理了第一章"。在接下来的几天里,他继续写作,除了2月18日,当时他的日记这样写道:"在经历了一个糟糕的夜晚之后,我感到疲倦和懈怠,不再写了。"2月20日,他在日记中写道:"这一天的大部分时间都在写作。喧闹的客人、旅馆的无线电和其他持续的不适感让人懊恼不已。"次日,他乘早班火车前往巴达维亚(今雅加达),于2月22日抵达。他提到这次旅行:"舒适的旅程,修改手稿,午餐,写一首诗。"在巴达维亚,他再次住进了一家旅馆,他在日记中写道:"有些人希望我返回英国。在荷属东印度群岛的时间已经足够长了。"就在同一天,他感到非常不适,他在"罗莎斯"号船上计划了返回英国的行程,打算3月4日启航。然后,我们在日记里读到:"下午晚些时候,收到并开始阅读《自传》的证明材料。"

最后一则条目让我们注意到导致柯林武德未能完成《史学原理》的另一个重要因素:在荷兰东印度群岛旅行期间,柯林武德进行了另外两本著作的写作。当他于1938年10月21日离开英国时,他完成了《自传》的写作。在10月24日至11月13日的出境航行中,他开始写作《形而上学论》。在最后一天,他的日记这样记录:"一整天都在修改,最后撰写了新的第二十七章。"在1939年2月22日收到《自传》的证明材料后,他在接下来的两天里不仅修改了《自传》的内容,而且再

---

① 牛津博德利图书馆,克劳福德手稿(4,118)。

次修改了《形而上学论》的内容。从那时起，无论是在巴达维亚，还是在返航途中，他几乎每天都在撰写《形而上学论》，显然是在修改其中的重要部分（出版时，上面写着："离开圣文森特海角的途中，1939 年 4 月 2 日。"）。日记还清楚地表明，在此期间，柯林武德还在为出版《自传》做准备，而且，3 月 19 日，他重写了《自传》的最后一章。《史学原理》只提到了两次。3 月 26 日，我们在日记中读到："撰写《史学原理》。"第二天，他在日记中写道："试图在早晨开始写作《史学原理》的第四章，但却写不下去。胃比以往更糟糕。整个下午都很懒散，很不舒服。"在接下来一天的日记条目，他这样写道："胃又痛，又饿，在床上度过了一天。"这是他最后一次写作《史学原理》。

因此，柯林武德未能完成这一长期计划，不仅因为住宿条件差、长期失眠和嘈杂的邻居等偶然情况，而且还因为他在东方旅行即将结束时处理了其他写作计划。返回英国后，他开始讲课，并为出版《形而上学论》做准备，因此，他再一次没有机会完成《史学原理》。6 月底，或许是为了恢复健康，他意外地跟一群外国学生一起去希腊群岛航行了将近两个月，在战争爆发的前几天才回来。1939 年秋，柯林武德至少有五个写作计划正在进行当中。在 10 月 19 日的信中，他告诉牛津大学出版社，《史学原理》和《历史的观念》正在"准备之中"，《自然的观念》"已经处于演讲稿阶段，很快就可以出版"。他还在为出版《大副航海日志》做准备，记录在希腊群岛的旅程中的见闻，并开始了《新利维坦》的写作。① 1940 年初，他做了以"美德、正当、效用"为题的讲座，从 12 月至 2 月，按照以往的习惯，他将讲稿全部写出来了。② 如果还考虑到他与日益恶化的健康状况的持续抗争——这迫使他在 1941 年辞去了温弗莱特形而上学讲座教授一职，那么，他没有完成他在写给牛津大学出版社的信中所提到的任何写作计划，也就不足为奇了。事实上，他

---

① 柯林武德还撰写了《法西斯主义和纳粹主义》和《政治学的三大法则》两篇文章，现已收录在戴维·布彻编辑的《柯林武德政治哲学论文集》（*Essays in Political Philosophy: R. G. Collingwood*, ed. David Boucher, Oxford, 1989），第 187—196、207—223 页。

② 现为《新利维坦》（增订版）的附录，第 391—479 页。

继续工作,完成了《新利维坦》的写作,这是他实现的第一项成就。①

疑惑仍然存在;但是,我们似乎没有很大的必要从内容或研究主题的角度来讨论柯林武德为何未能完成《史学原理》的写作。他面临的日益严重的健康问题,他在前往印度群岛旅行途中不得不工作的艰难条件,其他写作计划的干扰,希腊的意外之旅,以及他感到有责任优先考虑完成《新利维坦》的写作,这些都提供了柯林武德未能完成《史学原理》写作的足够理由。② 尽管考虑到他工作的惊人速度,在几周不间断的工作中,他完全可以完成《史学原理》的写作,这一点是毋庸置疑的。但即便如此,他既没有完成《历史的观念》的写作,也没有完成《自然的观念》的写作,因为留给他的空闲时间已经不多了。

十一、重演的观念

柯林武德所完成的《史学原理》最令人惊讶的地方在于,他未能进一步发展这样一种观点:历史探究需要历史学家重演过去的思想。根据他的写作计划,重演的观念是第一卷第三章的主要课题,并且在为之准备的《历史编纂学笔记》中多次提到。自从柯林武德1928年在法国迪镇(Die)度假时所写的讲稿中首次提到重演的观念以来,这一观念在他关于历史学的大部分哲学著作中占有重要的位置。③ 这一观念既出现在《历史的观念》一书中的历史性考察的部分,也存在于《历史的观念》一书中的系统性研究的部分,正如我们所看到的,柯林武德在写作《史学原理》的同一时期也开始为出版《历史的观念》做修订工作。实际上,柯林武德为1936年的历史哲学讲稿而写的"形而上学后论"的第一部分(现为《历史的观念》的一部分)所衍生的标题,将重演看作

---

① 对于读过《新利维坦》的人来说,很难接受这样一个观点:智力上的衰退能够作为解释柯林武德未能完成《史学原理》写作的原因之一。
② 与内容有关的另一个可能的原因是,很难将重演的观念适用于《史学原理》设想的更为广泛的历史题材(布彻也提到这一点),我们将在第十一节中进行讨论。
③ 柯林武德,《历史哲学纲要》(1928),第441页及以下。

是历史学的"本质"——表明了他对这一观念的重视程度,而诺克斯在编辑此书时,将标题替换为了"作为过去经验之重演的历史学"。① 柯林武德在《自传》中也明确提出历史思维关涉到重演这一观念,而且,在爪哇岛和返航的途中柯林武德在对《自传》的修改中仍保留了这一观念。然而,在《史学原理》的手稿中,柯林武德对处于他的学说核心位置的这一观念却只字未提。甚至"重演"这个语词也从未出现过。

另一个奇怪的事实则进一步增强了人们必然会产生的困惑。如前所述,自 1978 年以来就为人所知的写作计划,提出了一个现在被证明是错误的期望,即《史学原理》将扩展对"重演"原则的探讨。这种期望在 1981 年受到了进一步的鼓励,当时柯林武德重演观念最著名的研究者之一,玛吉特·赫鲁普·尼尔森(Margit Hurup Nielsen)曾提到,诺克斯在 1975 年的一次谈话中告诉她,他之所以"忽视"柯林武德在《史学原理》手稿中授权出版他所完成的全部内容的这条笔记,是因为在他的判断中,以任何方式向公众刊行手稿的前七章都是"灾难性的",他说道,所有这些内容都涉及重演这一观念。② 人们只能猜测,诺克斯到底是如何犯下如此惊人的错误的。在此事件几年之后,诺克斯是否有可能将柯林武德写作计划中的内容与他最终实际上所完成的内容混为一谈了?但无论如何,我们都面临这样一个事实:在对历史学的最后声明中,柯林武德根本就没有提及重演的观念。关于这一点,需要进一步的解释。③

有一种解释不言自明,但很难被认真对待,那就是,对于柯林武德而言,重演的观念可能远没有人们普遍认为的那么重要。他最后可能只是简单地把这一观念作为不必要的包袱抛弃了,或许他认为在较少

---

① 柯林武德:《历史的观念》(增补版),第 xii—xiv 页。
② 关于这一说法,尼尔森似乎有理由怀疑,诺克斯在任何情况下都没有重视柯林武德将历史学看作是重演的观点。参见玛吉特·赫鲁普·尼尔森:《柯林武德历史哲学中的重演和重构》("Re-enactment and Reconstruction in Collingwood's Philosophy of History", *History and Theory*, 20[1981]),第 23 页。
③ 这还要求撤回许多学者(包括现在的两位编辑)对于手稿中可能丢失的内容所提出的猜测。

产生争议的观念上能够做得更好,这似乎可以从另一个事实中获得一些可信的解释,即这一观念在另一部后期作品《形而上学论》中也没有出现,在某种意义上,后者也是一部思想史的理论著作。① 而且,在他的最后一部著作《新利维坦》中,也就是与历史哲学密切相关的一部作品中,只有一次提及重演的观念,并且没有明显的理论意图。② 然而,我们不能太过强调这一点,因为在诸如《自传》等其他一些后期作品中,经常出现这一观念。我们也不应忘记,至少在20世纪30年代中期写作的重要作品"就职演讲"中,柯林武德也没有提到重演的观念,尽管人们可能期望他会这么做,因为在《史学原理》中提到这一点之前,这篇文章包含了柯林武德关于历史想象最为广泛的讨论,而历史想象通常被认为是一个与重演理论紧密相关的观念。③ 同样令人惊讶的是,柯林武德在1938年初的一篇著名文章《论所谓的因果观念》("On the So-Called Idea of Causation")④中也没有提到重演的观念,这篇文章集中讨论了历史学的因果观念,认为它是行动者所想与行动者所做之间的关系。此外,在柯林武德为1940年的道德哲学讲座而写的一篇文章《美德、正当、效用》中,对于历史学与责任之间关系的讨论也没有提

---

① 这也提出了《历史的观念》和《自传》中所展现的重演理论的一个问题,因为绝对预设并不是出于理性,似乎不是那种可以重演的思想。不过,布彻认为绝对预设是可以重演的(《新利维坦》[增订版],第 xxix 页及以后)。雷克斯·马丁认为,虽然绝对预设是不可重演的,但仍是柯林武德所谓的历史学的一部分。(《柯林武德绝对预设的学说和历史知识的可能性》,载利昂·庞帕、W. H. 德雷编:《历史学的实质和形式》["Collingwood's Doctrine of Absolute Presuppositions and the Possibility of Historical Knowledge", in Leon Pompa and W. H. Dray (eds.), *Substance and Form in History*, Edinburgh, 1981, 100 ff.])
② 布彻认为,《新利维坦》是西方文明中发展起来的一部哲学心灵史,而《形而上学论》,就其本身而言,是一部历史哲学著作。参见《新利维坦》(增订版),第 xviii 页。
③ 柯林武德明显前后不一致的原因可能是基于他对哲学中使用技术术语的反感。参见柯林武德:《哲学方法论》,第 202—208 页。还有其他一些事例,表明他在一段时间内使用一个准技术性的术语,但后来又抛弃了。例如,在 20 世纪 20 年代的讲稿中所凸显的"观念性"(ideality)这一术语后来就消失了,尽管它在柯林武德后来的著作中仍发挥着重要的作用。
④ 载《亚里士多德学会会刊》(*Proceedings of the Aristotelian Society* [1937—1938]),第 86—89 页。这篇文章的内容后来被纳入《形而上学论》的第三部分;另见《新利维坦》(增订版),第 467 页及以后。

及重演的观念。

布彻认为,柯林武德在《史学原理》中对重演理论所表现出来的令人惊讶的沉默,可能是由于他很难将这一观念应用于他在其中赋予历史学的更为广泛的研究主题。① 值得注意的是,与柯林武德最初写作计划的主要分歧始于《史学原理》的第三章,这是因为他在第二章中声称某些类型的情感属于历史学家的研究主题。在布彻的判断中,柯林武德在这一点上要么放弃历史学只处理重演思想的要求,要么扩大重演思想的观念,使其与增加的研究主题有明确的相关性。② 然而,柯林武德并没有处理这个问题,他只是把注意力转到其他事情上了。但是,柯林武德很难长期忽视这个问题,因为"重演"在《史学原理》的第二卷和第三卷中所涉及的论证中扮演了非常重要的角色。布彻认为,令人遗憾的是,柯林武德没有坚持探讨这一问题,因为在柯林武德看来,他在《史学原理》第二章中经常提到的内容,已经被《艺术原理》中所提出的语言和想象理论消化了。布彻认为,在那里,情感实际上是可以重演的。

考虑到这一解读旨在解决柯林武德面临的明显困境,首先,重要的是,我们不要夸大《艺术原理》所提供的解决方案。尽管重演的观念在《史学原理》中没有得到明确的阐述,但柯林武德在展示和讨论一些历史事例的方式中可能间接地涉及了重演的观念。一个典型的例子就是他对亨利一世颁发特许状的理解方式的描述。我们被告知,历史学家必须做的是发现"国王如何设想他正在处理的局势,以及他打算如何改变这种局势"。③ 同样的道理,也适用于历史学家对于戴克里先颁布《价格法令》或路易十四废除《南特敕令》的理解。事实上,这些事例以及柯林武德对这些事例的阐述,与他在其他著作中举例说明的重演观

---

① 戴维·布彻:《柯林武德〈史学原理〉一书的重要意义》,第 326—230 页。
② 柯林武德声称(见上文第五节),历史学家的研究主题既包括出于坏的理由而采取的行动,又包括出于好的理由而采取的行动,这就引发了一个类似的问题,似乎需要一个类似的解决方案。
③ 参见柯林武德:《史学原理》,第二章第三节。

念是非常相似的：例如，他对狄奥多修西法典之理解方式的著名论述。① 柯林武德继续观察到，"历史学家的特殊任务"是对证据的解释，意味着历史学家要"设想行动者以某种方式发现自己的处境，因某些理由而对其不满，并提议以某种方式改变它"。鉴于柯林武德在其他地方所写的内容，很可能他只是想当然地认为，在使用这种语言时，他就会被理解为是在谈论重演。他在几个层面提到通过"重构"行动者的思想获得对历史的理解，也可以说是大致相同的。柯林武德的一些研究者声称，重演思想的观念和重构思想的观念在他的著作中是等价的。② 不管这种说法是否正确，在某些情况下，这两个观念似乎具有很多相同的含义。

或许有人也认为，至少是作为一个隐含的背景，柯林武德不得不在《史学原理》的第三章中有关自然历史的大部分讨论中涉及重演的观念。这一章的写作计划所宣布的主题是对被构想为死去的过去和被构想为可重演地理解的过去的比勘。实际上，在《史学原理》中，柯林武德并没有将自然的过去描述为死去的过去。但他认为，只有表达思想的过去，才是真正历史的过去，这似乎与最初的主题有关，尤其是与他刻画死去的过去与重演的过去之间的差异联系在一起的时候。例如，在《历史编纂学笔记》中，柯林武德在讨论伪历史时明确刻画出了这种对比。他在《历史的观念》一书中对汤因比的批评也得出类似的结论：柯林武德宣称自然主义污染了汤因比的历史观，这是由于"他从没有把历史知识看作是过去在历史学家的心灵中的重演的概念"，结果就是，"历史被转化成了自然，而过去并不是活在现在之

---

① 参见柯林武德：《历史的观念》，第283页。
② 例如，参见 L. B. 赛比克：《柯林武德：行动、重演和证据》（L. B. Cebik, "Collingwood: Action, Re-enactment and Evidence", *Philosophical Forum*, 2[1970]），第79页；尼尔森：《柯林武德历史哲学中的重演和重构》，第24页；P. 斯卡格斯塔德：《理解历史》（P. Skagestad, *Making Sense of History*, Oslo, 1975），第91页。"重构"这一术语有时用于从证据中推导出历史结论（《历史的观念》，第209页）；但在其他情况下，"重构"几乎等同于"重演"（《历史的观念》，第310页）。柯林武德有时也用它来指物理过去的复原（《自然与心灵讲座的结论》[1934]，第39节），在这种情况下，"重构"显然排除了"重演"。

中，像它在历史中那样，过去被构想为一种死去的过去，就像它在自然中那样"①。

然而，所有这些都涉及对行动的重演式理解，而不是对情感的重演式理解。布彻承认，任何关于情感如何能够被历史学家重演理解的满意解释，都与柯林武德在《历史的观念》中提出的对行动的理解的观点大不相同。我们想要强调的是，这些说法到底存在着哪些显著的不同之处。正如亨利一世特许状的例子所说明的那样，当我们试图理解一个行动时，重演其表达的思想是至关重要的，即行动者实施该行动时的意图得到了辨识。而在情感的事例中，意图或意愿的要素是缺失的。历史学家在寻求对一个行动的重演式理解时，他必须要问：这个行动者想要达到什么目的？在理解行动者的情感方面，没有类似的问题。追问这个行动者想要感受什么情感是没有任何意义的。② 这就导致了进一步的困境。因为，正如柯林武德反复强调的那样，对一个行动的重演式理解必须是批判性的，事实上，是双重批判性的：历史学家必须批判地解读任何他归于某一特定思想的证据，他必须在评估其有效性的意义上批判地重新思考这个思想本身——或者，正如柯林武德自己有时说的那样，历史学家必须追问这一思想是对的还是错的。③ 在第二种情况下，我们很难看出一种假定可重演的过去情感是如何被视为批判性的。然而，正如《艺术原理》所做的那样，至少以一种准重演的方式来谈论情感辨识是很有诱惑力的。因为将情感视为单纯的心理现象，就像对待其他自然现象一样来处理它，而不是把它看作行动者意志的表达，这更不可取。显然，对于任何有兴趣进一步发展柯林武德的史学理论的人来说，这里有很多值得思考的地方。

---

① 柯林武德：《历史的观念》，第163—164页。柯林武德基于没有表达思想而将过去称之为"死去的"过去，对于自然的过去而言，这样说是不恰当的，自然的过去不能说曾经是"活着的"过去。
② 关于情感和感受的问题，参见边码第 xxxviii 页注释②。
③ 参见柯林武德：《历史的观念》，第215—216页。问题在于对情感的研究能否成为柯林武德所说的"标准的"科学。有关标准科学的观念，参见边码第 xlvi 页注释③。

十二、较短的手稿

正如我们已经指出的,柯林武德所写的关于历史哲学的大部分内容都没有以他认为可以出版的形式完成。即使是 1936 年的讲稿——成为在他去世后出版的《历史的观念》的稿本,他只不过刚开始准备将其转化成一本书;1926 年和 1928 年的那些讲稿,尽管完全写了出来,但柯林武德从未打算出版它们。他在 20 世纪 20 年代所写的关于历史学的片段,当时大多以文章的形式发表了;但他在 20 世纪 30 年代所写的有关历史学的几乎所有的片段都以手稿形式存在。对于本书而言,我们从后一组中选择了八个片段。除了写于 1939 年的《历史编纂学笔记》,其余的都是柯林武德在 1930 年代中期完成的,当时他刚刚完成了《哲学方法论》以及《罗马不列颠和英国定居点》的部分内容。当然,这些手稿当中没有柯林武德准备将其作为一本书或一篇文章来发表的任何授权。但是,由于这样或那样的原因,所有这些手稿都包含了我们认为很有价值而不能随处获得的内容。在前面关于《史学原理》的讨论中,我们已经偶尔提到了其中的一些片段。在本节中,我们会依次对它们进行更系统但仍然简短的评论。

我们在《通向一种形而上学笔记》的标题下将几个片段放在一起,选自柯林武德 1933 年至 1934 年在此标题下所写的一篇非常长的手稿。这些片段展现了柯林武德当时在宇宙论方面的思想,是为他的讲座做准备,最终以《自然的观念》出版。题为"自然没有历史"和"历史学"的两份手稿片段对于柯林武德的历史哲学有着特别的价值。第一份手稿片段是在他的著作中所发现的对自然史的可行性的最有力的论断,尽管他仍然坚持认为这只是次要意义上的历史。然而,他明确指出,即使在这个意义上,历史也不仅仅是一个变化的故事,甚至说是一个方向性变化的故事:对于历史而言,不仅在某些形式中要有变化,而且形式本身也要发生变化。① 因此,一段海岸可能会有一段历史,因为海岸被潮汐侵蚀,随着时间的推移,潮汐改变了它们自己的潮起潮落的模式。在同一份手稿中,一个值得注意的论点是,历史在完整的意义上至少可以追溯到第一把燧石刀,尽管我们被告知,人类历史应该被认为是一项自由的、自觉实践的工作。当我们把这一论断与《史学原理》中所宣称的历史意识和认识自由之间的必然联系对比阅读时,就会感到特别惊讶。在第二份手稿片段中,柯林武德提出了一个关于历史学家恰当对象的观点,考虑到人类历史在他的一些其他作品中的表达方式,这一观点也令人感到惊讶。我们被告知,历史学家的思想对象是抽象的,而不是具体的,与自然科学中的思想对象一样。不同之处在于,自然科学家研究抽象的一般性,而历史学家研究抽象的个体性。由此可见,历史学和自然科学都不能对它们的研究对象做出完全的描述。②

在评论金蒂莱的简短片段中,柯林武德认为,金蒂莱的历史观是克罗齐历史观的"关节炎"(arthritic)版本,并斥之为将过去看作是现在的单纯"抽象"的"主观观念论"(subjective idealism),并告诫不要夸大历史中某一观点的作用,从而忽视各种观点之间的关系问题。如果将此评论与柯林武德在《历史哲学的性质和目的》③一文中对此问题的处理一起对读是很有意思的。这份手稿中还有如下值得注意的观点:柯林武德关于人类历史与自然历史之间关系的讨论,例证了他在《哲学方法论》中所阐述的形式层级(scale of forms)这个概念;人类世界以一种自然世界所不具备的方式,将自己的过去包含在自身之中;历史客观性,至少在某种意义上说,包含历史学家对一个共享概念体系的使用;历史事件的过程不仅展现出必然性,而且例证了自我发展概念的各个阶段。这里存在一个有趣但无定论的说法,柯林武德认为时间的速率在自然和历史中可能有所不同,而且他还相当令人费解地坚持认为,尽

---

① 有关这一观念在人类历史中的应用,参见《自然与心灵讲座的结论》,第 34 节。
② 关于具体永恒的对象,参见《自然与心灵讲座的结论》(1934),第 36 节及以后;《历史编纂学笔记》,题为"历史的不完全性"的片段。
③ 柯林武德:《历史哲学论文集》,第 53 页及以后。

编者导言

管存在着重要的差异,自然和历史的因果关系都需要"受动者"做出积极的回应。① 尽管说是在一个非常不同的背景下,②柯林武德在这里预先讨论了他试图在《史学原理》中化解思想与情感之间张力的议题,宣称至少可以将"持久"的情感等同于思想。

《作为理解现在的历史学》这份手稿,被认为是写于1934年或1935年,它只是一个非常简短的片段,但它触及了一些反复出现的柯氏主题。这份手稿包含了一个早期观点,我们在《史学原理》中也可以找到类似的说法:严格来说,历史学家不能从现在的证据来推断过去。一旦发现证据(例如一件弗拉维亚陶器)真正是什么,我们就已经在解释它——将其视为某种过去事态的遗迹。柯林武德还强调了历史学家通过引用过去来解释现在的限度。③ 与此同时,他一反常态地将历史解释与发现起源联系起来,从表面上看,很难调和他在《历史编纂学笔记》的手稿中坚持认为历史中没有开端的观点。在此,柯林武德还预先涉及了英国国家学术院讲座中的论辩,后来成为一个相当重要的讨论焦点:在历史学中,知道发生了什么与知道为什么发生是无法区分的同一件事。④ 柯林武德在不同的作品中以不同的形式所论述的历史非决定论,在这份手稿中被赋予了一种不同寻常的形式,即宣称过去只决定了现在的可能性,这一立场非常契合他在《作为历史的实在》这一手稿中更详细描述的情况,即一个行动者的人格所可能决定其行动的方式和程度。然而,这份手稿的主旨是"现在主义"的一个相当极端的版本,这是柯林武德讨论历史学的著作中反复出现的特征:宣称历史探究的最终目的不是为了发现过去,而是理解现在。这一学说被削弱了,但仍然没有被撤回,因为它承诺,要知道现在是什么,就必须知道它是如

---

① 关于这一点,另见《自然与心灵讲座的结论》(1934),第34节。
② 这里的背景是对宗教的情感维度的讨论,柯林武德后来在《民俗学手稿》中处理巫术现象时更广泛地考量了这一主题。
③ 这一说法是基于在《作为历史的实在》中就得出的立场,即现在并不完全由过去所决定,因为它总是涉及"自由"的要素。
④ 柯林武德:《历史的观念》,第214页。

何产生的。

顾名思义,题为《就职演讲:粗略笔记》的手稿是一篇公开演讲的草稿,即柯林武德1935年为当选为牛津形而上学讲座教授时发表题为《历史的想象》的演讲所准备的。这份手稿涵盖了演讲的内容,但也存在一些差异,自身具有独立的研究价值。除了帮助我们进一步了解柯林武德在这个主题上的工作方式之外,这份手稿为他的一些观念提供了有用的澄清或扩充,其中有些段落基本上是为了演讲而重写的,或者完全被删去了。草稿比演讲更为温和地处理了他对于常识历史学的看法,更多地承认了临时权威在方法论上的必要性。这份手稿更具体地讨论了历史学家如何利用非书面材料,并且更加清晰地明确了辅助科学对于历史学的价值。演讲中所涉及的批判历史学与构造历史学之间的重要对比,在草稿中则呈现出相当不同的面貌,后者强调了批判历史学在科学历史学中必然扮演的持续性角色。草稿以一种更加清晰的方式阐述了当历史学家构造过去的想象性网络或"图画"时,批判历史学和构造历史学之间的相互补充,而且,这更好地解释了柯林武德为何拒绝将历史推论描述为演绎推理或归纳推理,并提出了重演在其中的作用。草稿中有一个强有力的段落宣称历史叙述中存在着不可根除的"原始事实",这需要考虑到柯林武德在其他著作中曾经明确否认过这一点的情形;① 而且,历史探究的目标是叙事建构的观点被拓宽了,并对历史学与文学进行了有趣的比较。对于柯林武德提出的必然性完全存在于个体之中的这一有争议的观点——也出现在《作为实在的历史》手稿中,草稿用实例进行了直截了当的阐述。虽然草稿和演讲没有展现出明显的学说分歧,但草稿中所展示的不同实例有时也很有启发性。

接下来的一份手稿:《作为历史的实在》,根据柯林武德自己的描述,其目的仅仅是为了确定我们能在多大程度上推动亚历山大和其他

---

① 例如,参见《史学原理》第三章第一节和第五节,尽管是一个有争议的问题,"事实"这个概念是在相当一致的意义上被使用的。

宇宙论学家的观点：历史的观念不仅适用于人类生活，而且适用于所有存在的事物。这是他在后来的著作中反复讨论的一个问题。① 但是，这一问题在这篇手稿中得到了最广泛的讨论，导致他在历史哲学中的一些相互关联的问题上采取了颇具争议的立场。②

柯林武德对这一问题的讨论可分为三个阶段：首先，他考察了历史序列（historical sequence）在一般意义上是指什么，以及应该如何理解它；其次，他论述了人类行动和人类事务中所例证的某些历史性的特征；再次，他分析了自然过程的历史性为何与人类过程的历史性有根本不同，尽管两者间存在重要的相似之处。在第一阶段，柯林武德将他自己对人类经验的真正历史方法的观点与他所认为的古代和现代早期世界的典型方法的观点进行了对比。后两种观点都认为，只有参考某种普遍性才能理解经验的流动：对于古人而言，是超越论的（transcendent）普遍性；对于现代早期的人们来说，是内在的（immanent）普遍性，即事物发生的一般规律和概念。柯林武德坚持认为，真正的历史方法是在经验本身的流动中找到可理解性（intelligibility），更具体地说，就是找到经验之流所展现的连续性；而且，他欢迎亚历山大和其他人的断言：这正是现代物理科学越来越多地要着手做的事情。在捍卫他称之为"史学原理"的基本原则的过程中，柯林武德以一种不同寻常的方式预见了后来人们关于历史解释性质的辩论，更具体地说，是关于"覆盖律"概念之可行性的辩论。③ 然而，柯林武德对这一观点的反驳采取了与他后来的驳论截然不同的论证方式④，而且，他论证的表述也相当松

lxxiii

---

① 柯林武德：《历史的观念》，第210页及以后；柯林武德：《史学原理》，第二章第四节。
② 以上未提及的问题有：心灵的法则性知识的可能性；连续性的解释作用；所有解释的限度；规则的解释性使用；自然科学的终极无用性；历史上各种思想的对等性的方式和原因；历史思维与科学思维的逻辑关系。
③ 关于这一论辩，参见R. H. 维恩加特纳：《历史解释》，载保罗·爱德华兹主编：《哲学百科全书》（R. H. Weingartner, "Historical Explanation", in Paul Edwards ed., *The Encyclopedia of Philosophy*, New York, 1962），第4卷，第712页；另见哈里·里特主编：《历史概念词典》（Harry Ritter ed., *Dictionary of Concepts in History*, New York, 1986），第759页。
④ 参见柯林武德：《历史的观念》，第214页。

散。柯林武德抓住这个时机,顺便继续他与自然主义心理学的论辩,指责后者以错误的方式假定其研究主题是愚蠢的;他还警告说,在这一领域和其他领域采用早期现代科学的思维方式,很可能会产生破坏性的社会后果。这两种担忧在柯林武德1938年至1939年的作品中得到了更有力的表达。

在第二阶段的讨论中,柯林武德认为,人性的问题只有在历史过程中才能得以解决,因此,他拒绝将人性视为一个不变的实体或者由自然原因所决定。① 尤为有趣的是,他认为我们应该把人的性格与人的行动联系起来。为了澄清自己的立场,同时清除任何极端自由意志论的情形,他对与性格一致或不一致的行动所涉及的内容以及性格在何种意义上能够解释行动进行了广泛的分析,试图兼顾人们已经形成的性格在决策中的重要性与人们为形塑自己的性格而拥有的自由。柯林武德坚持认为,一个人的性格只不过是过去在当下的余留,这使得某些行动或多或少难以执行,但性格绝不会完全决定一个人的行动。他通过如下申明来总结自己的立场:自然带给现在的是强制,而历史带给现在的只是事实。柯林武德接着思考了这样的分析对公共政策的某些实际意义,例如:如何以及是否能够避免被认为是人类选择而非自然本能之累积结果的战争。所有这些都为人类对他们自己所创造的世界负有责任这一观念进行了有力的形而上学辩护,最终为《自传》和《新利维坦》中所论述的内容提供了有用的背景。

在第三阶段的讨论中,柯林武德认为,尽管从现代的观点来看,自然显然是有历史的,但自然的历史相比于人类的本性和人类事务的历史,显然不是同一种意义上的历史。② 然而,他的大部分努力都致力于展示自然世界如何必须被设想为历史的。因此,有人认为,既然生命在

---

① 见于题为"人性与人类历史"的段落,柯林武德在几个月后以同样的标题在英国国家学术院发表了演讲。
② 在其他著述中(例如《就职演讲:粗略笔记》),柯林武德对比了两者,坚持认为自然没有历史,或者自然历史不同于人类历史,它由特定的事实组成。这里(就如《通向一种形而上学笔记》一样)所做的对比是基于历史性可以是一个程度问题之上。

某一时刻起源于自然,自然世界就不应该只表现出一种方向性的发展,而应该是一种独特的发展,其中重要的事情可能只会发生一次。这使得柯林武德观察到,除非大自然已经有了一段历史(在更广泛的意义上来说),否则人类的本性不可能经历一段历史(仅在与之相关的特殊的、狭义的意义上来说)。关于自然事物的历史性与人类存在的历史性的区别,有几种不同的表述方式,但最引人注目的一个表述是:虽然从现代的观点来看,什么是自然事物,就跟什么是人类存在一样,都是由它们特有的活动模式所构成的,每一种活动模式都需要一段适当的时间才能形成,但人类存在的时间性与自然事物的时间性并不完全相同。自然事物是它们现在所做的,而人类存在是他们曾经所做的(在这里,柯林武德含蓄地呼应了他前面对人类性格的分析)。在此差异的基础上,柯林武德主张,虽然在自然界中不同的原因可能产生相同的结果,但在人类生活中,由于一个独特的过去经验被保存在它的现在之中,只有一个可能的过去,因此,对任何给定的现在,也只有一个可能的解释。如果这种说法是正确的话,那么对于人类历史从现有证据进行回溯性论证的可行性,显然是一个非常重要的问题。

题为《历史学家能够不偏不倚吗?》的手稿,是柯林武德 1935 年在牛津历史学会发表的一篇演讲。这是我们所掌握的他关于历史编纂学理论所面临的一个重大问题——价值判断在历史思维中的地位问题——的唯一可观的记录,尽管在其他著作中也有少量对此问题的评论。① 这一讨论勾画了两个区别:第一,历史学家在存有偏见的意义上表现出的偏袒与他们在价值判断的意义上表现出来的偏袒之间存在着差异;第二,历史学家有义务避免偏袒与他们实际上能够避免偏袒之间存在着差异。柯林武德认为,当历史学家的研究主题与其实际关切紧密相关时,偏见是很难或不可避免的。然而,有些令人惊讶的是,他认为这样并不是一件坏事,主要的理由是,如果没有偏见带来的"头脑风

---

① 例如,柯林武德:《历史哲学论文集》,第 15、76 页;柯林武德:《历史哲学讲稿》(1926),第 397 页及以后、第 402—404 页。

暴",许多伟大的历史著作将永远不会问世。① 他观察到,历史学家作为阉人式的不偏不倚,并不是我们真正想要的。关于做出价值判断,我们被告知,这些价值判断远不止是一些狭隘的道德判断。② 柯林武德坚持认为,就像一些后来的历史哲学家所做的那样,如果将价值判断排除在外的话,就不可能把握一个历史事实的全部性质。他认为,即使是一个看似简单的事实,就如某位加尔达斯是谁这个表面上很简单的事实,在一定程度上也是由价值构成的;而且,他认为,价值判断是通过历史学家对其研究主题中最重要的概念的构思而进入他的结论之中的。柯林武德似乎没有注意到,或者至少没有说,他所提出的关于偏见和价值判断的论证在特征上有根本的不同之处:他说的第一种情况与实践上或心理上可能的内容有关,而他所说的第二种情况关涉历史事实的概念。人们也可能会觉得,他在某种程度上夸大了偏见在方法论上的优点,尽管这些文字无疑被认为是在一个挑衅场合下而写的,因此情有可原。事实上,尽管存在夸大其词和内在的张力,但是,我们很难找到一段长度与之相当的作品,能更好地对他所提出的问题进行如此富有成效的思考。

柯林武德的《历史编纂学的历史和历史哲学笔记》手稿,是他为1936年编写一组新的历史哲学讲稿而准备的。③ 这些讲稿最终构成了《历史的观念》一书的基础,因此,《笔记》对于更好地理解该书所采取的一些立场具有特别的价值。这份手稿被分成几节,每节包括一段或若干段,涉及各种各样的主题。在这里所选编的片段中,题为"历史效力的观念"的笔记有着不同寻常的价值,因为它讨论了一个问题,即历

---

① 在另一种情绪中(例如《历史的观念》,第 203—204 页),柯林武德贬低了那些故意表达党派感情的说法,认为这些仅仅是伪历史。
② 对于柯林武德在这里列出的各种价值判断,读过《史学原理》第二章第八节的读者,现在可以加上那些归之于传记的"八卦价值"。
③ 从 1926 年到 1931 年,他一直在做这一主题的讲座(并准备了 1932 年的讲课笔记,那一年他大部分时间都病得无法讲课)。除了 1926 年、1927 年和 1928 年讲稿的全文(现在作为《历史的观念》增补版的附录),还有 1929 年和 1931 年的讲课片段,以及 1932 年的讲课片段。

史重要性的含义,这在柯林武德其他出版或未出版的著作中几乎没有涉及。这里选编的部分《笔记》涉及柯林武德对爱德华·迈耶的一些观点的含蓄评论,并对这些观点进行了大量批判。① 柯林武德所说的一个令人费解的方面是,他完全从历史思维中排除了内在重要性的观念,而这一观念是他自己在其他地方所坚持的。② 然而,他也反对通常与之对立的观念:历史重要性是由结果决定的;而且,他清楚地解释了接受后一种观念所带来的一些困难。柯林武德自己的选择方案——声称"历史重要性"意味着"对行动者重要"或者"对历史学家重要"——所引发的问题则被更加粗略地处理。③ 作为他分析的一部分,就像他在其他作品中所做的那样,④柯林武德拒绝了人们普遍接受的这一观念:选择是历史编纂学理论的一个根本问题。然而,他在这一点上的立场也不容易调和他在其他地方的理论主张。例如,他在《历史想象》一文中将"选择"与"构造"和"批判"结合在一起⑤;或者我们以他自己作为历史学家的实践为例,他宣称不列颠"被罗马部分征服和占领"是罗马时代的"重要"历史。⑥

题为"人性与人类历史"的两则笔记中的第一则,展示了柯林武德仍在以令人耳目一新的坦率心态思考着这样一个问题:人们在人类事务中"按比例缩小"多少才能寻找到理性,这预示着他后来对这个问题的思考。⑦ 第二则笔记是对形而上学和认识论学说的简洁但有用的总结,我们应该据此来解读他的历史哲学。在一则关于"永恒客体"的笔记中,历史兴趣的通常对象被描述为"结构模式",这一观念也出现在1934年的《自然与心灵讲座的结论》中,这有助于我们破除将柯林武德视为极端的方法论个人主义者的普遍看法。同一处的笔记,包含了对

---

① 这篇评论的要点可以在《历史的观念》(第176—181页)中找到。
② 例如,参见柯林武德:《历史的观念》,第179页;柯林武德:《罗马不列颠》,第69页。
③ 关于历史重要性的观念,另见《历史编纂学笔记》中题为"历史重要性"的段落。
④ 例如,参见柯林武德:《历史哲学讲稿》(1926),第356页。
⑤ 柯林武德:《历史的观念》,第236页。
⑥ 柯林武德:《罗马不列颠和英国定居点》,第5页。
⑦ 例如,参见柯林武德:《历史的观念》,第227页;柯林武德:《史学原理》,第二章第三节。

重演理解理论的一个强有力的、貌似有点复杂的讨论。在这篇笔记中，柯林武德区分了他在其他地方没有提及过的四种意义上的"思想"，他认为，如果要完全把握这一学说，就需要牢记这一点。与此同时，柯林武德明确提到重演在历史构造中扮演了构成性和解释性的角色，尽管在《史学原理》（第三章第五节）中关于历史形势总是被构想出来的这一看法再次出现了夸大其词的成分。例如，威廉公爵在黑斯廷斯所面临的政治形势，就是由他重演自己和他人的思想所构成的。关于"证据与确信"的最后一则笔记，为我们提供了他对历史可能性观念的主观解释，尽管柯林武德承认它是"自相矛盾的"，但仍然在《史学原理》的第四章的现存片段中坚持了这一观点。柯林武德在此的讨论背景是历史学和法庭上处理证据的方式之间的对比，这也是他反复讨论的一个话题。

随后的零碎笔记，即柯林武德写于 1939 年的《历史编纂学笔记》，是在他撰写《史学原理》的同一次航行中完成的。十八个条目几乎都由非常简短的段落组成，主题内容各不相同，而且，有些表述相当简洁。本书所选的其中一篇，是柯林武德为 1939 年 2 月开始写作的《史学原理》所构想的"写作计划"，尽管如前所述，他后来并没有严格遵循这篇写作大纲。题为"历史学是知识的唯一类型"的笔记包含了遭人诟病的一句话："哲学作为一门独立的学科因此被转化为历史学"，诺克斯在《历史的观念》的序言中认为这正好标志着柯林武德极端历史主义的立场。[1] "历史自然主义"这则笔记让人想起柯林武德在《史学原理》第三章第一节和第二节中关于这个主题的处理方式。"自然与历

---

[1] 柯林武德：《历史的观念》，第 x 页。诺克斯将此解读为哲学被历史学"吸收"了，他认为这是柯林武德为什么没有完成《史学原理》写作的"真正的答案"。但是，正如我们在第十节所指出的那样，这很难说明问题，因为在几乎同一时间写成的《自传》中，柯林武德只是呼吁历史学和哲学的关系要变得更加密切，而不是彼此消融。然而，例如在《哲学方法论》和《形而上学论》中，他对哲学的本质问题形成了明显矛盾的观点，这仍然是事实。人们还需要记住，柯林武德经常提醒我们，哲学拥有一个历史，正如所有的人类事业一样，它们都是现在的一部分，或者说"囊缩"于现在之中。这与他在这里提到的哲学仅仅是历史的观点有着很大的区别。

史"这则笔记概述了他在第三章第四节中所提出的观点。关于"伪历史"和"隐秘的历史学"①这则笔记,这些滥用的术语相比其他地方②更好地解释了柯林武德的主要意图。题为"历史重要性"的笔记呼应了柯林武德在1936年的《历史编纂学的历史和历史哲学笔记》中关于这一问题的一些结论。而关于"偶然事件"和"偶然性"简短讨论中的这些术语仅适用于人类研究,③这些简短的笔记也补充了柯林武德在其他地方对历史因果关系性质的看法。"比较的方法"这则更简短的笔记,清楚地说明了柯林武德为什么质疑这种方法对历史学的有效性,尽管在其他文本的语境中④,他似乎赋予了它一些启发性的价值。⑤ 在第五、六、十一和十二则笔记中,重演的观念在历史编纂学理论中的必要性被认为是理所当然的,尽管后来的《史学原理》没有讨论这个问题。在题为"历史中没有结局"这则笔记中,重演与过去仍然活在当下的观念紧密相关,这是柯林武德反复讨论的主题。⑥

引发争议最多的是第四、八、九则笔记,这里涉及柯林武德的立场,即所有的人类研究(包括哲学,甚至伦理学和逻辑学)本质上都是历史的,或者应该是历史的。关于这一点,值得探讨的一个谜题是,此类探究所宣称的历史性如何与《史学原理》中的声明相关联,即柯林武德所认为的同样研究(当然也是"科学"的历史学)都是规范性的事业,因此需要研究人员对构成其研究主题的人类活动进行批判性的评估。⑦ 有

---

① 柯林武德后来的《民俗学手稿》中相当详细地展示了他所称为人类学的"隐秘的历史学"。
② 例如,参见柯林武德:《自传》,第107、109页;柯林武德:《历史的观念》,第300页。
③ 另见柯林武德:《形而上学论》,第289页;柯林武德:《新利维坦》,第110、117页。
④ 例如,参见柯林武德:《历史的观念》,第67页;柯林武德:《罗马不列颠和英国定居点》,第302页。
⑤ 这就解释了柯林武德在这一点上对维柯的历史观的阐述是赞同的,当然,这也可能会受到质疑。然而,柯林武德本人有时也认为在他自己的历史研究中使用比较方法是恰当的,这一点似乎不可否认。
⑥ 柯林武德在前两段中反对历史起源的观念可能需要重新表述,以使之与他在《作为理解现在的历史学》中对历史的描述以及其他地方对起源的研究明显一致,因为他倾向于在通常用法中不做明显的区分。柯林武德将历史构想为寻找起源的事例,参见柯林武德:《自然的观念》,第10页;柯林武德:《自然与心灵讲座的结论》(1935)。
⑦ 参见边码第xlvi页注释③。

鉴于此，考察柯林武德《历史的观念》的历史部分与系统部分之间、《自然的观念》与它的各种结论之间，或者《新利维坦》的历史元素和理论元素之间的关系，将会是有所帮助的。无论如何，似乎很明显的是，尽管目前的主张引起了明显的困境，但柯林武德在他的最后著作中仍然赋予了历史学家一个重要的角色，同样也赋予了历史哲学家一个重要的角色。即便他在《史学原理》的第二章中猛烈抨击了"咨询哲学家"的自命不凡，可能会让读者产生相反的想法。柯林武德声称形而上学至少是一门历史科学，他在"历史学是知识的唯一类型"的笔记中特别提到这一点，后来在《形而上学论》中进行了更为详细的阐述，这一主张已经成为批判性讨论的焦点。① 柯林武德在此所说的逻辑学和伦理学也具有历史性，可能会引发更大的论争。

十三、自然与心灵的结论

最后需要说明的是，关于最近发现的第二份手稿，即柯林武德于 1934 年、1935 年、1937 年、1939 年写作的关于自然与心灵讲座的结论，并在 1940 年进行了实质性的修订，题为"现代科学中的自然观念"（"The Idea of Nature in Modern Science"）。我们选录了整个手稿，尽管其中的大部分内容与历史哲学的关联不大。就如本书中大部分其他手稿片段所例证的那样，历史哲学的工作是为了描述历史学作为一种探究形式的性质和意义。这份手稿的内容与柯林武德在同一时间写作的《通向一种形而上学笔记》中的相关内容关系最为密切。② 因为手稿是由柯林武德关于自然与心灵讲座的结论组成的，这些讲稿后来成了他的遗作《自然的观念》的基础，所以说，手稿的内容与后者也密切相关。正如我们所发现的，这份手稿包含了一个较短的和一个较长的结论，我

---

① 例如，参见雷克斯·马丁：《柯林武德所宣称的形而上学是一门历史学科》（Rex Martin, "Collingwood's Claim that Metaphysics is a Historical Discipline", *Monist*, 72 [1989]），第 489—525 页。
② 写于 1933 年至 1934 年，紧随柯林武德完成《哲学方法论》之后。

们在此提供的文本比原始文本更加分散一些。① 当柯林武德在1940年做最后一次讲座时,他撰写了第三个结论,同时将标题改为"自然的观念"。② 诺克斯选择在这个标题下来编辑柯林武德的这些讲稿,普赖斯(H. H. Price)当时对此决定表示过一些质疑。③

lxxxi

  从历史哲学的角度来看,关于自然与心灵讲座的前两个结论,1935年的结论更为有趣。柯林武德承认,正如他在《作为历史的实在》和《通向一种形而上学笔记》中所做的,如同他对不断变化的自然观点的总结所表明的那样,自然现在被认为是一个时间的过程,它不仅经历变化,而且在变化中会产生新的形式。就此而言,正如亚历山大在《事物的历史性》中所坚持的观点,与19世纪盛行的观点相反,自然本质上是历史的。柯林武德认为,在人类历史上,这是一个常用的观念,在追溯诸如英国的历史时,我们发现不仅仅是某些细节发生了变化,而且事物的本质也发生了变化。英格兰(就像人类一样)本身就是一个历史过程的产物,在整体上都在发生变化,同时凭借与过去的连续性而保持

---

① 很明显,普赖斯首先在手稿中把第一个结论与第二个结论区分开来,在两个结论之间插入了一个"B"(在本书中没有标注)。关于两个结论之间的关系以及诺克斯的编辑方式,参见戴维·布彻:《柯林武德〈史学原理〉一书的重要意义》,第147页以后。布彻也给出了一些理由,让我们相信诺克斯对《自然的观念》(也包括《历史的观念》)的编辑痕迹比他所认为的更为严重。

② 在1935年的结论中,柯林武德提到,我们需要从自然的观念过渡到历史的观念,以便找出人类的历史过程和自然的历史过程之间是否存在什么差异,即历史性的普遍性可以推广到多远。柯林武德在诺克斯编入《自然的观念》的结论中给出了从自然转向历史的原因,即科学思维的有效性取决于历史思维。然而,在这两种情况下,注意力都集中在接下来的讲座中会说些什么。第三个结论并没有比第二个结论更有效地做到这一点:它只是以不同的方式做同一件事。雷克斯·马丁讨论了这三个结论之间的关系,参见雷克斯·马丁:《柯林武德〈形而上学论〉和〈自然的观念〉的三个结论》("Collingwood's *Essay on Metaphysics* and the Three Conclusions to *the Idea of Nature*", *British Journal for the History of Philosophy*, 7(1999)),第333—351页。

③ 诺克斯在序言中只把作为《从自然到历史的转变》的1940年结论编入《自然的观念》,理由是他认为柯林武德已经对"他自己的宇宙论的草图"感到"不满意",由此结束了最初的讲座。然而,这一说法只适用于1934年的长结论,而不适用于1935年的短结论,而在序言中,诺克斯惊奇地忽略了这一结论。

lxxxii 自身的同一性。① 柯林武德认为,与不断变化的人类相比,物质现在被看作是由其自身的过程而产生的某种东西,并被视为同一的。这似乎意味着他完全接受了自然历史的观念,并开始建立一种自然历史性质的理论。但是,柯林武德又坚持认为,人类过程与自然过程之间存在着根本的区别,这使得历史性的观念只不过是在类比的意义上适用于自然界的领域。② 在此,柯林武德提到在下一学期关于历史的观念讲座中,他将会详细阐明这一点。人类历史的显著特征,或者人类历史之所以被认为是"严格而恰当的"的原因,是能够发现在其中发生的事情的重演性(re-enactability)。③ 换言之,柯林武德在这里所设想的是一种真正的历史性标准,与他后来在《史学原理》中所提供的标准(源自证据可以被"读取"),或者他在1934年关于自然与心灵讲座的结论中所构想的标准(一种积累的发展)没有明显的一致性。

较长的那个结论将历史的观念设定在一个更广泛的进化的形而上学框架中。实际上,柯林武德在最一般的宇宙论层面上勾勒出了一幅自然的世界史,用敏锐的眼光追寻可识别的形式层级的有趣细节:从物质到生命,再到心灵的发展。他认为,这个过程的"本质"或"一般原则"是一种从外在到内在的运动。首先,在最初级的层面上,物质粒子

lxxxiii 在空间和时间上完全彼此分离,每一个粒子都作为它自身存在,仅仅是

---

① 这或许可以与柯林武德在《作为实在的历史》中对人类"性格"的历史性质的讨论形成对照。令人遗憾的是,柯林武德既没有在这里也没有在其他任何地方,阐述他在这一点上非常依赖的连续性观念。他大概想说的是,例如,尽管罗马不列颠与盎格鲁–撒克逊不列颠在某种意义上是连续的,但从另一种意义上来说,又是不连续的。进一步说,需要讨论这些含义相互关联的方式。人们也想知道,柯林武德是如何把他在历史学中的连续性观念应用到他在1934年的结论中所讨论的从物质到生命、从生命到思想的宇宙学转变之上,而这里的关键特征似乎不是连续性,而是不连续性。他确实说过,连续性意味着没有"断裂",但这个想法陷入了与"连续性"同样的困境。
② 柯林武德在1935年的结论中所介绍的历史过程不同于自然过程的观念,在随后的著作中得到了更充分的阐述,例如《作为实在的历史》《历史编纂学的历史和历史哲学笔记》《人性与人类历史》(英国国家学术院的讲座)、1936年的历史哲学讲座,以及《史学原理》第三章的进一步阐述。
③ 值得注意的是,柯林武德在这里和其他地方相当随意地将人类历史作为一种范式,以此来追问自然历史与之接近的程度,而不是人类历史接近自然历史的程度。

与其他粒子发生相互作用;其次,心灵通过分享其他心灵的经验,即其他心灵的活动(心灵只是某种活动),以及通过生活在一个可感知的现在且生活在一个回忆的过去和一个构想的未来的时间定位,从而具有了超越空间位置的能力。柯林武德将他的宇宙论反思推向了与神学思考交叉的地步。他断言,自然的前进过程,可以被看作是"上帝的生命",在这个过程中,上帝把自己从单纯的创造者的地位发展到精神的地位。与此相关的一个问题是,在同一过程中发展自己的人类精神能否达到上帝所创造的终极的内在不朽性,这个问题最终是无法回答的。①

柯林武德在 1934 年结论中所总结的"外在"与"内在"的对立、"奋争"(nisus)、"永恒的客体"等理论概念,对于解释更为狭义的历史观念具有特殊的意义。在最高层级上,他把世界历史描述为一种从外在到内在的运动。"内在"最初可能只是一个单纯的综合或排序的观念,在用法上类似于人类历史编纂学中的工业革命或美国边疆的西进运动等概念。如此来看,如果没有太大问题的话,支持其应用的详细论证也是很有启发性的。然而,不止这一点,柯林武德似乎将这一观念看作是一个解释性的观念,例如,他认为,在物质世界发展的某个阶段,活动的单纯物质形式至少被生命的胚胎形式所取代,"因为"外在不再朝向它一直移动的方向显著地发展。从表面上看,作为整体进化过程中的一个"跳跃",它因此被认为是一种完全可以理解的发展过程,而且确实是一种必然发展过程。尽管在某种意义上就像在物质、生活和精神领域发生的情况一样,这不是一个正常的发展过程。②

这就导致我们要考量柯林武德所采用的第二个令人困惑的理论概念。柯林武德告诉我们,维持世界进程所需要的东西,无论是在普通的

---

① 关于柯林武德最终是否将哲学划入观念史(比如在《形而上学论》或《历史编纂学笔记》中所做的那样)的论争,值得注意的是,正如诺克斯对《哲学方法论》的看法(《历史的观念》,第 ix—x 页),至少在这一点上,柯林武德似乎很清楚地将哲学区别于历史学,并提出了自己的宇宙论结论,尽管它是试验性的,部分基于他所接受的自然科学的当代发现。

② 柯林武德从他的分析中得出了一个更加令人费解的先验结论:任何其他世界的发展,无论其内容与我们有多么不同,都必然例证了同样的运动形式原则。人们不禁要问,他在这里只是简单地陈述一个他认为可以从"发展"这个观念中分析得出的结论吗?

自我发展的层面上还是在刚才提到的更大运动的层面上，都有一个预先存在的朝向最终结果的"奋争"。那些已经熟悉柯林武德历史哲学著作以及历史著作的人，一定会对他轻易采用这种整体的、高度思辨的目的论解释的形式感到惊讶，这是一种他原本肯定会排除在人类历史编纂学的研究主题之外的思考方式。当然，他在此对"奋争"概念的使用也不是一种独特的反常现象。他在《通向一种形而上学笔记》①以及一些尚未发表的民俗学手稿中也提到了这一点。我们或许可以观察到，如果"奋争"这一概念在实践中被认为是适用于一般人类历史的，那么其结果就会尽可能地远离柯林武德有时遭人诟病的方法论个人主义。但是，否认他是一个极端的个人主义者并不需要如此激烈的支持，正如他在《史学原理》中表达的关于传记的非历史性的极端观点一样。然后，我们是否应该认为，不同的方法论标准在宇宙论的层面上都恰当地适用于人类历史和自然历史？事实上，柯林武德对"奋争"之性质和地位的态度有时似乎游移不定，甚至在宇宙历史的问题上也是如此。因此，尽管他认为心灵"想要"感知世界，世界反过来"想要"被心灵感知，但至少对于后者，他谦逊地加上了"比喻来说"。②

---

① 例如，参见杜森：《作为一门科学的历史学》。
② 柯林武德在《自然的观念》（例如，第 15、83—84、92、110、124、161、164、169 页）中从各种层面阐述了"奋争"的概念，其中在第 83 页指出，至少对于希腊哲学来说，"奋争"不仅会变化，而且努力或倾向于"以某种确定方式变化"。里克·皮德斯让我们注意到，柯林武德在完成《哲学方法论》之后才开始使用"奋争"这一术语，并且，在《通向一种形而上学笔记》未收入本书(bk. A, fos. 6, 16)的部分中，柯林武德将"奋争"描述为一种力量，它在一个形式层级上推动着底层形式向高层形式的发展，是将早期的"潜能"推向后来的"现实"的一种"张力"。柯林武德还将其比作斯宾诺莎的内在因果性的概念，也承认它是一个坦率的目的论的观念。皮德斯似乎认为，柯林武德在宇宙论上对这一概念的使用，展现出阐述一种完全历史化的哲学的早期尝试，在这种用法中，它实际上是"理性的自然化版本"。然而，在考虑这个观点时，我们应该记住，这里所说的"自然化"的理性应该是整体层面上在人类历史中起作用的一个理由，考虑到柯林武德关于历史上"协同心灵"(corporate minds)的不同观点，他似乎从来没有完全接受过这个观点（例如，参见《历史的观念》，第 34、95、116、122、219 页）。皮德斯指出，莱布尼茨和早期作家曾使用过"奋争"这一术语，但与柯林武德使用这一术语的意义并不相同（参见约希姆·里特尔等主编：《历史哲学词典》[Joachim Ritter et al. eds., *Historisches Wörterbuch der Philosophie*, Basel, 1971-]）；而且，我们还没有发现任何证据能够表明柯林武德已经采纳（或改造）了任何一位前辈的概念。

编者导言

第三个令人感到困惑的理论概念即历史上存在"永恒的客体",柯林武德在1934年的结论中用了三分之二的篇幅来讨论这一理论概念,似乎是对怀特海关于物质观点的一个简短的题外话。怀特海坚持认为,将自然还原为过程,保持其历史性,在万物都消逝的情况下,并不排除世界上存在永恒客体的观念。在怀特海看来,一定程度的蓝色(实际上,任何质)都将是一个永恒的对象,因为它可以在世界过程的不同时间中被实例化和重新实例化。柯林武德接受了这一观点,但他认为,关于永恒客体的论题可以在一种更强烈的,或者更为不同的意义上得到辩护,这对史学理论更有意义。根据柯林武德的说法,所有的历史事件都是永恒的对象,因为它们一旦发生,即便不是实存(existence),也会作为历史进程的不可改变的阶段继续存在(being),如果有足够的证据留存下来的话,这些历史事件就可以成为现在历史思想的对象。怀特海的永恒对象是抽象的(普遍的),柯林武德的永恒对象则是具体的(特殊的)。① 柯林武德将前者描述为只不过是后者的某些方面,并用如下的事例来阐明这一点:尽管在怀特海的理论中,当詹姆斯二世把海豹投入泰晤士河时,飞溅的水的确切形态可以被视为一个永恒的客体,但它仍然不是一个永恒的历史对象。只有整个事件,即将海豹投入河中,才能正当地被认为是一个永恒的历史对象。

所有这些都可能为《历史的观念》中的一段话提供一些启示,而这段话有时会让评论者踌躇不前,在这段话中,罗马宪法和奥古斯都对宪法的修改被称为永恒的客体,因为它们"在任何时候都可以被历史思想所领会"②。但是,柯林武德在那里进一步提出的观点与现在手稿中的立场是背道而驰的;他在那里坚持认为,使一个事件成为历史的不是它在时间上发生,而是通过我们对创造它的思想的重新思考,这个事件才为我们所知。相比之下,在目前的手稿中,他似乎接受了如下观点:

lxxxv

lxxxvi

---

① 参见柯林武德对怀特海的讨论,以及《历史编纂学的历史与历史哲学笔记》的"作为永恒客体的历史事件"这一段落中关于诺曼征服的评论。
② 柯林武德:《历史的观念》,第218页。这一观念也出现在《自传》(第67—68页)中,柯林武德在那里宣称"任何历史事实都可以被称为是永恒的,因为它曾经发生过一次"。

自然历史和人类历史都是在同一个具体而非抽象的意义上"产生"永恒的对象,自然历史的"永恒性"在这个意义上就是自然历史学家使之成为"可重构的",即便不是使之成为"可重演的"。[①] 我们再次遇到柯林武德对自然历史和人类历史的相似性和差异性进行讨论时所反复出现的矛盾观点。柯林武德在 20 世纪 30 年代中期之后并没有进一步阐述他的宇宙论研究,但是,前期的研究对他的历史观的发展产生了卓有成效的影响,使得他一方面在自然过程与历史过程之间划分了明显的界线,另一方面在自然研究与历史研究之间形成了鲜明的对照。《通向一种形而上学笔记》《作为历史的实在》《历史编纂学的历史与历史哲学笔记》《历史编纂学笔记》和《史学原理》中的许多段落都证明了这一点。而且,《历史的观念》一书中也贯穿了同样的对比。从这些对比中衍生出来的,不仅包括柯林武德所提出的著名观点:一切历史都是思想的历史,而且还包括他提出的在某种意义上非常有远见的呼吁:建立一个基于历史科学而不是自然科学的文明,这一文明观出现在《史学原理》第三卷的计划之中,并隐含地勾勒在《自传》之中。更一般地说,柯林武德的结论很有意义,因为它们更清楚地阐明了他后来的历史哲学发展的宇宙论背景。同样值得关注的是,在他的职业生涯临近尾声时,柯林武德通过关注自然科学历史上所表达的自然观念的历史,使他的宇宙论研究具有明显的"历史转向",这一研究路径自第二次世界大战以来获得了越来越多的认可,尽管柯林武德对这一研究路径的贡献几乎还没有得到承认。

---

① 柯林武德似乎已经准备好投身于反构造主义(anti-constructionist)的观点:自然有一个可以被发现的"真实"过去。他提供了在生命出现之前的宇宙论阶段的物理世界的例子。关于柯林武德史学理论的一个构造主义的解释,参见利昂·戈德斯坦:《历史学的内容及其原因》(Leon Goldstein, *The What and the Why of History*, Leiden, 1996),第 273—336 页。

第一部分

历史学诸原理

第一卷导言①

伯里说,"历史学是一门科学,不少也不多"。

或许它不少:这取决于你所指的科学是什么。有一种惯习的用法,比如"厅"指的是音乐厅,或者"影"指的是电影,由之"科学"指的就是自然科学。然而根据科学的含义,历史学是不是科学,这是不需要多问的;因为在欧洲的语言传统中——可以追溯到拉丁语的演说家们用自己的文字 scientia[科学]来翻译希腊语 επιστήμη[知识]的那个时代,并一直延续到今天——"科学"这个词指的是任何有组织的知识体。如果这就是这个词的意思的话,那么伯里无可置疑地是非常正确的,历史学就是一门科学,一点也不少。

但是,如果说它不少的话,它确实是更多。对于任何一门科学来说,它绝不仅仅是单纯的科学,它必定是某种特殊类型的科学。知识体绝不单单是有组织的,它还总是以某种特殊的方式组织起来。某些知识体,比如气象学,是通过搜集与某一类事件相关的观测资料而组织起

---

① 标题页有一条笔记说:"写给 E. W. C.[柯林武德的第一任妻子艾瑟儿],如果这份手稿到了你手中,而且我无法完成它,我授权你用上面的标题发表,你自己写一个序言,解释说这是我所写的片段,至少二十五年以来,我一直将它作为我的主要著作来写作。"诺克斯将这一导言编入《历史的观念》(第 249—252 页)"后论"的第三节,把它作为"历史的证据"的开头。因为柯林武德将其作为《史学原理》整个第一卷的导论,所以,我们在这里把它与第一章分开。这一文本,连同随后第一章的文本,在《史学原理》的手稿中丢失了,因此它们都是从《历史的观念》复制过来的。柯林武德在荷属东印度群岛旅行期间写作的《历史编纂学笔记》包含了导言开头的第一稿,但与这里的导言略有差别(参见本书第 240—241 页)。

来的，这些事件在发生的时候是科学家能够观察到的，尽管他不能任意制造它们。其他一些知识体，比如化学，不仅是通过观察那些发生的事件，而且是通过在严格控制的条件下使之发生而组织起来的。还有一些知识体根本不是通过观察事件，而是通过做出某些假设并以极端的严谨推论其结果而组织起来的。

历史学却不是以这些方式组织的。战争和革命，以及它所处理的其他事件，并非历史学家在实验室里为了进行研究而以科学的精确性有意制造出来的。它们甚至也不是在事件之被自然科学家所观察到的那种意义上被历史学家所观察到的。气象学家和天文学家要进行艰苦而花费高昂的旅行，以便亲身观察他们感兴趣的那类事件，因为他们的观察标准使得他们不能满足于外行目击者的描述；但是，历史学家却没有配备一支前往正在进行战争和革命的国家的考察队。这并不是因为历史学家不如自然科学家精力充沛和勇敢，也不是因为他们更少获得考察所需的资金。而是因为通过这些考察所能获得的事实，就像通过在家里有意酝酿一场战争或革命所能获得的事实一样，不会教给历史学家他们所想要知道的任何东西。

观察和实验的科学在这一点上是相似的，它们的目标是要在某一类的所有事件中探测出不变的或反复出现的特征。一个气象学家研究一种气旋是为了将其与其他气旋进行比较；而且，他希望通过研究其中一些气旋来发现它们之中有什么特征是永恒的，也就是，发现这类气旋的共同点。但是，历史学家没有这样的目标。如果你发现他在某个时候正在研究百年战争或1688年革命，你不能推断出他正处于一种探究的预备阶段，其最终目标是要得出有关战争或革命本身的结论。如果他处于某种探究的预备阶段，那么这更可能是对中世纪或17世纪的一般研究。这是因为观察和实验的科学是以一种方式组织起来的，而历史学是以另一种方式组织起来的。在气象学的组织中，对于一种气旋所观测到的东西，其最终价值取决于它与对其他气旋所已经观测到的东西的关系。在历史学的组织中，对于百年战争所知道的东西，其最终价值并不是取决于它与对其他战争所已经知道的东西的关系，而是取决于它与已知的关于中世纪人们做过的其他事情的关系。

历史学的组织与"精确"科学的组织之间的区别,同样是显而易见的。诚然,在历史学中,正如在精确科学中一样,思维的一般过程是推理的;这就是说,它从肯定这一点或那一点开始,接着追问它证明了什么。但是,它们的出发点却属于非常不同的类型。在精确科学中,出发点是假设,而表达它们的传统方式是以命令词开始的语句,它规定要做出某种假设:"设 ABC 为三角形,并设 AB=BC。"在历史学中,出发点并不是假设,而是事实,而且是呈现在历史学家观察之前的事实,例如,在他面前打开着的书页上印着声称某位国王将某些土地赐予某个修道院的特许状。它们的结论也属于非常不同的类型。在精确科学中,它们是关于在空间或时间中没有特殊定位的那些事物的结论:如果它们在某个地方,那么它们就无处不在;如果它们在某个时间,那么它们就无时不在。而在历史学中,它们是关于事件的结论,每个事件都有其自己的地点和日期。被历史学家所知道的地点和日期的精确性是可变的;但历史学家总归知道既有一个地点又有一个日期,并且在一定限度内,他总归知道它们是什么;这些知识是他根据他面前的事实进行论证而获得的结论的一部分。

在出发点和结论上的这些差异,就蕴含着各自相应的科学的整个组织上的不同。当一位数学家已经决定了他想要解决的问题是什么时,他面临的下一步就是要做出使他能够解决此问题的假设;这就包括要诉诸他的创造力。当一位历史学家同样地做出了决定时,他的下一步任务就是把自己放在这样一个位置上,使得自己能够说:"我现在所观察的事实,是我能够从中推断出解决我的问题的答案的那些事实。"他的任务并不是创造任何事物,而是要发现某种事物。而且,最终的成果也是以不同的方式组织起来的。精确科学传统上被组织的图式根据的是逻辑先后的关系:如果为了理解第二个命题有必要理解第一个命题,第一个命题就被置于第二个命题之前;历史学被组织的传统图式,是一种编年的图式,其中一个事件如果在时间上发生得更早,就被置于第二个事件之前。

因此,历史学是一门科学,但却是一门特殊的科学。它是一门科学,其任务乃是研究我们的观察所不及的那些事件,并且是要从推理来研究这些事件,从我们观察所及的那些另外的事物来论证它们,历史学家称这些事物为他所感兴趣的那些事件的"证据"。

第一章 证据①

一、作为推论的历史学

历史学与其他各门科学都有此共同之处:历史学家无权宣称任何一点知识,除非他首先能够向自己,其次向任何既有能力又愿意遵循他的论证的人展示它所依据的基础。这就是上面所谓的作为推论的历史学的意思所在。一个人之成为一个历史学家所凭借的知识,就是他所掌握的证据对于某些事件证明了什么的知识。如果他或者其他人凭着记忆,或第二视觉,或某种威尔斯②式的通过穿越时间向后看的机器等方式,对于完全相同的事件有着完全相同的知识,那么这就不会是历史知识;那证明他不能向他自己或任何批评他的主张的人,提供他从其中得出他的历史知识的那种证据。批评者并不是怀疑论者;因为批评家是一个能够而且乐意为自己而认真讨论别人思想的人,看看他们是否做得很好;而怀疑论者却是不愿意这样做的人;因为你不能让一个人思想,像是逼着一匹马饮水那样,你没有办法向一个怀疑论者证明某种思想是正确的,由此,也没有理由为他的否认而耿耿于怀。对于任何一个自称有知识的人,只能由跟他同类的人来进行判断。

---

① 在找到的手稿中缺失了本章的内容。由于本章被编入《历史的观念》(第252—282页)一书的"历史的证据"这一标题之中,所以这里的内容从该书复制而来。
② 赫伯特·乔治·威尔斯(Herbert George Wells, 1866—1946),英国作家、历史学家,主要作品有科幻小说《时间机器》《隐身人》《星际战争》,历史著作《世界史纲》等。——译者注

通过展示其所依据的基础来证明任何知识的正当性，这种必然性是科学的一个普遍特征，因为它源自科学是一种有组织的知识体这一事实。说知识是推理的，只是以另一种方式在说它是有组织的。记忆是什么，以及它是不是一种知识，这是一本有关历史学是什么的书籍中所不需要考虑的问题；至少这一点是清楚的，不管培根和其他人说过什么，记忆并不是历史学，因为历史学是某种有组织的或推理的知识，而记忆却根本不是有组织的，不是推理的。如果我说"我记得在上星期给某某人写了一封信"，那么这是关于记忆的一个陈述，但却不是一个历史陈述。但是，如果我补充说："我的记忆并没有欺骗我，因为这里有他的回信"，那么我就是把一个关于过去的陈述建立在证据之上；我就是在谈论历史学了。基于同样的理由，在像这样一篇论文里也没有必要考虑这样的说法：他们说当他们在某个事件发生①的那个地方，他们就能以某种方式看到那个事件在他们眼前进行。在这样的场合实际发生了什么，以及经历那件事的人是不是由此就获得了关于过去的知识，这确实是有趣的问题，但这里不是讨论它们的恰当场合。因为即便这些人确实获得了关于过去的知识，那也不是有组织的或推理的知识；不是科学的知识，不是历史学。

二、不同种类的推论②

不同种类的科学是以不同的方式组织起来的；因此应该得出（的确，这似乎仅仅是用不同的文字在说同一件事），不同种类的科学是以不同种类的推论为其特征的。对于各种知识来说，知识与它所依赖的根据产生联系的方式，事实上并不都是一个样。之所以如此，以及因此一个研究推理本质的人——让我们称他为逻辑学家——之所以能够纯粹通过注意它的形式来正确地判断推理的有效性（尽管他对它的研究

---

① 《历史的观念》中的文本是"反复发生"（第253页），但这显然是一个错误。
② 在手稿的目录列表中，这个小标题为"推论的种类"。

主题没有专门的知识），是因为这些都源自亚里士多德的学说；但这是一种错觉，尽管它仍然被许多非常有才能的人所相信，他们在亚里士多德的逻辑学和在此基础上建立其主要学说的其他逻辑学方面都受到了太过排他性的训练。①

　　古希腊人的主要科学成就在于数学；他们关于推理逻辑方面的主要工作，自然地是致力于在精确科学中所出现的推论形式。在中世纪末期，观察和实验的近代自然科学开始成形的时候，对亚里士多德逻辑学的反叛就成为不可避免的了；特别是对亚里士多德关于证明的理论，那是绝不可能用来涵盖新科学中实际运用的技术的。于是，就逐渐出现了一种新的推论逻辑，它建立在分析新的自然科学所使用的程序的基础之上。今天通行的逻辑学教科书在其划清"演绎的"和"归纳的"两种推论的界线上，仍然带有这种反叛的痕迹。直到19世纪末，历史思想所达到的发展阶段才可以与17世纪初自然科学所达到的发展阶段相比拟；但是，这件事却还没有开始引起那些写作逻辑学教科书的哲学家们的兴趣。

　　精确科学中的推理的主要特征，即希腊逻辑学家们在制定三段论式的规则时所试图给出理论上的说明的那种特征，乃是一种逻辑上的强制——一个人做出的某些假设是强制性的，并仅仅靠这样做，就会被迫做出其他的假设来。他有两种选择的自由：他并非被迫做出最初的假设（这个事实在技术上就表述为"证明性的推论的出发点本身是不可证明的"），以及当他这样做了，他仍然有自由选择随时停止思维。他所不能做的就是，做出了最初的假设，继续思维，却达到了与科学上正确的结论所不同的结论。

---

① 读者也许会原谅我在这里做一番个人回忆。当我还是个年轻人的时候，一位非常有名望的来宾就我的专门研究领域的一个考古学问题向一个学术团体发表了演讲。他所提出的观点是全新的和革命性的，我很容易就能看出他已经完全证明了这一点。我非常愚蠢地想象着，如此清晰和无懈可击的推理一定会使任何听众信服的，即使是一个以前对这个主题一无所知的人。由于发现这个论证完全未能使听众中（非常博学和敏锐的）逻辑学家们信服，起初我感到非常不安，但在很长时间里这件事却大大地教育了我。

在被称为"归纳的"思维中,则没有这样的强制。在这里,归纳过程的本质就是把某些观察放在一起,并发现它们构成为一种模式,我们可以无限地外推这个模式,就像一个人在方格纸上画了几个点并对自己说"我绘制的点表示一条抛物线",接着在任一方向上画出他所喜欢画的尽可能多的抛物线。这在技术上被描述为"从已知到未知"或"从特殊到一般"。这对于"归纳的"思维乃是本质性的东西,尽管试图构建这种思维的理论的逻辑学家们并不总是认识到,上述步骤从来不会受到任何一种逻辑强制的限制。思想家只要愿意,就可以在逻辑上自由地选择采取这一模式或不采取它。由他或者其他人的实际观察所形成的模式,其中并没有任何东西能迫使他以那种特定的方式,或者实际上是以任何方式,进行外推。这个显而易见的真理为何常被人们忽视,其原因就是人们已经被亚里士多德的逻辑学的威望所迷惑,以至于认为他们看出了在"演绎的"与"归纳的"思维之间,也即在精确科学与观察的和实验的科学之间,有着一种比实际上存在的更为密切的相似性。在这两种情况中,对于任何一项给定的思维,都有某些出发点,传统上称为前提,以及某个终点,传统上称为结论;而在这两种情况中,前提都"证明"了结论。但是,在精确科学中,这意味着它们强制得出结论,或者说使其在逻辑上成为强制性的,而在观察和实验的科学中,这仅仅意味着它们证成了结论的正当性,也就是准许任何愿意如此做的人都可以这样做。当说它们"证明"了某个结论时,它们所提供的并不是强制人们接受它,而只是允许人们接受它;这就是"证明"(*approuver*, *probare*)①这个词的完全合法的意义,并不需要过多地加以说明。

如果在实践中,这种许可,像是许多其他的许可一样,等同于事实上的强制,那仅仅是因为使用它的那个思想家,并不认为他可以凭意愿自由地进行或不进行推断。他认为自己有义务这样做,并且在以某种方式这样做:当我们探究它们的历史时,我们就会发现这些义务的根源在于对自然和造物主上帝的某些宗教信仰。在这里不适合更充分地展

---

① 前一个词为法文,后一个词为拉丁文。——译者注

开这种说法;但也许可以补充一点,如果今天在某些读者看来这是悖论,那只是因为事实已经被宣传作品的烟幕所遮蔽了,从18世纪的"启明主义"(illuminist)运动开始,后被19世纪的"宗教与科学的冲突"所延续,其目的是用假想的"科学的世界观"来攻击基督教神学,而这种"科学的世界观"实际上是以基督教神学为基础的,并且不可能在基督教神学毁灭之后幸存下来。取消了基督教神学,科学家就再也没有任何动机去做归纳的思想所允许他做的事了。如果他终究继续这样做的话,那只是因为他盲目地遵守他所属的那个专业群体的惯例。

三、证词

在试图积极地描述历史推论的特征之前,我们会发现消极地描述它们是很有用的:描述一些经常但却错误地被认为就是它的那些东西。像各门科学一样,历史学是自律的(autonomous)。历史学家有权利而且有义务,下决心以他自己的科学所固有的方法,追求他在这门科学中所遇到的每一个问题的答案。他绝没有任何义务或权利,让别人为他下决心。如果有其他人——无论是谁,甚至于是一个非常有学问的历史学家,或者是一个目击者,或者是一个对于做出他正在探究的那件事的人很有了解的人,甚至是做出那件事的当事人——对他的问题给了他一份现成的答案,那么他所能做的一切就是拒绝它;这不是因为他认为提供给他信息的人要欺骗他,或者提供给他信息的人受到了欺骗,而是因为他一旦接受了它,他就放弃了作为历史学家的自律性,而允许别人为他去做只能由他自己去做的事情,假如他是一个科学的思想家的话。我没有必要向读者提供关于这一声明的任何证据。如果他对历史工作略有所知,他就已经根据他自己的经验而知道这是真确的。如果他还不知道这是真确的,那么他对历史学的了解还不足以让他通过阅读这篇论文而获益,他所能做的最好的事情就是就此止步。

当历史学家接受了由另外的人对他所询问的某个问题给他提供的

现成答案,这个另外的人就被称为他的"权威"(authority);由这个权威做出的被历史学家所接受的陈述,就被称为"证词"(testimony)。只要一个历史学家接受了一个权威的证词,并且把它当作历史真相,那么他就显然丧失了历史学家这个称号;但我们还没有别的名字来称呼他。

现在,我并没有片刻暗示证词绝不应当被接受。在日常的实际生活中,我们经常正当地接受别人所提供给我们的信息,相信他们既是消息灵通的,又是诚实可信的,并且有时候,这种相信是有依据的。我甚至并不否认(尽管我不肯定),可能在一些情况下,像是在记忆的某些情况下,我们对这种证词的接受可能超越了单纯的信念,并且担得起知识这个名称。我所断定的乃是,它绝不可能是历史知识,因为它绝不可能是科学知识。它不是科学的知识,因为它不可能通过诉之于它所依靠的那种根据而被证明是正确的。一旦有了这样的根据,那就不再是一个证词的问题了。当证词被证据(evidence)所强化的时候,我们对它的接受就不再是对证词本身的接受;它就肯定了基于证据的某种东西,那也就是历史知识。

四、剪刀加浆糊

有一种历史学,完全依赖于权威们的证词。正如我们已经说过的那样,它实际上根本就不是历史学,但我们还没有别的名称来称呼它。它所采取的方法,首先是决定我们想要知道什么,然后就着手寻找关于它的口头的或书面的陈述,声称这种陈述是由如下这些人所做出的:相关事件的行动者,或者目击者,或者复述行动者和目击者所告诉他们(或告诉他们的消息报道者)的事情的人,或者向他们的报道者报道了消息的人,等等。在这种陈述中找到了与他的目的相关的某些东西之后,历史学家就开始摘录和拼凑,必要时加以翻译,并在他自己的历史叙述中重新铸成他认为是合适的风格。通常情况下,历史学家在有许多陈述可以摘录的地方,会发现其中一段陈述所说的是另一段陈述所没有提及的,所以他就将两者或所有其他的陈述都拼凑起来;有时,他会发现其中一段陈述与另一段陈述相互抵牾,那么,除非他能找到使它们相互调和的办法,否则他就必须决定舍弃其中一个。就此而言,如果他是一位认真的历史学家,他就会陷入对相互矛盾的权威们的相对可信程度的批判思考之中;有时,其中一段陈述(甚至可能全部)会告诉他一个简直不能相信的故事,一个也许代表着作者的那个时代或者他生活于其中的那个圈子所特有,而在比较开明的时代不可置信的迷信和偏见的故事,因而他就必须将其删除。

由摘录和拼凑各种不同权威们的证词而建立起来的历史学,我称之为剪刀加浆糊的历史学。我再重复一遍,它根本不是历史学,因为它并没有满足科学的必要条件;但是直到最近,它仍是仅存的一种历史学,而人们今天还在阅读的,甚至人们还在书写的大量历史书,都属于这种类型的历史学。因此,不甚了解历史学的人(其中有些人,不顾我最近告别演讲中所提出的忠告,可能还在阅读这些书)就会有点不耐烦地说:"为什么你说不是历史学的这种东西,恰恰就是历史学本身;剪刀加浆糊,那就是历史学成其为历史学的东西;这也就说明了历史学为何不是一门科学,这是人人都了解的一个事实,尽管专业历史学家为夸大他们的职责而提出种种无稽之谈。"因此,关于剪刀加浆糊的历史学的兴衰,我将要多说一点。

剪刀加浆糊是晚期希腊罗马世界和中世纪所知道的唯一的历史学方法。它曾以最简单的形式存在过。历史学家收集证词(口头的或书面的),使用他自己的判断来决定证词的可靠性,并将这些证词汇集起来出版。历史学家在这个过程中所担负的工作,部分是文学性质的——他把他的材料表现为一种前后连贯的、一致的和令人信服的叙事;部分是修辞学性质的——如果我可以用这个词来表明下述事实,即大多数古代和中世纪历史学家的目的就在于证实一个论题,尤其是某种哲学的或政治的或神学的论题。

只是到了17世纪,当对自然科学的后中世纪改革业已完成的时候,历史学家们才开始意识到他们的家园也需要加以整顿。于是开始了两种史学方法的新运动。一种是对权威们进行系统的检验,以便确定其相对可靠性,特别是建立起实施这种检验所依据的原则。另一种运动则是通过使用非文字的材料,诸如钱币、铭文以及类似的古代遗物,以拓展历史学的基础,而在此之前,除了古董收藏家之外,历史学家对这些东西都不感兴趣。

第一种运动并没有逾越剪刀加浆糊的历史学的界限,但却永远改变了它的特性。一旦人们了解到由一个特定的作者所做的特定陈述,在一般地说这位作者的可靠性和特殊地说这一陈述的可靠性被系统地加以探究之前,绝不可能作为历史的真相被接受,"权威"这个词就会从历史学方法的词汇中消失,除非是作为一个古词残留着;因为做出这一陈述的人,从此不再被看作他的话必须被当作有关他说的事物之真相的一个人(这正是以往称他为权威的意思),而是被看作自愿把自己放到接受审问的证人席上的一个人。因而,以往被称为权威的文献就获得了一个新的身份,可以恰如其分地称之为"资料"(source),这个词只是表明它包含着陈述,但并不涉及该陈述的真值。它是有待审判的(*sub judice*),审判它的人就是历史学家。

这就是"批判的历史学",自 17 世纪被创造以来就一直在向前发展,至 19 世纪而正式被尊崇为历史意识的巅峰。在这里,有两件事值得注意:第一,它仍然只是剪刀加浆糊的一种形式;第二,在原则上,它已经被非常不同的东西所代替了。

(1)历史批评提供了一个问题的解决方案,而这个问题乃是一个除了剪刀加浆糊的历史学的从业者之外没有任何人感兴趣的问题。这个问题的预设是,在某个材料里,我们已经找到了与我们的研究主题相关的某个特定陈述。问题是:要不要把这个陈述纳入我们自己的叙述之中?历史批评的方法是想要采取二选一的方式来解决这个问题:要么肯定,要么否定。在肯定的情况下,就把摘录的东西粘贴到剪贴簿之中;在否定的情况下,就把它丢进废纸篓。

(2)但是在 19 世纪,甚至于在 18 世纪,都有很多历史学家觉察到了这种二难推论是荒谬的。这时已经成为常识的是,如果你发现某些资料中的某个陈述由于某些理由不能被当作是完全真实的而加以接受,那么,你千万不要因此认为它是毫无价值的东西而抛弃它。就它被写作时的风俗习惯而论,也许那是当时的人普遍接受的一种叙述方式,只是你对当时的风俗习惯一无所知,才使得你没有认识到它的意义。

18 世纪初期,维柯首先提出了这个观点。18 世纪晚期和 19 世纪早期,在德国——"批判的历史学"的故乡,维柯著作的重要性并没有像它所应有的那样得到广泛认可,但也不是完全没有人了解;实际上,某些非常著名的德国学者,诸如沃尔夫①,确实借用了维柯的某些观念。现在,任何一个读过维柯著作的人,或者甚至是通过二手著作了解他的某些观念的人,必定都能认识到:关于在一种资料中所包含的任何陈述的重要问题,不在于它的真伪,而在于它意味着什么。追问它意味着什么,就是走出了剪刀加浆糊的历史学的世界之外,而步入另一个世界,在那里历史学不是靠抄录最好的资料的证词,而是靠得出自己的结论而写出来的。

研究历史学方法的学者,时至今日还对批判的历史学感兴趣,只是因为它是剪刀加浆糊的历史学在解体前夕所采取的最后形式。我无意冒昧地指出哪位历史学家,甚至于哪部历史著作是其最后的痕迹已经消失的代表。但我敢说,任何始终一贯在实践它的历史学家(如果有的话),或任何完全用这种方法来写成的历史著作,至少过时了一个世纪。

赋予 17 世纪的历史学新生命的两种运动之一的情况,我们已经谈得很多了。另一种是考古学运动,完全敌视剪刀加浆糊的历史学原则,而且,只有当这些原则垂死的时候才会出现。为了认识到他们所做的断言绝不是一贯可靠的,而且事实上被认为更多的是宣传而不是事实陈述,并不需要对钱币和铭文有非常深刻的了解。然而,这却赋予了它们属于它们自己的历史价值,因为纵使宣传也有它的历史。

---

① 沃尔夫(Friedrich August Wolf, 1759—1824),德国古典学家和语文学家,著有《荷马导论》(1795),提出了与维柯类似的观点。——译者注

如果哪位读者仍然认为今天的历史学所奉行的也是剪刀加浆糊的原则，而且乐意为了解决这个问题而承担有一点麻烦的工作，那么就让他读一读直到伯罗奔尼撒战争结束为止的希腊史——我提到了一个特别有利于他的例子，因为希罗多德和修昔底德在其中特别强调要保持"权威"的地位——然后仔细地将格罗特所做的叙述与《牛津古代史》中所做的叙述进行比较；而且，请他在这两本书中标出他在希罗多德或修昔底德的原文中所能找到的每一句话；等他完成这项工作时，他就会学到有关最近一百年来历史学的方法发生了怎样的变化的某些东西。

五、历史学的推论

在第二节（"不同种类的推论"）中，我们已经指出，证明可以是强制性的，就像在精确科学中那样，在那里，推论的本质是没有人能肯定前提的同时又不被迫肯定结论；或者证明可以是许可性的，就像在"归纳"科学中那样，在那里，证明所能做的一切就是证成思想者对其结论的断言是正当的，只要他愿意这样做。但是，具有否定性结论的归纳论证是强制性的，也就是说，它绝对禁止思想者肯定他所希望肯定的；具有肯定性结论的归纳论证，是绝不能超出许可性的。

如果历史学就是指剪刀加浆糊的历史学，那么历史学家所知道的唯一一种证明就是许可性证明；对于剪刀加浆糊的历史学家来说，只有一种问题是可以被任何一种论证来加以解决的。那就是接受还是拒绝与他感兴趣的那个问题有关的证词。他为解决这种问题而做的那种论证，当然就是历史批评。如果批评把他引入一个否定性的结论，即某个陈述或它的作者是不可靠的，那么这就禁止他去接受它，正如"归纳"论证中的否定性结论（例如，一个结论表明，他所感兴趣的那类事件，发生在他希望将之认定为它的原因的那类事件并未发生的时候），乃禁止归纳的科学家去肯定他希望加以肯定的那个观点。如果批评把他引入一个肯定性的结论，那么它给予他的绝大部分东西就是没有异议

(*nihil obstat*)。因为肯定性的结论实际上所肯定的,乃是做出这一陈述的人并不以无知或造假而为人所知,并且,这一陈述本身也没有明显可辨的不实之处。但所有这一切都可能是不真实的:尽管一般而言,做出陈述的人享有信息灵通和诚实的好名声,但是这一次,他也许会沦为讹传事实、误解事实,或有意掩饰或曲解他所知道或相信的真理的牺牲品。

为了避免可能的误解,可以在这里补充一点:人们可能会认为,对于剪刀加浆糊的历史学家而言,除了接受或拒绝给定的一段证词这个问题之外,还有另一个问题,他必须诉诸历史批评以外的方法才能解决,那就是,接受一段证词将会得出什么结果,或者假设他已经接受证词,就必然有什么结果的问题。但这不是专属于剪刀加浆糊的历史学的问题;这是任何一种历史学或伪历史学中都会出现的问题,事实上也是任何一种科学或伪科学中都会有的问题。它只是有关蕴含关系的一般问题。然而,当它出现在剪刀加浆糊的历史学中的时候,它却呈现出一种独有的特征。如果历史学家通过证词的方式而得到的某种陈述有着某种蕴含关系,而且这种蕴含关系是一种强制关系,但导致他接受那种证词的推论却仅仅是许可性的,那么,许可性的特点也就附着在对蕴含关系的肯定上。如果他只是借用邻居的乳牛,而乳牛在他的田地里生了一头小牛,那么他绝不能声称牛犊是他自己的财产。剪刀加浆糊的历史学家是被迫还是只被许可接受某种证词,有关这一问题的任何答案,都伴随着一个相应的对于他是被迫还是仅被许可接受那种证词的蕴含关系这一问题的答案。

我们听到有人说,历史学"不是一门精确的科学"。我认为这句话的意思是,没有任何历史的论证是用精确科学所特有的那种强制性力量来证明它的结论的。这种说法似乎是在说,历史推论绝不是强制性的,它至多只是许可性的;或者像人们有时相当含糊地说的那样,它绝不能导致确凿性,而只能导致或然性。我所处时代的许多历史学家,都成长在这句名言被一般知识分子(我指的不是走在时代前沿的少数人)所接受的时代,他们必然能够回忆起这句名言首次被发现根本不正确时的兴奋之情,而且,他们手中确实掌握着其结论不容任意改变也别无他种选择的历史论证,诚如数学中所证明的结论一般,他们也确定性地证明了论点。他们之中很多人一定能够回想起这一令人震惊的情况:他们几经反思而发现,这句名言严格说来并不是关于历史学——作为他们一直在实践着的历史学,即历史科学——的错误,而是关于另一种东西,即剪刀加浆糊的历史学的真相。

如果有读者希望提出一个次序问题,并抗议本来应该通过推理来解决的哲学问题,却被我通过参考历史学家的权威而做了不合法的处理,而且引用古老故事中的一句话,"我不是在跟你争论,我是在告诉你",就此来反对我,那么,我只能承认这顶帽子是合适的。我不是在争论;我是在告诉他。

这是我的错吗?我要解决的问题是,与剪刀加浆糊的历史学有别的科学历史学所使用的那种推论,究竟造就了强制性还是仅仅许可性的结论?我们姑且假设这个问题不是关于历史学的,而是关于数学的。假设有人想要知道,欧几里得对称为毕达哥拉斯定理的证明,究竟是强迫还仅是许可人们接受斜边的平方等于两条直角边的平方之和的观点。我是谦虚地在谈论它;对于这种情况,就我自己而言,我只能想到一个明智的人会去做的唯一一件事,那就是他会找个数学教育已经达到了欧几里得第一卷第四十七节的人,去问问此人。如果他对此人的回答不满意,他就会找别的同样有资格做出答案的人,去问问他们。如果所有其他人的回答都不能令他信服,他就不得不认真地对待它,并且亲自探究平面几何学的各种原理。

如果他是一个有智慧的人,他不会去做的一件事,就是说"这是一个哲学问题,而我感到满意的唯一答案是一种哲学的答案"。他可以随意地称呼那个问题是什么问题,但却不能改变这一事实:认识某种特定类型的论证是否有有说服力的唯一方式,就是学会以那种论证方式去论证,并且要弄个明白。与此同时,第二件最好的事,就是听取曾经亲自这样做过的人讲讲他的心得。

六、鸽子笼的方式

剪刀加浆糊的历史学家们已经厌烦抄录别人的陈述这一工作了,并且意识到自己有头脑,感觉到有一种值得称道的愿望要运用它们,于是他们常常创造出一种鸽子笼的体系,把自己的学问安置其中,以满足这种愿望。这就是所有那些图式或模式的来源,在其中历史以惊人的顺从性一次又一次地被这些人强行纳入,像维柯以他基于希腊罗马的思辨而建立起来的历史周期的模式,像康德以他提议的"世界的观点之下的普遍历史"而建立的模式,像黑格尔追随康德而把普世史设想为人类自由的逐步实现,像孔德和马克思这两个非常伟大的人物各以自己的方式追随黑格尔,这样一直到当代的弗林德斯·皮特里①、奥斯瓦尔德·斯宾格勒以及阿诺尔德·汤因比,但他们与黑格尔的关系不如与维柯的关系密切。

尽管早在18世纪,迟至20世纪,我们都可以发现这种事例,还不用提更早出现的一些孤立的事例,但这种将整个历史安排在一个单一图式的冲动(不仅仅是一种按照时间序列的图式,而且是一种定性的图式,在这个图式中,"各个时期"各以其自己渗透一切的特征,按照一个模式在时间中一一相续,在逻辑上的理由可以是先验的[a priori]必然,也可以是由于它频繁地重复这一事实而强加于我们的心灵,或许可能两者兼而有之)大体上是一种19世纪的现象。它属于剪刀加浆糊的历史学的垂死时期;当时的人们虽然已经对这种历史学不满,但是还没有与之决裂。因此,沉溺于鸽子笼式的历史学家,一般来说都是对历史学具有高度才智的人,但是他们的才干在某种程度上被剪刀加浆糊的历史学的局限性所阻挠和挫败。

这种情况的典型表现是,他们之中的一些人将他们的鸽子笼式的

---

① 弗林德斯·皮特里(Flinders Petrie, 1854—1942),英国埃及考古学家,著有《埃及史》,并创立了"考古序列断代法"。——译者注

事业描绘成"将历史学提升到科学的地位"。按照他们所发现的那样，历史学就意味着剪刀加浆糊的历史学；显然，那并不是科学，因为它没有任何东西是自律的和创造性的；它只不过把现成的信息从一个心灵转运到了另一个心灵。他们意识到历史学绝不止于此；它可以具有而且也应当具有科学的特征。但是，这要如何才能实现呢？在这一点上，他们认为，类比自然科学就会帮助他们。自培根以来就已经成为常谈的是，自然科学从收集事实开始，然后进行理论的建构，也就是在已经搜集到的事实里外推出可以分辨的模式。很好，就让我们把历史学家所知道的事实收集到一起，找出其中的模式，然后把这些模式外推为一种普遍历史的理论。

　　对于任何一位思维敏锐且肯承担艰苦工作的人而言，这种证明根本不是什么困难的任务。因为这并不需要把历史学家所知道的事实都搜集起来。人们发现，任意一大堆收集来的事实都会充分地显示出各种模式；而将这些模式外推到资料少之又少的遥远过去，以及外推到毫无资料可循的未来，就恰好赋予了"科学的"历史学家以剪刀加浆糊的历史学所拒绝给他的那种意义上的权力。剪刀加浆糊的历史学教导他相信，作为一位历史学家，除了权威们告诉他的之外，他绝不能知道其他任何事物。现在，他却发现了，有如他所设想的那样，这种教导原来是个骗局；通过把历史学转变为一种科学，他完全可以不假他人、自己来确定权威们所隐瞒的或权威们也不知道的事情。

　　这完全是一种错觉。如果鸽子笼式的图式的价值指的是作为发现历史真相的工具不能通过对证据的解释来得到肯定，那么，它们的价值恰恰等于零。事实上，它们根本没有任何科学上的价值，因为仅仅认为科学是自律的或创造性的是不够的，科学还必须是令人信服的或客观的；它必须使得任何一位有能力且愿意独立思考它所依赖的基础以及这些基础所指向的结论是什么的人，都感到它本身是必然的。然而，这些图式却无一能够做到这一点。它们都是胡思乱想的产儿。如果有哪一种图式被其发明者之外的某个重要团体所接受，那不是因为它作为科学上令人信服的东西打动了他们，而是因为它已经事实上（尽管并不必然是名义上)成为某个"宗教"团体的正统教义。这在某种程度上是由孔德主义完成的。在这些事例中,这种历史图式就证明了具有一种重要的魔力,它为情绪提供了一个焦点,因而,也就为行动提供了一种刺激。在其他事例中,这些历史图式则具有娱乐的价值,对于厌烦了剪刀加浆糊的历史学的人们,那种历史图式在他们的生活中仍然发挥着作用。①

这种错觉并没有完结。剪刀加浆糊的历史学总有一天会被一种新的历史学,即真正的科学的历史学所取代。这一希望是有充分根据的,它在事实上已经实现了。这种新的历史学能够使历史学家知道权威们不能或不会告诉他的事实,这一希望也是有充分根据的,而且也已经被实现了。它们是怎样发生的呢?我们很快就将会看到。

七、谁杀死了约翰·道埃?

一个星期天的清晨,约翰·道埃被人发现伏在他的书桌上死了,背上插着一把匕首,这时,没有人会期望"这是谁干的?"这个问题会靠着证词来解决。不可能有任何人看到谋杀事件的过程。更不可能的是,谋杀者所信任的人会揭发他;最不可能的则是,谋杀者会走进乡村警察局去自首。尽管如此,公众要求将凶手绳之以法,警方也希望这样做;虽然唯一的线索是匕首柄上沾着一点新鲜的绿色油漆,像是约翰·道埃和修道院院长两家花园之间的那座铁门上所涂的新鲜的绿色油漆。

这倒不是因为办案人员希望证词能够及时出现。相反地,当证词真的到来时,他们反而不能接受。一位住在隔壁的老处女来访,声称是她亲手杀死了约翰·道埃,因为他试图卑鄙地夺取她的贞操,就连村里的警官(一个不是特别精明但很和善的年轻人)也劝她回家去吃点阿

---

① 关于情感、巫术和娱乐这一主题,特别是与艺术关联的讨论,参见柯林武德:《艺术原理》,第31—32、65—69、78—104页。

司匹林。当天晚些时候，村里的偷猎者来了，说他曾看见乡绅的猎场看守人爬进了约翰·道埃书房的窗户，这个证词更无法被接受。最后，院长的女儿激动不安地冲了进来，说这件事是她干的，唯一的影响就是使得乡村警官给当地的检察官打电话，并提醒他这个女孩的男朋友理查德·罗埃是一名医科学生，大概了解人体心脏的位置；星期六晚上，他留在院长家里过夜，距死者的家不到一箭之遥。

那天夜里，十二点到一点之间，雷电交加，下了一场暴雨。当检察官询问院长家的客厅女佣人时（因为院长生活优裕），得知那天早晨罗埃先生的鞋子很湿。在盘问之下，理查德承认半夜曾经出去过，但拒绝说明去了哪里以及为什么出去。

约翰·道埃是一个敲诈犯，多年来一直在敲诈院长，威胁要公布他已故的妻子年轻时的不轨行为。院长名义上的女儿，在他婚后六个月就出生了，正是院长已故妻子不轨行为的结果；而约翰·道埃手中掌握一些信件可以证明这件事，当时他已经把院长的全部财产弄到手了。在那个致命的星期六的早上，约翰·道埃还勒索他妻子的那份定期存款，那是她托付给他照看她的孩子的。院长下定决心要结束这一切。他知道约翰·道埃有坐在书桌旁工作到深夜的习惯；他知道约翰·道埃坐着的时候，背后左侧是一扇法式落地窗，右侧摆着一件东方的武器纪念品；而且在炎热的夜晚，在他睡觉之前窗户一直开着。到了半夜，院长戴上手套悄悄溜了出去，但理查德·罗埃已经注意到了院长神色异常，并且为此担心，碰巧探头向窗外一望，看见院长正穿过花园。他赶忙穿上衣服紧跟其后，但是，当他到了花园的时候，已看不到院长的踪影。这时突然雷雨交加，院长的计划也就在这个时候完美收场。约翰·道埃睡着了，他的头向前倒在一堆旧信件上。院长把匕首插入他的心脏之后，才看到它们，而且在上面看到了他妻子的笔迹。信封上写着"约翰·道埃先生启"。直到这个时刻，他才恍然大悟，原来勾引他妻子的就是这个人。

苏格兰场的侦探长詹金斯，由警察局长在他老朋友的小女儿的恳求下请了过来，他在修道院的垃圾箱里发现了大量的灰烬，大部分是书写纸,有些则是皮革,可能是一副手套。约翰·道埃花园大门上的油漆未干——那天喝过午茶之后,他亲自油漆的,这就说明了手套为什么要被毁掉;在灰烬之中还有一些金属纽扣,上面刻着牛津街上最著名的手套制造商的名字,院长一直是那里的老主顾;此外,在一件夹克的右边袖口上还发现了更多的约翰·道埃家的油漆,但被一片新的湿迹破坏了,院长星期一把夹克赠给了一位值得表扬的教区居民。后来,侦探长受到了严厉谴责,因为他让院长看出了他在朝着哪个方向进行侦讯,致使院长有机会瞒过行刑人服用氰化物自尽。

刑事侦查的方法并不是在每一点上都和科学的历史学的方法一样,因为他们的最终目的不一样。刑事法庭掌握着公民的生命和自由,因此,在公民被认为享有权利的国家里,法庭就必须尽快采取行动。做出判决所用的时间,就是判决本身的价值(也即正义)的一个因素。若有哪一位陪审员说:"我觉得可以肯定,再过一年之后,当我们都能从容地回想证据时,我们就会处于一个更好的位置来看它意味着什么。"那么答复将是:"你说的话有点道理,但你的提议却不可行。你的任务并不仅仅是做出裁决,而是要现在就做出裁决;你就得留在这里直到你做出裁决为止。"这就是陪审团不得不使自己满足于比科学的(历史学的)证明更少一点的东西,也就是满足于日常生活中的实际事物所要求的那种可信度。

因此,历史学方法的学习者不会觉得他有必要仔细探究法庭上用来确认证据方式的那种规则,因为历史学家没有义务在任何规定的时间内做出他的决定。对他来说,除了他的定案,当他达到这一点时,必须是正确的之外,就再没有别的问题了。对他而言,这意味着他不可避免地要跟着证据而来。

然而,只要把这一点牢记在心,法理学方法与历史学方法之间的类比,对于理解历史学还是有某些价值的;并且,我认为有十足的价值说明我有理由在读者面前提到上述有文学风味的一个样例的轮廓,当然缺了任何这样的动机,它就不配受人注意了。

八、问题

法官兼哲学家弗朗西斯·培根有一句意味深长的名言——自然科学家必须"质问大自然"。当他写下这句话时,他所要否认的是,科学家对待自然的态度应当是一种毕恭毕敬的态度,等待着她发言,并把他的理论建立在她所决定赐给他的那种东西之上。同时,培根所肯定的有两件事:第一,科学家必须采取主动,自己决定他想要知道什么,并以问题的形式在自己的心中把它表达出来;第二,他必须找到迫使自然做出回答的方法,设计出各种刑罚迫使自然不能再保持缄默。就在这一句简短的警句中,培根一举而稳固地建立了实验科学的真确理论。

这也是历史学方法的真确理论,尽管培根不知道这一点。在剪刀加浆糊的历史学中,历史学家采取了一种前培根式的立场。他对待权威的态度,就像权威这个词本身所表明的,乃是一种毕恭毕敬的态度。他期待着听取权威们选定要告诉他的东西,而且,让他们站在自己的时代以他们自己的方式来说。甚至当历史学家创立了历史批判的方法,而且,他们的权威也变成了单纯的资料来源,这种态度在根本上并没有改变。有一种变化,但仅仅是表面上的。他只不过采用了把证人分为好人和坏人的那种技巧。这一类人被取消了做出证词的资格;而另一类人则完全被当作老办法之下的那些权威来看待。但是,在科学的历史学中,或者说在正当的历史学中,培根式的革命已经完成了。当然,科学的历史学家无疑也要花费大量时间,去阅读剪刀加浆糊的历史学家一向在阅读的著作——希罗多德、修昔底德、李维、塔西佗等等,但他是以一种迥然不同的精神去阅读那些著作。事实上,这就是一种培根的精神。剪刀加浆糊的历史学家仅仅以一种简单的接受性的精神来阅读它们,找出它们都说了什么。科学的历史学家在阅读它们时,心中总怀有一个问题,通过自己决定想要从中了解什么,他就采取了主动。此外,剪刀加浆糊的历史学家阅读它们时,遇到没有详细说明的地方,就无法从中获得任何了解;科学的历史学家则在拷问它们,将表面上看起来完全不同的一段文字转化为他要追问的那个问题的答案。剪刀加浆糊的历史学家十分自信地说:"如此这般的作者并没有涉及如此这般的主题",科学的或培根式的历史学家却回答说:"噢,那不就是吗?在一段有关另一个完全不同话题的文字里,就蕴含着作者对于你说他的原文中什么也没说的那个主题所采取的如此这般的观点,难道你没看见吗?"

就以我上述的故事来说明,那个乡村警官并没有逮捕院长的女儿,并没有用橡皮警棍不时拷打她,一直到她告诉他,她认为是理查德实施了谋杀。他拷问的不是她的身体,而是她说自己杀死了约翰·道埃的这一陈述。他是从采用批判的历史学的方法而着手的,他对自己说:"谋杀是一个很有力气并具备某些解剖学知识的人干的。这个女孩不符合第一点,而且可能也不符合第二点。无论如何,我知道她从没有参加过救护训练的课程。进一步来说,如果真是她干的,她也不会这么匆忙地来自首。所以说,这个故事是谎言。"

在这一点上,批判的历史学家就会对这个故事失去兴趣,并把它扔进废纸篓里;而科学的历史学家则开始对它感兴趣,并对它进行化学反应的实验。这是他能够做到的,因为他是一名科学的思想家,知道要问什么问题。"她为什么要撒谎?因为她要包庇某个人。她要包庇谁呢?不是她的父亲就是她的男朋友。是她的父亲吗?不是的,很难想象会是院长!所以,那就是她的男朋友了。她对他的怀疑有充分的根据吗?也许是的,那个时候他一直留在她家;他足够强壮,而且,他对解剖学也有足够的了解。"读者可以回想起,在刑事侦查中要求的是或然性,只要求能满足日常生活行为的程度;而在历史学中,却要求确定性。除此之外,两者完全是相似的。那个乡村警官(不是一个聪明的小伙子,正像我已经说过的那样;一名科学的思想家并不必须是很聪明的,却必须懂得他的工作,即知道他要问什么问题)毕竟受过警察工作的基础训练,他懂得要问什么问题,因而就能把她亲自做出的那个不真确的陈述解释成她怀疑理查德·罗埃这一真确结论的证据。

那个警官的唯一错误就是,在回答"这个女孩怀疑谁?"这个问题时兴奋不已,他忽略了"谁杀死了约翰·道埃?"这个问题。这就是詹金斯探长比他高明的地方,并不在于他更聪明,而是因为他更透彻地学会了这项工作。我所理解的侦探长进行工作的方式如下:

"院长的女儿为什么怀疑理查德·罗埃呢?或许是因为她知道他卷入了当晚发生在修道院里的那件奇怪的事情。我们知道这件奇怪的事情就是:理查德在暴风雨中走了出去,这就足以让那个女孩感到可疑。但我们想知道的是,约翰·道埃是不是他杀的。如果是,那么是在什么时候干的呢?暴风雨来临之后,还是之前?当然不是之前,因为这两行脚印是他经过院长家泥泞的花园小路时留下的:你可以看到,离开花园大门几码之处开始出现鞋印,所以,那就是倾盆大雨时他经过的地方,而且是朝约翰·道埃的书房走去。那么,他拖着泥浆走进了约翰·道埃的书房吗?不是的,那里一点泥都没有。在进入书房之前,他是不是脱掉了鞋子?想一想,约翰·道埃被刺的时候是处于怎样的位置?他是靠着椅背后仰还是端正地坐着?都不是,因为椅背能保护他的后背。他必须是向右前方斜倚着。可能是,或许确实是,他就是这样睡着了。凶手又是怎样下手的呢?如果道埃真的睡着了,那么再没有比这更容易下手的了:静悄悄地走进去,拿着匕首,刺了进去。如果道埃醒着,只不过是向前靠着,同样也可以干,只是不那么容易罢了。现在的问题是,凶手是否在外面先把鞋子脱了?不可能。无论道埃是睡着还是醒着,速度是头等必要的事:这件事必须在他向后仰或者醒来之前完成。因此,书房里没有泥浆就将理查德排除在外了。"

"那就再问一次,理查德为什么要到花园里去呢?是散步吗?他不会在雷声轰鸣时散步的。是去吸烟吗?他可以在房子中的任何地方吸烟。是去见女朋友吗?没有任何迹象表明她在花园里。究竟他为什么去那里呢?晚饭后,他们都待在客厅里,院长并不是那种催促年轻人早点休息的人。他是那种胸襟宽阔的人。这可出麻烦了,但我并不惊讶。那么,年轻的理查德为什么要去花园呢?必定是发生了什么事情。某种很奇怪的事。这是当晚发生在修道院里的第二件奇怪的事情,只是我们还不清楚这是怎么一回事。"

第一章 证据

"它可能是什么事呢？如果凶手是从院长家里出来的,而油漆也提示了确实如此;如果理查德又从窗户看见了他,那就很可能了。因为凶手必定是在下雨前就已经进入道埃的房里,理查德在距离花园大门约十码处遇上了大雨。恰好就是这个时间了。让我们看看,如果凶手确实是来自院长家里的话,那么接下来会发生什么事情。可能的情况是他杀了约翰·道埃之后,又回去了。但是,泥泞的路上没有留下任何痕迹,为什么？因为他很熟悉花园里的情况,尽可以踏着草地,即使是在漆黑一片的夜里也是一样。如果是这样的话,那么他就十分了解院长家的情况,还在那里过了夜。那么,会是院长本人吗？"

"那么理查德为什么拒绝说出是什么事让他到花园里去呢？那一定是为了包庇某人以免给某人惹麻烦;几乎可以肯定是有关谋杀案的麻烦。凶手不是理查德,因为我已经告诉他,我们知道他没有干这件事,而是另一个人干的,是谁？也许是院长。我们很难想象还会是其他人。假如凶手就是院长,那么他是怎么干的呢？很容易。半夜里走出去,穿上网球鞋,戴上手套。悄悄地走过花园里的小路,路上没有砂砾。来到小铁门,然后进入约翰·道埃的花园。他知道铁门上的油漆未干吗？或许不知道,那是午茶以后才油漆的。所以,他抓住铁门,手套上就粘了油漆。也许夹克上也粘了油漆。他跨过草坪,来到约翰·道埃的书房窗前。道埃坐在椅子上向前靠着,或者更像是睡着了。现在为了争取时间快点下手,对于一个优秀的网球运动员来说是很容易的事。左脚跨入,右脚向右,抓住那个匕首,左脚向前,匕首便插进去了。"

"但是,约翰·道埃那时正在书桌上做什么呢？桌子上什么也没有,你是知道的。奇怪,难道有人会一整晚都坐在一张空书桌旁边吗？那里一定有什么东西。关于这个家伙,苏格兰场的档案中有什么记录？敲诈犯,就是这样。他是否正在敲诈院长？并且整个晚上贪婪地注视着那些信件或者其他东西？院长(如果是院长的话)发现他伏在那些信上睡着了吗？好了,那不是我们的事。关于它的价值如何,我们还是把它留给凶手的辩护人。我宁愿不像起诉书中那样使用这样的动机。"

"好的,乔纳森,不要说得太快。你已经谈到他进来了,你还得谈到他出去。他究竟做了什么？大约就在这个时候,下起了倾盆大雨。他干完事就回去了,在铁门上粘了更多的油漆。走在草地上,没有粘上半点泥。他回到了屋里,浑身都湿透了,手套还粘上了油漆。他擦去了门把手上的油漆,上了锁。把所有的信(如果是信的话),以及手套,丢进火炉里,那些灰烬说不定现在还在垃圾箱里。把脱下的衣服晾在浴室的衣柜里,到了早晨就会干的。衣服果然是干的,但是夹克却无望地变了样。现在,他又如何处理那件夹克呢？首先,他会寻找那上面的油漆。如果他发现了油漆,他一定把它毁掉,我要可怜一个男人试图在被女人扰乱的家里毁掉一件夹克。如果他没有找到什么,他肯定会把它暗地里送给一个穷人。"

"好吧,好吧,这对你来说真是一个漂亮的故事,但是,我们怎么知道事实是否真的如此？我们必须追问两个问题。首先,我们能够找到那副手套的灰烬吗？还有那些金属纽扣？它们是不是也像他的其他手套上的金属纽扣？如果我们能找到,这个故事就是真实的。如果我们能找到一堆信纸的灰烬,敲诈这件事也是真实的。其次,那件夹克在什么地方？因为只有在上面找到一小块约翰·道埃家的油漆,我们的故事才算完结。"

我相当详尽地进行了这一分析,因为我希望借此引导读者注意以下几点有关提问活动的观点。犹如一切科学的工作一样,提问在历史学中也是一项极为重要的要素。

(1)论证中的每一步都有赖于提出一个问题。问题就是在气缸中爆炸的充气,它是每一次活塞冲程的动力。但是,这个隐喻并不恰当,因为每一次新的活塞冲程并不是通过引爆相同的混合气体,而是通过引爆新的混合气体而产生的。凡是对方法有所掌握的人绝不会一直问同一个老问题,比如说,"谁杀死了约翰·道埃？"他每一次都在问一个新问题。准备一份必须要问的所有问题的目录,以及或早或迟地提出它们之中的每一个,这样仍是不够的,问题必须以正当的次序被提出。笛卡尔,这位问答逻辑的三大师之一(另外两位是苏格拉底和培根),坚持认为这是科学方法的一个基点,但是在现代逻辑学的著作中,几乎都不提笛卡尔。现代逻辑学家合谋假称,科学家的任务就是"做出判断",或"断言命题",或"确定事实",以及"断言"或"确定"它们之间的关系。这说明他们既缺乏科学思维的经验,又想把自己随意的、无系统的、不科学的认识硬充为科学的陈述。

(2)这些问题不是一个人向另外一个人提出的,期待着第二个人能通过回答这些问题来启发第一个人。就像所有的科学问题一样,这些问题都是由科学家自己向自己提出的。柏拉图通过将思想定义为"灵魂与自己的对话",来表达这种苏格拉底式的观念。柏拉图自己的文学实践清楚地表明了这个观念,对话就是一问一答的过程。当苏格拉底以向他们提问的方式教导他的青年学生时,他就是在教导他们如何提出自己的问题,并举例向他们展示:通过向自己提出明智的问题,可以多么惊人地阐明最隐晦的主题。而不是遵循现代反科学的认识论者所开的处方,简单地瞪着它们,以期望当我们使我们的心灵变成一张完全的白纸的时候,我们就能够"确定那些事实"。

九、陈述与证据

剪刀加浆糊的历史学的特点——从最不具备批判性的形式到最富有批判性的形式——就是必须处理现成的陈述。而且,对于这些陈述中的任何一个陈述,历史学家都要面对究竟是否接受它的问题:接受它,意味着重新肯定它作为他自己的历史知识的一部分。对于剪刀加浆糊的历史学家来说,历史学本质上就意味着重复前人所做的陈述。因此,只有当他握有关于他想要思考、写作等主题的现成陈述时,他才能进行工作。他必须在他的资料来源中找到这些现成陈述,这一事实使得剪刀加浆糊的历史学家不可能享有科学的思想家的头衔,因为这一事实使得我们不可能把对于科学思想无处不在的最本质的自律性分派给他。在这里,我所说的自律性是指成为其自己的权威的那个条件,根据自己的首创性来做出陈述或采取行动,而不是因为这些陈述或行动是由任何其他人所授权或规定的。

由此，科学的历史学根本不包含任何现成的陈述。对于一位科学的历史学家来说，将一种现成的陈述纳入自己的历史知识体系之中的行动，乃是一种不可能的行动。面对他正在研究的那个主题的一种现成陈述，科学的历史学家从来不会问自己："这个陈述是真的还是假的？"换句话说，"我是不是要把它纳入我对该主题的历史研究之中？"他问自己的问题是："这个陈述意味着什么？"这并不等于去问"做出这个陈述的人的意思是什么？"尽管这无疑是历史学家必须问，而且必须能够回答的问题。倒还不如说，它等同于这样一个问题，"这个人做出了这个陈述的这一事实，对于我所感兴趣的那个主题投射了什么呢？他所指的又意味着什么呢？"可以换一种说法来表达，科学的历史学家并不把陈述当作陈述，而是把它们当作证据：不把它们当作他们自称为事实的或真或假的叙述，而是当作另外一种事实——如果他懂得以正确的方式去提问，那就能对这些事实投射一道光明。于是，在我讲述的故事中，院长的女儿就告诉警官说是她杀死了约翰·道埃。作为一位科学的历史学家，在他不再把它当作一种陈述这一点上，他就开始认真凝视这些陈述，这也就是说，不再把她的叙述当作是她谋杀了约翰·道埃之真或假的叙述，而是把她做出了这一叙述的这个事实当作一个可能对他有用的事实。它之所以有用，因为他懂得要对它问什么问题，即从这个问题开始："现在，她为什么要讲这个故事呢？"剪刀加浆糊的历史学家对于陈述的"内容"感兴趣，就像内容一词所指的那样：他关心它们说了什么。科学的历史学家则对做出陈述这一事实感兴趣。

一位历史学家所听到的一个陈述，或者他所读到的一个陈述，对他来说乃是一种现成的陈述。但是，正在做出这样一个陈述的那一陈述，并非现成的陈述。如果他向自己说，"我现在正在读或听一个陈述，大意就是如此这般"，那么，他就是自己正在做出一个陈述；但那不是一个二手的陈述，而是自律的。他是以自己的权威而做出这一陈述。这种自律的陈述就是科学历史学家的起点。那个警官推论院长的女儿怀疑理查德·罗埃所依赖的证据，并不是她的这一陈述——"我杀死了约翰·道埃",而是那个警官自己的陈述——"院长的女儿告诉我说,她杀死了约翰·道埃"。

如果科学的历史学家不是根据他所发现的现成陈述,而是根据自己对于有此现成陈述存在的事实所做的自律的陈述,从而得到他的结论,那么,即使没有现成的陈述可寻,他也能推导出他的结论。他的论证的前提乃是他自己的自律的陈述:这些自律的陈述本身并不需要成为有关其他陈述的陈述。我们再一次用约翰·道埃的故事来说明。侦探长用以论证理查德·罗埃无罪的前提,全都是侦探长自己的陈述,都是除了他自己之外并不依靠任何权威的自律陈述:其中没有一个是有关其他人所做陈述的陈述。最重要的关键点是,理查德·罗埃的鞋子是在离开院长家的时候沾上了泥巴,而在约翰·道埃的书房里并没有看见泥,而且,在进行谋杀的时候根本不允许他停下来清理或脱掉他的鞋子。这三点的每一点,依次都是一个推断出来的结论,而且,它们各自所依靠的陈述就是这三个论点自身,而不是关于其他人陈述的陈述。也就是说,控告院长的最后结论,在逻辑上并不依赖任何由侦探长关于其他人所做的陈述而做出的陈述。它取决于在某个垃圾箱里发现的某些东西,以及传统牧师风格的那件被水弄湿后变了形的夹克袖口上所发现的油漆污迹,这些事实都是由他自己的观察所证实的。在这里,我无意表示,科学的历史学家得不到他正在进行研究的那些主题的现成陈述时,能把研究做得更好。要避免这种可能成为能力较差的同仁的陷阱的情形,就会是避免剪刀加浆糊的历史学的一种迂腐的方式了。我的意思是说,科学的历史学家并不依赖这类现成的陈述。

这一点很重要,因为它通过诉诸原则而解决了一个争论,尽管这个争论已经不像以往那样激烈,但它一直在历史学家的心中回响。这是坚持历史学最终有赖于"书面资料"和坚持历史学也可以从"非书面资料"中构造出来的那些人之间的争论。这两个术语的使用有些用词不当。"书面资料"并不被设想为排斥口述的资料,也不被认为与手抄本(与刻在石头之类东西上面的文字不同)有任何特殊的关联。实际上,"书面资料"是指包含了现成陈述的资料,它们断言或者蕴含着属于历史学家感兴趣的主题的那些所谓的事实。"非书面资料"是指与同一主题有关的考古学上的材料,诸如陶片等。当然,"资料"(source)这个词在任何意义上对这些都是不适用的,因为这个词本来是指能把水或类似的东西现成地从中汲取出来的那个东西;就历史学来说,它指从其中现成地汲取出历史学家的陈述的那种东西;而把陶片描述为"非书面资料"的观点,乃是表示它们不是文本,它们并不包含任何现成的陈述,所以,它们并不是书面资料(刻有文字的陶片或"贝壳"[ostraka],当然是"书面资料")。

实际上,这是相信剪刀加浆糊的历史学是唯一可能的历史学的人,与未曾抨击剪刀加浆糊的方法之有效性,但声称不要这种方法也一样能把历史学建立起来的人之间的争论。在我的记忆中,这种论争在三十年前的英国学术界仍然存在,尽管它给人一种过时的印象。关于这个问题的所有陈述,就我所能记得的而言,都是极其混乱的。而当时的哲学家们对此毫不关心,尽管这给了他们一个极好的机会,可以在一个有高度哲学趣味的主题上做些有益的贡献。我的印象是,这场争论在最软弱的妥协中草草收场。剪刀加浆糊的历史学的拥护者接受了"非书面资料"也能导致有限的结论这一原则,但是,他们坚持这一原则只能适用于非常小的领域,只作为"书面资料"的辅助工具时才有效,并且只限于用在有绅士派头的历史学家不屑去探究的有关工业和商业之类的次要问题上。这等于说,原先一向视历史学为剪刀加浆糊的历史学家,正开始怯弱地认识到另外一种大不相同的东西的可能性;但是,当他们尝试将这种可能性转化为一种现实性的时候,他们毕竟羽翼未丰,只能做一些极短途的飞翔。

十、问题与证据

如果历史学就是指剪刀加浆糊的历史学,历史学家关于他的研究主题的全部知识都依赖于现成的陈述,而他在其中找到这些陈述的原文就被称为他的资料,那么,我们很容易以某种具有现实效用的方式来

第一章　证据

定义资料:一种资料就是包含着有关那个主题的一种陈述或许多陈述的一份原文。这一定义之所以具有现实效用,乃是因为历史学家一旦决定了他的研究主题,它能够帮助历史学家把所有现存的文献划分为:可以作为他的资料之用而必须仔细阅读的文本,以及不能作为资料之用而可以忽略的文本。因此,他必须做的就是浏览图书馆书架上的图书,或翻阅有关研究主题所属之时代的文献目录,每看到一个标题就问自己:"这可能包含与我的研究主题有关的任何东西吗?"如果他不能自己解答这个问题,也有其他的办法,他可以参考索引和分门别类的目录学。虽然即使用了所有这些辅助工具,他还是可能遗漏某一项重要的证词而遭人诟病;但是,对于任何一个给定的问题,证词的数量都是有限的,在理论上来说,是有可能穷尽的。

　　理论上,但未必总是在实践上:因为史料的数量可能非常庞大,而且其中某一部分可能很难获得,以至于每一位历史学家都无法奢望看到全部的史料。我们有时会听到有人抱怨说,现在历史学的原始材料保存得那么多,要完全加以利用实在是太困难了,由此而怀念旧时代的好日子,书籍很少,图书馆也很小,历史学家有希望掌握他的研究主题。这些怨言就表明,剪刀加浆糊的历史学家正处于一个二难推论的牛角尖之中。如果他关于他的主题只占有很少的证词,他就会想要得到更多。因为有关他的研究主题的任何新的证词(如果确实是新的),都会对其投射出新的光明,而且有可能推翻他正要提出的观点。因此,无论他有多少证词,他那作为历史学家的热情都使得他想要获得更多。但是,如果他占有了大量的证词,他就很难驾驭它们,并做出令人信服的叙述,以至于单纯作为一个软弱的凡人,他倒是希望少一点更好。

　　意识到这个二难推论,往往驱使人们对历史知识的可能性产生怀疑。如果知识就是指科学的知识,而历史学就是指剪刀加浆糊的历史学,当然就会导致如此的结果。剪刀加浆糊的历史学家们试图用"苛刻的批评"(hypercriticism)这种赐福的语词将这个二难推论一笔勾销,只承认在他们自身的职业实践中尚未觉察他们已为其所困。因为他们的研究只求达到科学说服力的最低标准，以致他们的意识变得麻木了。当代生活中出现的这些事例实在太有趣了，因为在科学史上常常碰到类似的情况，而且，我们会惊讶于其盲目的程度。答案就是，他们已经承诺要完成一项不可能的任务，在这种情况下，便是剪刀加浆糊的历史学的任务。由于现实的理由，他们又不好退缩，只好让自己对它的不可能性视而不见了。剪刀加浆糊的历史学家为了确保自己免于看见自己的方法的真相，于是小心翼翼地选择他能"逃脱"的主题，恰似19世纪的风景画家为了使自己免于看见自己的理论是完全错误的，而刻意选择他所谓的可画的主题。他们所选择的主题必定容易获取相当数量的相关证词，既不会太多，也不会太少；既不会完全相同以至于让他无事可做，也不会过于杂乱无章以至于让他白费力气。按照这些原则去实践，历史学最坏不过是一场猜谜的游戏，最好则止于一种高雅的事业。以上说的都是过去的情形，至于现在的情形究竟被我说中了多少，这就让能够自我批评的历史学家问问自己的良知。

如果历史学指的是科学的历史学，我们就必须把"资料"读作"证据"。当我们用定义"资料"的同样精神来定义"证据"时，我们会发现那是非常困难的。我们实在找不到任何简易的测定方式，让我们用它来决定某一本书是否能提供有关某一主题的证据，而且，我们确实也没有理由把我们的研究局限在书本上。各种资料的索引和目录对于科学的历史学家毫无用处。这并不是说，他就不能使用索引和目录。他能够使用它们，而且，确实是在使用它们。但是，他们所用的不是资料的索引和目录，而是专题论文之类的索引和目录，不是证据的索引和目录，而是提供他用作研究的起点的前人所讨论的索引和目录。因此之故，剪刀加浆糊的历史学家所使用的文献目录中所提到的书籍，简单来说，其价值乃直接与它们的古老程度成正比；反之，科学的历史学家所使用的文献目录中的书籍，简单来说，其价值乃直接与它们的新颖程度成正比。

在我所构造的故事中，只有一个显而易见的特征是那位侦探长在他的论证中所使用的全部证据所共有的：它们都是他自己观察到的东

第一章 证据

西。如果我们要问那是什么样的东西,就不容易给出一个答案了。它们包括诸如在某些泥地上所留下的鞋印,它们的尺寸、位置和方向,它们与某一双鞋所形成的痕迹的相似性,以及没有其他足迹的事实;在某个房间的地板上没有泥巴;尸体的位置,匕首插在背部的位置,以及尸体所在的椅子的形状等等。这是一个包罗万象的集合。我认为我们有把握这样说:没有任何人能够知道什么东西能或不能在论证中占有一席之地,除非他已经把所有有关的问题正确地提出并做了解答。在科学的历史学中,任何东西都是证据,任何东西都能够用来作为证据,而且,没有任何人能预先知道什么东西作为证据将会是有用的,除非他已经获得使用它的适当场合。

让我们这样来说明这一点,在剪刀加浆糊的历史学中,如果我们允许自己以证据这个名称来描述证词(我承认,这不够确切),那么就意味着既有潜在的证据,又有现实的证据。有关某一主题的潜在证据,就是现存有关它的一切陈述。现实的证据则是我们加以接受的那部分陈述。但是,在科学历史学中,潜在的证据的观念消失了;或者,如果我们愿意换一种说法来表达这同一个事实,则世界上的每一件事物对于无论任何一种主题都是潜在的证据。这对于任何一位把历史学方法的见解固定在剪刀加浆糊的模式之中的人,都会是一个令人苦恼的观念,因为他会问,除非我们首先把那些可能对我们有用的事实都搜集在一起,否则我们怎么能够发现有什么事实确实对我们有用呢?对于理解科学(无论是历史学还是其他的)思维的性质的人,这并没有什么困难。他会认识到,每当历史学家提出一个问题,他之所以问这个问题乃是因为他认为能够回答它:也就是说,他已经在心中对于他可能使用的证据具有了一个初步的或尝试性的观念了。他不是对于潜在的证据拥有一个明确的观念,而是对于现实的证据拥有一个不明确的观念。问一些你认为没有希望回答的问题,乃是科学上的大罪过,正像是在政治上下达你认为不会被人服从的命令,或者在宗教上祈求你认为上帝所不会给你的东西。问题与证据,在历史学中是相互关联的。任何事物都是能使你回答你的那个问题的证据——你现在正在问的问题的证据。一个明智的问题(一个有科学能力的人将会问的唯一的那个问题),是一个你认为你有证据或将要有证据回答的问题。如果你认为此时此地就有证据,这个问题就是一个实际的问题,就像这个问题:"约翰·道埃在被刺时处于什么位置?"如果你认为你将要有证据,这个问题就是一个推迟的问题,就像这个问题:"谁杀了约翰·道埃?"

正是对于这一真理的正确理解,奠定了阿克顿勋爵的伟大箴言:"研究问题,而非年代。"剪刀加浆糊的历史学家研究年代,他们收集了现存的关于一组特定范围的事件的所有证据,并枉然地希望从中得出某些东西。科学的历史学家研究问题:他们提出问题,而且,如果他们是好的历史学家,他们就会提出他们懂得如何回答的那些问题。正是出于对这同一个真理的正确理解,赫尔克里·波洛①先生对在地板上满地爬,试图收集所有东西(不管怎样,这些东西有可能成为线索)的"人类的猎犬"嗤之以鼻,而且,他坚持认为侦探的秘密就在于运用他称之为"灰色小细胞"的东西(可能反复申说是令人厌烦的)。在开始思考之前,你不可能收集你的证据,这意思就是说:因为思维意味着提问(逻辑学家们,请注意),只有跟某个确切的问题产生关联,证据才能称之为证据。在这方面,波洛和福尔摩斯的不同对于过去四十年里历史学方法的理解所发生的变化意义深远。1895 年,在剑桥大学的就职演说中阿克顿勋爵宣扬了他的学说——那是夏洛克·福尔摩斯②的鼎盛时期,结果是曲高和寡。在波洛先生的时代,从销量来看,人们也不可能懂得太多。推翻了剪刀加浆糊的历史学的原则,取而代之以科学历史学的原则的这场革命,已经成为公共的财富了。

---

① 赫尔克里·波洛(Hercule Poirot)是英国侦探小说家阿加莎·克里斯蒂(Agatha Christie,1890—1976)系列侦探小说中所塑造的虚构人物,一个比利时侦探,主要的出场作品有《罗杰疑案》《东方快车谋杀案》《尼罗河上的惨案》等。——译者注
② 夏洛克·福尔摩斯(Sherlock Holmes)是由 19 世纪末的英国侦探小说家阿瑟·柯南·道尔(Arthur Conan Doyle, 1859—1930)所塑造的一位才华横溢的侦探。《福尔摩斯探案集》开辟了侦探小说的"黄金时代",风靡全世界,是历史上最受读者推崇的侦探小说。——译者注

十一、总结①

……创立一种新型的、应该是科学的历史学,但人们没有看到如何实现这一点。这种鸽子笼式的图式同样是不科学的,它们是幻想的创造物。在最高的层面上,它们服务于巫术的目的,在最低的层面上,仅具有娱乐的价值。

7. 根据现今常见的风格,我给出了一个"侦探小说"的梗概,指出了在侦探中使用的推理类型与历史学中使用的推理类型的相似之处和不同之处。

8. 没有提问,就没有科学。科学家的训练在于学习如何提问。这对侦探来说也是一样的。最好的侦探,就像最好的科学家一样,是最能以正当的次序提出正当问题的人。这样做的能力取决于方法的训练。忘掉了这一点,并假装发现的基本要素是"确定事实""断言命题"等,就是对科学基础的破坏。

9. 剪刀加浆糊的历史学是由现成陈述构成的,以供历史学家进行各种修剪和填充。科学的历史学不包含任何现成的陈述。因此,科学的历史学家绝不限于使用所谓的"书面资料"(即那些包含着有关他的研究主题的现成陈述的资料);在他使用"书面资料"的方式与他使用"非书面资料"的方式之间,并没有原则上的差别。在任何一种情况下,他所主张的证据当然都是由陈述组成的,但这些都是他自己的自律性的陈述(即根据他自己的权威而做出的陈述),结果就是,它们都注意到某些特定的事实。这些事实有可能是某人做出某一陈述的那个事实,也可能不是某人做出某一陈述的那个事实。

10. 在剪刀加浆糊的历史学中,与任何给定主题相关的现存证词的数量都是有限的。因此,从理论上说,它们可以被收集和审查,作为

---

① 诺克斯在编辑《历史的观念》时没有收入这个总结,标题1—5下以及标题6下的部分内容在我们找到的手稿中已经遗失。

初步的环节,我们可以批评它们,并将其划分为可靠和不可靠的证词。而在实践上,这并非总是可行的。在科学的历史学中,没有任何与之对应的东西。任何东西都是证据,它们都可以被当作证据来使用,没有人知道什么将会成为回答某个问题的证据,直到他提出了这个问题。问题和证据是相关联的。一个有能力的科学思想家只会问一些他认为自己有或将要有证据来回答的问题。①

---

① 标注的写作日期是 1939 年 2 月 15 日。

第二章 行动①

一、星转物移（Eppur si Muove）

每当有人问起任何一种科学的性质时,总要有两个问题要问:一个是"它是什么样的?"另一个是"它是关于什么的?"如果读者喜欢更多音节的词语,第一个问题涉及科学的主观特征,即作为一种思维的特性;第二个问题涉及思维客体的特征,思维客体即在这种思维过程中人

---

① 本章的第一页被粘贴在一个较早的版本上,其内容如下:前面章节的主题还没有穷尽。我们认为,证据是此时此地进入历史学家的观察视野之中的东西;在给定时间进入他所观察的所有事物,其中能够作为相关证据来证明他所提出的问题的东西,就是证据,无论它们是什么类型的;能够作为相关证据来证明他正在询问的那个问题,意味着这个证据使他能够(不仅如此,而且迫使他)以某种方式回答那个问题。关于这一点,我们还有更多要说的,但是,当我们对历史学更明显的特征的初步评论比目前的评论更完整时,这将更容易说清楚。这样的评论自然分为两部分。"历史"这个词——在其他欧洲语言中与之对应的词同样如此——既代表了特定类型的科学,也代表了追求那种类型的科学的人正在试图寻找的东西。这两种东西都称为历史:一种是"主观的"东西或特定的思维方式,另一种是"客观的"东西或与思维必然具有某种亲密关系的特定事物。它们各自的特性相互吻合。假定这种思维的方式是成功的,并且确实使我们获得了思维着的这个事物的知识,那么这种思维的方式就相应地适应了其客体的特性;如果一个人理解"一种思维方式适应其客体的特性"的意思是什么,那么通过研究这种思维方式的特性,他就会发现它的对象的特性是什么。

一个人如何知道一种既定的思维方式是否成功呢? 他如何知道它是否真的使我们获得了思维着的那个事物的知识呢? 人们有时认为,为了回答这个问题,我们必须把它交给某种特殊的人——"咨询科学家"(正如我们所说的咨询工程师或咨询医生),他的事业是研究一般科学家或每一种类型的系统科学思想家的方法,考察他们所进行的工作部分是为了……[从"一般科学家"到"为了"的内容被划掉了]

们逐渐认识到的东西。

我在本章中试图展示的,不仅是在我提出这两个问题中的第二个问题之前,必须先回答其中的第一个问题,而且我将要展示,当我在恰当的时刻开始提出第二个问题时,我们只能通过对第一个问题进行新近的和更仔细的思考来回答第二个问题。

第一个问题已在前一章以初步和浅显的方式得到了回答。我们已经看到,历史学作为一种思维方式,像任何其他科学一样,都是通过提问来开展工作,并且通过使用所谓的证据来回答它们。证据是此时此地进入历史学家的观察视野之中的东西;在给定时间进入他的观察的所有事物,都是证据,无论它们是什么类型的,这使他能够(不仅如此,而且迫使他)回答他正在问的问题,并以某种方式回答那个问题。

本章旨在对第二个问题给出类似的答案。在本节中,我在考虑如何着手寻找答案。困难就在这里。单纯研究某种类型的思维,当然可以发现以这种方式思考的人认为他们在思考什么,但(似乎)很难发现他们是否正确。有些情况下,人们认为他们正在研究这件事情,实际上却正在研究其他事情。另一方面,你不能指望通过绕到你所问的科学背后来回答这类问题。科学必须是它自己关于什么的见证。这并不意味着我们被禁止询问有关其自身的证词是否真实;这只意味着回答这个问题所应该依据的那些原则是非常微妙的。

在目前的情况下,我们可以将"历史学是关于什么的?"这个问题,自然地分解为两个子问题:一个是"历史学家认为它是关于什么的?"另一个是"他们是正确的吗?"

回答第一个子问题是很容易的。历史学家认为,并一直认为,历史学是关于活动事迹(*Res Gestae*)、行迹和过去的所做作为的。

至于回答第二个问题,有一种方式显然是不可行的。如果一个算命先生声称能够发现我过去的生活,而他告诉我的事情与我所记得的事情相矛盾,我就会认为他是个骗子。但是,在历史学的情况下,这是不可能做到的。没有人会声称,他比历史学家更了解历史学家已经声称了解的过去的某些行动,并且他以这样一种方式知道这一点,他能够

第二章　行动

使自己和其他人都同意这一主张是毫无根据的。

还有第二种方式,我们也必须排除。人们有时会幻想有人(可能会被称为咨询科学家)研究一般科学家的方法,观察他们所做的工作,部分是看他们是如何做的,部分是看他们是否做得正确。这些被称为哲学家的咨询科学家应该有权向这个或那个科学家群体宣称,"你相信自己思维方式让你拥有自己正在思考着的事情的知识是错误的。我研究过你所使用的方法,我有责任告诉你,它们是有缺陷的"。

这样讲话会让一个人对其他人产生一种非常愉快的优越感。而哲学职业的吸引力无疑部分取决于这样一个事实:从事这一职业的人认为自己处于审判官的地位,凭借他们神圣的职位来评判所有以各种方式追求知识的人,而且,有些时候谴责它们是异端邪说。过去三个世纪里,至少在新教国家,欧洲社会的传统结构都是如此,这些谴责并没有产生任何效果。它们是宗教法庭的裁决,其唯一的功能是逢迎宗教裁判所的自大。没有一位执行官会将其付诸实践。但是,欧洲社会的结构正在发生相当迅速的变化。其中最明显的一种方式就是,17世纪的宽容、言论自由和新闻自由原则正在遭受攻击,并且新的迫害形式正在形成。在这种情况下,仅仅因为哲学家们的谴责是徒劳的,让哲学家们谴责这个或那个科学家群体,就不再明智了。现在是调查他们的资质的时候了。

如果一位科学家被一位哲学审查官告知,他的方法是错误的,并且建立在这些方法基础之上的科学永远不会给他真正的知识,他认为有必要对此审查做出答复,正确的答复应该是这样:"星转物移(Eppur si muove),我的科学是一个不断发展的事业。我向自己提问。我发明各种方法来回答它们。我发现这些答案是令人信服的。当我继续工作的时候,我发现我的旧问题正在消失,而新的问题随之产生。我没有认为它们是绝对可靠的。随着我的工作向前推进,我发现自己不断地纠正自己过去的错误;如果我能够在未来继续前进,我将会发现并纠正我现在正在做的事情的错误。而且,我不是个人主义者,我欢迎批评,但是,仅当它是有见地的批评,也就是说,是那些了解我正在做什么的人所进行的批评,并能给我理由,让我认为他们可以告诉我如何做得更好。"

在我看来,这一立场是无可辩驳的。一位哲学家将有权宣称他对现代相对论物理学家拥有评判者的地位,假如他能够对现代物理学家这样说:"我已经通过我的哲学,知道了你试图通过自己的物理学想要回答的问题的真正答案,并根据你当然不享有的这些知识,我能告诉你,你的答案是错误的:所以说,你的方法一定是错误的,因为它们会导致我所知道的错误答案。"一位现代哲学家几乎不会用这么多话来表达这一点,但在他的脑海里却有类似的东西。在他年轻的时候,他学会了足够的物理学知识,完全被灌输了当时的方法和理论。由于他没有认真研究这一课题,他没有发现这些方法和理论的致命缺陷,而这些都是当今物理学家的常识性知识(因此也不常被谈论)。由于没有意识到这些缺陷,他不明白为什么有人要发明新的方法和理论来避免这些缺陷,因此,当他面对这些新方法和新理论时,就谴责它们的发明者是无缘无故的好管闲事的人,并通过诉诸他的审判权,尽其所能地进行阻止,或者至少蔑视这些新方法和新理论。他认为自己是在利用这些权力来抵御那些肆意制造悖论的人,而他有关物理的知识是从物理科学以外的其他来源获得的:源自"常识"或者其他什么地方。这是一种幻觉。他正在使用它们来捍卫他年轻时的、现今已过时的物理科学,反对那些使其过时的新方法和新理论的进一步发展。

这就是根据欧洲社会一直在施行的审查权力而总结出来的公式。在16世纪,它们不是被用来保护宗教免受科学的影响,而是用来保护中世纪的科学免受文艺复兴时期的科学的影响。在现代德国,官方审查机构谴责现代人类学是"犹太人"(即反爱国主义)的科学,并不是保护爱国主义免受人类学侵蚀的措施,而是保护18世纪人类学的"种族理论"免受20世纪的人类学影响的措施。这被证明是一种错觉。

任何科学都只能从内部进行批评。任何人想要发现一门科学是否成功,以及能否给出他所声称拥有知识的那个事物的知识,唯一的方式就是亲自从事,并通过经验来发现它是否能在实践者的经验中回答他所提出的问题,除此之外,别无他法。作为一种"咨询科学"的哲学观念，批评其他科学的工作，并将其评判为合理或者不合理，只不过是一种宗教裁判所的伪装，其尚未公开的目的是避免裁判官们成长的烦恼。

因此，我们不能在历史学家的背后发现他正在研究的对象的特征是什么，然后继续检查他的方法，以便找出它们是否适合研究这个特别的对象。只有亲自参与历史学家的工作，我们才能发现他所思考的对象对他来说是什么样的；只有通过询问他所使用的论证是否有说服力。也就是说，对于以这种方式思考的心灵而言，这些论证的实际功能是否有强制性，我们才能解决那个对象对他来说是"单纯的表象"，还是"客观有效"。

这就是为什么任何对历史学的系统思考都必须以讨论历史学的主观性（*a parte subjecti*）开始，即探讨历史学作为一种在历史学家的心灵中运转的特殊的思维形式。然后，我们还要继续讨论历史学的客观性（*a parte objecti*），即历史作为一种特殊的事物，历史学家的任务就是获取关于它的知识。这也是为什么作为主观部分的历史（history *a parte subjecti*）所使用的论证是强制性的，而不是许可性的，通过找出历史学家如何使用他们自己的方法来引导他们构想出他们正在研究的东西，我们在逻辑上必然能够回答作为客观部分的历史（history *a parte objecti*）的性质的所有问题。①

二、活动事迹（Res Gestae）

正如我们所看到的，历史学家传统上认为历史学是关于活动事迹（*Res Gestae*）的。活动，更确切地说是事迹（deeds），即已经做过的事情，过去的行动。② 而且，这意味着是人类所完成的行动。传统上，其

---

① 标注的写作日期是 1939 年 2 月 16 日。
② 在这一句之前，以下内容在手稿中被划掉了："历史学是关于什么的？而且，作为回答这个问题的唯一可行的方式，就是历史学家认为它是关于什么的？再一次来说，回答这个问题的最佳方式是追问另一个问题：历史学家习惯性地说他们认为历史学是关于什么的？回答这个问题就容易了。"

他动物的行为,仅当它们影响了人类事物时,才被认为是历史学的合法主题。上帝的行动,仅当它们影响了人类事务,或者通过人类的代理人来完成上帝的行动,才被认为是历史学的合法主题,比如《法兰克人实现的上帝事业》(*Gesta Dei per Francos*)①所描述的情况。

我们已经看到,关于历史学的传统说法,有时并不适用于真正的历史学,而只适用于剪刀加浆糊的历史学。这可能就是一个很好的例子。然而,如果关于历史学的所有传统观念,无一例外地只适用于剪刀加浆糊的历史学,那么剪刀加浆糊的历史学与正当的历史学之间就根本不存在任何天然的共性;如果是这样的话,两者之间的关系将是难以理解的。特别是,我们说真正的历史学取代了剪刀加浆糊的历史学是没有任何意义的,除非我们这样说才有意义:两者都来尝试做同样的事情,一个成功了,另一个却没有成功。如果一个是获取知识的不成功的尝试,另一个是获取知识的成功的尝试,第二个就取代了第一个,仅当他们试图获得有关同一类型对象的知识。然后,我们从这种可能性开始,当剪刀加浆糊的历史学家们描述他们的研究是关于活动事迹(*Res Gestae*)的时候,他们所说的目的不是剪刀加浆糊的历史学的目的,而是一般意义上的历史学的目的:这可能是剪刀加浆糊的历史学未能实现的目的,但仍然是历史学的目的。

我们仔细检查剪刀加浆糊的历史学实际使用的公式,我们能够揭示仅适用于它的方法的一些细节。因此,当希罗多德告诉我们,他为了某些事迹不会被遗忘而写作他的历史时,他是在说,历史学不仅与事迹有关,而且与某人现在记得的事迹有关,而这些记忆将成为他自己工作的权威。这项工作的目的是保存记忆,也就是说,是为了告诉子孙后代报道者所记得的事情。这意味着他在著作中加入了他发现的报道者所做的陈述;换句话说,这揭示了一个真正的剪刀加浆糊的程序。这并不

---

① 此书是由中世纪本笃会神学家、历史学家基伯特·得·诺让(Guibert de Nogent, 1055—1124)于1107年至1108年完成的,全书共八卷,主要记述第一次十字军东征的事迹。——译者注

一定意味着希罗多德对待这些陈述是不加批判的。对于人们认为希罗多德不加判断的恶俗学说,我们最多能说是,他没有系统地和根据原则来批评他的资料,而是根据他自己的判断来批评他的史料,而他的判断有时是错误的。就如在一个奇特的事例中,希罗多德谴责一个故事是不可信的,而这个故事的特征已经无可置疑地证明了它的真实性。①

因此,我们可以将希罗多德的公式分为两个部分,一部分仅适用于剪刀加浆糊的历史学,另一部分可能允许更广泛的应用。如果我们研究现代科学历史学家的工作,我们肯定会发现人类的行动为他们提供了研究主题。尽管如此,也许有人会说,现在所实践的历史学仍然在某种程度上是不成熟的,而不是说研究主题的这种限定是历史学本身所固有的。除非我们明白了为什么历史学家在传统上接受了乍看起来如此武断的限定,我们将无法公正地对待这一争论。

这不仅仅是学派之争。这不是说历史学家(作为一个人)对人类的任何关切都感兴趣。实践证明,传统上许多与人类密切相关的事物都没有,而且从来没有进入历史学的研究主题。人们出生、吃饭、呼吸、睡觉、生子、生病、康复、死亡,人们关切这些事情,至少对于大多数人来说,远远超过对艺术、科学、工业、政治、战争的关切。然而,这些东西在传统上都没有被认为具备历史学的价值。这些活动中的大多数活动都产生了诸如用餐和婚姻的制度,围绕出生与死亡、疾病与治疗的各种仪式,人们针对这些仪式和制度书写了历史著作,但是用餐制度的历史并不等同于饮食的历史,死亡仪式的历史也不等同于死亡的历史。人们仅仅是以作为动物(人类仍旧是动物)的能力下的所作所为和经历,都是在动物倾向的压力下以及在动物命运的驱使下所进行的,这在传统上都没有成为人类历史的一部分。正是因为人们传统上认为其他动物只会做这类事情,并且深受这类事情的限制,历史学家才对其他动物不感兴趣。欧洲科学的传统学说认为,人不仅是动物,而且是理性动物

---

① 声称曾顺时针航行于非洲的埃及人断言,在他们航行的非洲南部,太阳就在他们的右侧。希罗多德用坚定的常识如此说道:"对我来说,这是一个难以置信的声明。"——作者原注

(animal rationale)。凭借他们的理性,人类不仅吃饭,而且用餐具吃饭;不仅交配,而且结婚;不仅死亡,而且埋葬。在动物生命的基础上,人类的理性建立了一种自由活动的结构,自由是在如下意义上来说的:尽管自由的活动是基于人类动物的本性,但是,自由的活动不是从人类动物本性中产生出来的,而是人类根据自己的理性自觉地发明出来的。自由不是为了动物生命的目的,而是为了理性本身的目的。活动事迹不是指这个词在最广泛意义上的行动——它是由被称为人类的动物所完成的;它们是这个词在另一种意义上的行动,同样熟悉但使用范围更窄,是理性的行动者为了追求他们的理性所决定的目的而完成的行动。①

这些行动包括——是否有必要加上?——不合理性的行动者为了追求(或采用)由他的非理性所决定的目的(或手段)所完成的行动。在此情况下,非理性的涵义不是理性的缺席,而是坏理性的出现。坏的理性仍然是理性。一个缺少理性话语的禽兽并不会作弄自己。

传统上由历史学所研究的行动就是指这个词在狭义上的行动:程度高的理性或程度低的理性、理性的成功或理性的挫败、明智的思想或愚蠢的思想,不仅在行动中起作用,而且能够被识别。人们认为人类是唯一的"理性动物"的旧观念很可能是错误的,这与其说是因为它暗示了人类拥有太多的理性——它从来没有这样做过,因为它从来没有暗示人类拥有太多虚弱的、间歇性的和不牢靠的理性——不如说是因为它在非人类动物身上暗示了太少的理性。然而,如果非人类动物的理性比起我们人类更虚弱,更断断续续,更不可靠,或者由于缺乏沟通能

---

① 在此之后,下面的文字在手稿中被划掉了:"迷信时代的特征是对语词的恐惧,因为语词具有魔力。现代最流行的迷信之一是害怕'理性'这个词。'怪物'(人们会说这是试图理性化他们迷信的恐怖)'假装历史学所研究的行动总是,甚至经常是从理性出发的行动!至少可以说,大多数行动显然是从最极端的非理性开始的。'但这是就这个词而有意找茬。在我看来,理性,就像许多世纪以来人们一直在说的那样,是指理性思维。我的批评者,当他个人不同意我的观点时,就用这个名字来抬高自己,认为思维是非理性的。我不会去辩解。我承认,当埃塞尔雷德二世(号称仓促王)为胁迫丹麦人而承担后果时,他的行动是非理性的。但一个不合理性的理由仍然是一个理由,尽管是一个糟糕的理由。一个缺少理性话语的禽兽不会承担胁迫所带来的后果。"

力而对我们隐藏得如此之深,以至于我们永远无法触摸到非人类动物的任何行为,并信心满满地说:"理性在这里起作用;在这里,动物不服从它的本能,而是把自己的想法付诸行动。"就历史学的目的而言,如此来说就足够正确了。

我们可以通过一个例子来加以说明。美国作家欧内斯特·汤普森·塞顿①几年前曾出版了一系列著作,他声称从各种野生动物的活动轨迹的证据中重建了决定各种野生动物行为的理性过程。如果这是真确的,这些都是活动事迹的真实历史。但是,许多读者肯定怀疑,这些论述是否是伪造的情感化肖像,只是他想要在自己所喜爱的野生动物身上找到与人类类似但并非实际存在的理性。无论如何,这一点是明确的,非人类行为的历史是否可能的问题,不是通过争论来回答,而是通过尝试去写它来解决。②

三、证据与语言③

本章开头规定了一条原则:要处理历史知识的对象,除了去研究该门科学本身之外,没有任何办法能够找出某一科学的对象是什么;并且(实际上是同样的事情),没有任何办法能够找出它是否成功地研究了这个对象,除了弄清楚它是否解决了自己的问题,以满足那些提出问题并回答它们的人:那个唯一能胜任的判断者。

由此可见,只要任何尚未解决的问题仍然存在于历史知识的对象中,我们能够回答它们的唯一方法就是更深入地探究历史思维的本质。显然,这样的问题仍然存在。我们在前面章节中指出,根据历史学家自己的观点,历史知识的对象是活动事迹,即人类的事迹或人类过去的行动,不是以某种动物的身份做出的,而是以理性动物的身份做出的。因

---

① 欧内斯特·汤普森·塞顿(Ernest Thompson Seton, 1860—1946),苏格兰裔加拿大人,作家,野生动物艺术家,著有《动物的艺术剖析》《我所知道的野生动物》等。——译者注
② 标注的写作日期是1939年2月16日。
③ 柯林武德原先写为"作为语言的证据",后来把"作为"换成了"与"。

此，根据传统上的观点，历史学家研究的事迹是体现或表达思想的事迹。

有人指出，这是历史学家的传统说法。这可能是不真确的；或者说这可能是真确的，对于剪刀加浆糊的历史学来说是如此，而对于科学的历史学来说却并非如此。然而，这是我们尚未回答的问题：历史学是关于什么的这一传统说法真确吗？

我们知道，这个问题必须通过考察历史学的方法来回答。除非它已经是苏格拉底所说的"在我们脚下滚动"，我认为不是这样，否则我们之前对历史学方法的考察还远远不够。我们必须更进一步。这就是我在本节尝试去做的。我将会提前给出结论，既然我在前一章节中将脚印、油漆渍、灰烬和纽扣等这些事物描述为证据，我们在此将得出这样的论断：严格来说，证据并不是由这些事物本身构成，而是由可以被粗略地定义为"它们说了什么"的其他事物构成。历史证据与从中得出的结论——历史知识——之间的关系，就是这些事物"说什么"和"它意味着什么"之间的关系。

首先，我将试图表明，这一结论隐含在与活动事迹相关的历史学的传统观点之中；然后，我将继续表明，它与科学的历史学家们实际使用证据的方式相吻合。①

如果历史学家所研究的行动是可以识别出思想在其中起作用的行动，那么它们的证据必须是向他揭示思想存在的某种东西。换句话说，它必须是思想或语言的表达：要么是语言本身，即思想者用来向自己或其他人表达思想的肢体动作；要么是语言的"记号"(notation)，即这些动作在可感知的世界中留下的痕迹；要么是这些痕迹的可靠复制品，一个能够阅读它们的人可以在他的想象中重建这些动作，并因此将其作为自己的一种经验来重建它们所表达的思想。

对于一个理性动物来说，只要他是理性的（就人类而言，我重申，这永远不会太远），每一个动作都具有语言的特征：每一个动作都是思

---

① 标注的写作日期是 1939 年 2 月 17 日。

第二章 行动

想的表达。他的行动留在他所居住的世界上的每一丝痕迹都具有文字的特征;对于能够读懂它的人来说,每一个这样的痕迹都是证据,都是关于他思想什么的证据。一个爬雪山的人正在实施他的登顶计划,如果他坚持下去,在他的计划中,他在攀登过程中的动作构成了一种连续的语言,一个善于领悟的观察者可以从中同样精确得到这个计划是什么,就像他正在听取登山者用语言所给出的讲解。而且,因为他在雪地上留下了足迹,只要它们保持清晰可辨,保留了他的动作的相当完整的记号,我们仍然可以在他停止讲解之后阅读他的动作语言,并从他的足迹的证据中重建他攀登雪山的历史。

"伟大的人,"伯里克利说,"整个世界都有他们的坟墓。"只有渺小的人才需要墓志铭描述他们所做的事情;伟大的人在他们身后留下足迹,凡是能读懂它的人都可以从中知道他们的事迹:城市中的良好法律,乡村的平和与富裕。①

活动事迹不是单纯的行动,而是理性的行动,是体现思想的行动。体现思想就是表达思想。表达思想就是言语。历史学家的任务并不是单纯地了解在一定的时间内由某个人在某种条件下所完成的某一行动;在某些方面,历史学家可能知道得更少,因为历史上对其可能已经了解很多的人(比如《朱尼厄斯书信》②的作者)③的身份至今未被确认。在某一方面,历史学家必须总是知道得更多,因为历史学家必须总是知道做出行动的人——正如我们所说的——"通过这一行动意味着什么",也就是说,他的行动所体现的思想是什么。知道戴克里先颁布了《价格法令》或者路易十四撤销了《南特敕令》,都不是历史知识;它们至多是历史知识的枯骨。在我们能够将它们变成历史知识之前,我

---

① 在此之后,下面的文字在手稿中被划掉了:"这是关于证据性质的进一步观点,正如我在本章开头时所说的那样,只有当我们追问历史学是关于什么的时候,我们才能回答关于证据性质的问题。"
② 《朱尼厄斯书信》是英国匿名作家以"朱尼厄斯"为笔名,于1769年1月至1772年1月在当时著名报刊《广告人公报》上发表的一系列评论时事的公开信,内容专门揭露政府黑幕,当中多封信件的矛头更直指时任首相格拉夫顿公爵。——译者注
③ 在《朱尼厄斯书信》之后,手稿中留下了添加另一个参考文献的空白。

们必须"读懂"它们,也就是说,找出戴克里先或路易十四做出这些行动意味着什么;然后(这是历史学家的特殊事务),我们必须将其解释为这样一种暗示:他设想他以某种方式发现了自己所处的局势,出于某种理由对它不满,并提议以某种方式加以修正。他可能错误理解了当时的局势;他可能明白了当时的局势,但愚蠢地对其表达了不满;他可能正确地设想了当时的局势,并且正当地对其表达了不满,但错误地认为他的行动会带来更好的结果。无论他是对还是错,这都是一个历史问题,或者说是三个不同的历史问题。我们并不是埋怨历史学家只关心事件本身,即"究竟发生了什么",而不关心"价值判断"。历史学家对这些事件的唯一关切是将它们解读为它们所体现的思想的证据;一个人只知道一个思想是什么,但不知道它是对的还是错的,他就并没有履行历史学家的职责。

历史学家在他的书桌上摆放了一卷"罗斯系列"①,翻到亨利一世特许状的某一页,他正在注视的东西,并不是亨利一世本人或他的办事员所写的实际语言,甚至不是那一语言的记号,而是这些记号的真实副本,或者更确切地说(因为特许状只是略写的,而不是逐字复制[verbatim]),是一些特写的真实副本,"罗斯系列"的编辑们认为这些特写可能会引起未来历史学家的兴趣。历史学家现在必须经历如下几个主要过程。第一,他必须使自己确信,直到目前为止,这个副本是真实的。这就是说,他必须排除特许状的含义被传抄的人错写,或有意无意误传而造成歪曲的可能性;第二,他必须使自己确信,原件是真实的,而不是其中存在着为数不少的伪造部分;第三,他现在确信他面前所拥有的东西忠实地代表着一份真正的原件,他必须阅读它,并找出它所说的是什么;第四,他在自己的心灵中确定了它所说的是什么之后,必须要解决它意味着什么,也就是说,当亨利颁布特许状时,"驱动"亨利一世行动

---

① "罗斯系列"是由政府资助,在罗斯大法官的指导下编辑出版的"中世纪大不列颠及爱尔兰的编年史和档案文献",在 1858—1911 年出版了 253 卷、99 部作品,包括传奇、民俗和传记资料、档案记录和法律版图。——译者注

第二章 行动

的意图是什么:国王如何设想他正在处理的局势,以及他打算如何改变这种局势。

第一个过程根本不是历史思维,尽管它的成功施行可能部分取决于历史知识,它不是关于中世纪国王及其权力的历史知识,而是关于19世纪学者和出版商的历史知识。就其本身而言,它不是一项历史学的事务,正如选择一名律师不是一项法律事务一样。这是一个实际判断的事情,就像我决定现在着手处理亨利一世的特许状这项工作,而不是等到喝完下午茶之后才开始。

第二个过程同样不是历史思维的事务。这是关于文本研究的事情,是完全不同的事情。毫无疑问,致力于"确立"一个文本的学者,总的来说,如果他知道文本意味着什么,就可能更好地完成这项工作;但是,这甚至不是确立一个文本的必要条件,更不用提这两件事情是同一件事了。我们都能回想起一些事例,在这些事例中,那些严重误解文本的人对文本进行了很好的辨伪工作。同样地,博物馆的专家可能会说,"这不是真正的青铜时代的长柄斧,它是一件现代赝品",尽管他并没有关于一个长柄斧是用来做什么的最古老的观念。从某种意义上说,文本学者的功能,就像图书管理员一样,他必须把自己的书整理得井井有序,以便留给任何想要阅读它们的人,但他太忙了,无法亲自阅读。当然,学者必须仔细而经常地阅读他的文本;但是,他没有义务为写作这个文本的人想要表达的意图而伤脑筋。

第三个过程同样也不是历史学的事务。它是文学的事情。要施行它,就要做一些与阅读小说或对擅闯者进行警告完全相同的事情。关于这一过程的性质的研究是由语言科学进行的,它不是语文学,而是美学。它不是语文学,因为语文学不探究语言的性质,而是探究语言的组织。现在,第一个和第二个过程确实在我所举的事例中发生作用,但并不是在历史工作的所有情况中都发生作用。即使它们确实发生了,它们也不是历史研究过程本身的一部分,而只是作为历史研究过程的预备阶段;因为它们并不总是发生,所以它们不是必不可少的预备阶段。但第三个过程却是必不可少的预备阶段。它发生在历史思维的每一个案例中。就其本身而言,它只是一种感性的活动,这就是为什么感性科学是任何历史学方法的科学不可或缺的先决条件;但就其与历史学的关系而言,它可以被定义为对证据的理解或辨别。历史学家的任务就是发现某人的思想是什么:为了做到这一点,他必须首先弄清楚这个人说了什么("说"不仅包括言语器官的表达动作,而且包括任何一种类型的表达动作);而且,他要想弄清楚某人说了什么,其方式就是"阅读"它的记号,或者"阅读"呈现在他面前的记号的真实副本。①

因此,说历史学家的证据源自在他自己的感知或观察范围内的东西,与其说这是一种错误的方式,不如说是一种粗略而现成的方式。与其说这是不真实的,不如说是不准确的。如果他正在问一个问题,其答案实际上能够由他正在寻找的中世纪拉丁语文本提供,那么说他实际上正在研究证据则是不准确的。如果他不懂中世纪拉丁语,或者不能阅读手迹和缩写,那么他就不能回答他的问题,其原因并不在于他知道前提却未能从中得出结论,而在于他并不知道前提。前提(逻辑学家对历史学家在他们自己的语境中称为证据的东西的一般称呼)不是他在面前的那页纸上看到的标记,而是这些标记对于一个能够读懂它们的人所说的东西。"他面对面凝视"的证据或者在他的感知或观察中出现的东西能够证成这些粗略而现成的陈述是正确的,就是他能够读懂它的假设。在这一情况下,看一篇文章就等同于知道它说了什么。

不精确就会被错误所取代,假如我们这样评论:"我明白了,这里有两个推论过程,而不是一个推论过程。第一个推论过程,从纸上所感知到的某些标记、雪中的脚印或言语器官发出的声音开始,这些东西都是这个过程的证据,并且根据这些证据的强度得出结论:做出这些标记或声音的人所说的是什么。第二个推论过程从第一个推论过程的结论开始;这些结论现在成为证据,指向(或者,如果你愿意,也可以说是强制得出)一个更进一步的结论,即历史学家一直瞄准的那个结论。但是,这两个过程是同一类型的。每一个都是一个历史推论。第一个推

---

① 标注的写作日期是 1939 年 2 月 16 日。

论过程的结论成为第二个推论过程的起点;而且,这就是为什么以粗略而现成的方式来说,我们可以把两者当作好像是一个来看待,省略了中间项,就好像是说,第一个推论过程的前提直接导致了第二个推论过程的结论。"

这是美学上一等一的重大错误,这里有一个基本事实:当一个人听到另一个人说话时发出的声音,或者看到他写作时所做出的标记,并做了我们称为"理解他"(也就是说,知道他说的是什么)的事情时,他认识到这一点的思维过程并不是一个推论的过程。这不仅是一个基本的事实,而且是一个臭名昭著的事实,因为我们都知道,当某个读过某本书的人宣称他被迫使用推理方法,以找出作者所说的是什么,他这样做是为了含沙射影地指出作者根本不适合写这本书;尽管另一种情况也是很有可能的,即他作为读者不适合阅读这本书。这一过程到底是什么样的过程,我曾尝试在其他地方进行过一定程度的解释。① 由于这不是一本关于美学的书,在这里重复它是不合适的。

我们在前一章的讨论中提到,即使历史学家所使用的证据可以说是由现成陈述构成的,但事实上,他用来作为证据的并不是这些陈述本身,而是他自己对这些陈述的事实所做的自主陈述。我们现在可以用更精确的形式重述这一点。任何真正的历史论证的出发点,严格来说,都不是"这个人、这本印刷的书本或这组脚印,说的是某某某",而是"我懂得这种语言,了解这个人,读过这本书或看到这些脚印,就像说的是某某某。"这就是为什么我在前面的章节中坚持认为,就他的证据而言,历史学家是自主的或依赖于他自己的权威:正如我们现在所看到的,因为他的证据总是一种他自己的经验,一种他以自己的能力,并且意识到自己有能力所施行的行为——使用他所知道的语言阅读某个文本的美学行动,并赋予它某种含义。

明白这一点的人会立即接受这样一个事实,不理解这一点的人会

---

① 《艺术原理》(1938)。——作者原注[柯林武德在这里添加了"尤其是章节……",但没有给出具体的数字。大概应该是讨论语言的第 14 章。]

将其作为一个可怕的谎言而加以拒绝,即历史学家并不是发现他的证据,而是创造了他的证据,并将其置于他自己的头脑之中。不理解这一点的人可能会认为,这一观点会助长和姑息人们为了证明他们想要的结论,而去伪造文献或虚假地声称文献是存在的。明白这一点的人会发现,这跟说动物在消化道内自己制造食物的意思是一样的。动物的食物不是它发现并吞入它的口中的东西,而是滋养它的东西。除非它在自己的内部经历了某些过程,没有任何东西能够滋养它。如果你对一个即便很小的孩子这样说,后来发现他停止喂他的兔子,"因为你说动物创造了自己的食物",你可能会认为这个孩子有严重的问题。常见的愚蠢无法解释它。①

四、行动与事件

从此以后,"行动"一词将用于本章第二节中所区分的两种词义中较窄的那一种含义。它将被用作活动事迹的等价物,或者更确切地说,是它的无时态和无数量的版本;"行动"一词同样适用于过去、现在或将来的行动,以及适用于单数的行动或复数的行动。自此以后,"行动"将只被用于体现或表达思想的那部分行动。上一节所述的对历史学方法的最新研究辩护了这一传统观点:历史学家想要认识的对象是行动。它甚至为这种传统观点增添了一个新的观点,即根据他们自己的方法设想证据,他们想要知道的不仅仅是行动,而是表达思想的行动。或者说,他们最终想要知道的就是行动所表达的思想。表达思想的行动对他们来说具有语言的特征,语言的任务就是揭示思想。

我们还没有讨论传统上将历史学家感兴趣的行动限定在过去行动的范围内是否正确的问题。在进行探究之前,我们将假定(假定是我们本节之目的所需要的全部)传统的观点是正确的,并且进一步假定

---

① 标注的写作日期是1939年2月17日。

第二章 行动

人们认为行动在时间序列中具有各自不可撤销和不可改变的位置是正确的,因此,属于过去的任何行动都处于过去的某个地方,而不能处于任何其他地方。

这也就是说,为了当前论证的目的,我们假定所有的行动都是事件。当然,不只是事件,还有更多;特别地来说,事件表达了被称为"做"了某事的行动者的思想。但是,这仍然是事件。

基于这个假设,历史学是关于某种类型的事件的。而且,根据逻辑学家所说的谬误——无条件的前提推出的论断(a dicto secundum quid ad dictum simpliciter),它似乎对那些不愿费心去问是哪一种类型的事件的人很有吸引力,他们不去管它的限定条件,而只是说历史学是关于事件的。

据我所知,这种诱惑并没有在历史学家身上取得很大的成功。但它与哲学家保持了很好的关系。其中一些哲学家已经走了很远,他们自己也变成了诱惑者,用甜言蜜语接近历史学家,诱使他们放弃他们关于活动事迹的过时公式,并在现代物理学所推崇的"事件"的旗帜下发表最新的观点。这位伟大的、满口金句的哲学家塞缪尔·亚历山大,在他最后发表的题为"事物的历史性"的论文中开始说,在他看来,到了哲学家和历史学家一起携手上学的时候了。他希望他们学习的课程,简而言之,就是时间的极端重要性,即"事物的时间性"。历史学家长期以来一直生活在没有"事物"、只有"事件"的世界里;在这个世界上,除了历史之外什么都不存在,而且,成为历史的就是成为一个事件或一系列事件的综合体。在亚历山大看来,历史学家一直以来都是正确的。他们一直认为,就他们所知,除了事件之外,没有任何东西存在,或过去存在,或将要存在。并且,他们的预言应验了。物理学已经来到了他们的脚下,开始忏悔对力、能量和物质的古老信仰,并且承认,正如我们现在所看到的那样,这些表述的含义实际上只不过是事件和事件的综合体。实际上,只不过是事件和事件的复合体。在历史学与自然科学达成一致的地方,让哲学感到苦恼的是,她应该站在这个快乐派对的大门之外吗?

正如亚历山大所描述的，这个派对显然包括一位女士和一只老虎（如果哲学决定加入的话，就有两位女士）；但是，哪一位是女士，哪一个是老虎？亚历山大毫无疑问地会说，老虎是历史学，而第一位女士是自然科学，她乐于投身包罗万象的事件科学。这是历史学当之无愧的头衔。唯一不和谐的音符是亚历山大没有提到的事实，他可能没有意识到，历史学根本没有宣称过拥有这个头衔。有人声称现代物理学拥有这个头衔。因此，在派对开始之前，历史学必须打破古老传统的束缚，根据这个传统，它的事务不是与事件有关，而是与活动事迹有关，而且，历史学要放弃自己的方法论原则（正如我们所看到的，这些原则完全适应其传统业务），以便采用已经存在和非常高效的物理学的方法论原则。亚历山大在他的书中已经相当明确地完成了他的角色分配。① 只有在他的剧作人物（*Dramatis Personae*）名单中，他才知道弄错了。在那里，收到的名单上写着"老虎——历史学；第一位女士——物理学"，一位挑剔的读者将会接受完全修订的版本："老虎——物理学；第一位女士——历史学。"

　　事实（现代历史学家正在研究什么）上的错误，使亚历山大的整个论证颠倒了过来，这绝不是他所特有的错误。许多当代杰出的哲学家也持有同样的观点。其中任何一个哲学家都可以通过引用他的历史学家朋友的观点，或者通过授权自己来回答他自己的问题，从而很容易地避免这个错误。我的意思不是通过阅读历史书，而是通过书写历史学家认为是历史的书，并反观他自己的工作，以此来发现这些历史书是如何写成的。如果他们没有采取任何一种方式，那是因为他们认为这是一个"哲学"的问题，因此，"历史学家"无权对此发表意见，"哲学家"

---

① "book"之后，写着"of the words"。由于这没有任何意义，我们将之删除。柯林武德在这里所指的很可能是亚历山大的《空间、时间和神性》（*Space, Time, and Deity*, London, 1927）一书；但也可参阅亚历山大的论文《事物的历史性》，在"编者导言"第 30 页注释③中提到了这一点。

也不能为自己成为"历史学家"而做出更好的决定。① 再说,这是我们大学里的学科制度化的一个直接后果,它会自动生产毫无意义的东西,专业的"哲学家"被他的学术立场所限制,不知道他的学术立场需要他去谈论什么。"我之所以这样说,并不是为了否定大学在国家中的作用,而是指出大学里的哪些事情需要加以纠正。其中之一,就是经常出现毫无意义的说法。"②

五、大自然没有历史

因此,我们在一百年前或更早就被警告过,自然事件的时间性和历史性是完全不同的。的确如此,但只有黑格尔做出过这个警告。当然,对于一个明智的人来说,黑格尔的警告是一个绝对可靠的提示,不该去做黑格尔警告他不要做的事。我们都知道"在毒泉中豪饮"③的人会有什么下场。

如果有人认为,直到几天前自然科学家才开始"认真对待时间",认识到大自然是多么有时间性,我想知道他是否听说过赫拉克利特,他最著名的观点是:"一切都在运动,没有什么东西是静止的。"或者听说过柏拉图,他是在赫拉克利特学派的影响下成长的,他只是忽略了它,因为他认为根据发生的事件所得出的规律本身并不是事件;或者听说过亚里士多德,他将自然定义为在它自身中拥有自身运动根源的东西;或者他是否认为在亚里士多德的时代和我们自己的时代之间的欧洲自

---

① 这句话的表述不够流畅,可能应该这样来写:"……因此,不是'历史学家'有权对此发表意见的问题,也不是'哲学家'能做出更好的决定……"

② 霍布斯:《利维坦》,第一章结尾。——作者原注[这段文字的引用不够准确。霍布斯在《利维坦》第一章的结尾是这样说的:"我之所以这样说,不是为了否定大学的作用,而是因为后面我要谈到它们在共和国中的功能,我必须顺便一有机会就让你看到,它们当中的哪些事情需要纠正,其中之一,就是经常出现毫无意义的说法。"柯林武德在《新利维坦》的第十一章准确引用了这段文字。这一节末尾标注的写作日期是 1939 年 2 月 17 日。]

③ 我从亨利·威克姆·斯蒂德(H. Wickham Steed)的一本新书《新闻界》(The Press,1938,第 73 页)中借用了这个有趣的金句,这本书在多方面来说都令人钦佩。我自己也不知道人们如何在泉水里投毒的。——作者原注

然科学学派中,曾经有一个学派不同于柏拉图和亚里士多德都赞同的赫拉克利特学派;或者他是否认为使得自然比以前更具时间性的达尔文和爱因斯坦,教导自然选择的法则就是一个事件,或者物理学家以微分方程的形式所陈述的事件之间的关系本身就是事件。

根据怀特海的说法,有一种方式让20世纪的物理学比以往任何物理学都更加重视时间。基于现代物理学,正如怀特海所说,"一瞬间中没有自然"。根据所有早期物理学家的观点,运动是一种外加到物质上的东西,这些物质已经具有物质的一般特征。而且,这种和那种特殊物质的特殊特征,都与物质的运动这一事实无关。因此,如果世界上的所有运动都能停止,那么这些静止的物质仍然是物质,而且跟现在的物质完全一样。或者说,如果你能够把整个世界的绝对瞬间拍下来,将时间的流逝完全排除在外,你就会看到一个包含所有你熟悉的事物的世界,当然还有很多其他的东西。但是,根据现代物理学家的说法,要成为一种特殊的物质需要时间,因为每一种特殊物质的特殊性质都是其构成部分运动的模式的结果:因此,在一个时间太短的空间内,这一模式不能宣称这些物质本身具备这些性质。这不仅适用于特殊物质的特殊性质,而且也适用于一般物质的性质。因此,如果你将时间缩短到足够短,那么就根本不会有物质世界。出于同样的原因,如果物质世界可以暂时被冻结为静止状态,那么它将在那一瞬间停止存在。

当黑格尔说大自然没有历史时,并不是因为他出生得太早,无法参与20世纪这个非常引人注目的发现,从而低估了时间在自然界中的重要性。与之相反,没有人比黑格尔更确信大自然在本质上具有时间性。如果有人对他说:"我设想你会认为一个消除时间的物质世界,就像现在一样会显示一切事物的存在",我宁愿不去猜测他的回应是什么,因为黑格尔是一位出言不逊的人,但我们可以肯定的是,他一定会断然否定这个建议。任何在那个有毒的泉井里喝过一两杯的人,只要注意黑格尔在什么时候正式讨论了时间的"范畴",就会明白这一点。时间是《自然哲学》中的第二个"范畴",第一个范畴是

第二章 行动

空间。因此,在黑格尔看来,它们之间的空间和时间是自然界的绝对基础和首要的东西。① 我们很难看出怀特海本人还能做些什么来强调大自然的时间性。

黑格尔说大自然没有历史,因为他用正确的方式抓住了这个问题的要点。对他而言,研究历史首要的和最重要的是指对历史学方法的研究。他认为当时流行的历史学方法非常糟糕,而他之所以认为这些方法很糟糕,是因为它们并没有按照所有历史学家本来想做的那样去做:它们没能通过记录的行动看到其背后的思想。在这一点上,他是对的,尽管他认为自己独有的历史学方法能克服这一困难是错的。现在,无论在黑格尔的时代还是我们自己的时代,如果有人愿意花点功夫,去找出历史学方法所要解决的问题是什么,就像它们实际存在的那样,他自己就会发现,这是一个在自然科学中根本不可能出现的问题。当然,也可能出现这种情况,一位科学家既足够虔诚地相信,自然界中的每一个事件都是上帝直接行动的结果,所有的次要原因都被消除(也许被传说中的奇美拉②吃掉,在他空空的脑袋里嗡嗡作响),又相当不虔诚

---

① 我们在此指出黑格尔关于自然的完全时间性的学说远非是他自己所特有的,这可能并非没有意义。我将在他前面加上几位其他著名哲学家的名字,他们都持有类似的观点。柏拉图在《蒂迈欧篇》(Timaeus)的奇怪段落中将时间称之为"永恒的运动形象",他不仅将时间性看作一个基本特征,而且将其看作自然界的基本特征,对应于作为上帝基本特征的永恒性或无时间性。亚里士多德以一种相当类似的方式强调自然的时间性,他认为时间性是自然的本质,凭借一种物质隶属于自然世界,其特征就是自我运动;而且,正如亚里士多德在其他地方所说,所有的运动都需要时间。在诸多现代哲学家中,我之所以引述斯宾诺莎的观点,是因为出于某种模糊的理由,他被认为对时间不尊重。斯宾诺莎认为,使两个物体成为两个而不是一个物体的唯一因素是两个物体之间相对移动。由此可见,两个物体具有两性,因此,不仅许多物体的多性,而且一个物体的一性,都是一个使得时间得以存在的东西。最后,我们引述似乎急于超越他人的康德的观点,他认为,时间不仅是自然界普遍的和基本的特征,一切事物都在时间之中,而且,它实际上是一切事物存在的先决条件:时间是一种"直观形式",直观在逻辑上先于知性,而知性"创造自然"。因此,我引用的所有这四位哲学家都会同意黑格尔的观点,如果有人问,自然中的运动停止了会发生什么,或者自然在一瞬间是什么样子的,那么他就是在问毫无意义的问题;尽管他们当中没有一个人会像黑格尔那样讨厌这一问题。——作者原注

② 奇美拉(Chimera)是希腊神话中狮头、羊身、蛇尾的吐火怪物。——译者注

地拒绝了有益的教义，即上帝不受审判，因此他的思想也无法被发现，或者足够迷信地认为，每一个这样的事件都是由于某个恶魔、魔法师或类似的人的行动所造成的，他可以从这些事件本身中有力地推断出他们的性格、动机和行动方式。但是，对于任何一个坚持自然科学传统的人来说，这种情况都不会出现，无论发生了多大的变化，从古希腊人一直到现在，自然科学从来没有被击碎。

这不是去批评这一说法，除了为我们提供天体地形或星相图、天体力学或恒星运动理论，以及将天体分类或划分成各种类型，如白矮星或其他等等，现代天文学还给我们提供了天体的历史或年代分期，有人认为，这带有宇宙进化论或宇宙起源叙述和末世论或宇宙终结叙述的暗示；这不是批评这一说法，现代生物学包括一个生物历史的功能，根据它们存在的时间来划分物种，但尚未达到我们所希望的那样叙述了一个物种从另一个物种进化而来的方式；这不是批评这一说法，现代地质学包含一个地质的历史，或者根据岩石的不同年代来划分岩石；这不是批评这一说法，现代医学对疾病的历史很感兴趣，它展示了当前观察到的疾病与过去可信记录的疾病有何不同；这不是批评这一说法，就像怀特海这样的思想家所认为的那样，甚至物理学本身也变成历史的，因为他推测我们所知的物理世界的规律只是我们自己的"宇宙时代"的规律，一个在其他时代之前或之后的时代，其中各不相同的规律在各自的时间跨度内保持良好的秩序，或将要保持良好的秩序。

这不是批评，因为这些都不是历史学。只能说它是年代记；一个古老观念的发展，即大自然本质上当然可以是过程或事件；但是，它不是历史学。如果把自然科学所采用的思维方法与历史学方法进行比较，我们立刻就会明显地发现，自然科学缺乏历史学中至关重要的特征。一个在学校里没有接受良好的历史教育，并从此再未进行过任何历史研究的人，可能会认为历史学除了事件、日期和地点之外，没有任何其他东西了。因此，无论他在哪里找到事件、日期和地点，都会幻想这就是历史学。但是，任何有智慧地研究历史的人都知道，历史学绝不是单纯地研究事件，而是研究表达其行动者思想的行动。日期和地点的框架之所以对历史学家有价值，只是因为它有助于将每一个行动置于其所处的语境中，它帮助历史学家认识到，在这种语境中施行的一个行动者的思想必定是什么样的。

　　为了说明这一点，我们可以比较两种方法。这两种方法不仅非常相似，而且实际上在它们的历史中也有一定的联系：地质学和考古学中分别使用的地层学方法。地质学家在一个地方发现了一些不同的岩石：A、B和C，它们分别以a、b、c类化石为特征。A是最低层的，B接下来在A的上面，C接下来在B上面；而且，这些地层没有显示出受到强力干扰的迹象。地质学家断定，它们当中的每一块石头一定是以淤泥的形式沉积在水中；因此，A肯定是最老的，而C是最年轻的。在其他地方，他发现了类似地层的同样类型的化石，由此，他推断所有这些地方都存在着一个A时期、B时期和C时期的地层结构。在其他地方，他又发现只有A和C彼此相邻，并推断在这个地方没有B时期：换句话说，当b类生物还活着的时候，这个地方并不在水下。在其他地方，他又发现了它们以相反的顺序呈现在地层之中，并推断出它们是被颠倒过来的地层运动。如此等等。

　　考古学家也做了完全一样的工作。房屋或洞穴的地层沉积、街道层位和不同建筑的叠加遗迹取代了岩石层的位置。陶器、钱币等取代了化石的位置。以上分析的每一个细节都一项项地被重复；甚至在一个房屋上层倒塌的情况下，他也给出了一个反向分层的例子。但是，当地质地层学方法被完全精确地模仿时，考古学家并没有得到历史；他只有一个按照时间顺序和地形划分的框架，历史将在这个框架中被构建起来。如果我们进一步考察考古学家的工作，两者的区别就会变得清晰起来。①

---

① 标注的写作日期是1939年2月17日。

六、海布里的考古发掘（193—　）①

考古学家确定了 A、B、C 时期，并将它们与其他地方的相同时期关联起来，就好像地质学家所做的那样。只有当他开始把这些时期看作是人类历史的时期，他才开始以历史学家的身份工作。当人们以这种独特的方式来思考的时候，在某些方面与地质学家是一样的，但在其他方面则与地质学家不一样。

让我们构想一位考古学家正在威塞克斯郡的一座名为海布里的山上发掘一座城镇。在 A 时期，他在居住层（occupation-levels）发现了房屋规划和"化石"，就像在西部其他城镇发现的一样，形成了一个聚集群；此外，这些"化石"包括诸如一个相当原始的农村社会之特征的家庭生活和农业的用具，但没有发现武器和钱币，建筑物的遗迹也没有防御工事。让我们假设，在 B 时期，海布里的特征是通过在其外围建造防御工事而改变的，它的"化石"，尽管仍旧与 A 时期属于同一类型，但由于大量武器以及一些钱币的出现，隶属于城镇另一聚集群的特征，而这一聚集群更大，更富有，位于其东边。让我们假设，在 B 时期沉积层的顶部，考古学家发现了大量的木炭和烧焦的黏土，还发现了相当多的骨架，它们颅骨的裂缝都是用尖锐工具劈开的。让我们假设，在 C 时期，考古学家在城镇的大部分地区都没有发现任何遗迹，但在四分之一的新型建筑物中有所发现，其居住土壤（occupation-soil）包含与 C 时期钱币所属的遗址群相似的"化石"，而且，这些建筑物被一些新的防御工事所包围，与旧的防御风格不同。

当人们说根据这些数据可以重建这座城镇的历史，意味着这些数据能够使考古学家得出如下结论：海布里是西部和东部两个族群之间的一座边陲城镇，西部的人民属于相对贫穷且和平的农民社会，他们通

---

① 海布里是一个想象的古代英国定居点。可能为了强调这一点，柯林武德并没有给出具体的发掘日期。

过以物易物的方式进行交易，并且具有其他习惯和制度，这些可以从 A 时期的"化石"中详细地推断出来；东部的人民更富裕，更热衷于商业，更沉迷于战争。在 A 时期，海布里是一个西部的定居点；如果在这个时期里，东部人处于好斗的情绪中，他们肯定会将他们的侵略引向城镇另外四分之一的区域。在 A 时期结束的时候，一些事情发生了，西部人对他们邻居的侵略意图产生了警觉。他们把边境设为防御状态，将海布里变成了堡垒；但是，东部人，无论是因为他们好战的热情被这一措施冷却了，还是因为他们习惯让族旗跟着贸易走，他们都没有试图入侵西部地区。相反，他们开始与海布里的驻军进行交易，后者被诱使接受东部货币，以换取他们自己的农产品。当这种情况持续了一段时间之后，东部商人开始慢慢熟悉这个城镇及其居民，东部人袭击了它，非常迅速地占领了它，烧杀掳掠一番，随后在据点的小堡垒上建立了自己的驻军。

我不想反复重申所有这些推论都是绝对强制性的，在任何情况下都不只是许可性的；不过，这样做会很有趣，例如，通过分析这些证据，引导我的发掘报告确定防御工事在 A 时期结束时的建造时间。但原则上，我已经在其他地方处理过这个问题了，①我不应该占用读者的耐心。出于同样的原因，我克制自己不告诉读者真实的故事（不是像这样的空想故事），这些故事是我所认识的优秀发掘者所付出的努力，以便就这类问题提供绝对令人信服的证据；我克制自己在这个过程中将这些故事碎片化，那些不那么谨慎的朋友可能会心甘情愿地支持这一许可性的证明。

还有一点，我将尽量不去赘述，因为我在前一章中已经把它作为一般原则做了相当全面的论述；但是，这种克制让我感到很痛苦，因为它与考古学的特殊关系非常接近我内心的真实想法。它涉及提问在这类

---

① 柯林武德在这里提到的可能是他在《自传》(第 120—146 页)中论述"罗马不列颠"的一个章节。他还在书中讨论了"问答逻辑"在考古学中的应用，以及使用目的论的术语来解释考古学对象的必要性。除此之外，他在《罗马不列颠的考古学》中有专门论述"堡垒和要塞"的一个章节。

工作中的功能。遗址可以被发掘，并且过去经常被发掘，根本没有涉及提问的环节。发掘，只是因为主人喜欢发掘，或者因为当地的考古学家想要一份工作，或者因为要在上面建造房屋。而且，一旦发掘工作被确定之后，命令(*mot d'ordre*)是，而且现在依然经常是，"让我们看看在这里能找到什么"，并且挖掘工作成为人类猎奇的一项运动，可能会被即将到来的科学结论——谁知道呢？——所锤炼。今天，事情已经到了可以明确并公开地表示的时候，任何考古学家都不应该被允许发掘遗址，除非当他决定在某个遗址工作时，能够回答这样一个问题，"什么历史问题带你到那个遗址，你为什么认为你可以在那里解决这个问题，你到底打算怎么做？"除非他每次下令开掘一条新的壕沟，或者哪怕是挖一铲土，他都在准备根据历史问题及其可能的答案来解释他为什么确实要这样做；又除非他的考古报告显示，他没有像拿着蛋糕的小男孩一样在他的发掘遗址一点一点地啃，直到什么都没有留下，他才有能力说："现在我已经回答了我来这里所要回答的问题，我们可以回家了。"

我个人的经验是，在我们这个国家，并非所有考古学家都接受这原则，现在仍有反对意见，但是，反对派几乎不可能在科学的体面外衣下隐藏自己。我们必须揭示它的本来面目：一种昔日美好时光的遗风，当时乡绅和教士的古物研究是一种公认的消遣形式，就像斗鸡和耍獾游戏被称为下层阶级的嬉戏形式（不是我所知道的我们时代的斗鸡牧士），挖掘一个遗址的提议就意味着，用镐和铲子收集一些小家伙，当天气好转时，去那里享受一些乐趣。

如果读者认为我违背了不讲这一点的诺言，他就不知道我给他提供了什么有益的建议。

还有一点，我也不想赘述，就是海布里通常被称为"史前"遗址。这意味着它是一个没有历史知识的遗址，因为在任何来源中都没有发现关于它的现成陈述；但不管怎样，如果你可以通过某种手段或其他不遵循规则(*dans les règles*)的方式将其称为历史知识，那么某些人确实能够继续获得关于某一遗址的历史知识。"史前"这个术语属于剪刀

第二章 行动

加浆糊的历史学的词汇,实际上,它是在剪刀加浆糊的历史学将要消亡的时候,对科学历史学的侮辱。我们没有理由再继续使用它。①

我想要强调的是以下两点:

(1)在我构想的考古学家的结论中,每一项都与故事中主人公的思想有关。因此,对西部人或东部人的描述是对主要占据他们日常生活的思想的描述,与那些他们不习惯的思想类型形成鲜明的对比。海布里是西部的定居点这一陈述,并不意味着它的居民,通过骨骼测量来断定,具有某种标志着西部族群的身体特征;而是意味着他们共享了西部的文化,也就是说,无论他们的身体特征是什么,他们都像西部人那样思想。关于在 A 时期结束时海布里变成了一座堡垒这一陈述,并不意味着其可见结构发生了某些变化,而是意味着其居民的习惯性思想发生了某些变化。以此类推,等等。

(2)导致这一详细结论的证据中的每一项都不单纯是考古学家和工作人员看到、分类、记录、拍照、标注和绘制的可感知的对象。毫无疑问,所有这一切都是可感知的对象,但也是被当作一种语言来"读"的对象(这就是使其成为证据的东西),也就是说,它们是表达他所研究的人的思想的东西。例如,在 A 时期的"化石"中,考古学家发现了在一角上有个洞的三角形黏土板。他可能会把这些发现记录下来,将之与其他地方发现的类似黏土板进行比较,因此,他像地质学家一样进行论证,将它们归类到它们所属的"地层"中,并以此作为确定年代的证据。但是,当他这样做时,他仍然要用历史学的方式对待它们。基于它们是人工制品,他现在不得不问:"它们是干什么用的?"答案当然是:"织机砝码。"在这一点上,他们以历史学家的身份与这些物品进行交谈。它们告诉了他一些关于 A 时期海布里人的想法:他们编织。编织不只是一系列身体运动的名称:它是体现一个计划的一系列运动的名称,也即生产纺织品的计划。②

----

① 标注的写作日期是 1939 年 2 月 18 日。
② 标注的写作日期是 1939 年 2 月 17 日。

七、思想的历史

　　我们现在所达到的这一点可以用公式来表示：所有历史都是思想的历史。① 对于剪刀加浆糊的历史学家来说，历史探究的目的就是获知事件、名称和日期，但对于科学的历史学家而言，这些只是手段。他仅仅收集他希望证明能够被读作语言的东西，从而使得唯一真正的事情就是获得历史知识：洞察在某个时间和某些环境下做出行动的人或人们的心灵，而这些行动仅仅作为已经发生的事情，才被称为事件。②

　　历史学家可能会发现，在某场战役过程中，某个军官③在某个地方建造了某种堡垒。历史学家的任务是找出他这样做的目的是什么。它仅仅是一个营地，一群士兵可以在这里住一个晚上或更长时间，睡在防御工事后面，就像罗马人经常做的那样吗？这是一个可以安全储存物资和运输物资的地方吗？它是用来掩饰④敌人的据点，还是用来封锁敌人的一条交通线？我们没有必要穷尽所有可能的替代方案。无论历史学家采用何种替代方案，他都要求洞察负责建造堡垒的人的思想：洞察力取决于他对防御工事的性质的一般理解，以及对那场战役所建造的防御工事的性质的特殊理解。

　　一般而言，防御工事是为了防范某些危险。任何一种特定类型的防御工事都是为了防范某些特定的危险。当然，一个人意识到危险而提供防护，也会伴随着某种情感。如果一个人意识到这种防护是一种新的、精心设计的类型，这种情感将会被其他情感所复杂化。这些情感

---

① 这一句开头的十五个单词（"我们现在所达到的这一点可以用公式来表示"）在手稿中被划掉了，为了上下文转换得更清楚，我们在这里保留了这些内容。
② 在此之后，"洞察他的心灵意味着洞察他的思想。只有这些情感本质上与他的思想有关的时候，历史学家才希望洞察他的情感。有些是，有些则不是。这……"这些内容在手稿中被划掉了。
③ 在此之后，"他的名字对历史学家来说完全没有必要知道"这些内容在手稿中被划掉了。
④ 在这种情况下，《牛津英语词典》对"掩饰"（mask）这个词的解释是："通过足够的力量来监视，以便能够阻止（堡垒、军队、舰队）所要采取的进攻行动。"

第二章 行动

本质上与负责防御工事的军官的思想有关。如果我们知道他的思想是什么,我们就会知道他所经历的这种必要的情感是什么。

但是,在这位军官的生活中,当他在规划和实施防御工事的时候,还有许多我们没有证据来证明的其他情感。例如,当我们看到这些防御工事多么坚固和精细时,我们不能说他一定非常害怕敌人;就像我们不能说,一个人买了一份家庭保险,他就一定非常害怕他的房子被烧毁,或者一个女人指示她的律师起草一份婚姻协议,她就一定非常害怕她要嫁的男人。他可能确实受到了惊吓;或者,他可能不愿他的新婚妻子或孩子患上疾病;他可能被职业野心所吞噬,或者被金钱问题所折磨。但是,只要这些情感既不是他建造堡垒的直接原因,也不是一个军事工程师所认为的以一种不好的或不恰当的方式而建造堡垒的原因,它们就跟堡垒没有任何关系,相对于他要建造堡垒的行动而言,它们就是不必要的情感。

就此而言,当他正在规划和建造堡垒时,他的脑海中存在着许多想法,而这根本不影响他的建造行动,因此与该事件的历史无关。在进攻魁北克的早期阶段,沃尔夫将军正在思考格雷的《挽歌》①,这是传记的事情,而非军事历史所要关心的事情。如果他允许格雷的《挽歌》干扰这次袭击,那将是军事历史的问题。戈雅的威灵顿公爵肖像画在半岛战争②史上占有一席之地,③只要这幅画像确实是阻止萨拉曼卡的胜利者夺取胜利果实的原因之一。

当前人们对于通常的历史与"思想的历史"之间的区分,仅仅是因为人们非常荒谬地认为,思想是被称为思想家的特殊人群的专属特权(或咒语),他们应该把哲学显微镜聚焦在他们不从事却屈尊去研究的

---

① 托马斯·格雷(Thomas Gray,1716—1771),英国 18 世纪重要的抒情诗人。著有《墓畔挽歌》(*Elegy Written in a Country Churchyard*,1750),主题是"人不分高低贵贱,都要进入坟墓"。——译者注
② 半岛战争(Peninsular War)是拿破仑战争中主要的一场战役,被称作铁锤与铁砧战役,"铁锤"代表的是数量 4 万到 8 万的英普联军,其指挥官是威灵顿公爵。——译者注
③ 在手稿中被划掉的内容最初这样写道:"不仅在艺术史和威灵顿公爵的传记中占有一席之地,而且……"

事情上。例如,我们一方面有一种政治史,另一方面有一种政治思想史或关于政治思想的历史:一种思想家通过显微镜看到或幻想自己所看到的历史。

这种幻想是荒谬的,原因在于:如果有什么值得称为政治思想的话,那就是从事政治活动的人所产生的那种思想,他们的政治活动就是这种思想的证据。政治的历史已经是政治思想的历史:格雷①和他的同时代人关于议会改革的思想,格莱斯顿②和他的同时代人关于爱尔兰自治的思想,等等。在研究实际政治中个别问题的政治思想史的同时,是否有空间研究潜藏在所有这些实际问题之下的普通问题的政治思想史,我将在另一个地方讨论;在这里,我只想指出,即使有这样的区别,也不是政治的历史和政治思想的历史之间的区别,而是针对解决个别问题的政治思想史(也就是关于个案的政治思想史)与针对解决一般问题的政治思想史(也就是关于原理的政治思想)之间的区别。③

八、传记

我们在上一节中提到了历史学与传记之间的区别。既然所有必要的材料现在都在我们的掌握之中,接下来要做的,就是考量其中的区别在哪里。

历史学家的目标是追溯行动中所体现的思想。在这个范围内,他不承认有其他限制,除非他"专门研究"这一组或那一组主题。他对属于他的研究主题和不属于他的研究主题的专门化所建立的区别,在任何意义上,都不是属于历史研究的正当主题和不属于历史研究的正当主题之间的区别。相反,传记作家在他的研究主题中包含了很多不属

---

① 查尔斯·格雷(Charles Grey, 2nd Earl Grey, 1764—1845),英国辉格党政治家,曾任英国首相。——译者注
② 威廉·尤尔特·格莱斯顿(William Ewart Gladstone, 1809—1898),英国政治家,曾作为自由党人四次出任英国首相。——译者注
③ 标注的写作日期是 1939 年 2 月 19 日。

于任何历史研究对象的东西。他的研究主题包含了一些没有体现思想的事件，以及其他一些无疑体现思想的事件，但是，这些事件被包括进来，并不是因为它们体现了思想，而是因为他对这些事件有另一种兴趣，或者更恰当地说，这些事件具有另一种吸引力。

传记作者对材料的选择，虽然可能是（也应该是）由其他考量因素所控制的，但是，它首先是由我称之为"八卦价值"的因素决定的。这个名称的选择没有贬义。像其他动物一样，人类对彼此的事务感兴趣，其根源在于他们各种各样的动物本性——性欲的、群居的、好斗的、贪婪的等等。人们带着一种同情的心情来考量同伴们从这些事务中涌现出来的得到满足的欲望，并带着一种恶意的快感来考量他们遭受挫败的欲望。传记，虽然它经常以"绣花"的方式来运用历史的动机，但本质上却是由同情和恶意这两种纺线编织而成的网络。它的功能是在读者中唤起这些情感。因此，传记本质上是一种激发情感的装置，以及根据这一点，①它又分为两大类型：娱乐传记和魔幻传记，这些传记是流动图书馆②广泛处理的借书业务；劝诫和道德说教的传记，具有彰善瘅恶的功能。

同情和恶意的情感必须有个别的对象。除了人类对植物的同情——我不否认存在这种情况，尽管其表达常常是虚伪的——之外，一种动物只能对另一种动物感到同情或恶意，这种动物通常但不必定总是它自己的同类。家猫对主人的饭菜表示同情，尽管它并不指望主人会与它分享；有时主人还会采取暴力措施让它遵守晚餐铃。他的狗会同情他的烦恼，尽管它不知道他的主人在烦恼什么：它能感觉到他不快乐，这就够了。人类对其他人产生同情或恶意，仅当这些人对他们是真实的、被感知或想象为可识别和可辨认的个体：隔壁的年轻人，有轨电车上的女孩，家门口的陌生人，将文字刻在潮湿石头上的囚犯。在其他

---

① 《艺术原理》[柯林武德在这里没有给出具体的引用页码，但此书的第31—32页和第108页讨论了作为激发情感的艺术]。
② 流动图书馆（circulating library）是19世纪为了满足广大无力购买新书的读者的需求而设立的公共图书馆，常被认为是为女性读者提供耸人听闻的小说的场所。——译者注

条件相同的情况下,对象越是完全地被设想为个体,同情或恶意的情感就会越强烈。一个人会同情他在街上遇到的任何一条狗;而如果是他自己的狗,或者他很熟悉的狗,同情感就会变得更加强烈。

因此,引起我们同情的个体性不是理性动物的个体性,而是单纯而简单的动物个体性。这里所需要的就是,动物应该有情感,并且它的情感应该在我们心中引起共鸣。即使当我们在与理性相关的事情上同情理性动物时,我们所同情的也不是他们的理性,而是同情他们追求理性目标所涉及的情感。如果一位科学家对他未能解决一个问题而感到沮丧,贤惠的妻子会同情他,尽管她不知道打败他的问题是什么;她的同情与他的科学工作无关,而是与他的疲倦、饥饿和不快乐有关。

现在,因为同情及其对立面的恶意是传记作者所弹奏的琴弦,因此,他必须向读者呈现一个"主题",这个主题应该是一个个体,一个个体性的动物。他必须描绘一个明确且可识别的人,并强调这个人动物性的一面。他必须提醒读者,主题是出生和死亡;生病和康复;曾经是一个孩子,后来又变成一位老人;渴望某些女性,并在追求她们的过程中成功或失败,以及详细描述了失败或成功在他心中所激起的情感;他在青年时代的奋斗中忍受饥饿和痛苦,后来当他的价值被承认时,他得到了安慰,或者继续忍受贫穷和不公,毫无怨言或抱怨,直到生命的尽头。为了帮助读者对他进行个性化,传记作者很明智地收集他的肖像画、他家房屋的照片等等。

如我所说,在选择这些材料时必须加以控制的"其他考虑因素",大多源自这一事实:传记的目的是激发情感。如果所描绘的人物令人敬佩,就不应该插入任何被构想出来将会引起读者们反感的内容。如果所描绘的人物受人鄙视,就像里顿·斯特拉奇[①]所写的传记那样,那

[①] 里顿·斯特拉奇(Lytton Strachey, 1880—1932),英国著名传记作家。与法国的莫洛亚、奥地利的茨威格,同为 20 世纪传记文学的代表作家。其传记文学作品打破了长期以来那种歌功颂德的官方传记传统,具有强烈的破坏偶像成分。主要作品有《维多利亚》《维多利亚女王时代名人传》等。——译者注

第二章 行动

么根据斯特拉奇的布鲁姆斯伯里①的规则，就不应该掺入任何可能会被仰慕的事情。如果传记的目的是②为了取悦流动图书馆的借阅者（并且，这已被大量证据证明是目前英语国家绝大多数传记作者所追求的目标），传记作家就必须格外小心地抑制任何可能危及某种平静的自我满足和自身安全感的内容，没有做到这一点，读者似乎就不会被传主逗乐。

如果历史学被认为是一种剪刀加浆糊的事情，传记必然被视为一种特殊的历史文学体裁；因为基于这个前提，它们的方法是相同的。在这个前提下，正如历史学家本质上是一个将战争、革命或任何其他复杂的事件的现成陈述拼凑在一起的人，传记作者本质上也是一个将个人生活的现成陈述拼凑在一起的人。当西德尼·李爵士③从严格的剪刀加浆糊的观点来讲授传记的原则，他坚持认为，正当的历史学与传记的区别，主要在于历史学处理"集合体"，而它的组成部分，单独来看，就是传记。这并非完全没有道理。④ 这是因为传记是而且永远都必须是剪刀加浆糊的事情。它所包含的陈述不是为了它们的科学价值，而是

---

① 柯林武德在这里所指的是"布鲁姆斯伯里小组"（The Bloomsbury Group），是由英国作家、知识分子、哲学家和艺术家组成的一个团体，里顿·斯特拉奇就是其中重要的成员之一。他们在 20 世纪上半叶在伦敦的布鲁姆斯伯里附近生活、工作和学习。他们的作品和观点深刻影响了整个知识界。——译者注
② 在此之后，接下来的段落，一直到"如果历史学被认为"被部分地粘贴和划掉了："为了取悦流动图书馆的借阅者，任何可能危及他们自我满足的安宁心态的东西都必须加以抑制，而这种心态的保护对他们的安全感是必要的。因为除非他们感到安全，否则他们似乎不会让自己被逗乐。

　　因此，在目前的['或最近的'被划掉]英国人的观念中，这是一个表面上（prima facie）的规则（处于谨慎选择的例外情况之中），英雄的传记永远不应该被允许有情妇出现。在公序良俗的社会中，这样的事情是不能容忍的，至少是不能够公开的；因此，对于一个被模仿的人来说，这些内容是不被允许涉及的。但在里顿·斯特拉奇的布鲁姆斯伯里的规则里，这些内容被认为是值得赞扬的。因此，如果受害者遭到了蔑视，这些内容就不允许出现在传记中。而且，娱乐传记也不能提及它们，因为它们会提醒读者想起一些令人不快的烦恼。"
③ 西德尼·李爵士（Sir Sidney Lee, 1859—1926），英国传记作家和评论家，著名的莎士比亚研究专家，英国《国家传记辞典》中的莎士比亚词条即由他编写。——译者注
④ 《传记学原理》（The Principles of Biography，Cambridge, 1911），第 27 页。——作者原注 [柯林武德在他的《历史编纂学笔记》的一段中记录了对这本书的一些批判性评论（参见本卷中这一手稿的最后一个脚注）。]

为了它们的八卦价值;它们必须唤起情感,而不是赢得赞同。为了唤起情感,从"可靠"来源中挑选的现成陈述非常适合。

随着剪刀加浆糊的历史学名声扫地,传记几乎不可能保持它作为文学形式的古老声望,甚至它今天享有的声望也大打折扣。我对此毫不怀疑,这主要是因为那些阅读它的人错误地认为他们正在阅读历史著作。即使在今天,任何国家的出版商都不会让自己对莫利①的《威廉·格莱斯顿的生平》以及莫尼彭尼和巴克尔的《本杰明·迪斯雷利的一生》②这样的传记负责。也许有人怀疑,是否③有读者曾经仔细阅读过这样的作品,无论是为了寻找其中的娱乐价值,还是为了寻找其中可以模仿的榜样的神奇价值。根据我自己的记忆,当时流行大部头的传记,我相信人们之所以读这些传记,是因为许多闲人把它们相当不足的八卦价值错当成了历史价值。

通过反思传记在当前实践中所呈现的特征,可以明显看到,它的吸引力是一种混合的东西,它的目的也是混乱的。我在此只提一点。作为一条规则,传记的起点④,通常是对传主家庭的叙述。现在,"家庭"

---

① 约翰·莫利(John Morley, 1838—1923),英国自由主义政治家、作家和报纸编辑。著有《卢梭》《威廉·尤尔特·格莱斯顿生平》等多种关于政治学者和政治家的传记。——译者注
② 本杰明·迪斯雷利(Benjamin Disraeli, 1804—1881),英国保守党领袖、三届内阁财政大臣,两度出任英国首相,此外,他还是一名小说家。——译者注
③ 在此之后,直到"它的吸引力",原始的版本被粘贴覆盖了,其内容如下:"即便出于神奇的考虑,出版商也会从一本关于希特勒或墨索里尼的大部头传记中获利。这个疑惑让我想知道,传记是否过去不依赖、现在仍然不依赖于八卦价值作为其主要吸引力,而是依赖于势利价值(snobbery-value)作为其主要吸引力,事实上,阅读它的人自夸他们是历史学的学生。"
④ 在此之后,直到"事实是",原始的版本被粘贴覆盖了,其内容如下:"作为一条规则,会有关于英雄家庭的一些叙述。现在,'家庭'这个词可能意味着各种各样的事物。它可能意味着血统,在这种情况下,这一叙述的兴趣将显示出英雄的血管里流淌着什么样的血液。如果这位传记作者想要证明这位英雄是纯正的雅利安人血统,或者从优生学的角度出发具有某些优点或缺点,这可能会引起极大的兴趣。但在日常生活中,它从来没有这层涵义;因为如果有的话,他的八位曾祖父母就会受到同等的重视。但通常我们会发现,传主被认为赋予了男性血脉的家庭属性。其次,家庭可能具有一个文化的涵义,比如拉丁语的 *familia* 一词;这可能意味着孩子成长的家庭,而与血统无关。但这显然不是我们想要的。因为我们实际上被告知,这个孩子'来自一个古老的约克郡家族,从爱德华一世时代就定居在北赖丁区',或者类似的说法。"

这个词可能意味着各种各样的事情。从词源上来说,就如拉丁语的 *familia* 一词,它意味着一家人或家庭圈子。如果这就是现代传记作者所指的意思,他们会在这个标题下描述传主的父亲和母亲、兄弟姐妹以及那些经常来做客的朋友和亲戚,还有年老的保姆和在这里住了二十年的厨子。但这不是我们所要了解的。话又说回来,这个词也可以用在畜养员或优生学家的意义上,作为一个生物学术语,它意味着传主的血统可以追溯到他的六十四辈伟大先祖身上,作为一代又一代传下去的证据。如果传记作家希望证明传主是纯粹的雅利安人后裔,或者从优生学的角度来看,始于某些其他优点或缺点,这可能会引起极大的兴趣。但这也不是我们所要了解的。我们所要了解的是,传主"来自一个古老的约克郡家族,从爱德华一世时代以来就定居在北赖丁区"。

事实是,传记作家所公认和讨论的"家庭"这个实体是一个纹章①的实体。在这个意义上,归属于某个"家庭"就意味着被授予配戴某个纹章的权利;而且,关于旧约克郡家族这件事的唯一要点就是作为一个证明(*pièce justificative*)②,向任何怀疑这一点的人,证明这个人有权佩戴纹章。这是传记中普遍存在的混乱现象的一个非常奇怪的证明,关于传主的起源和祖先这个问题通常应被归类为只对纹章学③的学生才重要的问题,尽管几乎没有读者知道它的涵义,也不会在意它是不是真的存在,但它仍然值得被认真地对待,尽管正在被撰写进传记的那个人可能根本没有权利佩戴纹章。今天,证成它的唯一方式就是认其为真(make-believe):如果一个人不是一个圈子的成员——其中每个人都有权佩戴纹章,每个人都认识或愿意认识其他人,那么就没有人会写他的传记,别人的传记也不会有人读。因此,读者会说,"我一直在想他是

---

① 纹章(heraldic)是指一个家庭或家族身份的象征,纹章不单是饰徽,也是宗谱、名誉及功绩的记录,可以说纹章是有效性及合法性的见证者,同时也是历史的见证。——译者注
② 柯林武德在这里错误地写作"pièce justificatif"。
③ 纹章学(heraldry)是西方一门研究纹章的设计与应用的学问。纹章学一词源自"传令官"(古法语:heraut, hiraut),据说在中世纪的马上比武大会中,骑士全身披挂,全靠盾牌上的纹章才分得清谁是谁,大会上的传令官就凭纹章向观众报告骑士的比武情况,渐渐"传令官"成了"纹章专家"的代名词,纹章学一词也就由此衍生。——译者注

不是约克郡家族的一员;约翰叔叔过去常常给我们讲这些有趣的事情"。八卦价值加上虚荣价值,都是骗人的。①

　　毫无疑问,随着那些可怕顽童(*enfants terriles*)②、传记戏剧和传记电影的出现,传记已经衰落,丧失了普遍的声望,这对历史学是有帮助的。我想,现在没有任何人会说不久之前很多人还在说的话:由于没有具体的人物和名称,建立在考古学材料之上的关于古代文明的叙述缺乏真实历史的内涵,因为它不能告诉我们与文明兴衰相关的人的名字,以及他们出生和死亡的具体年代。历史学家在阐明历史学的方法和学会将证据与证词区分开来的同时,也在将他们自己的问题与八卦的问题区分开来,并认识到一个思想的历史与思考它的人的名字无关。

九、总结

　　1. 我们能够确定一种思维方式是否成功的唯一方法,就是亲身实践,并以这个角度找出它对自己的问题所给出的答案是否令人满意。认为任何视角(例如,"哲学家"的视角)都能赋予一个人对他自己没有实际参与的科学之有效性进行判断的权利,这是一种错觉。③ 因此,只有那些掌握了这些方法的人所做出的对历史学方法的反思,才能告诉我们历史学的对象是什么,以及历史学赋予我们的知识是什么(如果有的话)。

　　2. 传统上,历史学家认为历史学提供了关于活动事迹的知识,活动事迹被理解为人类的所作所为。在这个公式的背后是这样一种观念:历史学探究事件的知识,仅当这些事件是体现和表达理性的行动,根据同样的传统观点,这种理性是人类在动物之中所特有的。

---

① 标注的写作日期是1939年2月19日。
② 柯林武德在这里所指的或许是让·谷克多(Jean Cocteau)于1929年出版的《可怕顽童》(*Les Enfants terribles*)这部小说。——译者注
③ 在这之后,如下内容在手稿中被划掉了:"任何提出这种主张的人实际上都是在声称自己处在一个审判官的地位。"

3. 对历史学方法的进一步研究证实了如下事情。说历史学家的结论是看得见或摸得着的证据，就像足迹或特许状一样，这是一种粗鄙的说法。准确地说，证据不是他看到或握在手里的东西，而是当他能够"读"它，它才会对他"说"的东西。可感知的"证据"本质上是语言或一个语言的记号。历史学家必须把证据当作一种语言来对待，然后才能使用它的信息作为推理的起点。

4. 由此可见，历史学家的方法只适用于解决此类问题，即破译他研究的"事实"所表达的思想。因此，如果像某些哲学家所坚持的那样，认为历史学是在物理学家研究的"事件"的意义上来研究事件，那就大错特错了。亚历山大关于"事物的历史性"的论文误解了什么才是构成历史性的对象。

5. 黑格尔曾经说过，"大自然没有历史"，这句话仍然是真确的。许多现代科学将其研究主题放在时间框架之中，但是，按照时间顺序排列的框架并不是历史学。对于历史学而言，使其成为历史的，不是时间框架，而是它所包含的内容的性质：不是事件本身，而是活动事迹，即表达思想的行动。

6. 比较和对勘地层学方法在地质学和考古学中的运用，给出了现代考古学方法的一个例子和一段分析。作为一个年代学家，考古学家与地质学家没有任何区别。但考古学家也是一位历史学家，也就是说，他所论证的事件是他的主人公的思想的事件。他不是单纯地"发现"、分类和记录他论证这些事件的证据，而是发现这些证据向他显示——如果他能"读懂"它们——那些将他们的活动事迹遗留下来的人在思想什么。

7. 所有历史都是思想的历史。这包括情感的历史，仅当这些情感本质上与所讨论的思想有关：不是任何情感都伴随着思想，就此而言，也不是任何思想都伴随着情感。当前对于诸如政治的历史和政治思想的历史的区分是一种错觉。这种错觉基于将"思想"视为"思想家"特有的东西，忘记了当一个政治家在处理政治事务时，他正在思考它们，并在行动中体现自己的思想。

8. 传记不是历史学,因为它们的方法和兴趣是不同的。传记的方法是剪刀加浆糊,它的兴趣是一种"八卦趣味",不是基于对行动中体现的思想的渴望——这是历史工作内含的欲望,而是基于一种同情和恶意的结合,它是一种动物看到另一种动物所做和所经历的景象时所激起的情感。因此,传记作者的目的是通过强调传主生命中的动物性变迁(出生、死亡等),而将他的英雄人物作为动物而不是理性动物来描绘。在剪刀加浆糊的历史学的体制(régime)下,传记可以分享历史学的声望,那些为了消遣而阅读它的人可以自夸是在阅读历史,如今这已不再可能;而且,传记似乎处于一种衰亡的状态。①

---

① 标注的写作日期是 1939 年 2 月 20 日。

第三章 自然与行动

一、历史自然主义

过去有许多执念重重地压着历史思想,今天仍然有许多困惑纠缠着它,这是因为历史学只有到了当代才达到与自然科学在17世纪所达到的程度相当的一种成熟状态。自然科学已经发展了三百年,而在这三百年间,历史思想在不同时代以各种不同的方式处于未成年的状态。

这一未成年状态的一个表现形式,尤其对于18世纪的特征而言,就是人们普遍相信自然科学不仅在历史上比历史学更高级,而且在逻辑上优先于历史学。在此意义上,自然的历史所研究的对象——自然——是历史学所研究的对象——活动事迹——的决定因素。构想为剪刀加浆糊路线的历史研究告诉我们人们做过什么,以及在人类世界中发生了什么。但仅此而已。历史学无法告诉我们为什么是这些事件发生了,而不是其他事件发生了。它只告诉我们事实,而不是关于它们的原因。但是,科学要求"基于原因的知识",如果历史学要成为一门科学,它必须告诉我们事件发生的原因,而现在它只勉强告诉我们发生的事实。假如我们能够以某种方式将历史学与业已存在的自然科学体系联系起来,从而证明迄今为止无法解释的历史事件是已知的存在于自然界的原因的结果,那么历史学将成为一门科学。

我们在此没有必要详述这一学说在18世纪的发展过程中所假定的形式。它们分为两个派别。根据一个思想学派的观点,作为自然科学从属地位的历史学必须通过创造一门新的科学——人的科学——来实现；而且，你不能说"但是，我们已经有了一门关于人的科学，即历史学本身"，以此来破坏这一思想运动，因为在这种背景下，"科学"一词指的是一门像自然科学一样的科学，它是通过归纳路线的观察和实验的方式来构建的，从而将构成人类本性的组成部分制成表格、加以分类，并指出它们在不同种类的人身上的变化方式。然后，当这门科学被建立起来之后，我们就可以第一次解释为什么历史学家所记录下来的那些事件会发生。正如植物学家可以解释为什么将鳞茎植物种在干燥的地方，没有生命的迹象，但当它们种在潮湿的土地上时，就会根据它们的种类开出水仙花或雪莲花，这是因为植物学家知道植物的一般性质和这种性质从一种植物到另一种植物的变化方式。以此类推，人性科学家将能够解释为什么一些人类群落一度在一种安静的原始生活中停滞，而另一些人类聚落却发展出各种各样的文明。人性就是答案：人类的本性和不同种类的人的不同本性。

另一个思想学派回应说："你忘记了水分和土壤这些非常重要的特征。不同种类的人之间的差别不是那么重要，重要的是他们所生活的环境之间的差异。如果你从一个单一种群中挑选出一批人，并把他们分别放到北极冻土地带和太平洋岛屿上，那么你认为他们还能保持同样的人性多久呢？气候和地理对人类活动有一定的制约因素，而在这些不同的地方，人类不能以同样的方式行事。"对于他们来说，即便人性并没有完全从历史事件的原因中消失，人性及其在一种人和另一种人之间的变化也变得不重要了。我们没有必要创造一门新的人性科学；为了使历史学从属于自然科学，我们所要做的就是将我们已经拥有的自然科学（诸如地理学、气象学、植物学等），应用于历史学提供给我们的材料之中，并在人类自然环境中找出历史事件的原因。

这两个思想学派论争的焦点在于，是人的本性还是人的环境为人类的所作所为提供了真正的科学解释。也有试图寻求中庸之道的各种尝试，既参照人的本性或人性的各种变化，又参照人类的环境来解释一些历史事件，或者说到处寻找人类本性因素和人类环境因素的混合因

第三章　自然与行动

果关系。在这里,我们对这些东西不感兴趣,尽管他们在当时制造了大量的噪音,这些噪音仍然在人群中微弱地回荡。他们不知道历史学已经成了一门科学,并幻想历史学仍然处于自然科学的学徒地位,就如历史学在18世纪所处的地位一样。而且,这种无知并不能仅仅通过提醒人们注意他们所忽略的事实来纠正。问题的关键不在于事实,而在于威望。

在过去的三个世纪中,自然科学已经确立了自己的知识权威地位,这是现代欧洲文明的核心事实。他们通过艰苦的斗争赢得了这一地位。他们的代表人物非常清楚地意识到,"获得权力的那些学科必须保持下去",使其成为一种荣耀,即除了自然科学之外,不存在其他任何科学,不存在其他任何真正有组织的知识。由此可见,历史学本身并不能通过使用自己的方法来实现科学的地位。如果历史学提出了一个需要科学解决的问题,就必须在唯一的自然科学中找到解决问题的方法。当人们认为人类本性或人类环境(或者两者的结合)的事实是人类历史事件的原因时,不过是在形而上学问题的伪装外衣下进行的争夺知识统治地位的斗争。

这不是一个有争论余地的问题。只有当历史学还处于剪刀加浆糊的状态,还没有达到科学的地位时,才会出现这种情况。历史自然主义的合理性,或者试图在自然中发现历史事件的原因,在当时是建立在历史的"事实"和自然科学的"事实"之间的假定相似性之上的。对于自然科学家来说,一个自然的"事实"是被观察到的、被记录下来的东西,因此,其他科学家相信观察和记录这些事实的可靠目击者的权威。相应地,这些记录容易受到剪刀加浆糊的处理:它可以被复制到任何对其感兴趣的人的笔记本之中,然后接受进一步的归纳处理,从而确证一个关于其原因的理论。对于剪刀加浆糊的历史学家来说,一个历史的"事实"同样是被观察和记录的东西,然后其他历史学家相信观察和记录它的可靠目击者的权威,并将其融入他们的著作之中。到目前为止,类比的真确性暗示了一个进一步的类比:接下来要做的事就是着手进行归纳调查(历史学家仅仅是从事剪刀加浆糊事业的人,没有资格进行这种研究)来发现它的原因。

随着科学历史学的建立,这种类比就消失了。自然的"事实"与历史的"事实"之间的明显相似的状态被认为纯粹是一种幻觉。历史学家将想要知道的事物描述为"事实",这仍是被允许的,例如,奥勒留改革罗马货币体系这一"事实"。但是,这并不是说如此的"事实"是观察和记录的事情,并接受观察者的权威。首先,奥勒留对货币制度的改革并不是一个可观察的事物,而是奥勒留的头脑中以及受其影响的其他人的头脑中的某种复杂的思想;其次,经济史学家确定它为一个事实,根本不是建立在任何人的权威之上,而是基于对货币证据的分析而论证得出的结论。因此,历史学家已经超越了自然主义的论证假定,在抵达"事实"的过程中证明了他对科学家头衔的要求是正当的,只要他不是一位剪刀加浆糊的历史学家。

我不想捍卫上述声明,以反驳任何批评人士的这种说法,"你似乎对自然科学中使用的方法有一个非常老旧和过时的观念"。我知道,或者更确切地说,我知道我一直在描述一种非常老式的企图,试图将历史学从属于自然科学,其中关于自然科学方法的隐含理论很可能与关于历史学方法的理论一样是错误的。但这就是人们争论的方式:我发现人们为捍卫历史的自然主义的许多言论和著作,至今仍以这种争论为基础。如果它已经过时了,那不是我的错。①

二、人性的科学

让我们分别看看上一节提到的两个思想流派。第一个是"人性"学派,它建议成立一门新的关于人的科学:一门自然主义的科学,基于观察和实验,并通过归纳思维的方式来运行。

重要的是,我们应该准确地看到这个建议是什么。这并不是它的名字所暗示的东西。在观察和实验基础上,已经存在不止一门关于人

---

① 标注的写作日期是 1939 年 2 月 19 日。

第三章 自然与行动

的归纳科学:人体解剖学、人体生理学,以及自16世纪以来以心理学的名义发展起来的关于人的本能、感觉和情感的科学。新的人性科学并不意在联合或兼并这些既定学科的领域,这些学科的未来发展将乐于交给它们自己的专家去实现。新的人性科学旨在覆盖一个完全不同的领域。

我们已经知道这是历史事实的领域,因为新科学的主要目的是为这些事实提供科学的评论。我们也已经知道,这些事实长期以来一直被确定为活动事迹,即体现思想的行动。因此,新的人性科学被设想为一门人类思想的科学,或者是人性的理性部分的科学。

早在两千年前,人类就已经有了关于人类思想的科学,即逻辑学和伦理学,现在又增添了18世纪的美学和经济学。但是,这些学科在方法上没有一门学科类似于自然科学,而提出一门新的人性科学的建议是一项精心策划的尝试的一部分,目的是要主张,就"事实问题"而言,自然科学的方法是唯一有效的方法。因此,他们提议,用一门覆盖同一领域但使用自然主义方法的科学,取代逻辑学和伦理学,以及取代它们的新同类——经济学和美学。自然科学与它将要取代的科学有何不同呢?

答案很简单:由于忽视成功与失败之间的区别而造成的差别。我们对自然科学的理解及其与人文科学的区别是在这一观念的阴影下形成的,即自然是上帝的作品,而上帝的工作与人类的工作不同,这是因为人类容易犯错,而上帝是不会犯错的。人类的行动很少是其应有的样子,每当我们想到这些行动时,我们必须在心中牢记人类会犯错这一点。它看起来像是一艘船,但不会漂浮。这证明了什么?这能证明它根本不是一艘船,而是别的什么东西吗?答案是否定的。它所证明的是,它努力成为一艘船,但却没有成功。它看起来像是一种论证,但它没有证明任何东西。然后呢?它是一种论证的尝试,但却没有成功。因此,所有的人文科学都区分了事物的应然和实然,旨在区分两者相一致的情况(成功)与两者不一致的情况(失败)。但是,根据自然科学的假设——这是在16、17世纪有意识地制定出来和明确地加以说明,之后被认为是理所当然的假设,这种情况在自然界中是不可区分的,因为自然界是上帝的杰作，不包含任何失败；因为上帝是无所不能的，"自然法则"不承认有任何例外。所以，如果你发现了一个你所认为的自然法则的例外，那只能证明没有这样的自然法则。

而且，再说一遍，这样说是没有用处的，"作为一种科学方法的解释，这一切都已经非常过时了"，因为它在18世纪并没有过时，而我所讨论的正是这个时代。确实，第一次打击是由"启明派教徒"反抗基督教神学所引起的，但当时没有人会承认这一点。同样地，在19世纪，在"宗教与科学之争"中站在"科学"一边的人们竭力抗议说，他们只是攻击基督教的"教条"，而不是攻击基督教的"伦理"；尽管事实上来说，争论的双方是生死与共的。

此外，在18世纪，人们相信"自然法则"的普遍性和不可侵犯性，也不可能将自然的成功与失败区分开来，即使他们已经与这些信念所依靠的神学决裂了。因此，自然科学与人文科学之间的方法论差异可归结为：人文科学区分成功与失败，并试图说明用于决定成败与否的方式，而在自然科学中根本找不到这样的方法，因为这一区分所依据的原则并没有出现。

将成功与失败区分开来的方式，我们称之为准则或规范。我将一门研究标准的科学称为规范性的（criteriological）。逻辑学和伦理学一直都是规范性的科学，研究人们如何在各自的理论和实践领域区分成功与失败。美学和经济学从一开始就具有相同的特征。因此，很明显，如果这些科学被一门人类理性的自然科学所取代，那么这门新科学的主要新奇之处就在于它将抛弃规范学（criteriology）。事实上，这就是它所做的，也是从那以后，"心理学"接管了它的资产，并利用这些资产进行交易。①

我无意对现代心理学表示任何不敬，只要它非常成功地继承和发展了旧心理学的工作。作为这个名称的合法拥有者，它最初的目的是

---

① 在此之后，直到以"逻辑学将命题划分为"开头的段落，很长篇幅的内容在手稿中被划掉了，基于这些内容的价值，尽管有一些重复，我们将其整合到了正文中。

第三章　自然与行动

将其领域确定为人类本性或活动的"心理"部分,一方面与人类"身体"的结构和活动区分开来,另一方面与人类的"理性"活动区分开来。我只是对这一致命错误感到遗憾,因为在试图证明自然科学是唯一可以存在的科学的过程中,旧的心理学错误地兼并了一个不属于自己的领域,它的方法不能够使它管理这个领域,而且到今天为止,除了把自己暴露于嘲笑和蔑视之外它什么也没做过。① 研究思想而不考虑人们有时是真实地思想,有时是错误地思想;研究行动而不考虑人们有时是明智地、有效地或光荣地行事,有时是以与之相反的方式行事。这根本不是在研究思想或行动,而按照这些原则进行的研究可以发现它想要阐明的主题的任何情况②。

　　出于同样的原因,试图在人类不同族群之间的生物差异中寻找各种理性活动的原因,同样是徒劳无益的。在我们这个时代,我们已经看到这个18世纪的幻象从坟墓里爬了出来,变成了吸血鬼的模样,向外潜行,不仅在一个国家,而且到目前为止也在另一个被第一个国家统治的国家里蔓延。③ 因为世界上没有人认为,哪怕是最坚定和最高薪的诡辩家能为这种幻觉提供充分的理由,这些人眼中将会消亡的科学就被禁止了。

　　对规范的引用并不是偶然发生在理性身上的事情,也不是理性研究——即使是在理性研究的一小部分工作中——可以忽视的。理论理性只有在追求真理和避免错误的前提下才有效;它是对真理的追求和对错误的避免,仅此而已。实践理性并不是偶尔做正确的事和避免做

---

① 我不打算在这里重复或补充"现代心理学"破产的证据,我已经在《形而上学导论》(Introduction to Metaphysics)的一章中讨论过这个问题。——作者原注[柯林武德在这里所指的是他的《形而上学论》(Essay on Metaphysics,第101—132页)第9—12章的内容,其中对心理学进行了批判。他在往返于荷属东印度群岛的旅途中从事这项工作,同时也在撰写《史学原理》。《形而上学导论》显然是初稿时定下的标题。]
② 柯林武德最初写的是"任何情况都没有"(nothing),我们推测"任何情况"(anything)是表示讽刺。
③ 柯林武德在这里指的是德国和意大利的法西斯政权,他是这两个国家的坚定反对者。另见他的《自传》的最后一章。

错误的事,而是努力做正确的事,避免做错误的事。写诗本质上是想要写一首好诗。交易本质上是为了达成一笔好买卖。研究这些活动或其中的任何一部分而忽略规范问题的建议,是用其他消磨时间的方式来代替对它们的研究,或许跟时髦的迷信更为可谐一致,但根本不利于知识的进步。它不需要批评,而是需要别的东西。①

86　　逻辑学将命题划分为真与假,并推断为有效和无效;进一步对这些主要类别进行细分,以便说明一个论证的确切特征是什么,例如,如果一个人理解论证,这些特征会引导他说,"这个论证是完美的"或"这个论证是不可靠的"。关于人类思想的自然主义科学或"心理"科学忽略了这些差异,而关注其他差异,例如,不同类型的人或同一类型的人在不同条件下所相信的命题或所形成的论证之间的差异。逻辑学家会说,"这个论证有缺陷,我来告诉你为什么",心理学家则会说,"这个论证符合一名中年中产阶级英国人的特征,我来告诉你为什么"。

　　伦理学把行动分为对与错、善与恶,并试图确定这些术语的含义,以及我们在应用这些术语时应遵循的规范,无论是作为行动者试图履行我们的责任并希望弄清楚其含义是什么,还是作为旁观者自问这个或那个行动者是否已经成功地履行了他的职责。自然主义的行为科学不会对所有这一切做出任何说明,而是会根据其他的原则来划分行动,比如,在一个统计学的调查中发现最常做出这些行为的各种人之间的差异。

　　美学将艺术作品分为好与坏,并且只关心观众对艺术作品的态度,只要这种态度是或包括对它们优点的正确或不正确的"判断"。一个自称覆盖同一领域的自然主义的科学将以完全不同的方式对待它,研究艺术作品时,不管它们是好的作品还是坏的作品;研究观众对它们的态度时,不顾他们对艺术作品好与坏的判断是正确的还是不正确的,或者事实上不包含任何这样的判断。例如,它可能仅仅是一种情感上的反应,甚至仅仅是一种身体上的反应。

---

① 标注的写作日期是 1939 年 2 月 19 日。

第三章 自然与行动

关于这些自然主义科学旨在服务的目的,有一个至关重要的问题。它包括三个选项。

(1)它们是否打算取代传统的规范科学?也就是说,它们是否打算夺走传统的规范科学手中的事务,并且做得更好?

(2)难道他们不是打算做这件事,而是想做另一件事?

(2a)这是因为人们认为旧的规范科学的事务完全是由那些自称从事这项工作的科学正当地进行的,并且可以安全地留在它们的手中吗?(2b)这是因为人们认为旧的规范科学所提出的问题是没有用的?因为经验表明,他们所提出的问题从来没有得到任何答案,而且,如果我们想要拥有任何人类思想的科学,那一定是提出不同种类问题的科学。

让我们来考察这些选项。

(1)人类思想的自然主义科学最初旨在取代旧的规范科学。这项提案是以革命精神明确提出的。这一想法是要扫除一组伪心灵科学,并用真正的和最新的心灵科学取而代之,这场革命效仿新的自然科学取代中世纪的伪自然科学的模式。

这种观点在今天仍然被广泛采用,但它经不起检验。正如我所指出的那样,旧的心理科学的问题并没有被新的心理科学所接管,也不会采用最新的方式来处理。它们被抛弃在一边。

(2a)这可能是因为解决这些问题的任务留在那些自称一直从事这项工作的人手中,但是,我认为几乎没有人会声称实际情况就是如此。"心理学家"对待逻辑学和伦理学的态度,并不是对一门不同但密切相关和声誉良好的科学的尊重,而是一种公然的蔑视。所以,我们转向(2b),再一次来说,这并不是"心理学家"的工作真正蕴含的答案。因为这些人不仅以科学家的身份习惯性地在他们自己的工作中将真实和虚假的陈述、完美的和不可靠的论证区分开来,例如,他们经常指责对立的心理学家所提出的观点是不正确的或混乱的。而且,他们相信,正如任何科学家都必须相信的那样,他们有标准来区分完美的论证和不可靠的论证,并像其他科学家一样,公开地呼吁这样的标准,说某个对立的心理学家的某种观点一定是不合理的,"因为……"如果他们诉诸标准,他们认为这些标准的性质是可以调查的,而且他们确实已经进行过调查。他们在诉诸标准所做的事情是由调查的结果所保证的。

因此,我们的问题无法得到答案。所有三个选项明确或隐含地断言的东西都明确或隐含地被否定。通过质问,我们所发现的只是一种无望的思想混乱,隐藏在恃强凌弱者所特有的那种"我赢定了"(heads-I-win-tails-you-lose)的态度之下,他自称诉诸论证,实际上则诉诸自己的大棒。自然科学在18世纪出现的原初形势和"心理学"在今天所处的地位,本质上都是大棒:自然主义方法的威望,伴随着建立在自16世纪末以来取得的成就之上的良好声誉,被用来强制执行过分的主张,现在来攻击日益成长但还不成熟的历史科学,攻击古老的逻辑学和伦理学(古老的,不幸需要彻底检修和调整)。它们以同样的威望禁止人们对其进行调查,不仅禁止人们调查它们的论证是否正当,而且禁止人们调查它们究竟是什么。

对于任何不喜欢屈服于大棒理论的人来说,重要的是要记住,规范的问题不仅是任何人类思想的科学的合法对象,而且是任何这类科学的根本问题。对规范的引用并不是偶然发生在理性身上的事情,也不是理性研究——即使是在理性研究的一小部分工作中——可以忽视的。理论理性只有在追求真理和避免错误的前提下才有效;它是对真理的追求和对错误的避免,仅此而已。实践理性并不是偶尔做正确的事和避免做错误的事,而是努力做正确的事,避免做错误的事。写诗本质上是想要写一首好诗。交易本质上是为了达成一笔好买卖。研究这些活动或其中的任何一部分而忽略规范问题的建议,无论这个问题被忽略的原因是什么,都是用其他消磨时间的方式来代替对人类思想的研究,或许跟一个群体的社会习俗或时髦的迷信更为和谐一致,这个群体可能是一个强大的群体,可能以体面的手段获得了权力,但这根本不利于知识的进步。

这样一个基于威望而非论证的提议,无法受到批评的影响。它需要别的东西。

三、拉格多的心理学

"他们中间有一个哲学家教派"(我引用了菲利普·格列佛①的话,他的手稿记录了他沿着祖父莱缪尔的足迹航行的经过,这些手稿是在非常奇怪的情况下传到我手上的,我现在还不能随意透露),"他们拥有测量和衡量一切存在的东西的权力,除了通过这些手段所知道的东西之外,什么也不能知道。现在这个岛上的许多人都沉迷于音乐,这对这些哲学家来说是一个很大的烦恼,因为作为进入他们教派的一个条件,他们被迫接受一种使他们完全失聪的手术,使得他们既不能听到音乐,也不能理解那些谈论它的人在说什么,即使他们用聋哑人字母表进行交谈,只有这个教派的成员才能够互相交谈"。

"但是,他们令人钦佩的良好判断力使他们从如此令人震惊的命运中解脱出来,承认这是一件他们不理解的事情,并设计出一种比任何人都能更好理解它的方法。他们带着音乐家,让他们坐在特定的宝座上,宝座上方有一个脚手架,上面放着许多卡尺和卷尺,宝座的下方放着称重机。然后,他们让其他人演奏音乐。

"当这一切发生的时候,他们极其准确地记录了那些坐在宝座上的人身体各部位的大小、形状、位置或重量的每一个变化,并在他们的《会刊》(Transactions)上发表所有这些事项,连同他们得出的结论。尽管他们的音乐科学还处于起步阶段,只有大约 70 年的历史,而且宝座上的所有最新改进工作也不超过 23 年,但他们都希望能够及时完善它,并自豪地指出,他们已经完成了许多非常细致的工作,例如某位索多穆特(Sordomute)的论文,发表在他们的许多期刊上,其中一篇题为'骗子律师对《三只瞎老鼠》的反应',《三只瞎老鼠》这首音乐作品在他们的国家广受赞赏。

"我亲自读了这篇论文,从中发现了许多奇怪的结论。我了解到,

---

① 在这里,柯林武德化用了《格列佛游记》中的故事,以此来批判和讽刺心理学。——译者注

我以前从来不知道,从哲学的定义上来说,骗子律师是骗商(F.Q.)超过50%的人。作者令人满意地证明了,骗商在50%至70%之间的人,主要反应是用脚击鼓,而骗商在90%至100%之间的人,主要反应是生殖器官的尺寸和重量明显增加。在我看来,这篇论文在以一种真正哲学的方式来决定音乐在什么方面取得了一些进展。因此,我说服一位我认识的音乐家来读这篇论文,他看完之后说道,'这里根本没有关于音乐的东西'。

"'你知道的,'音乐家继续说,'音乐是由某些声音组成的,音长有长有短,音量有大有小,音调有高有低,等等。一个人创造或演奏音乐时,他试图要做的事就是把各种不同的声音按照一定的方式组织起来,使音长、音量、音调以及其他方面之间保持恰当的关系,避免不恰当的关系。当一个人听音乐时(如果他知道有关这件事的任何情况,恕我冒昧地说,即使是最具有欺诈性的律师也未必总是知道这件事),他试图要做的事就是运用他必须做出的判断,来解决这些关系是否得到了恰当或不恰当的组织。任何人都知道,正如你和我所知,这就是音乐事业中的一切,他自己能够明白,如果要阅读关于音乐的书籍,最好读那些讨论正确组织音长、音量和音调之间关系的论著(不管这些书籍在其他方面多么差),而不是去读那些没有讨论这些内容的书籍(不管这些书籍在其他方面多么好)。'

"'至于这位索多穆特,'他稍微提高了一些音量,继续说道,'我认为他自己比坐在他那低能发动机上的任何律师都更具有欺诈性,如果照我的意思,他会被人们拖在马车后面鞭笞出城,因为他用虚假的借口骗取钱财,而他的俸金会交给一位老实人,这位老实人设计了一台机器,用于永久运转或从母猪耳朵里制造丝绸钱包;或者交给一个穷困的作者,他的论文说明了地球是平的。'

"当我第二天早上走到他的学院时,我用聋哑人字母表向那位借给我论文的非常杰出的哲学家重复了这个观点。他说:'这正是我对一位音乐家的期望。任何其他类型的人都会知道地球不是平的。但我要告诉你,我能够对教育当局施压,让他们通过一项法律强制所有儿童在入学前接受我们在申请加入我们教派时所经历的同样手术,以便及时消除这种阻碍真正的音乐科学发展的态度。这件事很紧急,因为除非在这一点上证明我们的观点是正确的,否则我们整个哲学体系的基础将会……'说到这里,他跟跟跄跄撞上了另一个行人,跌倒在马车下面,没有意识到后面有一辆马车向他驶来。而且,令人扫兴的是,他死了。"①

四、自然作为环境

18世纪的第二个思想流派认为,如果历史学本身不能直接发光,就用一种反射的科学之光来照亮它。要在人类历史事件的自然条件中,为记录下来的事件寻找解释。

这是一项比我们刚刚考察的方案要体面得多的事业。为了解释人类历史事件的原因而诉诸"人性科学"的观念,即使到目前为止,它只不过是一个空洞的计划,一个只会在那些假装执行它的人中间引起纷争的计划,也总是会面临双重的反对意见:使用基于自然与心灵二分的自然主义方法,违背了在它们各自领域使用它们各自的方法才是合理的章程;即便它完全成功,也只会导致一个无聊的、同义反复的结论,即某个人做了某件事,因为他是那种做这类事的人。"人性"只是关于人们做了他们所做的事情的一个伪科学名称。不可否认,回答"他们做了什么?"这个问题的是历史学家,而不是人性科学家。

在专注于人类环境的过程中,自然科学家至少没有因为打破了自己研究领域的基本规则而丧失受人尊敬的称号。其基本原则是,他的方法适用于自然,这就是他应用它们的方式。此外,他不像人性科学家那样,全力以赴去建立一个论证,即使让这个论证完全展开,也不过是绕一个圈子而已。如果不同文明之间的差异可以通过参照它们在地理、气候和植物环境的差异来解释,那么它们也可以通过参照自身之外

---

① 标注的写作日期是1939年2月20日。

的其他事物来解释。因此,这一论证在形式上是有效的。至少它看起来是这样。但它是真的吗?在我们更仔细地研究这个问题之前,说"是"或"不是"都是轻率的。

这种形式的历史自然主义所需要的第一个条件似乎是这样的,环境对文明的影响从来都不是直接的或立刻的。在自然科学研究中,气候等因素可以通过许多方式直接和立即影响身处其中的人类。因此,强烈的阳光使人肤色加深。但这是自然对自然的影响:物理环境对人的生理有机体产生物理影响。既然所有的历史都是思想的历史,历史学家并不关心人的生理有机体,正如他不关心人这个有机体的物理环境一样。对人以及各种各样的人类物种的解剖学和生理学描述,都是生物人类学,而不是历史学。除了作为自然科学的宣传文件之外,关于"人种"的书籍没有任何历史价值,与其说是为了占领历史的领域,还不如说是通过分散公众对历史学的注意力来阻碍历史思想的发展。并非人类的物理有机体,而是人类如何利用它来表达自己的思想,才是历史学家的关注点。

再说,我不怀疑物理环境中人类有机体产生的纯粹的生理作用,伴随而来的是他的情感和欲望的相应作用。尽管说这是一个很难获得信息的研究主题,因为关于它的东西大多都是由那些不理解情感与思想之间的差别的人所写的,或是有意无意地尽力去掩盖这种差别的人所写的。因此,我将举一个假设的例子。假如有两个人类物种,其中一个人种的性成熟,连同其伴随的所有情感,早于另一个人种,并且,这可以从生理上解释为受到气候等自然环境的影响。即便如此,这种早期的性发育本身并不比皮肤色素沉积更具有历史价值。历史学家感兴趣的不是性欲本身,而是人类对性欲的看法,例如,在他们的婚姻习俗中所表达的思想。

正是在这一点上,我们必须批判自然环境对文明产生"影响"这一再熟悉不过的老生常谈。这不是自然本身或在自然中(自然意味着自然环境)将人类的精力从一个方向转移到另一个方向,而是人类通过自己的进取心、心灵手巧、聪明才智或因缺乏这些东西来塑造自然。19

第三章　自然与行动

世纪的诗人所描述的"深不可测的、苦咸的和令人疏远的大海",与 18 世纪的某种奴性观念相呼应,只会疏远那些没有学会在海上航行的人。当他们发明了航海技术,并成为相当熟练的水手,大海就不再疏远,而是与人类联合在一起。它不再是一个障碍,而是变成了一条高速公路。毫无疑问,它充满了危险。但是,内燃机并不是第一个让陆地旅行成为危险事情的东西。旅行总是有危险,但人们乐此不疲。当一个人认为——谁不曾这样认为呢?——他想要得到的东西正在路的另一端等着他,他不会把安全放在首位而闭门不出。即使他这样做了,那也是他对危险的思考——而不是危险本身——让他闭门不出。

因此,试图从一个文明的环境的自然特征中产生一个文明的历史特征的尝试,终究是一种无生源说(generatio aequivoca)①:因为那些决定文明特征的环境特征并不是环境本身所具有的特征,而是由那些决定其行动的人所赋予的特征。海洋的适航性,这是航海技术的另一个名称;土地的肥沃性,这是农业技术的另一个名称;山脉的贯穿性,这是探险技术的另一个名称;诸如此类;或者它们的对立面,它们都是缺乏这些技术的名称,或者更常见地是对它们的缺点的称呼。

然而,当这一条件被确定之后,我们所拥有的自然主义只是被限定了,而不是被废除了。自然主义没有遭受任何致命的伤害。尽管现在人们不再把适航性和肥沃性看作是人类的理性活动之外,在不同程度上直接为海洋和陆地所固有的性质,而认为它们是陆地和海洋与这种理性活动相互作用的结果,但自然本身实际上仍然是这两个相互作用的条件之一。这些事物的物理构成就是其所构成的东西,贯穿于人类在其上所进行活动的一切变化之中的东西。这就是它的本质,它对人类提出了永久不变的要求。虽然它对文明的影响从来不像 18 世纪所设想的那样是直接的,而是通过人类应对自然的进取心和技巧来调节的,但这只会把历史自然主义推回到另一个更强大的地位。因为在这种调节的背后,我们发现自然是实存的和不可撤销的,自然本身决定着

① 这是一种关于生命起源的古老学说,认为生命起源于非生命物质。——译者注

历史事件。

　　这听起来有些道理。但是,再仔细想想,我们就会发现,如果我们认真对待我们关于历史学已经说过的话,那么这个立场就不太可能完全没有限定条件。人们已经认为,历史学与活动事迹有关,与体现或表达人类思想的人类行动有关。由此可知,历史学家不能认识历史中的"因素",而只能认识人类思想中的"因素"。我并不否认"作为实存的或不可撤销的自然"或"自然本身"这个短语可能有意义。我甚至不否认自然科学家所拥有的自然知识,就如自然是实存的和不可撤销的那样,是一种对自然本身的知识。它可能是真的,也可能不是真的,但为了当前论证的目的,我们可以假定它是真实的。我所要否认的是,历史学家可能发现这些名称所指的东西是影响历史进程的一个因素。

　　一个不涉及"自然"的例子可能有助于解释这一点。人类事务,其中一些或全部,有时被认为是通过"蛮力"来解决的。大国的军队入侵了小国的领土,一场决定性的战斗打响了,小国的军队被彻底击败,或者说局势是这样的,任何有一点战争知识的人都必须确信,①如果战斗发生了,这就将是战争的结果。侵略者宣布要吞并敌人,而小国的政治家们"只能屈服于蛮力"。这么说当然是有道理的,这是一种表达真相的可理解的方式,但它必须被明智地解读。一个不明智的读者可能会认为,这是为了指出它们自身的硬事实(hard facts)与某人对它们的单

---

① 在此之后,直到"战争继续下去",文本被粘贴上原始的版本,其内容如下:"如果战斗发生了,这就将是战争的结果。侵略者宣布要毁灭敌人,而小国的政治家们除了'屈服于蛮力'之外,什么也做不了。这么说当然是有道理的,这是一种表达真相的可理解的方式,但这并不完全是一个草率的解读者可能会想到的。一个草率的解读者可能会认为,这是为了指出它们自身的硬事实与某人对它们的单纯看法之间的反差。但事实并非如此。导致这些政治家屈服的原因不是'实存的和不可撤销的'局势——局势'本身'。因为如果局势确实就是这样,而他们不知道实情,相信局势有其他例外的情况(例如,他们相信强大的盟友受到条约的约束,为了履行承诺,就会在这样的意外局势中保卫他们),那么他们就不会屈服。那么,让他们屈服的原因不是局势事实上是什么,而是他们关于局势事实上是什么的认识。如果他们相信局势就是这样,尽管事实上并非如此,那么他们也会以完全相同的方式行事(例如,他们不知道侵略者的军队由于发生兵变或弹药供应不足而变成无用的军队,或者说,他们不知道他们国家的人民将要发动革命……)。"

第三章　自然与行动

纯看法之间的反差。事实并非如此。导致这些政治家屈服的原因不是"实存的和不可消除的"局势——局势"本身"。因为如果局势确实就是这样,他们就会相信没有任何例外的局势。例如,如果他们错误地认为某些强大的盟友受到条约的约束,为了履行承诺,就会在这样的意外局势中保卫他们,那么他们就不会屈服。因此,让他们屈服的原因不是局势"本身",而是他们对于局势的认知。

如果他们相信局势就是这样,尽管事实上并非如此,那么他们也会以完全相同的方式行事。例如,他们不知道侵略者的军队由于发生兵变或弹药供应不足而变成无用的军队,或者说,他们不知道战争继续下去,侵略国的人民将要发动革命。我们必须再次对其进行限定,并且将"知道局势就是这样"解读为"相信局势实际上是他们所认为的那样"。在这里,我们终于回到历史学家所理解的硬事实上来了。在历史学家的口中,"硬事实"一词指的是某些人在某些场合如何思考的事实。如果我们现在回到最初的假设,并询问某些军队被彻底打败的决定性战斗意味着什么,我们将再次看到,我们正在假设自己要面对的是同一种类的硬事实。一支被击败的军队是一支认为继续战斗也无济于事的军队。引用原始事实(brute facts)是指这样一种信念,即某些人既有意愿又有能力造成一种局势,在这种局势下,其他人会认为,"我们试图阻止他们按照他们的意愿对待我们是没有用的"。

有了上述这个例子,让我们回到自然的情况。我想要辩护的论点是,没有一位历史学家能够在影响历史进程的因素中找到"实存的和不可撤销的自然"或"自然本身"。影响历史进程的不是自然本身,而是人类对自然的信念,无论是真是假,都是正在讨论的人类行动的问题所要关心的。不是日蚀,而是他相信有日蚀的日子是不吉利的,这对尼西亚斯①围攻叙拉古造成了灾难性的影响。不是伤寒病在那里流行,

---

① 尼西亚斯(Nicias,前470—前413),雅典政治家和将军。在叙拉古包围战中,8月27日发生了月蚀,迷信的尼西亚斯听从预言者的意见推迟出发,后来被叙拉古军队全线击溃而投降,尼西亚斯被俘处死。——译者注

而是我们相信它是如此,再加上我们对某种预防方法的信念,影响着我们为准备在那里作战的军队接种疫苗。那些与航海、灌溉和探险技术相互作用而使得海洋可以航行、土地变得肥沃、森林或山脉可以穿越的因素,并不是实存的和不可撤销的海洋、土地、森林和山川的自然,而是我们所探究的文明中的人们所关心的关于各种不同自然的信念。而且,它与这些信念的真假无关。

在爪哇岛,这个我正在此写作的地方,农业意味着在灌溉的稻田种植水稻。在爪哇农业的许多特征中,让每一个欧洲游客都感到惊讶的是,稻田不需要施肥,而且是由妇女来插稻秧。欧洲人会说,这些特征的第一个特征是基于真实的信念,印尼的稻田不需要施肥。这是真实的,因为灌溉用水从山区肥沃的火山土壤中带来源源不断的淤泥;第二个特征是基于一种错误的信念,即男人种植的水稻不会产谷;这是错误的,因为植物生长的方式不受种植者性别的影响。

确实是这样。让我们承认爪哇的稻田种植是基于对自然的信念,而这些信念的一部分只不过是迷信。然而,这就是他们行事的方式,而且非常成功。进一步来说,它的迷信特征也不例外。我至少一开始并不了解农民,正如我对水手的了解不深一样,不管他们的文明程度如何,他们在农业和航海方面的方法丝毫没有表现出所谓的迷信色彩。而且,有证据表明,欧洲最早的农民和水手并不比今天的人更迷信。由此可见,他们开发并发展得非常成功的农业和航海的方法,并不是他们自己设计和构思出来的,用来应对我们今天(毫无疑问正确地)认为自己正在应对的那种自然环境的方法——这种自然过程的发展依据客观不变的法则——而是用来应对居住着神灵和恶魔(或者我们应该说由神灵和恶魔组成?)的自然的方法,通过我们称之为迷信的手段,一定要提倡他们的善举,制止或抵制他们的恶行。

无论在历史的哪个阶段,当我们说一个人正在应对自然时,他认为自己所应对的自然永远都不是自然本身,而是他在那个历史阶段上所构想的自然。所有的历史都是思想的历史:无论历史上在什么地方出现过被称为自然的东西,要么这个名字本身不代表自然,而是代表人类对自然的思考，要么历史学忘记了自己已经发展成熟，又回到它效法自然科学的旧时代。①

五、自由②

随着历史自然主义的消失，我们得出的结论是，人类赖以建造他自己的不断变化的历史世界的活动是一种自由的活动。除了这个自由的活动之外，没有任何力量可以控制它——或改变它，或强迫它——以这种或那种方式行事，以建立这一种世界而非那一种世界。

这并不意味着一个人可以自由地做他所想做的事。所有人在他们生命中的某些时刻，都可以自由地做他们想做的事，例如：饿了就吃，或累了就睡。但这与我提到的自由无关。吃和睡是动物的活动，是在动物欲求的强迫下进行的。历史学并不涉及动物欲求及其满足或沮丧。对于一位历史学家来说，穷人家里没有食物无关紧要，尽管作为一个对他的同胞有情感的人，他可能也必须关心这件事。虽然作为一名历史学家，他可能非常关心有些人设法促成事态的变化，以便使自己富有而使从他们那里领取工资的人变得贫穷。他也同样关心穷人可能会做出的行动，这不是他的孩子无法吃饱饭这一事实所导致的，不是腹内空虚和四肢枯槁这一生理上的事实所导致的，而是他对这一事实的思想所导致的。

这也并非意味着一个人可以自由地做他所选择的事情：在历史学本身的领域内，与动物的欲求不同，人们可以自由地计划他们认为合适的行动，并执行他们的计划，每个人都做他所计划去做的事，而且每个人都要为其后果承担全部的责任，每个人都是他自己灵魂的舵手，等

---

① 标注的写作日期是1939年2月20日。
② 本节内容曾以"历史和自由"为题编入《历史的观念》（第315—320页），但其文字不同于原初手稿的版本。

等。没有什么比这更虚假的了。亨利①的诗只不过是说出了一个生病的孩子的幻想:他发现只要他相信自己已经得到了月亮,便能使自己不再哭着要月亮了。一个健康的人知道他面前是一片虚空的空间,他准备用一些活动来填充,因而他现在开始制定计划,当他步入其中时,它将远不是虚空的了。那里面挤满了人,他们都在追求自己的活动。甚至现在,虚空的空间也不像它看起来那么虚空。它充满了各种活动的饱和溶液,正处于开始结晶的临界点。除非他能够设计出适合其他人活动的空间,否则他自己也将没有活动的空间。

历史学家必须予以研究的那种理性活动,从来没有摆脱过强迫,即必须面对自己局势中的各种事实的强迫。越是理性的活动,就越发完全地承受这种强迫。要成为理性的,就是要去思想,对于一个想要采取行动的人来说,他要加以思考的最重要的事情就是他所处的局势。对于这种局势,他根本没有自由可言。这就是实际情况,无论是他还是其他任何人都无法改变这一点。因为尽管局势完全是由思想(他自己的和别人的思想)组成,但不能通过他自己或任何其他人单方面的心灵的改变而改变。如果他们的心灵确实发生了改变,这只不过意味着随着时间的推移,已经出现了一种新的局势。对于一个即将采取行动的人来说,这种局势就是他的主人、他的神谕、他的上帝。他的行动是否成功,乃取决于他是否正确地掌握了这种局势。如果他是一个聪明人,在他请教他的神谕之前,他必须竭尽所能地找出这种局势是什么,他才能做出最缜密的计划。反之,如果他忽略了这种局势,局势却不会忽视他。局势可不是那样的神明,会任由侮辱而不施以惩罚。

历史中的自由在于这样一个事实:人类理性活动上的这种强迫,并不是来自其他任何东西,而是出于人类的理性自身。这种局势——它的主人、神谕和上帝——是理性自身创造出来的一种局势。当我这么说的时候,我并不是说一个人发现自己身处其中的局势,其存在只是因

---

① 威廉·恩斯特·亨利(William Ernest Henley, 1849—1903),维多利亚时代的英国诗人。——译者注

第三章 自然与行动

为其他人通过理性的活动已经创造了它,而这种活动与他们的继任者发现自己身处其中并在其中依照他自己的想法而行动的理性活动没有什么不同。我也并不是说,因为理性永远是人类的理性,不管它在其身上发生作用的那个人的名字是什么,历史学家就可以忽略个人之间的差异,并说人类理性已经创造了它身处其中的那种局势。我所指的是与其截然不同的东西。所有的历史都是思想的历史;当历史学家说一个人处于某种局势之中时,这就等于说,他认为他是处于这种局势之中。这种局势的硬事实——对他来说非常重要而不得不面对——他在设想这种局势的方式上的硬事实。

如果一个人难以越过一座山的原因,是因为他害怕山中有鬼,那么历史学家要跨过若干个世纪的鸿沟而向这位古人说,"这纯粹是迷信。根本就不会有鬼。面对事实就会知道,山中并没有危险,除了岩石、溪涧和积雪,或许还有狼,又或许有坏人,但绝不会有鬼",这便是愚蠢的事情。历史学家说,这些都是事实,因为这就是他被教导的思想的方式。但是,怕鬼的人会说,有鬼存在也是一个事实,因为这是他被教导的那种思想方式。历史学家认为这是错误的思考方式,但是,错误的思考方式就像正确的思考方式一样都是历史事实,而且都决定着持有这种思想方式的人所处的局势(正如我们所知道的,它总是一种思想的局势)。这一事实的坚固性在于,人没有能力以别的方式去思想他的局势。山上有鬼对于想要翻山的人所起的强迫作用,就在于他无法不相信有鬼这一事实。毫无疑问,这纯粹是迷信,但这个迷信是一个事实,而且是我们所考虑的这一局势中的关键事实。当他试图翻越高山时,他所遭受的痛苦,并不只是因为教导他相信有鬼存在的祖先们的罪过(如果那是一种罪过的话);他正在受苦是因为他已经接受了这个信念,是因为他已经分担了这种罪过。如果现代历史学家认为山上没有鬼,那也只是以恰好同样的方式接受了一种信念。

发现历史学家所研究的人类行动在这个意义上是自由的,是每一位历史学家对自己所研究的主题达到一种科学性的掌握时立即就会有的一项发现。当这种情况发生时,历史学家就发现了自己的自由,这也就是说，他发现了历史思想的自律性，发现他拥有以自己的方法独力解决自身问题的能力。他发现，对于他作为历史学家来说，将这些问题交给自然科学来解决，这是多么不必要，又是多么不可能；他发现，作为历史学家，他既有可能又有必要独立解决这些问题。在他发现身为历史学家所拥有的自由之同时，他还发现了人类作为历史行动者所拥有的自由。历史思想，即对理性活动的思想，不受自然科学的支配，并且理性活动也不受自然的支配。

这两个发现之间的亲密关联，可以通过这种说法来表达：它们是以不同的语词来表示的同一个东西。可以这样说，将一个历史行动者的理性活动描述为自由的，只是以一种迂回曲折和隐蔽的方式在说，历史学是一门自律的科学。或者也可以这样说，将历史学描述为一门自律的科学，也只是以一种隐蔽的方式在说，它是研究自由活动的科学。对我自己而言，我应当欢迎这两个说法中的任何一个，因为它提供了证据，表明那样说的人目光之深远足以看透历史学的本质，并发现：（a）历史思想不受自然科学的支配，并且是一门自律的科学；（b）理性行动不受大自然的支配，而是以它自己的设计和自己的方式建立自己的人类事务、活动事迹的世界；（c）这两个命题之间存在密切的关联。

但与此同时我应该发现在这两种说法中都有证据表明，做出这种声明的人无法（或出于某种隐秘的目的而决定承认自己无法）区分一个人所说的东西和他所说的东西所蕴含的东西，也就是说，他无法将语言理论或美学与思想理论或逻辑学区分开来；因此，至少就目前而言，他交托给词语的逻辑，将其中两个相互蕴含的思想之间的逻辑联系与"代表同一事物"的两组词语之间的语言联系混淆在一起。

我也应该看到，他试图将逻辑问题替代为语言问题，以此来消除逻辑问题，并不是基于对语言性质的非常正当的理解，因为我应该认识到，在两个同义反复的语言表达中，他正在假定其中一个陈述是真实地和正当地意味着"它所指称的"事物，而另一个陈述意味着使用它的那个人用它来意指那个事物不过是基于不充分的理由。所有这些都是非常有争议的。与其苟同这类错误，我宁愿把问题留在我原来离开的地

第三章 自然与行动

方,只是说这两个说法(历史学是一门自律的科学和理性活动在上述的意义上是自由的)并不是语词的同义反复形式,而是表达两个互相必不可少的发现。基于这一点,我就要指出17世纪引人注目的"自由意志的论争"与这一事实有紧密的关联:17世纪的剪刀加浆糊的历史学以其较简单的形式开始令人感到不满,而且,历史学家们也开始认识到他们自己的房屋需要整修(正如我在别处所说的那样)。历史研究应该效法自然研究,并将自己提升到一种科学的水平。将人类行动视为自由的这一愿望,与实现人类行动研究的自律性的这一愿望结合在一起。

但我不会把问题完全留在那里,因为我在第二章的第一节中已经说过的内容将它推到了更远的地方。我在那里提到,只有运用历史学方法,我们才能找到有关历史研究之对象的东西。因此,在我们能够掌握人类活动是自由的这一事实之前,我们必须首先在历史研究中实现真正科学的方法,因而也就是自律的方法。

这似乎与事实相悖,因为确实有人会说,早在历史学将自己提升到科学水平的那场革命发生之前,许多人已经意识到人类活动是自由的。对于这个反驳,我将提供两个答复:这两点并不相互排斥,但其中一个相对肤浅,另一个我希望更深刻一点。

(1)他们或许意识到了人类的自由,但是他们抓住它了吗?他们的觉察是一种配得上科学这一名称的知识吗?当然不是,因为在那种情况下,他们不仅仅是相信它,还会以一种系统的方式认识它,绝不会留下任何可争论的余地,因为那些相信它的人必然会理解他们所相信的理由,而且能够令人信服地说出这些理由。

(2)即使历史学已经成为科学的那场革命只有半个世纪的历史,我们也不能被"革命"这个词所欺骗。早在培根和笛卡尔公开阐述自然科学方法所依据的原则,以此掀起自然科学的革命之前,人们就到处在使用这些相同的方法,只是有些人较常用,有些人较少用罢了。正如培根和笛卡尔所公正地指出的,他们自己著作的作用是要使相当普通的知识分子都能掌握同样的方法。当我们说历史学方法在半个世纪前就发生了革命性的变化,所指的也就是这个意思。这并不意味着在那之前寻求科学历史学的事例将会是徒劳的。它的意思是指,虽然较早的科学历史学是一件罕见的事情,除了在少数杰出人物的著作中可以找到之外,几乎不可能找得到,甚至在这些人的著作中所看到的,也不过标志着一瞬间的灵感而不是研究的稳定进展。然而,它现在是每一个人都能掌握的东西,它是我们要求每一个撰写历史的人都必须具备的条件,而且,它已经被人们广泛地了解,甚至在那些没有学问的人中间,足以使那些把故事情节建立在历史学方法之上来撰写侦探小说的作家们谋得一条生路。在 17 世纪,人们零星且间歇性地抓住了人类是自由的这一真理,至少可以这样说,这可能是零星且间歇性地把握到科学历史学方法而产生的结果。①

六、头还是尾?②

卡尔·马克思自诩接受了黑格尔的辩证法,并且"把它倒置过来",[他]的意思并不完全像他所说的那样。黑格尔的辩证法始于思想,进而至于自然,终于心灵。他没有颠倒这个次序。他没有让自己的辩证法从心灵开始,继而自然,以思想结束。马克思只提到第一个术语和第二个术语,而没有提到第三个术语。他的意思是,黑格尔的辩证法始于思想,进而至于自然,而他自己的辩证法始于自然,进而至于思想。

马克思既不是傻瓜也不是哲学上的无知者,他一刻也没有认为,黑格尔所谓的思想对自然的优先性意味着把自然看作是心灵的产物。他知道黑格尔跟他一样,把心灵看作是自然的产物(一种辩证的产物)。他知道"思想"这个词,在黑格尔将逻辑学称之为思维科学的意义上,

---

① 标注的写作日期是 1939 年 2 月 23 日。
② 本节由诺克斯编入《历史的观念》(第 122—126 页),作为第三编的第八节。然而,在那本著作中,第 122 页的文本以及从第 123 页的第一段到"银行家们对于银行业的思想方式"这个部分的文本源自柯林武德 1936 年的历史哲学讲稿(博德利图书馆,柯林武德手稿,dep.15)的第 116 页。手稿中的文本在其他方面也与《历史的观念》中的版本不同。

第三章 自然与行动

并不意味着思想,而是思想的思想:对黑格尔而言,逻辑学不是"我们如何思维"的科学,它是一门具有柏拉图式的形式、抽象的实体的"观念"的科学——假如你还记得要认真对待黑格尔本人的警告:一定不要认为"观念"只存在于人们的头脑中。那会是黑格尔所憎恶的"主观观念论"。根据他的说法,观念进入人们的头脑,只是因为人们能够思想;而且,如果"观念"并不是独立于人们对它们的思想之外,就不会有任何人或者在那个意义上有其他任何事情存在了。因为这些观念是逻辑框架,只有在这个框架内,一个自然和人类的世界、不能思想的生物和能思想的生物的世界,才是可能的。

这些观念不仅为自然构建了一个框架,也为历史提供了一个框架。历史,作为人在其中表达了他的思想的行动,其结构的一般轮廓是由思维活动(心灵)能够单独存在的条件所预先规定的。这些条件包括以下两点:首先,心灵应该出自自然世界之中,并继续存在于自然世界之中;其次,它应当通过理解自然背后的必然性来发挥作用。因此,人类的历史活动,作为发生或继续进行的活动,就是在一个自然环境中发生或继续进行,而不能在此之外继续下去。然而,它们的"内容"(即人们具体的思想和人们通过表达这种思想而具体做的事情)不是由自然决定的,而是由"观念"(逻辑学所研究的必然性)决定的。因此,就历史学研究的人的思想和行动所遵循的模式是一个逻辑学已经为之绘好黑白轮廓的彩色套版而言,逻辑学是历史学的钥匙。

这就是马克思说他已将黑格尔的辩证法颠倒过来之时的想法。当他发表这个声明时,他心中所想的就是历史。这就是马克思唯一感兴趣的东西,而且归根结底,这也是黑格尔可能更感兴趣的东西,胜过其他任何东西。马克思所说的重点在于,对于黑格尔来说,因为逻辑先于自然,所以就要由逻辑来决定历史运作的模式,而自然只能决定历史在其中运作的环境;而对于马克思来说,自然绝不只是历史的环境而已,它还是推导出历史模式的源泉。马克思认为,用逻辑来描绘历史模式是没有用的,就像黑格尔关于自由的三个阶段的著名模式:"对于东方世界来说,只有一个人是自由的;对于希腊罗马世界来说,有些人是自由的;对于现代世界来说,一切人都是自由的。"更好的方式是从自然世界中推导出模式,就像马克思自己同样著名的模式:原始共产主义,资本主义,社会主义,其中这些术语的含义不是来自逻辑的"观念",而是来自自然的事实。

马克思所做的事是重申18世纪历史自然主义的基本原则,即历史事件皆有其自然的原因这一原则。他重申了这一原则,无疑会有某些不同之处。他思想谱系中黑格尔的那一面使它有权把"辩证"这个术语纳入自己的怀抱。他强烈坚持的唯物主义不是18世纪通常的唯物主义,而是"辩证唯物主义"。这个差异并非不重要;但也一定不能夸大其词。辩证唯物主义仍然是唯物主义。因此,马克思运用黑格尔的辩证法变魔术的全部重点在于:黑格尔已经脱离了18世纪的历史自然主义,并且想要一部自律的历史,尽管除了以部分和有限的方式之外,他确实没有实现这一愿望。但是,他毕竟企望过一部自律的历史(因为一部只承认逻辑必然性而不承认任何权威的历史,应该也称得上是自律的历史),马克思则背离这个要求,不顾黑格尔在原则上宣布历史学已经从自然科学的统治下解放出来,反而再次将历史学置于自然科学的统治之下。

黑格尔要求有一部自律的历史,但实际上他并没有实现它。他曾仿佛预言般地认识到,历史学在原则上应该从自然科学的学徒地位中解放出来,但在他自己的实际的历史思想中,尚未实现历史学的自由解放。那就是说,就他通常所谓的历史,即政治史和经济史而言,它还没有实现自由。黑格尔在这个领域并不是大师,而是满足于剪刀加浆糊的方法。但他在哲学史这个领域是一位大师,而且是一位非常伟大的人物。在这里,而且也只有在这里,他才有效地占领了一个历史领域。正是在这里,他一定曾使自己确信,正如他已经使许多读者确信的那样,他对历史思想的自律性声明在原则上是可证成的。

我曾说过,一部不承认权威但承认其在逻辑上的必然性的历史,可能公正地被认为是自律的历史,但这是以一种非常温和的方式来描述黑格尔所认为的存在于历史和逻辑之间的关系。这表明,黑格尔的意思只不过是指出历史学家必须从逻辑上进行思考。但事实上,黑格尔认为,历史事实的复合物所表现出来的结构模式或类型与逻辑"观念"所表现出来的结构模式或类型是一致的,并从这些作为源头的逻辑"观念"所表现出来的结构模式或类型中衍生出来。黑格尔没有考虑采取这一观点的含义,也没有认识到他采取这一观点所依据的充分理由;这些理由都不是可以用三言两语来处理,甚至是陈述的。因此,我将不会试图在这里处理这些问题,甚至不去陈述它们。我将满足于这样的观察,接受它们就是把历史学放到逻辑学的学徒地位,就像马克思追随 18 世纪的历史自然主义者而把历史学放到自然科学的学徒地位一样;而对于一个知道历史学是一门自律的科学的人来说,这一立场是不可容忍的,正如任何受过教育的 20 世纪的读者所知道的那样,历史学是一门自律的科学,它与任何事物都不存在那种关系。我现在想说的一点是,就历史与逻辑的关系而言,黑格尔在这里甚至没有宣称过历史的自律性,更不用说实现它了,这使得马克思更容易通过回到 18 世纪的观点来"纠正"他。

  基于这些原因,马克思对黑格尔辩证法的颠倒是基于黑格尔留给他的学生们的实际情况。出于同样的原因,它带来了在处理那种特殊的历史(马克思尤其感兴趣的经济史)方面的巨大进步。如果现代对哲学史的所有研究都要追溯到黑格尔,并以他作为这一主题的伟大宗师,那么现代对经济史的所有研究都可以在同样的意义上追溯到马克思。然而,今天的史学实践却不能停留在黑格尔为哲学史或马克思为经济史所停留的地方了,正如史学理论不能停留在黑格尔建立于先验逻辑之上的"历史哲学"或马克思的"辩证唯物主义"所停留的地方。

七、总结

  1. "历史自然主义"是 18 世纪的特征,试图通过外部手段将历史学提升到科学的水平:通过向任何具有科学头脑的人提出其研究主题的问题,但不是由历史学本身对此做出回答,因为历史学不能给出答案,只有自然科学才能给出正确的答复。历史学不能给出答案的原因是,历史学唯一的事务就是"记录事件",而问题是以"什么导致了这些事实?"这一形式提出的。换句话说,历史自然主义假定历史学是一件剪刀加浆糊的事情,永远不可能是任何其他事物。对于一个已经不再是剪刀加浆糊的历史学而言,历史自然主义所宣称要解决的问题也就不会出现,因为科学的历史学并不是在做"记录事件"这件事。因此,历史自然主义是历史思想发展的一个不成熟阶段的副产品。在本章中进一步考察历史自然主义的问题,只是因为它的遗迹至今仍在研究历史的人中间存在,他们(有意或无意地)将历史学保持在自然科学的旧学徒地位,这种自然科学比历史学早三个世纪达到科学成熟的阶段。

2. 历史自然主义的一种形式是试图建立一门"人性科学",以建立人类如何行动的一般性结论。这里的"行动"一词指的是历史行动,即表达思想的行动,因此,这门被提出的科学并没有干扰心理学,心理学从16世纪起就以这个名称作为感知和情感的科学。它真正干涉的是旧的逻辑学和伦理学,以及新的经济学和美学,它实际上提议要废除这些学科,并将它们的领地移交给扩大的心理学。我们今天所知道的心理学就是这个扩大的科学的名称。这领地转移意味着,人类理性的活动应该被"非规范地"(non-criteriologically)处理,即不参考其中的自我批判要素(这是一位旨在应用某些准则或"规范"的思想者发现他是在正确还是错误地进行思考的方式)。但是,自我批判因素实际上是理性活动的本质,忽视这一要素的"理性科学"并不是理性的科学,而且对于它的性质,也投射不出任何智慧的光芒。

3. 这就像《格列佛游记》中一些疯狂哲学家所发明的"音乐科学",通过测量和衡量听音乐的人来发现音乐是什么,而不管他们的"研究对象"(被试者)是否对音乐有所了解。

4. 历史自然主义的第二种形式是试图在历史事件发生的地理、气候等条件下寻找其原因。以自然科学的解释方式来说,这些物理条件肯定对人产生了直接和立刻的影响;但是,它只能对人作为一个生理的和心理-生理的有机体产生影响,而不能对单独构成他作为一个历史

第三章　自然与行动

行动者的思想产生影响。当人们说它们影响了他的历史，这并不意味着以这种直接的方式产生影响。这样说的意思是，它们通过他自己的思想和行动的媒介来影响它。他的历史永远不会受到自然事物本身的影响，而只是通过他如何对待这些自然事物来产生影响。例如，大海影响了他的历史，因为对他来说，大海是或不是可航行的：这意味着他有或没有凭借自己的进取心、心灵手巧和聪明才智，将航行技术发展到某种程度。此外，他在学习航海、耕种等方面所要克服的困难，并非由于海洋或土地的物理性质而产生的困难，而是由于他对海洋或土地的思考方式所产生的困难，不管这些思考方式实际上是真是假。人类思考自然来解决的问题并不是由自然决定的，而是由人类对自然的思想所决定的。"自然对历史的影响"是一种历史对历史的影响（人类理性对人类理性的影响）。

5. 因此，历史研究的行动是"自由的"，行动不是由自然条件决定的，而是由它自己决定的。这一发现与历史思想是"自由的"或自律的发现密切相关，即不依赖于自然科学来解决其研究主题所产生的问题，而是能够且有义务依靠自己来解决所有这些问题。就在历史学成为一门科学的那一刻，所谓的人类自由问题也迎刃而解。

6. 当卡尔·马克思说他将黑格尔的辩证法头尾颠倒时，他的意思是说，黑格尔的辩证法通过思想（逻辑）到自然的序列推导出心灵，而他自己通过相同的术语但以相反的序列推导出心灵。这一逆转的重要意义在于史学理论。当黑格尔把历史学置于逻辑学的学徒地位，马克思则重申了18世纪历史学作为自然科学的学徒的那种风格。马克思的历史观点是第二种形式的历史自然主义（参见4），但不同之处在于，自然世界对历史世界的因果效应被"辩证地"理解。因此，马克思放弃了黑格尔在18世纪取得进步的一个立场，但这个步骤更多是表面上而不是实际上发生的，因为黑格尔除了哲学史之外，并未有效地占领他声称已经征服的领域。随着科学历史学的兴起，它只是一种权宜之计，可以弥补剪刀加浆糊的历史学的缺陷，但却没有完全克服它们。

第四章 过去①

活动事迹或行迹，不只是行动，它们也是过去的行动。正如历史学是关于行动的，历史学也是关于过去的，这是历史学家之间既定的和传统的观点。这一观点与迄今为止对历史学方法的研究所取得的成果是一致的：我们已经看到，历史思维通过解释证据来进行，并且在第一章中，证据被描述为由过去的行动在当今世界所留下的痕迹组成，因此任何历史思维都必然包含对过去的描述。我们在第二章中的确重新考虑和阐释了这种对证据的叙述，我们在那里发现，过去的行动在现今世界留下的痕迹本身并不是证据，而只是一种语言记号，历史学家通过阅读它们，在他自己的心灵中将其转化为证据。但是，这并不影响以下结论：历史学家所研究的行动是行动者在其居住的世界中所留下的可感知的痕迹，而要留下这些痕迹，就必须是已经发生的行动。它们必须是过去的行动。

这并不意味着历史学家在使用"行动"这个词的所有意义上都属于过去。通常来说，当我们谈到过去时，我们将它与现在形成对比：时间上遥远的事物与时间上临近的事物之间的对比，或者（两者的结果是一样的；今天的晚餐，正如早餐桌上的独裁者所说，②比起昨天的革命具有更大的可视度）不再使我们感兴趣的东西与我们仍然抱有鲜活

---

① 这个部分只是一个片段。它的主题不符合《史学原理》的写作大纲所计划的第一部分的第四章的内容（见本书第 234 页），但它似乎与写作大纲所计划的第二部分的主题有关。
② 这一典故显然来自奥利弗·温德尔·霍姆斯（Oliver Wendell Holmes）所著的《早餐桌上的独裁者》（*The Autocrat of the Breakfast-Table*, Boston, 1858）。

第四章 过去

兴趣的东西之间的对比。从这个意义上说,过去可以被称为"情感的过去",也许正是因为我们对它不再感兴趣,它才有了某种吸引力。懦弱而胆怯的心灵害怕现在(也就是情感的现在),因为他们不能承受当下强加给他们的情感压力,当他们试图摆脱当下而进入情感的过去时,发现一种令人愉悦的平静等待着他们,在那里,所有的热情都被耗尽了,所有的冲突都结束了,曾经鲜活和危险的行动在死亡的平静中得到平息。对于这样的心灵来说,历史研究具有很大的吸引力,因为它似乎能使他们摆脱现实生活的紧迫感和焦虑感,从而进入了一个平和的境地。出于同样的原因,那些感受到这种诱惑并且认识到必须抵制它的人,谴责历史研究是逃避现实的懦弱避难所。

诱惑和谴责都是基于一种误解。它们建立在混淆过去这个词的两种不同的意义之上。历史学家的过去不是情感的过去,而是纯粹和朴素的过去。我们不再感兴趣的不是过去的那一部分,而是过去本身。一个人躲避在中世纪的特许状中,不去想他从早晨的邮件中看到的一位律师写来的恐吓信或税务局用红字印刷的通知,不去想他在日报上看到的令人不安的新闻,他并不是在过去之中逃避现在。他没有在历史中逃避现实的生活。因为他不去想的这些信件或报纸是一份历史文件。这就是他不去想它的原因。律师吓唬他,或者税吏要收的税比他的银行存款还要多,或者他的国家危在旦夕,这些都是历史问题。他正在做的就是在各种各样的历史思想中进行挑选和选择,压制那些对他来说不愉快的思想,集中精力于那些让他不感到那么不安的思想。

令人不安的信件或报纸,属于过去——因为它报告的事件是昨天的事件,也属于现在——因为它作为一个媒介,这些事件通过这个媒介能够在此地此时对读者的心灵产生影响。但是,这并没有将它从历史领域中移除,只是证实了它的历史特征而已。

所有历史证据都是一个媒介,过去的事件通过这个媒介对历史学家的心灵产生影响。中世纪的特许状与律师的信件一样,都是一个媒介。

历史学与哲学①

人们普遍认为,历史学和哲学不仅是不同的思维形式,而且至少在某些方面是对立的思维形式,它们各自都以彼此所缺乏的东西为特征。就它们的方法而言,哲学被认为是通过论证来工作的,它的生命就在于它有能力以决定性的力量证明它所主张的学说,并且除非完成了这项任务,否则什么也没有完成;历史学通过接受权威说的话来工作,或者(因为权威概念在历史学家中早已过时)无法通过对其证据的解释达到论证的确定性,而满足于各种称为概率或"盖然确定性"的东西。就它们的对象而言,哲学被认为是关于普遍的、无时间性的、永恒的思想;历史学是关于个体的、时间性的、短暂的思想。

这种将历史学与哲学做出鲜明对比的方式,无法在本书前面章节中对历史思想的研究中存活下来。关于历史学的方法,我们已经看到它与概率无关。或者更确切地说,历史学与概率的关系并不比任何其他科学更紧密。概率论是一个适用于任何知识领域的方法论概念。说某事是可能的,就是说它需要证据。如果我遇到一个英语单词,不知道它的意思,我会说,我很可能通过查找《牛津英语词典》来找到它的含义。证明这种可能性,就是到那里找到这个词。如果我在大雾天去坐火车,火车没有准时到达,我说它可能已经被大雾推迟了。要证明这种

---

① 这也是一个单独的片段,不属于第一部分的第四章的内容。我们应该把它看作是在第三部分第三章所要讨论的恰当主题的一个概略(参见《史学原理》的写作计划)。在《史学原理》第二章的开头,柯林武德也讨论了哲学与历史学的关系,但是在一个完全不同的语境之下来讨论这个问题。

可能性，就是弄清楚它是否因此被推迟了。当有人偶然发现一个真理，在发现的过程中没有这样一个概率的阶段；但是，当他发现一个他正要寻找的真理，就会有这样一个阶段，即他正在寻找它，并且尚未找到它，他仍期望找到它。所谓的概率程度就是这种预期的确信度。所谓的概率的数学理论，就是对给定程度的确信度所依据的基础进行的数学分析，或者更确切地说，是对其可能依据的基础进行的数学分析。由于这些依据并不总是允许进行数学分析，因此，一个关于概率的数学理论是不可想象的。

第二部分

历史哲学论文和笔记(1933—1939)

通向一种形而上学笔记[1]

因果关系与发展[2]

……我们谈到历史学上的原因,例如,法国大革命的起因或封建制度衰落的原因。"原因"这个词并不是难以理解的:在这里,它也指一个必要的前件(necessary antecedent)。[3] 实际上,下面这种用法比其他用法确立的时间更久:恺撒说赫尔维蒂人的地理形势是他们好战性格

---

[1] 这份手稿写在从 A 到 E 标记的 5 本"沃尔沃斯"(Woolworth)笔记本上,由 1933 年 9 月至 1934 年 5 月记录的简短笔记组成。封面写着"Περὶ Φύσεως"(《论自然》),但柯林武德称他所讨论的主题为"宇宙论"。本文的一般立场以亚历山大、劳埃德·摩根(Lloyd Morgan)、斯穆茨(Jan Christian Smuts)、怀特海等人的进化哲学为背景开始讨论,并通过应用《哲学方法论》中的"形式层级"理论,在柯林武德"自然与心灵讲座"的 1934 年结论中更系统地呈现出来。从手稿的第 522 页开始,我们选择了一些段落,这些段落似乎与本书的主题特别相关。标题页开头写道:"如果这些笔记本落入除我自己以外的任何人的手中,请他注意到,它们是纯粹实验性的、不连贯的和杂乱无章的笔记,尝试'用笔思考'一些问题,在我开始写下这些笔记的时候,我的脑海中并没有解决这些问题的答案。我在这里写的大部分内容都只是在盲巷里摸索。这些笔记充其量可以被视为包含大量垃圾材料的采石场,我希望用它们来构建一个形而上学的论述。"(博德利图书馆,柯林武德手稿,dep.18.)

[2] 本节和以下三节分别选自 A 笔记本,第 66—71、84—91 页。

[3] 这里所指的是前一个段落,其内容如下:"原因作为必要前件(如休谟和康德所述)的一般科学观念当然意味着,正如康德所见,只有特定的现象才能被称为原因或结果,而这一范畴不能应用于物自体……"这个"科学"的含义可能是随后的句子中提到的"其他"的含义,柯林武德现在开始将其与特定的历史学上的含义形成对比,他在《形而上学论》进一步发展了这一观点。

的原因(causa)，并提到修昔底德对原因(αἴτιον)的使用。但是，这是一种不同的必然性。穆勒将原因称为无条件的前件；而我们讨论的这种原因是有条件的(必要的)前件。一个历史原因是一个事实或事实的集合，行动者意识到它们作为他的环境而身处其中，并通过这种觉察来决定他以某种方式行事。因果关系具有双重条件：(i)除非他觉察到它们作为他的环境，否则他就不能依据这些事实来采取行动；(ii)除非他能自由而明智地想出一系列适当的应对策略，否则他就不能依据这些事实来采取行动。他可以如实地说，"我不得不因为敌人的力量而撤退"，在这里，"因为"具有其完整的含义，但是(i)如果他不知道敌人的力量，这一事实就不会因此影响他；(ii)如果他不是一位完全无能的军官，他也就不会忽视它。①

也有生物学上的原因，比如温度和孵蛋的因果关系。在这里，意识不是必需的，但是需要积极的回应，因此在这里，因果关系也是以产生效果的积极合作为条件的。

只有机械原因是无条件的。但是，如果一个球撞击另一个球，并使其运动起来，那么这肯定需要第二个球的积极配合；它必须继续做它自己，并根据它自己本性的规律去行动，保持赋予它的运动，等等。

因此，超出自身的因果性(transeunt causality)的观念似乎在任何地方都是不恰当的；所有的因果关系都有两个方面：(a)一个施事者对受事者的行动；(b)受事者本身是主动的，并且其产生变化是以此为条件的，它本身就是一个活动的变化，一个较早的活动变成了"在其内部具有"产生变化能力的某种东西。受事者作为单纯的受事者的观念，仅仅是对事实的抽象，或者说，假如它是一个信条，那也仅仅是个错误。

如此，从外部的观点来看似乎是超出自身的因果性，从内部的观点来看，却是由一个外部刺激所引起的活动变化；或者说，由于一个刺激并非是一个刺激，除非受事者对其做出回应，一个活动的变化，简单来

---

① 在《史学原理》第三章("自然与行动")的第四节("自然作为环境")中，柯林武德使用了相同的论证。

说(*tout court*)，就是发展。

λόγω, χρόνω πρότερον["逻辑优先,时间优先"]

概念之间具有一种秩序，即在先(*prius*)和在后(*posterius*)：这是一种逻辑秩序。它是不可逆转的，因此，后者不能没有前者作为**预设**，或者更确切地说，是先在(prebeing)或者后在(forebeing)(借用托马斯·布朗爵士①的金句)，而且，前者必然导致后者。

这一观念充满了困境。黑格尔认为所有真正的概念都落入一个单一的线性秩序：我不知道他是否正确，但我假定这是可能的。克罗齐当然同意这一观点，但他认为很少存在真正的概念，这使得这一观点更加可信。②我目前只能说，这种秩序不断地出现在各种概念中，就像它过去突然出现一样。到目前为止，我认为我处于安全的境地。

事件之间也有秩序。这是一种时间秩序。它同样是不可逆转的，并且根据因果关系的一般观念，它同样是必然的，即后者不能没有前者，前者也必然导致后者。

我认为，这里也有难题，甚至是更糟糕的难题；我们对此非常熟悉。但是，尽管如此，似乎没有人能够完全放弃这种观念。

在此，我想建议的是，历史是逻辑的秩序与时间的秩序的一致。我的意思是，历史上的连续事件构成了一种秩序，就其是本真历史的而言(并非人类生活中所有事件的时间序列都是如此)，它既是一个逻辑秩序，也是一个时间秩序。如果它是时间的而不是逻辑的，那么这一序列就不是历史的(historical)，而仅仅是编年的(chronological)——这就是

---

① 托马斯·布朗爵士(Sir Thomas Browne, 1605—1682)，英国医师、作家、哲学家和联想主义心理学家。——译者注
② 柯林武德在这里指的是克罗齐的纯粹概念学说。关于这个学说，参见克罗齐《作为纯粹概念科学的逻辑学》(*Logic as the Science of the Pure Concept*, translated by Douglas Ainslie, London, 1917)，第203、379页。另可参看柯林武德在《历史的观念》(第194—198页)中对克罗齐的评论。

克罗齐所说的年代记(annals)或一个单纯的事件序列。历史开始于我们将这些事件看作是由必然的相互联系所引发的；还不止如此——因为历史需要比这更多的东西，而是要 γένεσις["变成"]某种东西，历史的某种事物就是其在时间过程中正在变成的东西。现在，在一个单纯的时间过程中，尽管它是必然的，但没有任何东西变成某种东西；在这里，只有变化，而没有发展。赋予历史进程以发展特征的是，这一过程的各个阶段是一个概念自我发展的各个阶段。例如，议会政府的形成，这种情形得以实现，仅当议会政府的概念被连接为(a)能够按逻辑秩序排列的要素或时刻，历史学家将首次出现的要素或时刻称之为议会政府的萌芽；(b)能够按照这种秩序将要素或时刻引入时间性的存在之中。

因此，历史就是在一个既符合逻辑又具有时间性的过程中对一个概念的部署。

亚历山大的范畴

我认为，理性主义和经验主义是分别从逻辑和时间来源中推导实在的片面尝试。

(a) 如果你忽略了时间，并认为"之后"仅仅意味着"因为"，那么你就是在赞同斯宾诺莎的观点。然后，你将获得一个纯粹逻辑关联的纯粹逻辑实体的世界：一切都得到了(tout est donné)，这里没有自由或发展。你会得到一种伪时间，具有用语言描述的逻辑序列的外形，以满足你对时间序列的渴望。

(b) 如果你忽视了逻辑，并认为"因为"仅仅意味着"之后"，那么你就会得到像休谟一样的观点。你的世界现在是一个点–瞬间(point-instants)的世界，在这两者之间除了时空关系之外没有任何关系。你将拥有一种伪逻辑，它由这些关系构成逻辑关系——借用康德式的术语，你将拥有伪装成范畴本身的范畴图式。

就目前来说，在我看来，金蒂莱代表(a)(因为他将历史简化为一个纯逻辑序列)①;而亚历山大代表(b)……

"大自然没有历史"

所有的存在都有一个历史,或是一个历史。这一陈述与黑格尔的观点产生了尖锐的冲突,黑格尔将存在②划分为(a)自然,一种静态的层级体系(*Stufensystem*),在这个体系中,一切事物都被安排在其他事物之外;(b)精神,一种动态的层级体系,在这个体系中,一切事物都变成了其他事物。两者分别是科学和历史学的研究领域。伽利略和牛顿所开创的科学似乎**确实**看起来是对某些事物的研究,这些事物虽说是时间的,但却不是历史的。这也就是说,如此构想的自然中没有发展,只有变化:科学的对象不是变化,而是支配它们的不变规律。与之相反,历史学显然是对流变(*fieri*)中的某些事物(精神[*Geist*])的研究:某

---

① 柯林武德在这里指的是金蒂莱关于 *pensante* 和 *pensato*(思想行动和思想内容)的辩证法。根据金蒂莱的观点,思想行动在时间之外,因为它创造了时间,而思想内容作为思想行动的产物,总是在时间之中。在柯林武德1923年在亚里士多德学会宣读的论文《新观念论能够摒弃神秘主义吗?》("Can the New Idealism Dispense with Mysticism?", *Proceedings of the Aristotelian Society*, Suppl. 3[1923],第161—175页;也收录在《信仰与理性》[*Faith and Reason*, ed. Lionel Rubinoff, Chicago, 1968],第270—282页。)中,他解释说,心灵(这是他对金蒂莱 pensante 这个术语的称呼)既存在于时间之中,又存在于时间之外。因为它**起源于自身的变化**。柯林武德坚持认为,"因此,作为变化的源头和基础,它不会发生变化;而另一方面,当它通过自己的自由行动经历变化时,它将展现出变化"。(《信仰与理性》,第275页。)然而,在1920年的《论生长》("Libellus de Generatione")一文中,柯林武德曾批评金蒂莱将 pensante 定义为纯粹的思想行动,从而将所有的经验都还原为思想(尤其是哲学思想),这与斯宾诺莎的立场一致。关于这一问题,另可参见里克·皮德斯:《克罗齐、金蒂莱和柯林武德论历史学与哲学的关系》(Rik Peters, "Croce, Gentile and Collingwood on the Relation between History and Philosophy", in David Boucher, James Connelly, and Tariq Modood eds., *Philosophy, History, and Civilization*: *Interdisciplinary Perspectives on R. G. Collingwood*, Cardiff, 1995],第152—167页。
② 柯林武德在此页背面补充道:"但这是不对的。它不是一种对存在的划分,因为自然和精神不存在于同样的意义上;自然为他者而存在,精神为自己而存在。归根结底,精神存在,而自然不存在。自然可以说是一种抽象的框架,而精神的历史发展在其中显示自身,就像在自然中一样,空间和时间是一个框架,物体的运动在其中显示自身。这样就消除了对黑格尔观点的大部分异议。我们只需要补充,这个框架并不是严格的。黑格尔很有可能会回答说:'当然,这并不是很严格,这就是我的意思!'"

些事物的变化,不是被规律所支配,而是被对规律的意识所支配,永远不能简化为一成不变的公式的表达。

黑格尔显然是一位很有才华的历史学家,他对历史实在和史学方法有着敏锐的洞察力,但他却是一位不太有才能的自然科学家。如果他在一个领域是完全错误的,那么最有可能是自然的领域。① 此外,正如莱布尼兹所说,哲学家在肯定时通常是对的,在否定时通常是错的。然而,问题在于:自然有历史吗?②

(a)黑格尔的立场中有太多坚实的基础,不容轻易地加以否定。初步认为(*Prima facie*),自然是变化却没有发展的这一观点是正确的,发展是心灵的特权——所以约瑟夫③在他的斯宾塞演讲中,重申了黑格尔的主要立场。

(b)但是,整个达尔文式的世界观是相反的。除非达尔文式的科学完全是误导性的,否则,在19世纪,自然科学中的一场伟大而富有成就的革命是通过采用自然有历史这一观点来实现的。我们仍然要调和这些立场,以展示自然在什么意义上有历史,在什么意义上没有历史。

在这里,也许指出这一点是有用的,即使在黑格尔的精神领域,也有一个没有历史的部门,它形成了一种准自然,即"人性"作为心灵或

---

① 柯林武德在本节中并没有一以贯之地使用"自然"这个术语,但我们按照这种方式编辑了文本。

② 柯林武德在此页背面添加了如下内容:"克罗齐(《史学史》[*Storiografia*],第 ix 页)同意黑格尔。他对庸俗化的半科学思想的宇宙论传奇嗤之以鼻,并认为这些只是按照时间尺度抽象出来的神话。他坚定地认为,它们不是历史学家的历史('la storia degli storici'),因为历史学家的对象是依靠个体性来确定的,并通过内部重建来工作,而它们关注自身的类型和抽象,并通过类比来工作(第 114 页)。但克罗齐也意识到,地质地层或原始植物'起源的生命辩证法'是历史思想的对象(第 119 页),然而,他却以犹豫不决的口吻结束,不确定地称之为伪历史(*pseudostoria*)(第 120 页)。"柯林武德在这里引用的是他 1917 年读到的《"自然的历史"和正当的历史》("La 'storia della natura' e la storia")一文,收录在克罗齐的《历史学的理论和实际》(*Teoria e storiografia*,Bari,1917)一书第九章。他在《历史的观念》(第 198—200 页)中讨论了克罗齐关于自然与历史之间关系的观点,认为克罗齐对于自然转化为精神的解决方案是不完备的。

③ 贺拉斯·威廉·布林德利·约瑟夫(Horace William Brindley Joseph,1867—1943),英国哲学家,著有《逻辑学导论》《莱布尼兹哲学的研究》等。——译者注

主观精神。这是一个奇怪的反常现象：克罗齐指出了这一点（《黑格尔哲学中活的东西与死的东西》，第 155 页）。①

此外，根据目前的概念，甚至有些族群"没有历史"，比如自然民族（Naturvölker）等等。黑格尔似乎接受了这一点：他把人类世界的许多生命都看作是"非历史的"，因为在他看来，历史只是国家的历史，在此之前，人类缺乏自我意识和自由。参见他所说的印加和阿兹特克国家在他们第一次接触精神（Spirit）时就崩溃了——这意味着他们是自然。

I. 人们可以通过说精神有一个快速的历史运动——可以说是宏观的，而自然有一个微观的历史运动，来调和（a）和（b）吗？这将是半真半假的陈述。地质年代属于自然的历史，显然比历史时期缓慢。蚂蚁和蜜蜂的习性并没有在我们所说的历史中发生变化，正如人性没有发生变化一样，但在古生物学的时间尺度上，它们肯定都发生了巨大的变化。这种速度的差异在以下情况中是可辨别的（i）自然与自然民族之间，因为旧石器时代人类的发展比蚂蚁或蜜蜂快得多；（ii）自然民族和文化民族（Kulturvölker）之间，且速度随着文明的发展而提高。有人可能会认为，所有的历史都显示出一个变量速度系数：在开始的时候，它只是静止不动，随着它的发展，速度会加大，直到未来的某个理想点，它会变成无限，从而将任何程度（无论多大）的发展包裹进任何程度（无论多小）的时间之中。在这个阶段，一天将是一千年，时间本身的外在性将被克服——事件将不需要时间。

这种推测可能在以后会引起人们的兴趣；但就目前而言，有反对（a）和（b）之间和解尝试的声音。

（i）自然与精神之间的差异不仅仅是程度上的差异。相反，它们是

---

① 柯林武德在这里引用的是克罗齐《黑格尔哲学中活的东西与死的东西》（Ciò che è vivo e ciò che è morto della filosofia di Hegel, Bari, 1907），第 155 页；此书的第三版由道格拉斯·安斯利（Douglas Ainslie）翻译为英文版 What is Living and What is Dead of the Philosophy of Hegel, London, 1915，重印的时候又增加了皮特·冈特（Pete A. Y. Gunter）的导论（Lanham, Md., 1985），第 160—161 页；我们在此感谢里克·皮德斯对于本节第 1 条注释、上页注释②的结尾和本条注释中的内容所提供的慷慨支持。

对立的。

（ii）**你要把界线划在哪里**？任何这样的区分都只是武断的。A 可能会说，"旧石器时代的发展太慢，我不能把它视为历史"，B 可能会说，"但对我来说，不是这样"。

（iii）**为什么**时间会以加速的速度运动？只是因为一些不明确的变化或发展允许加速：例如，电报使我们能够更快地传播新闻，它**不仅仅**是传输速度更快。

（iv）存在视觉幻象的危险。难道我们不是仅仅**认为**最近的历史比更遥远的过去存在更多变故吗？**真**的有任何加速度吗？

（v）时间更快到底**意味**着什么？运动得更快，是相对于一个框架运动得更快，而这个框架是时间本身，所以**时间**不能运动得更快——实际上，它根本没有运动，也没有静止不动。当然，我们正在使用罗莎琳德的语言（我来告诉你，谁的时间是静止不动的……）①，但它迫切需要解释。

II. 人们可以通过说自然有历史，但自然不知道它，而精神知道它（自我意识是精神的种差[differentia]），从而使它以一种新的和强化的方式存在，以调和（a）和（b）吗？这也将是半真半假的陈述。大体上说，精神知道它**有**一个历史，但却知之甚少，仅在变化的程度上知道它的历史是什么；自然根本不知道它（或其他任何东西）——所以这种划分太生硬，似乎缺乏连续性因素，这一解决方案只是相当机械地应用一种现成的公式，其真正的适用性是针对一种相当不同的研究主题（例如，A 想要 x，B 想要 x，且知道他想要 x）。

III. 我似乎又回到了形式层级②这个概念（这是另一种现成的公式吗？不是，一点也不是，因为它是专门为这种情况而设计的）。存在是历史，但是，存在的层级是一个其历史特征最初处于萌芽状态，然后逐

---

① 这一典故出自莎士比亚的《皆大欢喜》第二场第三幕。(*As You Like It*, Act III, Scene 2.)
② 柯林武德在这里指的是他在《哲学方法论》中所阐述的形式层级理论。在"笔记"开头，他提到他希望这个理论有助于澄清物质、生命和心灵之间关系的困境，根据形式层级的理论，他将其看作是例证各种不同种类和不同程度的实在，它们彼此不同且相互对立。

渐显现出来的层级。我们有必要追溯这一显现的各个阶段。

最完整意义上的历史学——历史学家的历史学——的性质和方法是我所熟悉的。历史始终是人的历史,尤其是作为拥有主动精神的人的历史,他们组织自己的生活并有意识地重塑它。历史学通过解释文献来进行,这些文献是人的作品,被视为人类精神的表达。历史学的目的是,在当前的思想行动中重新构造使得现在成为现在的过去思想:因此,它总是聚焦于现在,并致力于解释现在。在这里,现在并不意味着像 2+2＝4 这样永恒的存在,而是意味着现实的存在。什么是现在,它不是昨天,也不会是明天。

在历史出现之前——我并没有说在历史思想出现之前,而是说在历史思想有任何可思考的东西之前——人必须在事实上和意识上都认识到,他有能力通过自己的意志重塑自己的生活。他必须知道自己拥有的自由,并且知道这种自由是无限的。他必须知道,也就是说,他不是简单地发现和遵守他生活其中的游戏规则,而是自己来改变它。制造石器或钻木取火的人类的第一个祖先(毫无疑问,以一种非常模糊和不牢靠的方式)就已经知道这一点:所以,严格意义上或最高级意义上的人类历史就是从他开始的。

但是,为了要有这种最高级意义的历史,首先必须有一种模糊的和低级意义上的历史。

现在,一般来说,历史就是发展:我的意思是说,形式和质料都发生变化的一个过程,也就是成为它自己的过程。在非历史的变化中,形式被强加于质料之上,质料又失去了形式;这里有变化,一件事变成另一件事(白天变成夜晚等),但形式并没有改变:使这一天成为一天的东西与一百万年前成为那一天的东西并没有什么不同。这种变化只发生在黑格尔所指的自然之中,因为它没有历史。在历史的变化中,形式在它在质料中再次出现的过程中,本身也在发生变化。例如,当潮汐在海岸上起伏不定,它会逐渐侵蚀海岸,并改变自己的潮起潮落,这样我们就能说出那条海岸的地质历史;或者当鸽子繁殖时,这种鸽子本身也会经历变化,因此,我们第一次可以谈论物种的历史或物种的起源。

在这第二种意义上,自然**有**一个历史——也许人们可以将两者区分为(a)**发展**,或广义上的历史;(b)狭义上(也是更严格或更恰当)的历史,即**历史学**。就(b)是恰当的意义上来说,黑格尔是正确的;就(a)也是历史而言,黑格尔是错误的。

金蒂莱论历史①

无论如何,我还不能对克罗齐哲学做出整体的评论,因此也不能对金蒂莱的哲学做出全面的评判。从整体上来说,我认为金蒂莱的哲学是克罗齐哲学的一个僵化的或关节炎的版本——大体上包含着同样的思想,但却是盲目无视克罗齐眼前所看不到的一切而得出的。但是,我有义务在这里评论他们关于历史的丰富而多面的讨论的**一个**方面。

克罗齐对黑格尔的反对以一种极有教益的方式标示着他自己的局限性(正如他自己说的那样,在开始阅读黑格尔时,他是为了"把握自己的意识")。克罗齐反对普遍的个体性,争辩说哲学是普遍性的,历史学是个体性的;而黑格尔完全错误地认为可能存在一种历史哲学,因为历史实在(个体)只能以一种方式(即历史思维)被认知,并且根本上脱离了哲学(《黑格尔哲学中活的东西与死的东西》,第 vii 页)。个体包含普遍性作为其谓词,因此,历史学包含哲学作为它的从属环节(方法论环节,《史学史》,附录 III)。我们很容易得出这样的结论:每一个具体的历史事实,都以哲学上已知的**所有**范畴作为其谓词。因此,在每一个历史事实中,所有的范畴都是平等地、整体地(*en bloc*)存在着,而一个事实与另一个事实的区别永远不能通过一个事实对应一个范畴和另一个事实对应另一个范畴来表达。金蒂莱分享了克罗齐的这个观点,这就是我在这里所要考虑的问题。

根据这种观点,过去是对现在的抽象,只有现在才是真实的;历史是思想对时间的向后投射,就像一些海洋动物向后喷水以推动它向前。

---

① 本节和以下内容选自 B 笔记本,第 8—18 页。

因此，没有真正的发展：只有一个永恒的现在，它不会通过汲取过去来充实自己，而是将过去从自身中排除出去。在我看来，这似乎是主观观念论。它源于对事实与事实之间逻辑结构的漠不关心；因为在一切重要的事物中，每一个事实都是彼此相同的，所有的现在都是相同的现在，"仅仅是经验上的"不同，即根本没有差别。过去只是从现在中抽象出来的东西，过去的事实不能以它们具体的形式被人们所知，而且也没有一系列的事实；从一个事实到另一个事实，没有任何过渡，没有任何变化，一切都以永恒现在的形式而存在。在我看来，金蒂莱把注意力集中在历史学家的认识论概念上，即历史学家将历史建构成过去，从而形成了他对过去时间的观点，但是，金蒂莱却忽略了各种观点之间的关系问题。在他看来，每个人的观点都是一个主观观念论的世界，在这个世界中，客体不是精神（思想的思想行动［pensiero pensante］），而是观念（思想的思想内容［pensiero pensato］）。发展的问题，由于克罗齐对黑格尔的反驳而被放到一边，被金蒂莱完全忽视了，结果就是自我中心和主观的法西斯思想，克罗齐正确地将其称为反历史主义（antistoricismo）。

一切都会过去（Tout passe）

存在就是在时间之中存在。这也就是说，在时间之中的存在在某一时刻产生，而且，如果它持续了一段时间，就会在另一个时间停止。根据我的假设，心灵在时间之中：因此，它产生并流逝。

如果这种说法确实是根据这个假设得出的，那么这个假设与那些一直困扰着人类的不朽希望之间就会发生冲突。这应该成为一种启蒙精神的一部分，它欢迎这样的冲突，并毫不犹豫地站在"科学"的立场上反对"宗教"，也就是说，站在这一假设的立场上反对这一希望。但是，这场反对迷信的运动，往好里说是完全没有哲学意义的，往坏里说只是另一种迷信。对我来说，这样一种持久的情感与谴责它的科学精神一样，都是一个重要的事实——确实更重要，因为这种情感深深扎根于人性之中，并在进化的过程中受到更深刻的考验。在过去几个世纪里,只有少数人玩过的东西,与其说是自人类诞生以来所有人赖以生存或至少是生活于其中的东西,还不如说是一种虚假的气味。因此,我不认为对这种希望的任何伪科学解释——即"欲望的投影"或诸如此类的东西——有任何重要的价值。它仍然是一个事实,并抵制所有这些瓦解性的攻击。

"但这只是一个事实,而科学的世界观是一种**观念**;那是**感觉**,这是**思想**;它仅仅是属于人的情感性质的一种状态,标志着它是一种原始的东西,而理性的成长必须摧毁这种原始的东西。"我的回答是:这种对立是错误的。精神的事实**是**一种观念。我们通过反思发现,一种情感持续作为我们心灵的一部分,它就是一种思想,或者说包含着思想。情感本身并没有被理性所摧毁;它被澄清了,它认识了自己,它摆脱了许多奇怪的错误,但是,它经受住了所有这些变化……

自然是变化(change)的领域,精神是化成(becoming)的领域。精神的生命是一种历史:也就是说,它不是一个万物产生又消逝的过程,而是把过去视为现在的一个元素而加以保存的过程。过去不仅是现在的前提,而且是现在的条件。在自然中,过去**是**必然的,以便**现在**有存在的可能(例如,过去必定有一个鸡蛋,现在才可能有一只母鸡),当现在产生时,过去就被抛在后面。而在历史中,只要这是真实的历史,而不仅仅是时间序列,过去就在现在之中保存自身。除非它过去存在,否则现在就不可能存在。因此,如果有一个思想的历史,牛顿的物理学仍然是爱因斯坦的物理学中的必要元素:如果没有这些元素,那么就没有历史,而仅仅有变化。历史学家并不是简单地从现在追溯过去的如其所是:他在现在**之中**发现活着的过去。这种情况的直接形式是**记忆**,过去**作为**意识中的**过去**而继续存在,构成了一个元素,没有它,现在的意识就不会如其所是。

因此,就精神是精神而言,只要它的生命是一种历史,它就不会随着它身体的死亡而死亡。不管怎么说,它**必须**以某种方式存活下去。到目前为止,人类共同的感觉是正确的,而且是有充分根据的。但如何论证呢?这是一个 πολλῆς δεῖται σκέψεως ["需要大量检测"]的问题。

换一种说法。如果 A χρόνω πρότερον["在时间上先于"]B,那么当 B 存在时,A 就不再存在。如果 A λόγω πρότρον["在逻辑上先于"]B,那么当 B(在这个术语的逻辑意义上)产生时,A 继续存在。因此,在一个后面的步骤依赖于前面的步骤的论证中,当后面的步骤提出一个命题时,前面的步骤所提出的那个命题必须持续存在,否则这就不可能发生。因此,在一个历史的序列中,A καὶ λόγω καὶ χρόνω πρότερον["在逻辑上和时间上优先于"]B,① 在时间中有 γένεσις ["起源"],但没有 φθορά["终结"]。而不是像这样的一系列事件:

```
        —
      —
    —              → (时间)
  —
```

将有一个前面的步骤在其中继续存在的序列:

```
    —
   ——
  ———           → (时间)
 ————
—————
```

因此,用自身过去的总和来积淀或充实存在。一般来说,对于心灵而言,这种积淀被称为经验;对于意识而言,它被称为记忆;对于社会共同体而言,它被称为传统;对于知识而言,它被称为历史。

---

① 参见 A 笔记本,第 68—70 页。——作者原注[柯林武德所指的是 λόγω, χρόνω πρότερον("逻辑优先,时间优先")这一节。]

其结果是,在上面定义的一个序列中,我们第一次得到了一个新秩序的模式-品质(pattern-qualities),即由过去的元素构成的模式-品质。现在,这种对时间的超验性似乎不会在生命的层面上发生。条件反射没有满足这些要求:因为在那里,我们拥有的不是持存的过去,而只是持存的过去事件的**结果**,尽管以一种特殊的方式持存,即产生与过去的事件相类似的现在的事件或一系列事件。这似乎不是一个必需类型的系列,而是对这个系列的预测或预言,其存在层次太低,不足以孕育事物本身("孕育"是指一棵树结出果实的那个含义)。但是,这一系列似乎**确实**发生在我们认识心灵的最底层。在心理学家的"无意识"中,过去的事件确实在某种意义上继续发生。没有任何东西丢失了,那里没有过去,除非过去在某种意义上有起源:终结的不是心理状态、观念等,而只是这些事物的**开启**。我们需要进一步考虑的是,这种心理探究所揭示的事实是否构成了**一种真正的**序列(历史序列),或者我们是否在这个层次上,只是在探究它的过程中变得越来越"热衷"。我**认为**是前者,但我不确定。无论如何,意识确实以记忆的形式为我们提供了这个序列。

备注:在此,我反对一种主观主义的记忆理论,即我们通过记住过去来**创造**过去。记忆具有所有与感知相同的给定或发现的标记。我也反对一种表现主义的理论,即记忆的直接对象不是过去的经验,而是现在的图像、痕迹、印记或任何东西,但不是经验本身。我宁愿说,过去留存于现在,类似于第二性质的存在,是真正发生在这个世界上的事情,但是,仅当这个世界在其进化过程中达到心灵的层面时才会发生。在那之前,它只是一种虚拟性的存在:过去就像被破坏性的力量**杀死**了一样——该破坏性力量即消极面的时间,不是死于自然消亡,而是死于战斗,它发现如何战胜时间,并通过成为心灵或创造心灵作为它的保存者而使自己不朽。

因为我否定了主观主义的记忆理论,我也就否定了同一性的意识理论。我对自己过去的认同并不依赖于我的记忆,在记忆中,我部分地发现了那个身份。"心灵并不总是这样想",记住莱布尼兹对这个问题意味深长的回答,他指出意识是一个比他所认为的思想(pensée)窄得多的领域,尽管洛克认为这两者是同一的……

意识的种差[1]

……意识就是既能吃蛋糕又还能拥有它的能力:吃掉它,享受过去经验融入现在的直接品质的余波(after-effects);拥有它,记住过去的经验与现在的经验差异。正如我在其他地方所表明的那样,外部性在一种永恒的融合中被克服。在意识中,这种融合确实发生了(只有有知觉的生物才是有意识的),但是,融合的元素既被结合在一起,又被分离开来。

我们用一个音乐的例子可以解释得更清楚……我已经指出,[2]一段音乐是一组元素的模式,其贯穿始终的模式-品质是这段音乐的审美品质。每一个元素,每一个音符,也是一种模式,这种模式的元素是空气振动,其贯穿始终的品质是音符的音调。我指出,两者的不同之处在于:我们**听到**的是这段音乐(音符)的元素,因此,这是**听闻**元素的一个模式;我们**听不到**的是音符(单个振动)的元素,因此,这是未闻元素(未闻,但在亚里士多德的术语中,可以通过我们的听觉器官"收到")的一个听闻模式。

关于这一点,我现在的评论如下:我们通过**感知**这一行动听到**音符**,在这个感知的行动中,模式的各元素被融合成一个统一体,在这个统一体中,它们的区别就消失了。如果振动减慢,直到我们可以分别听到它们,在同一时刻,我们就不再将其作为构成要素的一个音符而听到它们:我们不能两全其美,要么我们拥有蛋糕(感知单独的振动),要么我们吃掉它(失去单独的振动,只感知它们的模式-品质)。但是,我们通过**意识**的行动来聆听**交响乐**,在这个过程中,我们领悟到一种模式的品质,这种模式的元素**既**被融合成一个统一体,**又**被区分为许多单独的

---

[1] 这一节选自 D 笔记本,第 40—42 页。
[2] 柯林武德在这里指的是 A 笔记本,第 45 页。

对象。观察一下由此得出的推论,(例如,)歌唱特定曲调的鸟儿不仅具有知觉,而且具有意识,①尽管毫无疑问,在许多方面,这种意识与我们的意识不同,而且(基于不在这里讨论的理由)远不如我们的意识发达……

客观性②

我一直坚持理性与经验的相关性,但我并不是说理性只是经验的影子。概念作为事实的形式原因而决定事实,作为它们存在的本质。现在,本质中的存在是多样化的,因此,一种形式能够在多个实例中体现出来。由此,尽管我的经验只能是我自己的,并不是任何其他人的经验,但其中所例示的概念可以在其他经验中得到体现。没有两个人会患同样的牙疼,但他们可能都牙疼。因此,概念提供了一个共同的基础,能够满足各种不同的经验。任何思想的世界都是一个公共的世界,它不可能真正地通达每一个心灵,但对于任何分享相似体验的两个心灵来说是可以通达的。正是因为他们有相似的经验,他们才能共享同样的思想。正是通过分享相同的思想,他们才能知道他们的经验是相似的。

我已经论证过,可能存在多个世界,它们都来自同一个根源,因此都呈现出同一纯粹的本质;同样地,也可能存在多个有限的经验,它们都来自同一个有限的本质,并且都以各种不同的形式展现出这种本质。哲学家们一直不理解,为什么经验会被分离成有限经验者的经验,但在我看来,这一点的必要性已经足够明确,而且是从存在的本质中产生的。经验只不过是二分体的存在项,其本质项是思想。因此,思想中统一的东西必须分殊在经验中。

客观性是概念的特征,它以此来超越经验。就我的经验所给予的

---

① 柯林武德在这里插入参考了 D 笔记本,第 28 页。
② 本节和以下三节内容选自 E 笔记本,第 33—35、58、109—114、156—157 页。

东西是存在于我的经验之外的而言,它是客观的。它不需要超越所有的经验:把法国大革命称为一个客观的历史事实,并不意味着它的存在真的脱离了那些参与其中的人的经验;它也不意味着那些经验中革命的样子与我的历史研究中的革命看起来完全一致;它意味着法国大革命是一个思想或概念的对象,它以不同的方式出现在不同的人的经验中。凡是对法国大革命有真正了解的人,无论是同时代的观察者还是历史系的学生,都知道它究竟是什么或本质是什么,也就是说,他们构思出它的本质,而这个本质是一个公共的和客观的概念,任何思考的心灵都可以进入他们的经验。

这个例子旨在表明概念或本质不是永恒的对象,历史思想以个体事件为对象;生物思想,以生命出现以来就限于这个世界的结构类型为对象;物理思想,以限于这个世界的结构类型为对象;数学思想,以对所有可能的世界普遍的东西为对象;只有在纯粹的形而上学中,我们才会遇到真正永恒的对象。客观性并不意味着永恒性,它们只是作为相似经验的共同体,并且有许多不同的理由可以解释为什么两种经验可能是相似的……

理性的模式:理论上的

……**历史**是这一本质成为存在的过程。① 在这里,实在不是抽象的概念,而是将这个概念存在化为个体的时空形式。对于历史来说,真实就是成为一个**事实**,即在**过去性**(pastness)中寻求客观性(因为思想仍然是抽象的,并且在一个对象中寻求实在):因此,实在被设想为过去的样式(*sub specie praeteriti*)。

请注意:历史思想的对象,虽然是个体的,但不是具体的。它仍然像科学一样,是一种抽象,只是过去的图式,而不是全部具体存在的过

---

① 在前面的段落中,柯林武德说:"对于科学的心灵来说,实在存在于这个绝对公共的概念世界中,它是完全客观的,并且移除了与思维心灵的所有相关性。"

去。没有哪一个历史学家曾经尝试过**这样的想法**,他们只是去获取关于过去的某些特定问题的答案。① ……

历史学②

……历史学,就像科学一样,都是从经验开始:不是从单纯的此地和此时(纯粹的感知)开始,而是从对一个持续的和变化的给定世界的意识开始。这个世界已经包含了它自己的过去,就像我们记忆中的经验那样;因此,过去本身并不是由历史学发现的,历史学可以说是延伸和阐述了经验的一个阶段,而经验的根源已经呈现在意识中。但是,历史不是记忆。如果历史是我所记得的,我就没有必要通过历史研究去发现它。某个心灵将历史思想运用到某个事件上的这个单纯的事实,就证明了这个事件并没有落在它的记忆之中。更接近真实的说法是,正如培根和17世纪的思想家普遍所言,历史学家收集并汇总了他人的记忆,无论是生活在自己的时代的记忆,还是以文字记录下来的记忆;但即便是这样的陈述,也忽略了历史思想的真正本质,即它的目的是发现一个没有人记得或曾经记得的过去,因为从来没有人知道它。③ 勾勒罗马帝国经济史的历史学家所描绘的是一种当代还没有人把它作为一个整体来看待的事物的状态,而这个整体并不是历史学家的大脑从同时代人分别看到和报告的各个部分组建起来的,因为历史学家思想的对象的这个整体不是这些部分的总和,而是联合它们的关系体系。正是因为他掌握了这种关系体系,他能将某些同时代的人所宣称的事实认定为不准确或误导的,从而拒绝它们,并插入他自己对于某些关心

---

① 在此之后,柯林武德转到了"历史学"一节。在页面的左边添加了以"请注意"开头的段落。
② 标注的写作日期是1934年4月7日。
③ 柯林武德在接下来的一页上补充道:"这个原则给出了这一问题的答案,即为什么历史学家不应该预言未来。每个有着良好历史感的人都知道他不应该预言未来,但为什么呢?因为历史学家应该预言未来的观念意味着他应该事先告诉我们当事情发生的时候我们将经历什么,例如:**我**将成为从窗户掉下来并在国王加冕典礼上丧命的那个人。但这正是历史学家对过去所不知道的事情。"

的事情的推论,而关于这些事情,它自己的来源是沉默的。

那么,历史的过去不是一个被记住的过去,也不是个人所记忆的过去的总和。它是一个观念的过去,通过理论化或思想的过程进入他的心灵,在某种程度上类似于科学家通过理论或思想所形成的概念的观念世界。正如科学家从符合自己经验的观察和实验开始,历史学家从符合自己经验的记录和证据开始。历史思想与现实经验的联系在于这一事实,没有任何东西能够成为历史学家的"来源",除非这个东西进入他个人经验的范围。如果他依赖于别人对他没有见过的文件的描述,那么他的来源不是这个文件本身,而是对这个文件的描述。

进一步来说,跟科学家的概念世界一样,历史学家的过去也是客观的。没有人能够分享他对来源的经验的每一个细节,但是,他由那个经验所导出的关于过去的观点可以被他人分享,而且这个观点如果对他有效的话,对他们来说也是有效的,因此,他们对它的批评反过来对他也是有效的。

最后,历史学家的世界类似于科学家的世界,两者都是一个抽象的世界。如果人们认为历史学家的工作就是照直描述过去发生的事情,这似乎是一种非常草率的看法;但是,要把最微小的历史事件原原本本地描述出来——包括历史事件的每一个细节和环境、行动者的每一种情绪的变化,以及行动中每一个环节的发展——都远远超出了最博学的人的技能,并且也没有历史学家曾经这样尝试过。历史学家总是试图做一些非常不同的事情:回答关于过去的某些特定的问题,也就是说,他把自己限定于关于过去的某些选定的方面。因此,他最希望做的事情,就是对他正在研究的事件做出一个抽象的或概括性的描述,其中大量的事实,却由于这样或那样的原因而被省略掉了——或许是因为他认为它们不重要,也许是因为他没有证据来证明它们是重要的,他选择或发现自己被迫忽略了它们。我们从中得出的推论是,就像科学家的抽象概念不能完全解释具体经验的世界一样,因为这些概念的增加不能说明具体世界中的每一个细节究竟是什么,历史学家的抽象过去也不能完全解释给定的具体现在,这不是抽象过去的结果,而是历史学家没有试图重构那个具体过去的结果。

历史学和科学的相似之处就到此为止。两者的主要区别在于,科学家在寻找抽象的概括,而历史学家则在寻找抽象的个体。科学家的概念是从所有空间和时间的定位中脱离出来的一种本质,因此能够在任何时间和任何地点的一个实例中实现它自己;历史学家的概念(因为它是由思想所达到的概念)是一种已经实现了存在的本质,也就是说,一种在空间和时间定位中存在的本质。引力在任何地方都发生,并且总是在任何地方都发生过;诺曼征服只发生过一次,并且只发生在一个地方。历史概念的客观性,它从主观经验的流变中分离,是通过它在过去中的定位来实现的。这保护它不受现实利益的侵扰,并使它处于一个所有激情都被消耗的区域,因此,在那里,思想可以是纯粹理论的。仅如天文学家居于他的天文台那样,历史才位于现在之中。历史学的事务与现在无关,尽管它的数据位于现在。只要在政治、经济、宗教、艺术等方面的问题是一个需要通过实践活动来解决的实际问题,那么就不具备历史处理的条件。只有当实践(*faciendum*)已经成为一个事实(*factum*)时,历史学才会开始认识它。

因此,历史学就像科学一样,是对世界的片面和不完整的观点,不是旨在无事不知(*de omni scibili*)的知识,而是针对某一特定领域的知识,它脱离了经验所给予的现实性,故意忽略现实中某些必要要素。历史学家把自己限定在对过去的研究中,无疑为自己的思想发现了一个客观的、可理解的、迄今为止值得研究的对象。历史学家在认识到那个对象不是作为纯粹本质的概念,而是作为存在的概念时,他就在形而上学发展的次序上,将自己的目标比科学家的目标推进了一步;但是,如果他的计划建立在一个基本的抽象概念之上,将概念世界与实际经验世界分离——在他看来,把过去与现在分离——那么,他不得不意识到他的计划——不是因为没有实现,而是因为计划本身的规定——使他无法对这样一个一直在追问的问题给出完整而充分的答案。这个问题是,"为什么我的经验是**这样**,而不是别的什么?"像科学家一样,历史学家能够并且确实给出了部分的答案;但他不能给出一个完整的答案,这不是因为他是一位糟糕的历史学家，而是因为他是一位历史学家。

关于因果关系的附记①

在完成关于因果关系的亚里士多德学会的论文之后②，我就陷入了这样的境地：尽管 17 世纪的物理学家认为，预测自然的**最终**原因是一种非法的拟人论(anthropomorphism)，但自然本身确实是按照有效的因果关系来运作的，而且，当我们从有效因果关系的角度来思考自然，我们就是在正确地思考它。然而，我相信我已经证明，第二种自然科学就像第一种自然科学一样是拟人化的，而且几乎没有权利宣称客观有效性：**结果是什么**？从希腊人到我们自己，在自然科学方面有两项伟大的努力：它们都是错误的，（似乎是）因为拟人化。摆在我面前的选择似乎是：

（a）我们**所有的**自然科学都是拟人化的。我们唯一的知识是历史知识，即人类的自我认识。我们试图了解自然的尝试只导致把自然当作好像是人类一样来思考。

（b）**因果性的**自然科学是拟人化的，但存在或可能存在一种非因果性的自然科学，它不是拟人化的。

（c）虽然是拟人化的，但并不是错误的，因为自然对人类来说并不真的是异质的。我们所谓的物质就是心灵。

（a）我怀疑这将会是一个正确的选择。困难在于如何回答这个问题："然而，这个我们只能当作人类来认识的叫作自然的东西到底是什么？"回答："如果我能告诉你，我就应该拥有我所说的那种没有人知道的知识。"问题："为什么我们没有那种知识？"回答："根据假

---

① 标记的写作日期是 1937 年 12 月 27 日。柯林武德在完成《通向一种形而上学笔记》的剩余部分三年之后，又添加了这个附记。

② 柯林武德在这里指的是他的论文《论所谓的因果关系观念》("On the So-Called Idea of Causation"，*Proceedings of the Aristotelian Society*，38［1937-1938］)，第 85—112 页，其内容随后被纳入他的《形而上学论》(*Essay on Metaphysics*，Oxford，1940)一书，第 285—343 页。

设(*Ex hypothesi*),没有人知道那种知识。"

(b)这种非因果性知识是什么？**数学的**自然科学？我想这同样是主观的,但必须要证明这一点。

(c)不会这样的。因为要使"自然"是真实的,"自然"就必须是一种相当高的心灵,而不是人所能言说的人的瞬间(*mens momentanea*)。

作为理解现在的历史学[1]

历史学的最终目的不是知道过去,而是理解现在。历史学家所做的是,当他发现自己面对事物的某种事态时,他会说"这只是事实,我不明白事情**为什么会这样**"。这使他历史地思考它,并给出其起源的描述,这就是它的解释。

(1)**这一过程的性质**。过去是对现在的解释,但是,只有通过分析它在现在的痕迹(证据),我们才能知道过去。常识的观点似乎是,历史学家**首先**发现这些痕迹(它们是什么),**然后**发现从这些痕迹得出关于过去的推论是什么:区分 τὸ τί ἐστιν["它是什么"](确定事实是什么),然后决定 τὸ διότι["为什么"](发现过去作为它们的解释)。

这似乎是错误的。克鲁索没有**首先**确定这是人类的足迹,**然后**推断这是由一位人类访客留下的脚印。我也没有**首先**发现某些分层遗迹(格罗弗桑克的萨米安红陶[2]、弗拉维王朝的粗陶器、韦帕芗的铸币),**然后**推断弗拉维王朝的占领。发现证据是什么,就已经解释它了。通

---

[1] 这篇简短的手稿没有注明日期,但提及奥克肖特的《经验及其模式》(*Experience and its Modes*, Cambridge, 1933)一书中的学说,表明这份手稿是在该日期之后写的。唐纳德·泰勒将写作日期定于1934年(*R. G. Collingwood: A Bibliography*, New York, 1988, 第70页),克里斯托弗·德赖斯巴赫将写作日期定于"1934年或更晚"(*R. G. Collingwood: A Bibliographic Checklist*, Bowling Green, Oh., 1993, 第27页)。两位作者都认为这份手稿是在处理奥克肖特的历史观,但事实上,柯林武德将其主题("作为理解现在的历史学")视为完全独立的,奥克肖特的立场仅在最后被提及。(博德利图书馆,柯林武德论文,dep.15.)

[2] 参见柯林武德:《罗马不列颠的考古学》第13章"萨米安陶器或古罗马的黑色陶器"("Samian Ware or Terra Sigillata"),第200—215页。

过认出这是人类的足迹，克鲁索已经得出了关于访客的结论，诸如此类。

141　　我推断，现在的是什么（τὸ τί ἐστιν）就**是**过去——过去是现在的实质性存在：认识过去不是认识现在**如何**成为这样的，而是认识它**是什么**。"在我面前的这份文件是国王约翰授予某某修道院某某土地的特许状。"——这是关于对象**是什么**的一个描述，并说明了它**为什么**是这样的。

然而，我们必须小心，不要在"证据"和"它导致的结论"之间明确断言一种**推论关系**。两者之间的关系更像是看到一个侧面和看到一个物体之间的关系。理智地观察一个侧面**是**为了看到这个物体：**如果没有**理智地看，这个侧面就不能提供可以推断出一个物体的数据。

（2）**这一过程的限度**。过去并没有**真正**全面地解释现在。它只给出了现在的**部分**解释——不是一个完整确定的解释。例如，和平条约和德国的失败部分解释了纳粹的心态，但是，即使你无穷地（*ad infinitum*）增加条件（德国社会主义、对俄罗斯影响的恐惧等），你也永远无法得到一个完整的解释。

我认为理由是，给定的历史事实总是**比它本身更多**。就内容而言，它就是这样（即过去）；就形式而言，它是自由的活动。理解它＝理解它是什么，即理解它的内容。而它的形式是未被理解的，因为它逃避了理解。

将其作为主观性：历史学家让自己理解他自己的观念世界，他也这样做了，但他并不要求自己去理解他所凭借的占有这个观念世界的行为；他只是"享受"它，并把他的享受视为理所当然。他为什么要拥有历史观念呢？他不知道，这不关他的事。但是，只要他不明白**这一点**，他的整个历史经验只不过是作为一种单纯的数据呈现给他，他可以无限地分析它，但却无法从整体上解释它。在这里，他只是发现自己拥有这个问题和解决它的方法（两者是相关的：一个不能被我解决的问题，对我来说就不是问题）。

将其作为客观性：过去不拥有现在，现在拥有它自己的过去。现在通过肯定自己的占有行为,确立了自己的过去。对过去的这种假定是现在自我定位的一部分。这种对现在的自我定位总是且必然避开历史学家。

对于历史学家来说,这种限制似乎是**偶然的**:也就是过去对现在的一种不完全的决定。他引用过去的事件来解释现在为什么是现在这样,但并不是决定现在:它只决定了现在可以选择的**可能性**。没有哪位历史学家能够声称自己已经表明,某一系列的事件**一定**是这样的,而没有其他可能。一个人收入的下降可能会导致他缩减开支或破产,这当然取决于他是什么样的人,但他是什么样的人永远无法最终确定:这是他在自己的行动中自己决定的。他破产了,我们说他**是**一个挥霍无度的人,但这并不能解释他**为什么**选择了这种行动方案,这只是说他**确实**选择了这种行动方案。选择这一路径的"自由意志",只有当它不再是一种行动而**已经**变成事实时,才能成为历史学家的一个实在。当这种情况发生时,历史学家的境况并没有好转,因为自由意志现在处于另一种局势,并且历史学家面临着另一种选择。

这就是奥克肖特的学说,即历史只是一种经验模式,而不是经验本身。它不是"完全的自我意识",因为以过去的样式(*sub specie praeteritorum*)来构思实在,它忽略了现在的实在,或者更确切地说,它通过忽视过去已成为过去的方式而肢解了实在。

就职演讲:粗略笔记①

"常识"理论(记忆加权威)。我将称之为历史知识的常识理论:我的意思是说,这是大多数人每当在思考这个问题时,都会相信或者假定自己相信的理论。像大多数常识理论一样,它并不是完全错误的。它对历史思维的基本形式给出了一个粗略而现成的描述。它只描述了历史思维的表面层次,但却没有深入进去。就更微妙和更高级的历史思想类型而言,它甚至没有达到表面上正确的程度;它不过是不相关的。尽管如此,我还是要从它开始,部分原因是像这样的常识理论深深地影响了我们的日常思维,以至于要想对它们的错误免疫,唯一方法就是给我们自己注射预防它们的疫苗;部分原因是我相信它们从来都不是完全错误的,总是可以从它们身上学到一些有价值的东西。

历史学的常识理论认为这是一个传统问题。这是一个需要至少两个合作伙伴的合作事业。历史上已知的事件或事态首先必须被一个亲历它的人记住;其后他必须把他的回忆告诉另一个人;然后另一个人必须接受他的陈述为真。历史学家是这两个人中的第二个人。第一个人不是历史学家,他是历史学家的权威。例如,如果西塞罗写信给一位朋友,说他某一天在某个地方遇到了恺撒,西塞罗陈述的是他在写信时所回忆的事情。正在试图重构一部恺撒传记的历史学家,接受西塞罗作

---

① 本文是柯林武德就任牛津大学温弗莱特形而上学讲座教授的就职演讲草稿,他于1935年10月28日以"历史的想象"为题宣读了这篇讲稿。这篇讲稿当时由牛津大学出版,后来被收录在《历史的观念》(第231—249页)。本书收录该草稿,因为它与最终版本有很多有趣的不同之处。(博德利图书馆,柯林武德论文,dep.13.)

为他的权威,在他的叙述中整合入恺撒当时就在那里的事实。

根据这一理论,这是所有历史思维的一个恰当的样本。因此,从理论上讲,历史并不等同于记忆;写回忆录的人不是历史学家,尽管他在为其他的历史学家提供原材料;历史就是相信别人记住并承认自己记得的东西。

推论一:依赖权威(没有独创性)。从这一理论中可以很明显地看出某些推论和难题,我们不需要坚持它们。其一是历史学家完全依赖他的权威。如果他们的记忆是错误的,或者他们忽略记录他们所记得的事情,或者他们隐瞒或歪曲了他们所记得的事情,或者(最糟糕的是)他们故意说谎,那么历史学家就没有办法补救;他不是因自己的过错而陷入无法弥补的无知或错误之中。令人奇怪的是,竟然有这样一种知识,错误是不可能被防范的,而且由于这个原因,它不会对陷入错误的人造成不良影响。然而,这正是权威概念所蕴含的东西,因为它是这一概念的本质,比如说,如果我出于对医生权威的尊重而服用药物,或者出于对西塞罗权威的尊重做出陈述,如果药物或陈述是错误的,那就是医生或西塞罗的责任,不由我自己来负责。

推论二:需要选择;历史的重要性。一个更严重的难题来自这样一个事实:历史学家的权威经常告诉他的不是太少,而是太多,他们用各种他不需要的信息和他不感兴趣的信息来淹没他。如果他把他们告诉他的每一件事都写进自己的作品里,他的作品将只是一团混乱,其中包含许多互不相干的细节。因此,就像画家一样,如果是自然写生,他必须选择他认为必不可少的东西,并将其描绘出来,忽略他认为不重要的无限多的细节。所以,历史学家必须从他的权威提供给他的杂乱事实中进行选择,他认为那些他选择的事实具有历史重要性,并复制这些事实,省略其余不重要的事实。

这个困难比另一种困难更为严重,因为除了对权威概念造成不可挽回的损害之外,别无他法可以避免。补充或纠正一个权威所做的陈述的困难,只能临时地和暂时地通过罢工的行为来解决:我们可以说,这是没有办法的,我们必须接受这一事实,即我们只能知道权威所告诉我们的东西,这是历史知识的一个条件和限制。但是,从权威们告诉我们的所有陈述中,选择那些我们认为重要的陈述,是一个我们无法回避的困难。只有当我们使用像修昔底德或塔西佗这样的权威时——他们作为第一流的历史学家,已经为我们做了选择的工作,并且记录了他们认为具有历史重要性的东西,我们似乎才能够逃避选择。即便那样,格罗特发现自己不得不尽可能地转录整页的修昔底德著作来书写自己的历史,这并不是因为修昔底德认为他叙述的细节具有历史重要性,而是因为格罗特认为它们具有历史重要性。

这对权威来说是致命的。究竟是什么赋予了一个事实的历史重要性,这个问题常常困扰着那些试图对自己的研究进行哲学思考的历史学家。这是一个无法回答的问题,但重要的是应该提出这个问题,因为这个问题揭示了历史学的常识理论中的一个致命缺陷。根据那一理论,历史学家的工作就是研究他的权威,找出他们要说的话,并基于他们说了这些话而接受它们。根据那一理论,他对他们所说的持一种纯粹的接受态度。但现在看来,他必须采取另一种截然不同的态度,一种有判别力或选择性的态度,使得他能够行使自己的独立判断,并将他的权威所告诉他的事情分为重要的事情和无关紧要的事情。某一事实是否重要的问题,是他的权威没有为他回答的问题,因而他不能通过单纯地接受他们告诉他的事情来为自己回答这个问题。因此,每当他提出这个问题时,他必须放弃这种接受的态度,不再认为他的权威提供了他所需要的任何东西,并转而利用其他来源。而这个来源是什么,常识理论无法告诉我们。事实上,常识理论坚持的原则是,不存在这样的来源。

批判的历史学。(1)**权威之间的冲突**。当我们转向我所称为历史研究的更高级分支时,一种更为紧迫的困难便开始向我们袭来。首先,我将简要地介绍批判的历史学的问题。对于同样的事实而言,当我们拥有两个或更多的权威时,他们的证词不仅时有冲突,而且几乎总是发生冲突。有时,证词之间的冲突只会发生在我们认为不重要的小问题上(再次强调,尽管这很难为我们的观点辩护),我们可以简单地把这些未解决的小问题搁置在一边。有时,我们可以把各种不同的权威看作是为我们的马赛克拼图贡献了他们自己的配额,我们可以在不自相矛盾的情况下把每一块都拼合在一起。但经常发生的情况是,我们无法避免断然拒绝一个权威的证词,因为它与另一个权威的证词相矛盾。任何一位历史学家,只要他已经达到一定程度的专业水平,并且正在处理大量复杂的证据,就会不断地这样做,然而,根据历史学的常识理论,他没有权利做这件事。他这样做的事实证明了,历史思想中有一些元素是这个理论没有说明的。

批判的历史学。(2) 不可能发生的事情和 οἷα ἂν γένοιτο["可能发生的事情"]。此外,即使没有权威的冲突,批判的历史学家有时也会发现自己被迫拒绝一个陈述,因为它断言发生了他认为不可能发生的事情。研究罗马的历史学家们对李维所描述的异象不闻不问,并不是因为他们认为这些异象不重要,而是因为一种我可以宽泛地称之为哲学的理由,这些历史学家认为李维错误地认为它们发生了。赫胥黎自称愿意相信任何事情,只要证据确凿有力,但他辩称,就此事例的性质而言,没有足够的证据使他相信《圣经》中记载的奇迹确实发生了。这些都是极端的事例。但它们揭示了这样一个事实,尽管历史学家显然是被动地接受了他的权威所告诉他的任何东西,但他总是通过参照他自己的标准来检验这一证词,以此来区分可能发生的事情与不可能发生的事情。

批判的历史学:质问证人。批判的历史学对于历史知识理论的重要性在于,批判的历史学家(以及每一位具有批判性的历史学家,因为现在没有,而且从来没有完全不加批判的历史学)已明确放弃了对权威们告诉他的东西采取一种单纯接受的态度,因此不再从这个词的正确意义上把他们视为权威。他们现在不被当作权威来看待,而是被视为证人。正如培根的著名比喻所示,自然科学始于科学家们将自然置于他的问题之中,拷问她以迫使她回答他的问题,因此,批判的历史学始于历史学家将他的权威放在证人席上,并从他们那里榨取信息,这些信息在权威们原初和免费给予的陈述中被隐藏起来了,或者是因为权威们知道却不想提供这些信息,或者是因为他们不知道,因此就无法提供这些信息。

实例(1):证人隐瞒事实。我将举一个事例来说明,历史学家可以从他的权威们那里提取出他们拥有但却竭力隐瞒的信息。在研究恺撒关于他入侵不列颠的叙述时,如果这位历史学家的头脑处于警觉状态,他就会发现自己在问自己:"恺撒究竟想要通过这次入侵得到什么?"他将会注意到恺撒在这一点上一直保持沉默;这种沉默与恺撒对自己入侵日耳曼的坦率形成了鲜明的对比。对于那次入侵,他说他实现了一切想要实现的目标。由此推断,他在不列颠的意图没有实现。他从对手那里获得了屈服、人质和贡品;然而,他想要得到更多。更多的只能是永久的征服。到了这一点,历史学家在他的新观念的探照下,重新审视了所有的证据。他发现这个新观念照亮了证据,并使之成为一个连贯的整体,而且,他得出结论,这个观念是正确的。

实例(2):证人不知道事实的情况。权威们也可以向历史学家提供他们自己并不掌握的信息。这是件容易的事。一位医生询问病人时,从他的回答中发现他得了一种他自己从未听说过的病;一名机械师,从车主对汽车故障的描述中,可能会发现哪里出了问题。因此,从狄奥①对克劳狄乌斯入侵不列颠的描述中,历史学家可以发现狄奥自己不知道的事情:不列颠人打算在梅德韦河进行一场决定性的战斗,这让罗马人很失望,他们原以为自己的主要阵地会在泰晤士河上。

如此来看,恺撒或狄奥不再是权威了,因为我们从阅读他们的著作所学到的东西,不再仅仅因为他说了就被相信;我们之所以相信它,乃是因为它在某种程度上隐含在他所说的话中。我将在后面考察这一蕴涵的确切性质。②

权威成为来源。就目前而言,我必须指出,随着对曾经被称为我们

---

① 狄奥·卡修斯(Dio Cassius,约 155—235),罗马历史学家,著有 80 卷《罗马史》,此书从罗马神话开始,涵盖了大约 1400 年的历史。——译者注
② 在此之后,以下内容被划掉了:"在这里,我必须说,它与前提中隐含的结论完全不同。"

的权威但今后必须被称为我们的来源的这种态度的转变,我们对什么东西有资格被用作来源这个问题的回答也发生了极为重要的变化。当我们设想历史学依赖于权威,历史学家只能通过一个可靠的目击者告诉他已经发生的事来了解一件事,唯一可以被用作权威的东西就是一些明确的陈述,表明某些事件已经发生了。但现在看来,历史学家在工作中所做的陈述不一定要重复他的来源中已经做出的任何陈述,当他把工作做好时,他总是以自己的权威做出陈述,在他之前没有人做出过这样的陈述。

来源不必是陈述。由此可见,他的来源根本不需要由陈述构成。如果他说有人拿过这把左轮手枪,他这样说的理由不一定是证人发誓说看到手枪在那个人手里,也可能是他在手枪上面发现了那个人的指纹。

书面和非书面的来源。历史学家经常区分书面来源和非书面来源。就这一区分而言,它不仅仅是一种经验上的意义,它相当于由现成陈述组成的来源和没有现成陈述的来源之间的区别。我在这里想说的是,对于批判的历史学家而言,没有任何来源是完全由现成的陈述组成的。例如,一枚钱币上刻有铭文,写着它是由某个统治者发行的,但是,历史学家从钱币中所得出的不是这一事实——作为一个历史学家,他感兴趣的不是这个特定的统治者发行这个特定的硬币这一事实,而是这个统治者发行的硬币被使用在某个特定的地方这一截然不同的事实,而这一点并没有在硬币上的铭文中陈述。这是历史学家的一份原创的和自我授权的陈述,取决于他让自己满足于:钱币不是伪造的,它是在那个地方被发现的,不是被一位现代收藏家丢弃在那里的,等等。再举一个例子,一个墓碑上写着某个人的名字,或许连同他的年龄、出身、职业等等,那个人就葬在这里。历史学家从中得到的并不是这些事实,而是很可能在墓碑上根本没有提到的事情,例如,墓碑的工艺风格所蕴含的那类人居住在那个地方的日期。这些来源是被归类为书面的来源还是非书面的来源?当然,从字面上看,它们是书面来源,但是,历史学家对它们的使用与他对一枚未镌刻的硬币或一件雕塑作品的使用没有任何不同。他知道一些铭文上没有告诉他的关于这个对象的东西,而这就是他用来作为历史证据的东西。因此,大量的器物、器具等构成了我们通常所说的考古学的材料。

历史学的原创性。事实上,正是在考古学中,历史思想的原创性或自我授权特征最明显地体现出来,因为在此最明显的是,历史学家所做的陈述并不是来自任何权威的亲口所述(*ipse dixit*)。这里同样显而易见的是,历史学家有能力重新发现已被完全遗忘的事实,尽管没有连续不断的传统来告诉他这些事实;这对历史学的常识理论来说当然是致命的,因为它完全依赖于记忆和权威。更奇怪但对史学理论非常重要的是,历史学家能够以这种方式恢复事实,直到他确定了这些事实,才有人知道这些事实。例如,公元2世纪的高卢陶艺工为罗马帝国的大部分地区提供了他们的产品。那时的高卢陶艺工可能没有人知道他们的产品在欧洲分布得如此广泛,而当今的每个学生都会知道这个情况。今天的历史学家广泛地勾勒了罗马帝国的经济状况,正在做一些罗马人无疑没能做到的事情。

对这一论点可能会有如下回应,所有现代历史学家所能做的就是把每一个同时代人所知道的事实制作成一幅马赛克拼图,而且他的这幅拼图中没有一个事实是他们所不知道的。这就像休谟的论点一样,每一个观念都必须从一个印象中衍生出来,而所有的想象所能做的就是重新分配来自感知的材料。但是,休谟自己发现事实并非如此,他看到,想象有一种能力,在记忆从感觉汇总产生的两种深浅不一的蓝色之间,可以插入第三种并非由此衍生出来的色调。同样地,历史学家所知道的事实,尽管其中包括许多为历史舞台上的演员所熟知的事实,也包括那些不那么为人所知的事实:他通过研究他被告知的东西所蕴含的东西而得出事实。

构造的历史学:原创性。这使我进入比起批判的历史学更高层级和更重要的历史思想的一个分支。我将其称为构造的历史学。它本质上取自权威们的陈述,而在历史学家对这些权威所做的陈述进行批判之后,它并不是由许多事实的碎片而拼凑成的马赛克拼图,而是从众多线索中推论出的必需事实。在这里,成为历史叙述或描述的那个最终作品,并不是历史学家直接援引自一个权威的陈述或单纯地将其摘录并拼凑在一起的陈述的集合,而是通过思考权威们叙述中所蕴含的陈述而获得的那个叙述或描述,它并不是被告知的,而是历史学家自己构想出来的。

构造性的要素从不缺席。我将其称为历史思想的一个分支,但我想强调的是,所有的历史思想在实践中都是这样的。历史学家可能会认为他们只是接受他们被告知的东西,或者他们只是在以一种批判的精神来做这件事,选择那些他们认为最值得信任的权威,但是,他们从来没有仅仅做这两件事中的任何一件事;他们总是在某种程度上为自己思考,以他们的权威的陈述为线索,来发现真实发生的事情。但是,这种在所有历史学中都存在的构造性或推论性的要素,往往是以一种贫乏的,好像是未成熟的形式出现;正是这种要素的更高级的发展,标志着优秀的历史作品从平庸之作中脱颖而出。

如果这种要素从不缺席,为什么会被忽视呢?参见感知。如果这一要素在所有的历史思维中都存在,那么常识理论完全忽略它似乎是很奇怪的事情。但这并不奇怪,至少从某种意义上说,同样的事情并不少见。凡是看过印刷品校样的人都知道发现印刷错误有多么困难。选取一个熟悉的词,用另一个字母代替其中的一个字母,在百名读者中,有九十九个人会想象自己看到了本应该在那里的字母。如果在我们平常的阅读中,我们习惯性地只感知到一部分被印刷出来的东西,并将其作为一个线索在我们的想象中构造其余部分,同样的事情就在发生。阅读的真理也适用于所有的知觉。我们通常说我们所感知的东西,在很大程度上,实际上都不是感知,而只是想象。我们需要努力去发现,我们不是在看,只是在想象一棵树后面的一座小山的轮廓,或者只是在想象被一个阴影遮住的一张桌子的腿;通常情况下,这个事实完全逃过了我们的注意,直到有一些偶然的机会,我们想象出事实并非如此,然后,我们发现了其中的不一致之处。

插入式想象(Interpolative imagination)。就像在我们的日常感知

中一样,在历史思维中,构造性想象的工作也发挥着不可或缺的作用,尽管它通常不为人所知。如果我们的权威们告诉我们,恺撒六月在罗马,七月在布洛涅,我们毫不犹豫地相信,他在此期间从一个地方旅行到另一个地方,尽管没有人告诉我们这一点;就像我们眺望大海,我们看到一艘船在某一个地方,当我们五分钟后再望过去的时候,我们会毫不犹豫地相信,当我们没有注意看它的时候,它曾经占据过各个中间位置。在这两种情况下,我们信念的来源都是我们的想象活动。我们所知道或相信我们自己所知道的关于我们周围世界的东西,主要是由这样的想象构成的,这些想象活动被插入分散的感知之间。类似地,我们所知道或相信的关于历史的东西,大多也是由想象构成的,也类似地,这些想象被插入我们的权威们所记录的事实之间或事实之中。

152　　**历史和历史小说**。这似乎是一种危险的学说。历史知识,如果我们仍然可以用这个名字来称呼它,现在似乎只是一种想象的组织,只有在被记录的事实所提供的固定点上,它才真正地被实在的世界所固定住。如果是这样的话,那么历史学家的作品与历史小说家的作品的区别是什么呢?难道小说家不是有意识地做了每一位历史学家都在无意识做的事,而优秀的历史学家知道他们在做什么,所以知道自己只是历史小说家吗?

　　先验的(A priori)想象。我认为答案是,历史的想象(如果我可以借用康德的话来说)是先验的。它具有普遍性和必然性的特点。历史学家所想象的,就他所做的恰当工作而言,正是他必须想象的,而不只是他可能想象的;而且,这不只是他事实上所想象的,以及此时此刻所想象的,而是任何一个拥有他的证据的历史学家所能想象的,以及他在另一个场合和以另一种心情考虑同样的证据,就会想象的。历史小说家的想象(就康德哲学的对立面而言)是一种经验的想象(empirical imagination),他从记录下来的事实的同一个固定点出发,在这些事件之间插入了一些事件,即便这些事实可能发生了,也可能没发生。我举个例子。塔西佗说,当布迪卡的叛乱消息传到安格尔西岛的总督苏维托尼乌斯·鲍利努斯那里时,后者匆忙赶到伦敦,当他看到那里的士兵数量很少时,决定不去保卫它,而是把它遗弃在毁灭中。后来,他在自己选择的战场上进行了一场激烈的战斗,并摧毁了布迪卡的主人。历史学家在阅读这篇叙述时运用了他的想象,他不得不扪心自问,为什么鲍利努斯没有保卫伦敦。哈佛菲尔德①认为,这是因为他是带着骑兵到那里去的,在他的步兵出现之前,他不能攻打布迪卡。我认为哈佛菲尔德当然是对的。无论如何,在对塔西佗的叙述进行了最仔细的审查之后,我无法拒绝他的建议。但我不得不承认,苏维托尼乌斯从安格尔西岛到伦敦这段行程,对我来说,就像对于哈佛菲尔德一样,纯粹是想象的,正如对月亮的背面或未打开的鸡蛋的内部的想象一样。这是一种必要的或先验的想象。另一方面,假如有人写了一部有关布迪卡叛乱的历史小说,并把他的英雄塑造成一个年轻的英国人——辛白林②的孙子,他起初热情地接受了罗马人的生活方式,并成为总督儿子的知己,但渐渐地厌恶罗马的贪婪和治国无方,在忠诚与背叛的冲突中,经过良心的激烈斗争,最终加入了叛军,等等;所有这一切都不会比对苏维托尼乌斯的行程的想象更少,而且这会是很有可能发生的事情,但这终将是小说,而不是历史,因为如果我们的作家被问道:"证据中有什么让你想象这个人的存在,以及以这种或那种方式行事?"他只能回答说,什么也没有。

没有什么东西是给定的。让我们暂停一下,看看我们的立场。批判的历史学不是单纯地接受权威;批判的历史学家盘问证人,纠正他们的陈述,并从他们那里汲取他们竭力隐瞒或不拥有的知识。构造的历史学在从来源中发现的事实之间插入历史学家自己的想象所提供的其他事实。现在,如果历史学家的工作只是构造性的,而不是批判性的,想象性的构造之网将仍会牢牢钉在权威们所提供的客观事实的固定点上;如果这些固定点足够频繁,在它们之间插入的想象性的飞行将永远

---

① 哈佛菲尔德(Francis John Haverfield, 1860—1919),英国考古学家和历史学家,曾师从德国罗马史大家蒙森,是现代罗马不列颠研究的奠基人。——译者注
② 辛白林(Cymbeline)是在公元1世纪时抵御罗马入侵的不列颠国王,莎士比亚晚期创作的传奇剧《辛白林》中的人物。——译者注

不会离地面太远,也几乎不会失去与他们努力表现的实在的联系。如果对证人的交叉质问可以通过实际上将他们放在证人席上进行核实,迫使他们承认他们的原始陈述是错误的,修改后的陈述将取决于他们的权威,并且一切顺利。我们仍然可以接受我的探究起始的历史知识的常识理论,通过指出审视证人的必要性来修正它,以及仅通过附带使用构造性的想象来完成他们的故事。

历史学与侦探。这是对侦探小说中发生的事情的一个公正的描述,侦探不是依靠口供或目击者的证词,而是使用历史方法的每一种已知手段来解决一个严格的历史问题,但到最后,根据这种文学形式的惯例,他满足于接受罪犯的有罪供认。但这恰恰是侦探与历史学家的不同之处,历史学家的结论永远不会得到证实。我说永远不会,是因为如果发现一份亲笔文件证明培根写了莎士比亚的剧本,或亨利七世谋杀了塔中的王子,这只会产生一个新问题,那就是文件自身的真实性问题。

然后,我们的结果就是这样。正如我所说的那样,历史学家想象性的构造之网与他所依赖的来源密切相关,不是与他的权威们给出的事实有关,而是与他批判权威们而得出的结论有关,或者更确切地说,与解释他的来源有关。给定事实的要素完全消失了。我们的常识理论认为,历史学中一切东西都是给定的,而我们现在得出的结论是,没有任何东西是给定的。我并不是说没有什么是确定的,这完全是另一个问题;我的意思是说,没有任何一个历史事实是历史学家可以简单而完全地接受报告者的权威,而不承担自己断言它的责任。如果我在某本书中找到某一事实的陈述,我不能接受这一陈述,除非我对一整套问题做出了自己的判断,例如,所宣称的事件是否已经发生,作者的可信度几何,以及他在哪些方面受到偏见或误导,等等。① 因此,历史学里没有数据。即使某些特定文字出现在某个特定的特许状中,它也不是历史

---

① 在此之后,以下内容被划掉了:"重要的不是他说了什么,而是当他说出来时,我相信他说的话:就我相信这一点,只有我独自对其负责。"

学家的数据,确定它们的真实性是一个训练有素的古文书学家的任务。在某个封闭的矿床中发现的某个陶片并不是一个数据,这是我们从一些考古学家那里接受的声明,而不是来自另一些考古学家的声明,因为我们对他们开展艰难的挖掘工作的能力有自己的看法。至关重要的不是我被告知这件事或那件事,而是我相信这件事;就我相信这一点,只有我独自对其负责。①

历史学家和权威与道德行动者和建议提供者之类比。通过这种方式,历史学家与他所谓的权威有关,正如一个做出某种行动的人与另一个建议他如何行动的人有关。有人建议我以某种方式行事,并不会改变这样一个事实,那就是这件事取决于我,并且取决于我独自决定我是否接受这个建议。至少在我看来,这个建议可能带有一种诱惑或威胁的情感色彩,或者它可以让我轻易地逃脱一种我不太愿意独立下决心的情况;在这些情况下,我可能会软弱地屈服于它,而不是行使我自己的选择,并自己决定别人给我的建议是正确的还是错误的。类似地,如果一个被我用作来源的作家告诉我,有人做了某件事,没有什么比让我的批判能力睡大觉更容易了,要么是为了省去自己思考的麻烦(这是职业历史学家的特殊诱惑,当他对某一主题的兴趣减弱时,他们往往被迫继续研究该课题),要么是因为我渴望相信这个陈述或害怕挑战做出这一陈述的作家的声誉。当历史学家屈服于这种诱惑时,当且仅当在那时,他的来源才会成为他的权威,他们的陈述才成为数据。因此,只有当历史学不是历史学的时候,才会有历史学的权威和数据这样的东西:历史学家头脑中应当活跃和警觉的历史精神没有开动起来,并陷入不加批判的沉睡状态。②

---

① 在这之后,下面的内容被划掉了:"当然,我有理由相信或不相信。批评意味着有一个标准,我们必须询问这个标准是什么。我们可以认为,在某处必须找到一个绝对的基准点:例如,如果我不相信所谓的撒克逊许可状的真实性,那是因为在我看来,它是一个绝对的基准点,其中出现的程式是在它的年代被确定之后才使用的程式。"

② 在这之后,下面的内容被划掉了:"这个类比还可以进一步延伸。有一种不加批判地相信的软弱,也有一种不加批判地不相信的任性,就像人们决定不做某件事一样,仅仅因为有人建议他们去做,他们就决定不去做。"

相对意义上的数据和权威。这并不是说,像权威和数据这样的词语不能在纯粹相对的意义上合法地应用到历史研究的某些特征上。在工作过程中的任何特定时刻,历史学家的注意力都集中在某个确定的问题上。当他试图回答这个问题时,他正是在这个假设上进行工作,即某些与之相关的其他问题已经得到了回答,不管是由他自己还是其他人做出的回答。这些答案就是他的数据,如果这些答案是其他人得出的,那么这些人就是他的权威。数据是相对于当前探究的一个数据,因为在这个探究的范围内,我们对它的信念是否被证成的问题是一个我们没有重新打开的问题。它不是一个绝对的数据,因为这个问题在过去的某个时候是一个开放的问题,并且在将来可能会重新开放。对于具有普遍性的历史精神来说,所有的问题都是开放性的问题;但是,由于它此时此刻以这位历史学家个人的名义运作,许多问题都必须加以判断,并暂时被封闭。但是,没有一个历史问题会永远封闭。如果是这样的话,历史知识将随着确定事实的逐渐积累而增长;然而,事实并非如此,没有什么比这更确定了。如果我在绘编一幅罗马的道路地图,我把它作为一个数据,建立在一些考古学家的权威之上,认为罗马的道路存在于某个地方。然而,这些权威并不是绝对的权威,这些数据也不是绝对的数据,因为我已经对这位考古学家的可信度有了自己的看法,并对他在一般情况下是可信的,但他在这种情况下是否可能犯错误,有了自己的看法。我保留随时重新开放这些问题的权利:如果他所记录的道路似乎无法令人信服地拼入我的地图中,我确实不得不这样做。

但是,一个随时可能重新开启的问题就是一个从未真正关闭过的问题。仅仅暂时解决的问题根本就没有得到解决。如果我的报告者的权威,取决于他的信息是否令人信服地拼入我正在构造的历史图画,那么正是这张构图验证了他的信息,而不是他的信息验证了这张构图。因此,从常识理论的观点来看,我们得出了一个矛盾的结果:它们之所以被称为历史学家的权威和数据,不是因为它们对他的信念提出了要求,而只是因为它们对他的考量有所主张:它们遵守只有他能给予的一个裁决。正因为如此,这个裁决永远不会一劳永逸地给出:不仅未来的历史学家必须重新开启这个问题,而且每当他的探究导致他重新考虑这同一个问题时,他自己也必须重新打开它。

另一种方式(Aliter)①。尽管从严格和绝对的意义上来说,历史思想永远不可能有权威或数据。因为所谓的权威,对于批判的历史学家来说,受制于只有他能给出的裁决;所谓的数据都是被断言的事实,只有他才能决定其真实性。然而,在相对的意义上,这两种事物都可以存在,而且也必须存在。小说家将自己的工作定位为对前所未有的主题进行描述,而历史学家与小说家不同,他通常(即便并不总是)在前人已经研究过的主题上进行工作。这些人都是像他一样的历史学家,这就是为什么他们会引起他的注意,因为他们一直在做他想要做的事情,而且他必须从他们身上学会如何去做。当他作为一位新手——无论是在这个特定的研究主题上,还是在整个的历史工作中,他的先行者对他来说,相应地就是权威和他们的判断数据。这也就是说,无论是批评他们的方法,还是质疑他们的结论,相应地他都是不能胜任的。随着他越来越熟练地掌握自己的技艺和主题,他逐渐从这种学生的态度中解放出来。那些曾经被谦恭地追随着的权威作家,现在变成了他的同行学者,被批评,并被评判为好的、坏的或无关紧要的。随着历史学家变得越来越能够欣赏他们的伟大之处,他们当中最优秀的人将受到越来越多的尊重,但这将是一位大师对另一位大师的批判性尊重,而不是对权威的盲目崇拜。他们所做的陈述,曾经是要被接受的数据,现在变成了要被质疑的断言,要么被证实,要么被驳斥。

正是在权威和数据这些术语的相对意义上,证成了历史知识的常识理论是合理的。这一理论是对历史知识的一种描述,出现在历史知识的萌芽阶段,当它试图通过单纯地模仿已经完成的历史工作来定位自己时,它还没有达到批判性和构造性的思维的成熟阶段。到目前为止,这是一个足够真实的理论。它的错误在于,把这种不成熟的特征归结为历史思维本身的特征。这个错误甚至把历史知识的常识理论歪曲

---

① 题为"Aliter"的段落很可能是在稍后的日期插入的。

158　成对不成熟的历史思维的描述,因为不成熟永远不能简单地被描述为是什么,而只能描述它试图成为什么。

标准是什么? 这就把我带到了我探究的核心和最困难的地方。历史真理的标准是什么?只要我们满足于从常识理论的角度来思考历史学,就很容易回答这个问题。我们假定,历史真相在我们可以确定的范围内,已经被我们的权威们所拥有,他们通过已经知道有关事实而成为权威。因此,历史学家的一个陈述的真实标准是他们同意权威所做的陈述。这种简单的信念现在已经被摧毁了,这不是在一个方面,而是在几个方面都被摧毁了:首先,因为历史学家在他的权威们所提供的陈述的固定点之间插入了他根据自己的权威而做出的其他陈述,蕴含着某种(他所持的)观点,而不是在任何明显的意义上与他的权威们达成一致;其次,因为他已经向他的权威们提出了异议,通过自己决定这个或那个陈述是真的还是假的,如果是错误的,如何加以纠正。他凭借什么权利自己承担这个责任?

注意:哲学家不能质疑历史知识的事实。顺便说一句,我将发现我的问题无法通过说历史学家无权做这些事情来答复。哲学家发现他这样做,并选择问他为什么这样做,就无权提出历史知识是否可能的问题,而只能提出历史知识如何可能的问题。是否有历史知识是一个只能通过努力获得它来回答的问题,也就是说,通过从事历史工作来回答。这项努力的成功证明这件事是可能的,尽管这项努力失败了,也不能证明这件事是不可能的。我所说的成功并不是指历史问题最终的或不可更改的解决,因为正如我已经解释过的那样,这不是历史学家所能达到的成就,历史学家的成就是一种可以公认地(即便有些模糊地)被描述为历史知识进步的东西。当我长期努力研究一个我所发现的历史问题时,我并没有彻底解决它,而是看到了比之前更深入的问题。作为一名历史学家,这就是我一直希望做的。但我知道我能这样做;作为一名哲学家,我不是问自己是否这样做,而是问自己我如何这样做。

159　**布拉德雷的预设**。为了解决这个问题,我首先要提醒大家,我们这个时代最伟大的英国哲学家在一篇文章中提出了这个问题,并给出了答案,这篇文章现在终于可以被大众所接受了。布拉德雷的《批判历史学的前提假设》是一部早期作品,他在自己的成熟时期对这部作品并不满意。尽管它确实是不能令人满意的,但它却带有他天才的印记。在这部著作中,布拉德雷面临的问题是历史学家如何做到我所说的推翻他的权威,并充满自信地说:"这是我们的权威所记录的,但真正发生的事情一定不是这样,而是那样。"简而言之,他对这个问题的回答是,我们关于世界的经验告诉我们某些事情会发生,而其他事情不会发生;因此,这种经验就成为历史学家用于对待他的权威们的陈述的标准。如果他们告诉我们发生了某种事情,而根据我们的经验,这种事情并不会发生,我们只能不相信他们;但是,如果根据我们的经验,他们所报告的这种事情确实会发生,我们就可以自由地接受他们的陈述。

对于这个学说,有很多明显的反对意见,我并不坚持这一学说。它充满了经验主义哲学的气息,布拉德雷很快就极力反叛了这种哲学。特定事实的经验是知识的来源,自然的进程是一致的,未知的事情必须类似于已知的事情,所有这些熟悉的教条都隐含在其中,并且是布拉德雷后期著作所反对的哲学的特征,正如他所说的那样,他后来的工作是一场"持续的论战"。但除此之外,我会提醒大家注意,他的论证中有三点在我看来是有缺陷的。

对布拉德雷的批评。第一,布拉德雷所提出的标准,不是确实发生了什么这一标准,而是可能发生什么这一标准;事实上,它只不过是亚里士多德在戏剧中判定什么是被允许的标准。因此,它不能用来分辨历史与虚构(fiction)。而且,历史学家如果在自己的作品中没有比历史小说家更严格的标准,那将是一件坏事。

第二,因为它永远无法告诉我们确实发生了什么事情,所以我们只能依靠我们的报告者的权威。我们承诺相信我们的报告者所告诉我们的一切,只要它满足不超出可能范围的单纯消极的条件。但这意味着我们根本没有真正批评我们的权威;我们并没有推翻他们。我们盲目地接受他们告诉我们的任何事情,仅仅是因为他们说了这些事。①

第三,历史学家对他生活于其中的世界的经验,只能帮助他核查他的权威们所做的陈述,因为这些陈述不涉及历史,而是涉及没有历史的自然。自然法则总是一样的,现在与自然对立的东西一直以来都是与自然对立的;但是,与人类生活的自然条件截然不同的历史条件,在不同时期有很大的不同,以至于根据类比而得到的任何论证都是不能成立的。罗马帝国的臣民将他们的皇帝作为神来崇拜,这件事并不由于与英国统治时期发生的任何事情都不同而减少其真实性,并且,②如果皇帝崇拜的证据量少而质劣,那么来自我们自己经验的任何类比都不能帮助我们决定是否相信它。事实上,布拉德雷的标准源于他对《新约》的叙述的可信度,特别是对于它们超自然的因素的兴趣;但是,对于普通的历史学家来说,一个只在发生奇迹的情况下才适用的标准几乎没什么用处。

布拉德雷的优点。布拉德雷的论文尽管不是定论,但仍然令人难忘,因为在他那里,历史知识理论中的③哥白尼革命在原则上已经完成了。然而,根据常识理论,历史真理在于历史学家的信念符合他的权威们的陈述,布拉德雷已经看到,事实上历史学家对他的权威们的研究带入了他自己的标准。对权威们本身也要参照这个标准来加以判断。这个标准是什么,布拉德雷未能发现。④ 六十年之后,这个问题是否能够被进一步推进仍然有待观察,我认为自布拉德雷之后还没有说英语的哲学家讨论过它。

---

① 在此之后,以下内容被划掉了:"第三,提出的标准与历史无关。我对我生活于其中的世界的经验没有告诉我,在 14 世纪的边境突袭或希腊化城市的市场上,可能发生的事情的信息。布拉德雷思考的世界不是历史的世界,而是没有历史的自然世界;而他的标准,事实上来源于他对《新约》的叙述的可信度的兴趣,可能会帮某人决定在加利利的迦拿,水没有变成葡萄酒,但却无法帮助他成为历史学家。"
② 在此之后,以下内容被划掉了:"在真正的历史问题上,例如,腓尼基人是否与古代英国进行贸易?没有任何经验的类比将帮助我们做出决定。我们必须研究来源,并通过来源做出决定。"
③ 在此之后,"史学理论的基本问题正确地……"被划掉了。
④ 在此之后,"我认为,原因是他自己缺乏第一手历史工作的经验"被划掉了。

历史学家和艺术家：他们的相似之处。历史学家的目标在某一方面与艺术家类似；为了方便起见，我将他与他最明显相似的艺术家——小说家——进行比较。历史学家和小说家的相似之处在于，他们都讲述一个故事。我知道，这是对他们所做的工作的一个粗略而不完整的描述，但两者需要具备的条件是同样的。正如福斯特先生①雄辩地提醒我们的那样，小说家所做的不仅仅是讲述一个故事：他还分析人物、描述情境、展示动机。反对小说家仅仅是一个讲故事的人的那一代人，也反对将历史仅仅看作叙事的观念。在这里，历史学家也描述了情境，分析了人物，展示了动机。我在总体上将所有这些事情称之为构图。

小说家的构图。小说家的目的是将他的画面描绘成一个连贯的整体，其中的每一个角色、每一个事件和每一种情境②都是如此紧密地联系在一起，以至于我们无法想象这个角色在这种情况下，除了被描绘出来的行为之外还会做什么。或者更确切地说，既然问题不是有没有能力想象事物的其他情况，而是有没有能力看到事物如此这般的必然性，我们看到康拉德③的佩洛尔一定会接受中尉给他的任务，或者陀思妥耶夫斯基的凶手不得不承认自己的罪行。但我们是在想象中看到了这些角色和他们的行动，因此，这种对其发展具有必然性的图像，就是我所谓的先验的想象。（在 19 世纪中叶，我猜想，一群以左拉为领袖的小说家正确地领悟了他们自己的构造性工作的先验特征，但认为除了科学的普遍命题之外，没有什么是先验的，这导致以新的动机复活了旧的错误：小说的角色不是个体性的，而是类型化的，必须以某种方式表现，因为他们的类型的任何例子必须以这种方式行事。但是，佩洛尔接受他的任务不是因为他是一位爱国的法国水手，而是因为他是佩洛尔；阿廖沙承认了自己的罪行，不是因为他是一名神经质的俄罗斯学生，而

---

① 福斯特（Edward Morgan Forster, 1879—1970），20 世纪英国作家。主要作品有小说《看得见风景的房间》《霍华德庄园》等。——译者注
② 在此之后，"是整体所需要的和……"被划掉了。
③ 约瑟夫·康拉德（(Joseph Conrad, 1857—1924)，英国现代主义小说家，佩洛尔是其小说《流浪者》(*The Rover*, 1923) 中的人物。——译者注

在于他是阿廖沙。)

历史学家的构图。历史学家的构图,就像小说家的构图一样,是一幅在想象中构想出来的图画。① 历史学家的世界(过去事件的世界),是一个对感知完全封闭的世界。在任何情况下,这个世界的任何一部分都不会被他所感知;在任何情况下,他关于这个世界的信念都不能由他的感知所确证。历史学家的世界对记忆同样是封闭的,尽管他可能会选择处理一些他可以回忆某些部分的主题,但这只是他作为历史学家的工作的一个偶然事件。就他作为一位批判的历史学家而言,他甚至不依赖于他人的记忆。历史学家的世界对于通常意义上的科学思维同样是封闭的,这一科学思维处理不变和普遍的东西,而历史学家处理暂时和独特的东西。然而,尽管他无法感知它,也不记得它,或者不能在科学意义上认识它,但他能够并且确实在想象它,而这就是他所能做的一切。历史学家通过想象它们,在他的权威们提供的固定点之间插入了额外的事实;历史学家也正是通过想象它们,才能正视那些权威们自己记录的事实,或者进一步通过他的想象,发现他的权威们隐瞒或不知道的事实。因此,历史学家的批判性工作以及他的添入性工作(interpolative work)都是在他的想象中完成的。在这两种情况下,想象都是先验的想象。② 历史学家的全部目标是为了创作他的构图,在其中的任何部分,无论该部分是对事件的叙述,还是对社会和经济条件的分析,或者是对一些历史人物的素描,所有元素都以这样的方式结合在一起,每一个必要的元素都会导致其他元素,或者从其他元素中产生。

ὑποκειμένη ὕλη["**客体化事物(客体化行动)**"]**两者**。这一目标只有在一定范围内才能实现。无论是小说家还是历史学家,都不能呈现出一幅对先验的想象完全透明的图画。在这两种情况下,总会有一

---

① 在此之后,下面的内容被划掉了:"这不仅适用于我称为在他的权威们提供的固定点之间插入的那些部分,而且也适用于从这些权威们身上(无论多么直接地和不加批判地)接管的那些部分。当我们谈到信念,无论是批判地还是不加批判地相信我们的权威告诉我们的事情,我们所说的只是想象。"

② 在此之后,"这就把他的工作中最初出现的两个独立部分统一起来"被划掉了。

种原始事实的要素,作为任何要讲述的故事的预设。在康拉德的故事中,碰巧有一艘废弃的船准备好让老水手使用。这艘船的存在对于这个故事是必要的,但是,在这个故事的范围内,它的存在就像帕斯卡的格言中克利奥帕特拉鼻子的长度一样令人费解。

这一 ὕλη["事物"]并不决定历史。但不是船创造了这个故事,也不是克利奥帕特拉的鼻子创造了历史;而是人类行动者对这些事物所做的①事情。他们所犯的错误,如果是过错的话,不是错在他们的星辰,而是错在他们自己身上。无论历史学家获得历史事件发生的自然环境(地理、气候、生物等方面)的正确观念有多么重要,对他来说更重要的是,他要明白,这些事物只是历史事件演示的舞台,并为他们提供了一个可供选择的发展方向的原材料。这些自然事实制约着历史的进程,但并没有决定历史的进程;除了它自己,没有什么东西能决定它。因此,历史学家在寻求历史朝着这个方向前进的理由时,永远不能在历史的自然舞台或背景中找到这样的理由。历史的进程是自我决定的,因此,历史学家对它的描述必须是自我解释的(self-explanatory),在这个同样的意义上,小说家对其主题的构图也是自我解释的。②

到目前为止,历史学家和小说家正在做同样的事情,并以同样的方式去做。而且,他们同样的任务都是通过先验的想象而创作一幅图画,关于这个先验的想象,我也不需要再补充诗人、画家或音乐家的例子。然而,历史学家与艺术家有何不同呢?显而易见的区别在于,历史学家的构图是真实的———一幅真实的事物以及真实发生的事件的图画。但是,我们怎样才能知道它是真实的,或者,如果"知道"是一个太过于自以为是的词语,那么我们怎样形成一个可能真实的意见呢?只有一种方法:通过我们自己重新做他所做的工作,也就是说,通过重新考虑他的构图所依据的证据,并运用我们自己的历史想象来检验他的证据,来证明我们被引导到了相同的结论。因此,这似乎是历史学家和艺术家

---

① 在此之后,"和遭受的"被划掉了。
② 从这里开始,柯林武德没有插入任何小标题。

之间的区别;他们每个人都会产生一幅构图,在其自我解释的连贯性中,它是先验的想象的作品;但历史学家的构图与称作证据的某种东西处于一种特殊的关系之中。它是什么?它与完成的历史作品之间的关系是什么?

我们已经知道证据不是什么:它不是被历史学家的心灵所吞噬和反刍的现成的历史知识。它只是历史知识的原始材料。如果我们问什么样的事物有资格被当作证据,答案是它们必须为历史学家可以感知的东西,诸如一页纸、一份书面文件、一段口头发言、一栋毁坏的建筑物和一个指纹等等。别人只能感知到的东西,对他来说并不是证据。如果只有一位历史学家看过一份文件,对于其他历史学家来说,构成证据的是他对该文件的书面或口头叙述,而不是文件本身。如果我们询问什么特殊类型的可感知事物能够被用作证据,答案就是一切可感知的事物都可以被用作证据。对于我们所看到的、听到的、触摸到的、品尝到或闻到的任何一件东西,只要我们在心灵中提出了正确的问题,并且有足够的智慧去观察感知到的对象是如何与之相关的,那么就没有一件东西不能被用作与某个历史问题相关的证据。事实上,历史知识的进步和历史方法的改进,主要是通过发现迄今为止某些历史学家认为对他们毫无价值的可感知事实的证据价值来实现的。新证据的发现可能有两个功能:一是有助于回答旧问题;二是有助于解决新问题,历史学家以前并没有思考过这些问题,因为没有任何证据可以证明这些问题的存在。

因此,原则上,整个可感知的世界都是历史学家的潜在证据。只要有人使用它,它就成了实际证据。而且,除非具有恰当历史知识的人,否则就无法使用它。纸上印有代表希腊字母的标记对任何人都是可感知的,但是,只有对懂得印刷的人来说,它们才是印刷机活动的证据,只有对懂得希腊语的人来说,它们才是关于希腊历史的证据。只有到了有人历史地思考它时,可感知的事物才能成为历史证据。我们拥有的历史知识越多,我们从任何一件历史证据中所能学到的也就越多;如果我们没有历史知识,我们就什么也学不到。由此可见,历史知识只能从历史知识中产生,换句话说,历史思维的活动是人类心灵的一种原始的和基本的活动,或者正如笛卡尔所说的那样,过去的观念是一种固有的(innate)观念。

那么,历史学家的证据与他从中得出的结论是什么关系?毫无疑问,这是一种推论关系,但却是一种特殊类型的推论关系。历史学家并不简单地询问"它证明了什么?"他只对它可能产生的结论感兴趣:一个有助于他建立对过去的想象性构图的结论。历史学家所知道的一切都可以作为附加的前提或调控的原则进入这一结论的描绘之中:关于自然和人类的知识、数学知识、哲学知识等等。他的心灵习惯和财富的全部总和,都在积极地决定他将如何得出结论,而且,由于这些情况在任何两个人身上都不可能是完全相同的,所以我们不应该期望两个人必须从同一个证据中得出完全相同的结论。

这不是证明了历史思维的任意性或不合理性,就像从不同方向和距离看到的同一物体的形状的明显差异证明了视觉感知的不合理性一样。因为我们是存在于物体世界中的个体,我们的个体居所是其他物体向我们显现的一个因素;因为我们是在历史过程中拥有自己位置的历史个体,这个过程赋予我们的不同禀赋,使我们不可避免地从我们自己的视角来设想这个过程本身。这就是为什么每一代人和每个人都必须以自己的方式重写历史,永远不会满足于二手的历史知识。

因此,历史学家所知道的一切都有助于解释他的证据;证据就是他所感知到的一切事物的最后手段。但是,无论是感知中给定的原始材料,还是用于解释原始材料的知识,都不能为历史学家提供历史真理的标准。这个标准只能是历史的观念本身:也就是说,关于过去的一幅想象性的构图这一观念。用笛卡尔的话来说,就是固有的;用康德的语言来说,就是先验的。它不是心理原因的一种偶然产物;这是每个人作为他自己心灵的基本禀赋的一部分都会拥有的观念,一旦他意识到什么是拥有一个心灵,就会发现他自己所拥有的那种观念。就像其他同类的观念一样,它不是一个与经验的事实完全符合的观念。历史学家,无论他多么长久且忠实地工作,都不能说他的工作已经完成了,不能说他关于过去的构图完全切合他对过去应该是什么样的看法。然而,无论他的工作成果是多么零散和错误,支配他的工作进程的观念却是清晰的、合理的和普遍的。它是历史想象作为一种自我依赖的、自我决定的和自我证成的(self-justifying)思想形式的观念。

区分想象的三种形式将是有益的。第一,完全自由或纯粹的想象,在艺术家的活动中可以看到其专门的发展。第二,我将称其为知觉的想象,它向我们呈现了可能感知但实际上并没有感知到的客体,比如,这张桌子的下面、月亮的背面、一个未打开的鸡蛋的内部。康德在一篇著名的文章中展示了这种"盲目的但不可或缺的"能力是多么重要。第三,我称之为历史的想象,它向我们呈现过去;过去不是一种可能感知的对象,因为它并不是为了被我们感知而存在,所以知觉就无能为力,但通过想象活动,过去能够变成我们思想的一种对象。①

哲学本身所关注的问题,一部分跨越时代而保持不变,一部分由人类生活和思想在不同时期的特殊性②所决定。哲学主题中的两个要素——永恒性和变化性——不能相互分离。任何时代的哲学所处理的永恒性问题③都呈现在 sub specie saeculi(时代的观点之下),或者它所处理的时代性问题都呈现在 sub specie aeternitatis(永恒的观点之下),这两种说法可能都是正确的。每个时代的人们在修改前人的哲学以供自己使用时,都努力从中清除时间的残渣,并在其中发现一个既新又旧的真理:既具有永恒性,又在特殊意义上适合于且源自于当前的需求。

对于中世纪的思想家来说,使他们对哲学永恒性问题的处理具有特殊色彩的兴趣是神学。对于 17 世纪的人来说,则是物理科学。我们认为这些 17 世纪的思想家是现代哲学的创始人,也就是说,主导他们思想的科学兴趣仍然主宰着我们的思想。但是,如果我们将 17 世纪的思想和著述的总体方向和趋势与我们自己时代的方向和趋势进行比

---

① 以下五段不太符合前面的论证,似乎是事后的想法。它们与《历史的观念》(第 231—234 页)中的"历史的想象"的开头部分相对应。
② 在此之后,"历史阶段"被划掉了。
③ 在此之后,"以适合那个时代的特殊形态"被划掉了。

较,就会发现至少一个重要的区别。自笛卡尔的时代起,甚至自康德的时代起,人们就已经养成了历史思维的习惯。在过去的一个半世纪里,不仅历史知识的总量出乎意料地增加了很多,不仅历史著述与其他著述之间的数量关系也发生了类似的变化,历史学家不仅发明了他们自己的技术,这种技术在性能和结果上都不逊色于较古老的自然科学技术,而且历史思想的精神已经渗透并在一定程度上改变了人类生活的各个方面。除此之外,它也深深地影响了哲学。可是,虽然所有国家的哲学家都意识到了这种影响,有些人欢迎它,有些人却对它表示不满并试图抵制它,相对来说,很少有人认为它是一个哲学问题。在德国和意大利,有些人试图回答这些问题:历史思维是什么?它的存在对于重要和熟悉的哲学问题有什么启示?如果有人能够充分回答这些问题,他就为今天的历史意识问题做出了康德的先验分析为18世纪的科学意识所做的事,但在我们这个国家,这些问题似乎是被普遍忽视了,大部分的哲学家在继续讨论知识问题时,似乎没有意识到存在历史知识这样的事情,因为历史学不符合他们的任何标准,也不符合他们的任何理论。①

　　出于这个原因,我花了大量的时间研究历史,并在一个为此目的专门选择的狭窄领域中,让自己熟悉了它的研究和发现的方法。因此,我在这个讲座中提出,实际上并不是要着手研究史学理论在总体上对哲学的影响这样更大的问题,而是尽可能简单地表明历史思维是什么。我将首先描述它与某些其他事物的不同之处,这对于研究哲学文献的学生来说更为熟悉,它在某些方面类似于哲学。

　　历史学家的思想——在这里,我使用广义上的或笛卡尔意义上的"思想"这个词,就像感知的活动一样,每个人都有其恰当的对象,是某种个体的东西。我所看到的是一匹马,而不是一般意义上的马;我看到的是一张白纸,而不是白。因此,在我的历史思维中,我不是研究战争

---

① 在此之后,以下内容被划掉了:"这似乎是一个笼统的说法;然而,过去五十年来,我一直试图发现一本将历史思想作为研究的中心对象的英国哲学著作,结果是徒劳的。"

或政策、政治家或将军的一般性质,而是研究伯罗奔尼撒战争或奥古斯都的政策、黎塞留或马尔伯勒的个人形象。但从某种意义上说,历史和感知是两极分化的。感知总是这个、此地、此时。无论声音或光信号到达感知者那里需要多长时间,它到达的那一刻就是他感知的时刻,如果他错过那一刻,他就永远错过了感知它。历史思想总是关于过去的,成为历史学家的对象的某种东西永远不会是"这个",因为它绝不是一种"此地"和"此时"。历史学家研究的事件是不再发生的事件,他描述的条件是不复存在的条件。历史学坚定地驳斥所有将知识描述为一个对象的亲知理论——为了亲知,对象必须存在于一个环境中,或者认为主体和客体在某种程度上同时存在。

再者,历史学家的思想类似于科学思想,两者都是推论的或论证的。但是,科学发现自己处于一个抽象的普遍性世界中,它在某种意义上无处不在,而在另一种意义上又不在任何地方;它在某种意义上无时不在,而在另一种意义上又不在任何时间之中。历史学家所要论证的事情都不是抽象的,而是具体的;不是普遍的,而是个体的;不是对空间和时间无动于衷,而是拥有自己的地点和时间,尽管地点不需要在这里,时间也不需要是现在。因此,历史学坚定地驳斥所有认为只存在抽象的和普遍的、关于本质或永恒对象的推论知识的理论。①

---

① 在这之后,接下来的一段话被划掉了:"我不打算花时间列举那些与历史学格格不入的哲学学说。我只会说,当坚持这些哲学学说的人的注意力以某种方式被吸引到历史学时,其中一些缺乏哲学思维的人会满足于谴责他们无法理解的东西,并争辩说尽管历史学确实存在,但它没有存在的权利,从而给这一非哲学的态度披上伪哲学的外衣。另一些人则认为,尽管历史学无疑是存在的,但它不是知识,因此,他问心无愧地拒绝进一步来处理它,并且无论它是不是知识,他都忘记了星转物移。它是解决某些问题的一种有组织和持续的努力。"

作为历史的实在①

一、导言

在我们这个时代,形而上学思想最重要的特征之一就是试图从过程的角度来描述实在。柏格森提出了一个理论,根据这个理论,实在是一种创造性的进化,一种不以任何事物运动为前提的运动,在其发展过程中,从自身中创造了物质、有机体和心灵,作为它自己的载体。意大利的观念论者提出了一种形而上学(如果他们能原谅我使用他们认为是对手滥用的一个词的话),根据这个理论,心灵是唯一的实在,心灵的本质不仅仅在其历史中展现出来,而且它就是历史本身。我们国家的怀特海和亚历山大为同一运动做出了巨大的贡献,他们庞大而雄伟的体系以不同但并非不和谐的方式,提出了一个世界的概念,这个世界不仅在发展之中,而且自身也在发展,在这里,连续的存在秩序逐步建立起来,每一个存在都由在它之前的存在提供材料。

本文的目的是从历史的概念出发,对这一运动做一些小小的贡献。亚历山大本人撰写了一篇关于"事物的历史性"的文章,给予了我所遵

---

① 这篇写于1935年12月的论文,是柯林武德解决当时引起他注意的一个问题的持续尝试,部分原因是为了回应亚历山大一篇题为"事物的历史性"的文章,作为牛津大学出版社的审稿人,他在这篇文章出版前就已经看到了。这个题目下面写着:"一篇实验性的论文,旨在检验这一论题能在多大程度上被坚持,即所有的实在都是历史,所有的知识都是历史知识。"这篇文章应该与柯林武德在1933—1934年撰写的《通向一种形而上学笔记》以及他在1934年和1935年撰写的关于自然与心灵讲座的前两个结论一并考量。(博德利图书馆,柯林武德文献,dep.12.)

循的榜样(跟随如此有创造力的大师,我在思考中经常感到快乐和自豪)。我在这里想要做的是问问自己,我能在多大程度上接受这个标题的含义,并像亚历山大所建议的那样应用历史的概念,"不仅应用于人类的事务,而且应用于自然本身",以及所有存在的事物。①

我应该遵循的方法是实验性地阐述这一论题:所有实在都是历史的实在,以及所有的知识都是历史知识。首先,我将从总体上考虑这样一个论题所蕴含的内容是什么——不是它的全部含义,而是一些更明显的含义。在这篇文章的这一部分中,我将全身心地投入我已经提到的一些思想家所倡导的这一运动,并总结出一些我认为可以或多或少地被大家所接受的学说。然后,我将继续更具体地考虑我所理解的人类事务的历史性是什么,在这里,历史性观念的某些起初并不明显的含义将被揭示出来。在此之后,我将追问现在被进一步定义历史性的概念,在多大程度上可以应用于自然。

二、问题的表述方式

我所实验的论题规定,实在就是历史,知识就是历史知识。现在,不管历史可能是什么,它都是一系列的事件或过程,因此,这一论题蕴含着实在就是过程,关于过程的知识不仅是可能的(经常被怀疑或否定),而且实际上是所有存在的知识。

我想,从某种意义上来说,没有人曾经否认有一种叫作过程的东西。人们一直承认,过程一般来说确实是我们所熟悉的东西。希腊人很早就得出这样的结论:直接呈现给我们的东西,我们在我们周围所感知到的东西以及我们内心的体验,都是一系列事件的流动,其中没有任

---

① 亚历山大文章中完整的句子是这样写的:"正如我设想的那样,彻底的历史概念不仅适用于人类事务,而且适用于自然本身,这主要归功于达尔文。"(塞缪尔·亚历山大:《事物的历史性》,载《哲学和历史学:恩斯特·卡西尔纪念文集》[Samuel Alexander, "The Historicity of Things", in Raymond Klibansky and H. J. Paton eds., *Philosophy and History: Essays Presented to Ernst Cassirer*, Oxford, 1936],第11页。)

何东西是稳定的或永恒的。我认为,这个结论从未受到严重的挑战。但希腊人也认为,这种流动虽然可以被感知和体验,但却无法被知道。它是作为事实被给予的,但它是不可理解的。我们感知和体验事件,但我们无法理解它们。然而,他们看到,除非我们是有智慧的人,否则我们不能够享受这种感知和体验;这里一定有我们所知道的东西,尽管这些东西不是流动本身,也不是包含在其中的任何东西。因此,我们所知道的是除了流动之外的东西。它不是不断生成和消亡的事件;它是既不生成也不消逝的东西;它是永恒不变的东西。希腊哲学的主要任务就是要弄清楚这个永恒的、不变的知识对象的概念。得出的结论(粗略地表达)是,知识的对象就是形式或结构,事物本身不同于事物的形式或结构。

希腊人凭借他们非凡的才能,不仅提出了这一哲学学说,而且还提出了判断这一知识体系或任何其他知识体系的标准,也就是"认识你自己"这句箴言。这一指令的含义,正如希腊人所坚信的那样:πάντες ἄνθρωποι τοῦ εἰδέναι ὀρέγονται φύσει["所有人都是按其固有的本性来寻求知识"],这不是对"我该如何对待自己?"这个问题的回答,而是回答"我该知道什么?"因此,这意味着:"你,这个渴求知识高于一切的人,要把智力转移到那些陌生的对象上。"这就是斯芬克斯之谜的答案。这是对任何一种知识体系的检验,因为所有其他所谓的知识都可以强加于我们,声称它们只是对原始事实的陈述,并要求我们接受这一知识。但是,任何宣称自我认识的知识都会立即受到直接的审判:我真的是那样吗?如果所谓的自我知识是名副其实的,那它就不仅仅是信息,不仅仅是对我的观念储备的补充;它将照亮我的道路,解决那些真正压在我精神世界上的问题,并让我开始新的行动,而在此之前,我一直困惑地止步不前。同样的检验也证明了虚假知识的虚假性:如果你的知识体系建立得很糟糕,并通过自己来对其进行检验,那么你就会摧毁你自己。俄狄浦斯之所以被摧毁,并不是因为他猜不出谜底,而是因为他猜对了:他知道人就是答案,因此,他成了底比斯的国王,但是因为这一知识并没有解开他自己身份的谜团,他的成功摧毁了他。

希腊哲学的俄狄浦斯就是苏格拉底。他将哲学从天上带到人间，将希腊思想的工具转向对人的研究。早期的思想家们发现，在外在事物的流动背后，是一个形式的层级，而苏格拉底发现在内在经验的流动背后，是一个美德的层级，与人类混乱的生活相对立，正如大自然的形式与流动的世界相对立一样。苏格拉底将这种方法应用到内心生活中时，实际上放弃了生命本身这一本质上不可理解的东西，让它的现实性从他的指缝中溜走，并在目睹他的城邦毁灭后死去，就像他之前的俄狄浦斯一样。希腊的伟大时代已经结束了。

现代社会早期的思想界也面对着同样的问题，但尝试的解决方案却截然不同。我们再一次清楚地认识到，我们实际感知和体验的是我们内部和外部事物的流动，虽然这实际上是呈现给我们的（确实没有其他东西是呈现的），但它是不可理解的。然而，希腊人在完全不受变化影响的事物中发现了可理解性，17 世纪的人们却在变化本身中发现了可理解性，不是在变化的瞬间发现这种可理解性，而是在它们之间的秩序和联系（*ordo et conexio*）——即它们之间的恒定关系——中发现这种可理解性。这些关系是永久的，因此是精确可知的，因为它们不是在个别的条件之间成立，而是在某些种类的任何条件之间成立。A 后面跟着 B 的事实就像 A 和 B 本身一样，是短暂的；但是，任何 A 后面跟着 B 的事实都是一个"自然法则"，一个关于流动结构的永恒真理，无论它是我们外在事物的一个定律，还是我们内在思想的一个法则——如果两者确实不同的话。

这是 17 世纪和 18 世纪思想家对"理解"（understand）这个词的含义所做的描述。一切在实际经验流动中的事物，只是被感知，根本不被理解；但是，每一个这样的事物都是一个确定种类的事物，要理解它，就是把它看作属于这一种类的事物，并且把它看作拥有属于这一种类所蕴含的任何东西。例如，与这一种类的某些事物共存，跟随那一种类的某些事物，先于另一种类的某些事物。按照这种观点，个体本身是不可知的；我们经历它，但仅此而已；对理智来说，它是不可思议的。为了理解它，我们所能做的就是把它越来越狭隘地封闭在一个分类的网络中：

因为它的所有特征,可以单独地,甚至成组地与其他事物共享,因此可以制定规律的一般特征。就理解这个词的含义而言,要想知道你是否理解了一个事物,一个实际的测试方法就是试着用其他类似的事物来代替它,看看你是否理解了它。你理解你的时钟为什么会计时吗?试着用同样长度的另一个钟摆来思考它。如果你意识到重要的不是钟摆,而是钟摆的长度,你就明白了钟是如何计时的。

当然,这个理论是一个非常普遍的知识理论。这是当时使用拉丁语作为学术语言的一个奇怪的论证,"科学"一词开始用于建构与这一理论相一致的知识。传统上,科学的现代用法仅仅意味着一种知识,它放弃了事物在实际感知和体验中呈现给我们的无法理解的流动性和多样性,设想其任务是在上述定义的意义上"理解"事物:也就是说,建立这类事物共存和相继的,被流动的事物所例证的规律。

正如希腊时期的思想在消亡之前给了我们数学,这个现代阶段给了我们所谓的自然科学。但是,正如任何知识体系迟早都要面对的那样,它又一次发现自己面临着德尔斐的考验,不得不把它的科学方法转向人类的心灵。希腊思想,真正符合它的一般特征,在这里产生了伦理学,一种作为超验的行为模式的美德理论;现代思想产生了心理学,一种统治观念或心理流动要素之间关联的法则理论。

甚至在这两个世界的神话中,也有一定的相似之处。希腊神话是俄狄浦斯的神话,因知识而毁灭;在现代世界中,与此相对应的是浮士德的神话(斯宾格勒已经看到了这个神话是多么忠实地描绘了现代人的思想),背负着一大堆无法使用的知识,最后把它抛到一边,开始了没有它的冒险生活。非常奇怪的是,现代科学的负担在于它的无用性:之所以奇怪,原因在于效用正是它所声称拥有的构成其特殊价值的东西。

心理学是用现代人理解自然的相同方法来理解人类的一种尝试。这些应用于研究自然和随后控制自然的方法,建立在认知者和控制者都是理智人类的双重假设之上。自然,作为被认识和被控制的对象,是不可理解的:仅仅是物理过程,一种盲目的力量。当这些同样的方法被运用到人类身上时,它们的特性却丝毫没有改变。因此,他们假定人类的本性,作为他们所运用的对象,是不可理解的。结果是,理智的人类本身转化为不可理解的自然。对于心灵,我们得到的是单纯享有精神荣誉称号的机器;对于活动,我们得到的是对刺激的被动反应;对于思想,我们得到的是按照固定法则自动关联的思想。由于现代人的财富和尊严是由心灵统治自然的优越性所构成的,这样把自己的心理性质降低到不可理解的机器的水平,标志着他的破产和堕落。这种科学方法在自我知识问题上的应用,并非证明存在着科学没有运行的区域;科学思想的主张永远不会允许这样的可能性,但这是一种科学本身的归谬法(a reductio ad absurdum)。因此,情况就是科学教会了我们如何操纵自然;它赋予了我们非凡的技术力量,使我们能够以任何我们想要的数量制作任何我们喜欢的东西;与此同时,它不仅没有给我们那些基于真正的自我认知的指导智慧,而且还剥夺了我们在心理学驱散我们对自己理性的信念之前所拥有的那种未反省的美德和简单的信念。因此,我们直接通过科学的工作,立刻失去了我们的荣誉,失去了理智行事的习惯,失去了我们能够如此行事的勇气或信念。科学赋予我们控制自然的力量每增加一分,我们明智地使用这种力量的能力就会降低一分。如果这个过程能够持续足够长的时间,毫无疑问,人类会在一系列相互破坏性的战争中毁灭自己,而科学家则站在一边哀叹人类的愚蠢。当科学家发现自己是一位无能为力的旁观者,既不能控制也不能阻止这一运动时,科学家所无法理解的是,他所公开谴责的愚蠢和邪恶,梅菲斯特①这个放荡男人的出现,是他自己创造出来的。正是他通过发明心理学,并教导人们,他们既不善良也不理智,只不过是一堆他自己既不尊重也不服从的本能的集合,从而使魔鬼复活了。尽管令人困惑,但这在大多数人中得到了充分的理解;这就是为什么在现代世界的各种运动中,没有一个运动比某种反智主义、非理性主义、对思想的憎恨更广泛、更具特色,而这些只不过是人类对现代科学传统的反叛。

  如果这就是一切,人类的状态将是绝望的。但是,当建立在 17 世

---

① 《浮士德》一书中的反面人物,玩世不恭,诱人堕落。——译者注

纪科学理论基础上的文明社会的结构正在各地崩溃,一场新的科学运动的最初阶段却在到处强有力地坚持自己的主张。在物理学中,所谓的经典概念和方法——也就是那些在17世纪提出的概念和方法——已经被抛弃了,一种基于完全不同原则的新思想体系正在建立。在心理学中,对本能进行分类和建立关联法则的旧目标已经成为过去,一种新的心理学已经出现,它是基于通过一种自身特有的过程类型而产生的单一精神能量流的观念;而且,由于主要是为了应对精神疾病的问题,这种新的心理学似乎是上天赐予这个世界的一个礼物,而这个世界的唯一麻烦就是它失去了勇气和方向感。这些新科学与16世纪到19世纪统治世界的科学几乎没有相同之处。它们基于这样的构想,将过程或发展作为创造自己的工具,这一构想首先由达尔文的生物学将它作为一个科学主题提出的。这一构想的深刻的新颖之处在于,在这里第一次规定了这样的原则:事物的流动或变化过程本身是可理解的,并以自己的方式获得理解。这一原则对传统科学的主导地位尚未建立。例如,即使在弗洛伊德精神分析法的心理学中,仍然充斥着关于本能和机制的讨论,而与之竞争的思想流派则更少被解放,将每一种心理类型都按其自身的规律进行分类。因此,形而上学的当务之急,就是揭示这一原则本身,为它的自由发展澄清前提,并展示它如何适用于它最需要应用的各种思想领域。

三、历史地理解

我在这里提议要坚持的论点是,实在(reality)是历史,关于实在的知识就是历史知识,以便检验这一论点在多大程度上以及做出什么样的修正才会成立。第一步就是接受希腊思想和现代思想的共同学说:我们实际经历的是我们周围和我们内部不断变化的事件在空间和时间上的变化或多样性,关于这些事物的直接或立刻的经验并不是知识,或者换一个说法,我们在任何特定地点和任何特定时间立刻体验到的东西都不是实在。那么,什么是实在?以及什么是知识?

对这个双重问题的两个答复现在就摆在我们面前,这些答复已经被尝试过,并且被我们发现都失败了。为了避免重蹈覆辙,我们有必要知道它们是什么。因为既定的思维习惯很难打破,心灵的惰性是一件可怕的事情,任何试图以一种新的方式进行思考的尝试都注定看起来是不自然的、有悖常理的,因此会被认为是误入歧途。

希腊人的答复是,实在必须完全在事物的流动之外,在抽象和不变的事物之中。这个想法现在对我们来说似乎很奇怪;我们学会了接受一个不同的答案;但我们必须记住它,因为它在过去已经被陈述和实践了。如果我们从习以为常的东西之中被驱逐出去,我们就会倾向于首先退回到它里面去。

17世纪的答案是,必须在规律或统一性中寻求实在,根据这些法则或一致性结构,流动的要素是相互联系的。这就是传统科学的概念,我们正在试图从中解放出来。

我们在此尝试的答案是,实在是在流动本身中发现的;既不是完全在它之外,也不是在控制它的常量或重复的无差别之中,而是在构成它的元素的实际序列之中。从广义上讲,这就是历史的原则,历史意味着时间中的过程。

根据这个原则,一切都是它已经变成的样子。成为某种事物就是变成了那种事物。要知道一个事物是什么,就是要知道它变成了什么。要理解一个事物是什么,就要理解它是如何变成那个东西的。因此,知识的问题无处不在,在其一般形式中总是相同的:当我们面对一些我们不理解的东西时(也就是说,每当知识的问题出现的时候,因为这个问题的条件是,我们应该面对一些我们不理解的东西),我们要通过了解它是如何变成现在的样子来理解它。也就是说,通过学习它的历史来理解它。知识的常存问题是给定的、此时此地的东西,没有被理解的经验;解决这个问题就是发现它的过去,而解决这个问题的方式就是历史地思考。

在某种程度上,这是司空见惯的事情。每个人都知道,要理解事物就是要知道为什么它们是这样的,而且从这个意义上说,每一个原因都是真实的(*vere scire est per causas scire*)。希腊思想坚持,它通过把某种形式强加于某种事物,从而将任何给定的事物构想为实存:我之所以是健康的,苏格拉底说,是因为我自身中存在健康。但这种思维方式导致了这样的结论:我所理解的是健康,而我对自己的健康是如何形成的却一无所知。这个形式的抽象世界是可理解的,而这个流动的世界仍是不可理解的。科学思想坚持,要知道原因(*per causas*),它声称,在流动的事物中,A 后面跟随着 B,这是因为 A 后面跟随着 B 是一个一般规律,任何 A 后面都会跟随着一些 B。但是,尽管前进了很多,这都只能解释为什么**一些** B 会存在,从来没有解释为什么**这个** B 会存在。任何其他的 B 都会同样好地满足规律的要求;因此,实际的事物本身,即这个 B 而非其他的 B,仍然是无法理解的。科学思想没有回答这个问题。它没有解释为什么会发生这个而非任何其他的事情,而是解释为什么会出现这一种类的事情。只有当我们满足于改变这个问题的时候,科学思想才会成功。如果我们一心一意地坚持原来的问题,我们就会发现,任何对事实的科学解释,也就是说,任何对它们的解释都是根据一般规律来进行解释的,与其说是不真实的,不如说是不相关的诡辩论证(*ignoratio elenchi*)。因此,希腊思想和科学思想都系统性地回避了这个真正的问题:**这个**是如何产生的? 唯一不回避这个问题的思想是历史思想。

历史思想的真正范围一直受到了很大的误解。它被认为是一种特殊的思维方式,适合于一种特殊的对象。19 世纪,德国哲学家们试图给它下定义,假定它的特殊对象是人类,或者是被称为"心灵"的东西。而要阐明其特征的最好方法,就是把它看作一种精神科学(*Geisteswissenschaften*)或者心灵科学的复合体,拥有它们自己的一般特征,使之区别于自然科学(*Naturwissenschaften*)。根据这一学说,历史性是心灵所特有的;自然没有历史。因此,当我们在思考心灵的时候,历史地思想是正确的和恰当的,但是,当我们在思考自然的时候,区别于历史地思考,科学地思考才是正确的。

在这个科学的威望不容动摇,科学的统治地位毋庸置疑的世界里,这一设想在争取历史思想获得认可方面具有政治上的优势。与此同时，它又犯了一个根本性的错误。科学思想在现实中并不是基于对某些特殊事物需要以这种特殊的方式来思考的认识，而是基于这样一种信念：思想都必须以这种方式来运作。因此，它主张绝对的和普遍的有效性，不能容忍任何与自身不同性质的思想存在。因此，只要科学思想在其所分配的自然领域的有效性不受质疑，它的威望就会对历史思想产生效应，并将其扭曲成伪科学的形式。所以，就产生了一些混合科学，诸如人类学、民俗心理学（*Völkerpsychologie*）、比较语言学等等，其一般原则是把历史事实从它们单独真正存在——历史性的、可理解的——的背景中提取出来，根据其相似性和不相似性重新组装成一个分类体系，并试图制定支配它们之间关系的一般规律。这些科学总是被历史学家以厌恶的眼光看待，因为历史学家所接受的训练是在具体的现实中思考事实，不能容忍对任何一个事实的替代，不管另一个事实怎样或多或少与之相似。他知道，正是这一点使他成为一名历史学家，即对法国大革命的任何解释都不可能是适合任何其他革命的正确解释。然而，这些伪历史科学的工作都是基于这样一个假设：任何对法国大革命的解释，如果是正确的话，都将同样适用于所有其他革命，而且事实上，也将是对革命本身的一种解释。因此，试图将历史学归结为一门科学（正如人们所宣称的那样），这就意味着放弃历史学，代之以宽泛的孔德意义上的社会学。这是每个历史学家都能够认识到的一种徒劳和邪恶的尝试，但其存在却证明了这个世界上科学精神的主导地位和历史思想的不稳定地位。

这并不是否认这些通常被称为社会学研究的有用性。只有当它们颠倒了自己与历史研究的真正关系时，它们才是邪恶的。历史学可以在其自身中为一种科学类型的研究提供空间。事实上，历史思想和科学思想之间的关系，在这方面就像科学思想和数学思想之间的关系一样。无法根据数学术语对自然进行完整的描述，因此数学家还不是科学家，但数学思维是所有科学思想不可或缺的基础。人类在历史舞台上的活动（就像精神科学［*Geisteswissenschaften*］的理论家们所假设的那

作为历史的实在

样,假定现在除了人类活动的历史之外,没有任何历史)不能用科学术语来进行完整的描述,但是科学思维的能力对于历史学家来说是必不可少的。所有的社会科学对他都是有用的;如果他对自己的工作有所了解,他就不能允许这种关系被颠倒过来,不能允许社会科学以其自身为目的,而历史思想则是达到目的的手段。

当对人类事务的科学研究和历史研究之间建立起这种关系时,就会产生这样的问题:这种同样的关系在对自然的研究中是否也成立呢?当人们说自然没有历史时,这难道不意味着科学家在研究自然时忽视了它的历史,就像社会学家忽视人类的历史一样吗?显然,这两个问题的答案都是肯定的。我现在看到麻雀在吃蒲公英的种子,就像法国大革命一样,是个体的和独一无二的事情。麻雀就是这只麻雀,而不是任何其他的麻雀。我现在看到麻雀吃种子的欲望,毫无疑问,是麻雀常见的一种欲望的例子;但是,如果我不能满足于说,法国大革命之所以发生,是因为受压迫的人民反抗过于软弱而无法控制他们的统治者,我也不能满足于说,这只麻雀吃这粒种子,是因为麻雀喜欢蒲公英的种子。在这两种情况下,我不满的理由都是一样的:正如一般规则只是一般性地解释每一种情况,它并没有从具体的现实性来解释这种情况,而只是从它与其他情况相类似的特点来解释它。简而言之,如果我对自然事实的科学解释感到满意,原因是我满足于不把它看作一个独一无二的事实,而仅仅把它看作某一种类事实的一个例子。

通常情况下,我们对事物的兴趣会忽略它们的具体现实性,因而会满足于用另一种与它们并无明显不同的事物来代替它们。我关心的是我的剃须刀片应该锋利,而且形状要适合剃须刀;我所注意到的一切,很可能就是另一把刀所具有的这些特征。因此,就我对剃须刀片的一般态度而言,科学地思考它,就是我全部想要的。类似地,我所注意到的关于一个特定的人的一切,可能就是他可以整理我的花园,并通过每个小时付给他一先令可以让他来做这件事。在这两种情况下,我都会注意到许多金属和许多人所共有的特征;就我所希望理解的这些特征而言,我需要的只是科学的理解。因此,我们思考人类及其行动所采取

182 的科学态度，与我们思考其他事情所采取的科学态度一样自然，一样充分。然而，如果说不存在心灵科学，而只有自然科学，那就是不正确的，除非我们说自然时，是指当我们决定它属于什么类型的时候，我们对它的兴趣已经枯竭，我们说心灵时，我们对它的兴趣无穷无尽。

因此，没有精神科学的理论家所提出的那种划分——把心灵作为历史思想的适当对象，而把自然作为科学思想的适当对象。在这两种情况下，科学思想都是我们理解为什么某种事物是这种类型而不是另一种类型事物的方式，而历史思想是我们理解为什么这个事物是这个事物而不是任何其他事物的方式。①

但是，事情不能就此打住，因为"理解"一词似乎在这两句话中有两种不同的意思。在科学中，理解一个事物就是简单地把它当作某种普遍规律的一个例子；解释它就是把它当作这种规律的一个例子。根据以科学为基础的知识理论，这不仅仅是科学解释或理解的方式（这将允许其他方式的可能性），这就是解释或理解的意谓所在，凡是不属于一般法则的东西，都不能称之为解释或理解。

从这样一个理论的观点来看，历史学显然不能解释或理解事物。历史学所能做的就是确定某些事件是按某种顺序发生的。历史学叙述这些事实，也就是说，它以——相继的方式展现这些事实。但是，展现一个序列是一回事，展现它的必要性（necessity）则是另一回事，而解释一个事物就是展现它的必要性。

183 这一论点回避了有争议的问题。关于解释是什么，它包含两个声明：第一，它是为了展现某些事物的必要性；第二，它是为了把某些事物归入一般规律。现在的问题是，除了将某些事物纳入一般规律之外，是否还有其他方式来展示它的必要性。如果存在其他方式的话，科学解释便不是一种唯一可能的解释。如果这个论点假定不存在其他方式的

---

① 在此之后，下面的内容被划掉了："在这一点上，我们应该考虑一些明显的反对意见。（1）有人会说：'历史学本身根本不能解释一切。它只确定某一事物或事态先于另一事物或事态。它只是展现出连续性，而展现出一个连续并不是为了证明这种连续的必要性。'我对此的回答是：当然，在展示一个……之间是有差别的。"

话,那么我们必须考虑这个假设是否能够被证成。

毫无疑问,在展示一个序列和展示其必要性之间是有区别的,但这种区别在哪里呢？如果说,"9月25日,英国取消了金本位制;9月26日,日本发生了地震",那么这个陈述显示了一个序列,但并不是它的必要性。如果说,"9月25日,英国取消了金本位制;9月26日,我们把剩下的法郎兑换成英镑,收回了我们在法国度假的全部费用"①,那么这个陈述不仅展示了一个序列,而且表明了它的必要性:除非第一件事已经发生,否则第二件事就不可能发生。历史学的功能是做出第二类陈述,如果历史学家只是展现一个序列,而没有展现它的必要性,那么他就未能完成他应有的任务;他不是一个历史学家,而是一个纯粹的编年史家。毫无疑问,有许多东西以历史学命名,实际上它们只是编年史。但是,这并不影响历史学是什么的问题。

如果一个人相信所有的解释都是科学解释,那么他在处理我的例子时就不会有任何困难。他会说:"展现一个序列与理解它的区别在于,理解一个序列就是将其视为一般规律的一个实例。我们之所以理解英国取消金本位制与你收回在法国旅行的费用之间的联系,是因为我们知道某些经济规律,并且看到你收回旅行费用就是这些规律的一个实例。因此,历史学家和编年史家的区别在于,历史学家集编年史家和科学家于一身:他按照顺序叙述事实,同时又把它们看作一般规律的实例,而编年史家只是按照它们的顺序叙述事实。"

但是,如果目前我们拒绝分享这一信念,我们将会看到处理这个例子的一种截然不同的方法向我们敞开了大门。我们将会看到,第二个陈述之所以是历史学,而第一个陈述仅仅是编年史,是因为在第一个陈述中放在一起的事件,在实际的变化中并没有聚集在一起。第一个陈述根本不会导致第二个陈述,我们相继地陈述这些事实,如果没有更多的话,只不过是在对事实本身进行虚假的暗示(*suggestio falsi*)。然而,在第二个陈述中,我们正在展示它真正发生时的一部分变化,这就是我

---

① 在此之后,"任何理解这些事件的性质的人都会看到……"被划掉了。

们能够理解它的原因;或者更确切地说,这就是历史理解:它只是看事件是如何发生的,而要做到这一点,就要明白它为什么会发生。我们的思想遵循事件本身的运动,这样做就能发现它们具有可解性。历史学家和编年史家的不同之处,并不是历史学家给编年史学家的单纯序列添加了一些东西,而是编年史家从历史学家的单纯序列中拿走了一些东西。① 事件的流动本身是可理解的,编年史家从其中丢掉了一些片段并使之不连续,从而把它变得不可理解。

因此,展现一个序列和展现其必要性(或者使之具有可理解性)之间的区别在于,一旦一个序列被不连续地展现,如此展现的一个序列就是不可理解的。使一个序列具有可解性的是它的连续性。在最一般的意义上,理解就是简单地看到连续性。科学理解是这样做的一种方式:它看到一般类型的连续性,这一种一般类型的任何事物与另一种一般类型的任何事物之间的连续性。历史理解则是另一种方式:看到这个个体事物与另一个个体事物之间的连续性。

对一般意义上的理解的描述,可以通过思考我们理解一首诗、一部小说或一段音乐的含义来进一步说明。在所有这些情况下,都存在一个事件的流动或运动,而要理解这一点,就是要看到它的连续性,看看事件如何依次流向下一个。一个抱怨自己无法理解一段音乐的听众,并不是在抱怨自己不能把音乐中涉及的各种声音序列归类为一般类型,而是抱怨说,正因为各种声音所处的状态,以及与任何这样的归类完全分离,他根本不能把它们理解成连续的序列:他听不到一种声音通向下一个声音。他处于一个编年史家的位置,他知道一个事件实际上跟随另一个事件,但却没有看到它们之间的联系:问题是他无法感知到它们之间的连续性。

这些非科学的理解形式——历史的、文学的、音乐的——总的来说是柏格森在直觉这个标题下所描述的,一种在其对象的"运动中安置自身"的思想,跟随这个运动,可以洞察事件本身的流动。柏格森将此

---

① 这句话可能应该这样来说:"……历史学家比单纯序列更多的东西。"

与科学理解进行了对比,他认为科学理解阻止了事件的流动,将其切割成人工区块,并操纵这些区块,以任意的顺序重新排列它们。柏格森对直觉和理智的区分,虽然具有很大的价值,但由于过分强调两者之间的差异,以及未能坚持每一种直觉都是一种理解的真理,而导致其价值有所降低。矛盾的是,柏格森认为"理智"一词在正当的意义上根本不可理解;根据他的说法,理智没有任何关于事物本质的洞察力;那是留给直觉的;如果我们追问直觉到底是什么,以及它是如何运作的,我们就会得到一些含糊且无益的答案,仅仅是因为,直觉与具有逻辑装置和系统方法的理智是分离的,直觉根本没有逻辑,没有系统,没有方法。这种弱点——贯穿柏格森的全部哲学——的根源,不在于他没有质疑科学理解是否真的是唯一可能的理解,而在于他不加批判地默许了传统观点中的科学理解。因此,他发现自己不得不在科学领域之外的无人区建立他的直觉概念,而不是展示这个概念如何能够将科学思想作为一个元素融入自己的结构中(就像它确信能够做到的那样)。

从最广泛的意义上讲,作为一种有别于科学的理解形式,历史理解的原则是事物本身的流动和它实际的流动的可理解性。如果我把我所谓的法国之旅中发生的事情的全部顺序记下来,那么这些事情的来龙去脉就不难理解了。当我从中提取它与其他序列共享或可能共享的这个或那个特征,并将这一特征归入其一般规律,它不会首先表现得或变得可理解。单一序列本身是不可理解的,只有当它被归入①一般规律才是可理解的,事实上,相反的情况才是正确的:除非序列本身作为一个单一的和不重复的事件序列已经是可理解的,否则就不能通过把它作为一般规律的例子来展示而使其成为可理解的。因为在这种情况下,一般规律只不过是这样一种声明:这种不可理解的事件在空间和时间的其他地方频繁发生或者可能发生;然而,本质上不可理解的事件不会因为重复而变得更加可理解。如果某种事物具有内在的可理解性,当我们再次看到它或类似的东西,我们很可能会更好地理解它。

---

① 柯林武德错误地写成了:"归入,那个……"

从这个立场出发,我们就有可能对"除了科学的理解,就没有任何理解"的学说进行反击,并表明科学的理解根本就不是理解,除非存在且首先存在我在这里所说的历史理解。

假设科学理解是唯一可能的情况。从这个观点来看,任何给定的事件序列实际上发生时都是无法理解的。我们吸食鸦片,然后睡觉。我们经历了这一过程,但仅此而已:就其本身而言,我们无法发现其中的必然性;我们不知道为什么第一件事应该导致第二件事。莫里哀对医生的嘲笑是足够公正的,因为医生们回答这个问题时说,"因为鸦片里有一种睡眠能力(virtus dormitiva)"。"因为吸食鸦片总是跟随着睡眠",这样说就更好吗?如果单个实例是完全不可理解的,那么任何数量的此类实例也同样如此。如果这仅仅是一个原始事实,即吸食鸦片之后跟随着睡眠,那么每一次吸食鸦片之后都跟随着睡眠,这同样是一个原始事实,因为这只是一个陈述,总结了原初的事实和所有其他同类的事实。逻辑学家可能会说,这是将一个枚举的命题和一个真正的普遍命题混为一谈。一个枚举的命题仅仅概括了一些个别的例子;科学规律是真正的普遍性,它们陈述了必要的联系。毋庸置疑,这样来看是正确的。但是,如果吸食鸦片本身与睡眠之间有必然的联系,那么此时此地吸食鸦片与进入睡眠之间就有必然的联系。如果规律在其一般性中表达必然的联系,那么在个体实例中就存在同样的必然联系。如果我们在个别事例中否认这一点,我们不得不也在一般规律中否定它。因此,除非在事件实际发生的流动中存在必然的关联,否则所谓的自然法则就不是真正的普遍命题:它们只是枚举的。

读过休谟著作的人可能会说:在事件发生时,可能存在必然的联系,但我们无法察觉。"我们从来没有感知到相互区别的实体和相互分离的实体之间的联系。"这一学说肯定排除了历史理解的可能性,但它对科学理解不是同样致命的吗?因为如果我们真的看不到吸食鸦片和睡眠之间的联系,我们又怎么能相信另一个相同种类的前因会导致一个同样的结果呢?归纳法的基础被摧毁了,我们对自然法则的信念完全变成是非理性的。除非我们承认,至少有时候我们确实看到了这个和那个个体事件之间的联系;除非我们承认有这样一种历史理解。因此,科学理解本身就消失了,我们只剩下一套盲目的、毫无根据的信念,这些信念借助于一些天赐的先定和谐,碰巧与实际的事件流大致符合。甚至这样的承认也是致命的,因为它意味着有一种先定的事件顺序,而且无论多么神秘,我们在某种程度上都是在历史地理解它,尽管不是在科学地理解它。

我们也许仍然会被质疑历史学并不能真正解释任何事情,以及我所说的历史理解并不是真正的理解,因为它充其量只是通过展示一个事件与另一个事件的联系来解释一个事件。要么是以同样的方式解释,要么以某种其他方式解释,要么根本不解释。如果用同样的方式解释,我们就陷入一个无穷的倒退,根本没有任何东西获得解释,因为整个序列的真正解释被推迟,直到我们得到第一项,而这在历史学上是永远无法做到的。如果用某种不同的方式解释,只能说明历史解释是无能为力的,除非它依赖于其他更好的解释。如果它根本没有被解释,我们如何才能更好地把它作为对第一项的解释呢?

我们最好抓住问题的症结,以其最尖锐的形式解决困难。让我们假设,一个事件通过参照另一个在先的事件来解释,而另一个事件则完全没有被解释。最终,我们可能会承认,所有的历史解释都是如此。无论它解释什么,它只能凭借其他一些本身无法解释的东西来解释。任何历史研究者所能做的,就是通过解决摆在他面前的特殊问题来增进知识;一旦这一问题得到了解决,他肯定会面对另一个问题,这正是由前一个问题的解决所提出的。批评的声音是:因为任何这样进步的结果都是把一个尚未解决的问题留在我们手中,从某种意义上说,这是一个以新形式再次出现的旧问题,因此,它毫无价值。这就等于说,除非我们知道所有的历史,否则我们将一无所知。这个立场站得住脚吗?

我不知道是否有人愿意认真地对待它。如果他这样做了,他不仅必须把它应用于历史知识(我所想象的这些批评家显然是把历史知识与其他种类的知识区别开来的),而且必须把它应用于一般的知识。①因为它不仅对于历史学是正确的,而且对于知识的每一个领域也是正确的,知识是无穷无尽的。不仅在如下意义上来说,不管我们对它的探索有多远,一些过去仍然未被发掘,而且在另一个意义上来说,知识的进步使我们接触到以前从未出现过的新问题。只要思想是活跃的,并且取得了扎实的成果,一个问题的解决就会引出另一个问题。只有当心灵懒散和迟钝,或者缺乏对正在思考的主题的浓厚兴趣时,他们所拥有的知识才不能唤醒它们对新的和尚未解决的问题的意识。

因此,在这种批评中所提出的观点与我们所讨论的历史知识没有特别的关系。然而,既然已经提出来了,现在不妨考虑一下。批评者的建议是,除非我们知道所有的事情,否则我们一无所知。这可能是正确的,如果只需要知道一件事,而且这件事属于这样一种类型,在其中任何事物都没有区别:一种绝对无差异的统一体,在此之外什么也没有,在此之内没有以任何方式区分或存在不同的东西。哲学史上没有记载过有谁如此狂热地信奉一元论;而且很明显,这一种类的任何东西都不可能吸引历史专业的学生,因为他们的研究对象,即历史过程,以各种方式丰富多样地分化成各种事件,而这些事件,无论多么真正地相互联系,也是截然不同的。当然,一些观念论者坚持认为,知识是一个整体,其中每一事物都是相互联系的;如果是这样的话,任何新知识的增加在一定程度上必须改变我们已经拥有的知识。但即使从这种观点来看,我们也不能说,除非我们知道所有的东西,我们什么都不知道,因为这一观点意味着,无论我们在所有可能知道的事物中知道多少,我们在这里已经有了一些可以添加的东西。

任何知识都没有最终的定论。根本不存在我们对其毫无知识的东西,也不存在我们对其没有更多认识的东西。如果有人认为,在某个领域,无论多么狭窄,他已经耗尽了知识的可能性,他不仅处于危

---

① 在此之后,以下内容被划掉了:"然而,在这种情况下,它与历史学没有特别的关联,而且作为对历史知识的一个批判,也是一种空洞的诡辩。"

险的错觉之下,而且表明他关于该领域本身的思想的软弱和贫乏。如果说比起其他领域,我们在历史学中所知道的知识的不完全性(incompleteness)更加明显(对此我表示怀疑),那么,这并不是说历史学是一种特别无用的思想形式,而是说它是一种特别享有特权的思想形式,在这种情况下,思想者比一般人更清楚地意识到自己正在做什么,而且比一般人更能够免除对自己成就的性质及其大小的妄想。

四、人性与人类历史

我们在前面的章节中提出,与 17 世纪流传下来的传统知识理论相反,科学理解并不是唯一存在的一种理解:还有一种理解,我称之为历史理解。它的功能是理解实际发生事件的变化,看到它们彼此之间的实际联系。对于这样一种理解而言,这个过程或流动不仅仅是一个直接的经验和感知的事情,而且是一个可理解或可知的事情:从广义上来说,历史学这个术语已经被用来表示这个过程的知识。

如果实在存在于过程的本质中,我们就有必要重新考虑这样一种区分,即我们习惯于将事物是什么与它做了什么或发生了什么区分开来。因为它所做的和发生的事情构成了它的过程;如果它的实在是过程,当这些东西被拿走的时候,就没有什么东西剩下了。我们习惯性地认为,在这种情况下,会留下一些什么东西,也就是我们所说的事物的本质;而且,我们认为这是某种永恒的东西,它构成了其活动及其所经历的变化的基础,并作为这些事物的一个条件或限制。我们认为,它能做什么以及我们能对它做什么,取决于它的本质,因为无论是它自己的活动,还是任何其他事物对它的活动,都不能改变它的本质。它只能做它的本质允许它做的事情,并且只能以它的本质所能做到的方式来行动。在这一节中,我将考虑这一区别,我将特别提到人的本质和人的历史。

如果说人类的实在只是简单而纯粹地存在于人类历史的过程中,那么至少就人类而言,这种熟悉的区别是一个形而上学的错误,而通常所说的人类本质可以用人类历史这个术语来解释。这听起来自相矛盾，不仅因为它是陌生的，还因为它似乎含有我们认为是错误的含义。这样争论的人似乎在维护伦理学中的极端自由意志论者的学说，他们相信一个人完全可以自由地选择不同的行动路径，而不管他是什么样的人，也不管他的"性格"与他可以采取的行动之间的关系。我认为，对于伦理学的这一立场，我们应该这样回答：无论我们多么同情伦理学家的动机，毫无疑问，他的动机是渴望捍卫现实的自由和道德责任，我们也不能同意它的主要内容；相反，我们相信一个人只有在符合他的性格行事时才是最自由的，并且认为一个诚实的人通过不诚实的行动而非诚实的行动来行使他的自由是荒谬的。事实上，性格远远没有阻碍自由，而是赋予了自由：或者更确切地说，赋予的不是一般的自由，而是赋予以这种或那种方式行动的特殊自由。只有具有某种性格的人才会采取某种行动；因此，他拥有这样的性格，不是把他从一个特定的活动领域中排除出去，而是向他打开那个领域。然而，如果一个人的性格是一种固定的和不变的东西，他的行动是自动产生的，那么他的行动就没有自由和责任而言。事实上，人的性格不是固定不变的；它会被他的行动所改变。因为他有特定的性格，所以某些选择对他来说是开放的，而不会对一个不同性格的人开放。当一个人在这样的场合采取了果断的行动时，新的行动就在他的性格中（可以说）留下了一种积淀，以这种或那种方式发展下去：因此，当他采取下一个行动时，他的性格已经被改变了，无论多么轻微。这种性格的不断改变或发展，不仅取决于他的行动和他依靠自由意志所做的事情，而且取决于他身上所发生的事情，因此在任何特定的时刻，人的性格部分是由他所创造的，也是他应该为之负责的，部分是由环境的力量在他身上造成的。

我们可以说，一个人的性格是由他的历史构造或建立起来的。他有什么样的性格，取决于他有什么样的历史。当我们说他在某一特定的场合以某种方式行事，因为这就是他的性格，我们要么是在表达一个重言式命题：他这样行事，是因为他这样行事，要么是在说，他现在这样行动，是因为他过去已经这样行动，以及他受到过去影响而这样行动。

事实上,我们正在历史地解释他现在的行动,把过去归结为现在的真正原因(vera causa)。

我们在此可以提出两个警告。首先,我们不应该认为性格就意味着习惯,也就是说,一个人做了某种行为,就会养成做同类行为的习惯。恰恰相反,可能是做了某种行为才使他愿意做另一种行为。

其次,当有人说过去是现在的真实原因,"原因"一词不能被理解为通过它自己足以产生它的效果。甚至说一个火花引起火药爆炸,也只是火药准备好爆炸,火花才能导致火药爆炸。当有人说过去导致现在,我们必须记住,我们所讨论的现在是一个自发的、自我维持的活动,过去并不赋予它的存在,只是赋予它所具有的特殊形态。一个人的过去并不能使他行动起来;假如他采取了行动,过去才会使他如此行动或不如此行动。

我们必须要区分的,不是三个术语——一个人的历史或他的过去、由那个过去所决定的他现在的性格、由那个性格所决定的他现在的行动——而是两个术语:他的过去和他现在的行动。他的过去和他的性格是一回事。他的性格是我们对他的过去的称呼,就好像存在于此时此地一样,决定了他现在的行动。与过去一样,它已经死了,根本不存在。此时此地存在的,既不是他的过去本身(因为它已经死了,消失了),也不是他的性格(因为它只是一个虚构的东西,一个虚构的神话实体,被发明出来以解释他为什么会那样行事),而只是他现在的行动或现在全部行动的复合体。在这个现在的行动中,尽管它是确定的,但我们可以通过分析来区分两个因素:一个是不确定的活动或意志因素,另一个是将意志固定在这个特定行动中的决定性因素。这个决定性因素就是我们所说的他的性格,我们现在能够用他的过去来识别他的性格:一个人是什么,就是他自己所塑造的东西,以及在他的历史中被塑造的东西。

通过一个人的历史来分辨他的性格,或者凭借他所做的事情和在他身上发生的事情来说明他是什么样的人,是可以转换的:一个人所做的事情和他所经历的事情,也即他是一个什么样的人。如果他所做的任何事,或者发生在他身上的任何事,都没有以他是什么样的人的形态出现在此时此地,那就是我所说的死去的过去。但是,一个死去的过去什么都不是。对于任何行动和经验,无论多么微不足道,无论与他人的联系多么遥远,都不能说,曾经做过或经历过这件事的人现在就是做过或经历这件事的人,以及无论有多么微小,都不能说,他因为做过这件事而变得多么不同。但是,他究竟有多大的不同,并不取决于这种行为或经历本身的性质,而是取决于它与他人的关系,例如:十年前犯下类似罪行的两个人,在他们的性格中,仍然背负着把过去的行为当作一个现在的事实;但是,现在的情况却大不相同,一个人是在一个浮躁的刑罚体系中被抓了个正着,另一个人明智地重新找回并看到了诚实的价值。

193　　人们或许可以承认,我们通常所说的性格,或者个人的本性那样的东西,不过是他的历史的一种产物,并且实际上只不过现在以事实的形式存在的历史本身而已。然而,有人仍然坚持认为,除了这种不断发展的、受历史制约的性格之外,每个人都有一种不可改变的本性,他与所有的人,或者可能与所有某种类型的(种族的、心理的或其他类型的)人共有这种本性。为了支持这一观点,也许有人会争辩说,无论对他做了什么,每个人身上都有一种永远无法改变的东西;性格的一切发展都是在这种不可改变的背景下发生的,正如一句谚语所说,即使用干草叉把这种"本性"扔出去,它也总会重新站起来;这里没有奋争,唯一明智的做法就是与之妥协。

但是,无论这些论点本身有多么正确,它们都无法证明问题的关键。假设某个种族类型的人的本性只不过是这个种族历史的产物,以及所谓的人的本性大体上与生活在过去的人类的本性是一样的:过去确实是无法改变的;现在没有什么东西能改变我们是祖先的后裔这一事实,他们过着某种生活,因此给他们的后代留下了某种遗产。从心理学的意义上讲,现在所谓的种族类型,与个人的性格没有什么不同,实际上是经过许多世纪的历史而建立起来的某种文化传统;从更严格的意义上说,所谓的心理类型是那个历史过程的产物,生物学家将其称为人类的进化。

有一种观点认为,人性中的一切都是历史过程的产物,过去活在现在之中,而另一种观点认为,人性是一种永恒的和固定的"本性",两者之间有什么区别呢?如果在这两种观点里,人性都是不可改变的,那么除了纯粹的学术性之外,用一种观点取代另一种观点还有什么意义呢?

实践的和非学术的差别在于:历史所产生的只是事实——事实一定是不可改变的,但无非就是事实而已——而"本性"不只是事实,也是一种强制。如果我做出某种行为是因为,我已经养成了这样做的习惯,那么我养成了这种习惯这一事实就是一个不可改变的事实,但这并不意味着,在我的历史的进一步发展过程中,这种习惯是不能被改变或打破的。相反,由于这种习惯只是一个事实,它就会像其他任何事实一样消失在过去,除非通过新的行动不断更新它。我已经养成了抽烟的习惯,因为这种习惯,我对烟草有一种欲求,但如果有几天我拒绝满足它,抽烟的习惯就消失了。如果我忘记了我是在有记忆的有生之年养成了这个习惯,我就会把这种欲求看作是"自然的",那么我就不应该相信有克服它的可能,我就会成为所谓的"瘾君子"。如果我做出某种行为是因为我的"本性",我可能确实会通过一种意志力而拒绝在某个特定的场合做出这种行为。但是,我做出这种行为的倾向,以及我每次拒绝做出这种行为而造成对我的"本性"的冲击,将是永恒的。因此,除非我的生命是一个缓慢的自杀,否则我必须弄清楚我应该做什么,然后去做。

因此,如果某一特定的人或人群的习惯性的"集合"或反复出现的行为模式是历史地产生的,那么未来的大门是敞开的;如果说它们是自然而然产生的,未来的大门则是关闭的。例如,如果我们所知的战争是一种在人类历史进程中发展起来的制度,如果它作为事实在我们的世界中反复出现是由于我们的政治制度的组织方式和我们的政治习惯的塑造方式,那么就可以得出这样的结论:既然历史(在这种情况下是集体行动的历史)创造了战争,历史就可以废除它;既然从原则上讲,战争是可以废除的,那些认为战争是邪恶的人的任务,就是找到某种方式来重新组织我们的政治生活,这样就可以不再有战争了。如果战争是由于某种天生的好斗本能造成的,那么战争就不能被废除,而废除战争的企图将会带来有害的后果。

反之则不成立。一次、两次或一百次企图废除战争的失败,并不能证明战争是由一种自然的本能所造成的,正如一个人不戒烟不能证明他对烟草的欲求是自然的。我之所以这样说,是因为它所指向的谬论在目前很受欢迎;更进一步来说,是因为似乎没有其他类型的论证来支持所谓人性的传统信念。我并不否认,"人性"这个词可能被宽泛地用作人类活动的集合或模式的总称,我们在任何特定时刻都将这些集合或模式视为永久性的,并且将其视为超出我们改变能力的事物。我也不否认,有许多这样的事情,我们这样考虑是明智的:诸如吃饭、睡觉、繁衍这些活动形式,没有它们,人甚至不能成为动物,而诸如说话或思考这些活动形式,没有它们,人就不能成为人。我更没有否认,当我们希望以这种方式或那种方式改变人类既定行为的一般路线时,我们应当明智地仔细思考所谓的人性是什么,以避免诸如将某些特定的政治形式强加给那些过去没有受过这种生活方式训练的群体,或者以某种方式废除公共宗教的制度,以驱使人们从事私人迷信活动。但是,避免这些错误的正确理由,并不是对称为人性的神话实体的尊重,而是对事实的尊重,对人类历史的尊重。

在否认存在人性这样的事情时,我并没有否认这个名称所代表的实在性:我否认这个名称的含义,并声称被称为人性的东西,就是制约着人类当前活动的历史的过去,它反过来被人类的当前活动所修正。从形而上学的角度来看,这一论点意味着,人的实在是一个历史的实在,需要丝毫不剩地通过历史的过程加以解决。首先,不存在一个实质性的、永恒不变的被称为人性的实体;其次,不存在由这个永恒的实体所施行和经历的一系列历史活动和变化:实体只不过是活动本身,它在时间中决定自己,发展自己。

我已经断言人的本性等同于人类的过去的观点,这与我们所说的传统观点相对立。到目前为止,我没有给出这种偏好的理由。因此,我将首先指出某些难题,这些难题可能会促使思想开明的人怀疑传统观点是否站得住脚。

（1）如果人性是由一组实体的和不变的特征组成的，它是由什么组成的呢？心理学家将会提供各种答案。但是，我恳求他们不要满足于提供关于本能之类东西的随意目录，而要提出一份商定的目录，即使不是详尽的目录。这不是一个不合理的要求。化学早已有一个元素表，到目前为止已达成一致。只有当这样的元素表建立起来，化学家不再选择诸如硫、盐和汞这样的任意元素，并发明像燃素这样的想象性元素，化学才开始成为一门科学。心理学不可能产生这样的"元素表"。以这门科学尚处于襁褓期，而要求更多时间是徒劳的。问题是，在试图支持传统的人性观念时，它是否完全处于错误的路上。我认为，有一件事是明确的：心理学目前所取得的进展完全与任何这样的概念无关，并且正在越来越远离它。对于旧的本能表，我们现在拥有了一个单一的无差别能量的概念，其分化是在它自己的历史活动过程中产生的，无论好坏。因此，现代心理学就其更进步的一面来说，是反对人性概念的见证人，而支持把人类历史作为人类研究基础的观念的见证人。

（2）如果有人性这样的东西，它是什么时候开始存在的？尼安德特人是否在25万年前就拥有它？还是50万年前爪哇直立猿人拥有它？如果是这样的话，它是否已经存在于中新世时期的类人猿中？但如果不是这样的话，在过去的25万年里，它是在什么时候被赋予了他们的后代？我提出这些问题，不是为了通过展示我们不知道答案而轻松取胜，而是为了表明所有的人性概念都是前达尔文生物学的遗迹。在大众心理学中，它只是古代特殊造物者观念的存留物，即物种是固定不变的，并具有固定特征。洛克、休谟等人对人性的经典研究从前达尔文时代流传下来；今天阅读它们时，我们应该记得，他们对人类的描述就像敏锐的观察者两个世纪前在西欧发现的那样，而他们的作者从来没有想过要问，他们描述的人性是固定的和永恒的，还是一个漫长历史过程的产物？对我们来说，第二个选择是唯一开放的选择。

（3）如果真有人性这样的东西，它与构成人类物种多样性的各种族的——欧洲的、非洲的、亚洲的、澳大利亚的——性质有什么关系？

所有这些种族的人性都是一样的吗？如果是这样的话，他们的差异仅仅是身体上的而不是心理上的吗？或者它是否以某种方式添加到普通的品质中而不影响它们？或者——因为这两个答案都不太可信——是不是每个种族对人性有不同的认识？如果是这样的话，它将以不同方式在不同的细分和混合中得到重新实现，而单一不变的和普遍的人性概念将永远消失。这也就是说，现代科学再次成为反对这一构想的见证人，因为遗传学的学生认为，一个特定的人的心理特征，不同于物理特征，远远不符合一个不变的模式，随着他的血统和孟德尔因子、基因、染色体或他生命开始的受精卵中没有的其他因素的组合的变化而变化。

（4）总而言之，如果有人类历史这样的东西，就不可能有这里所定义的人性这样的东西。只要哲学家否认历史是真实存在的，他们就可以坚持认为存在一种人的观念（ιδέα ανθρώπον），人的"形式"，内在于这个人或那个人身上，就是所谓的人性。因此，人性的概念是古代形而上学的遗迹，并且与存在诸如历史这样的东西的学说格格不入。如果人类的存在是一种历史性的存在，不同于单纯的 γένεσις[生成]，其中的形式无差别地强加于这件或那件事物上，那么它作为历史性的存在就包含了人性本身，而不只是人性在历史发展的过程中产生的实例。在前三段中，我指出了现代心理学、现代生物学和现代遗传学如何致力于这样的人类历史观念；在这里，只剩下一个两难的困境：要么这种历史观念必须被绝对地拒绝，不仅拒绝这三个科学，而且拒绝作为一个整体的历史；要么这种历史观念必须得出其合乎逻辑的结论，断言我们所追寻的历史，即人类，只存在于这个过程中，并且是该过程的产物。

五、自然世界的过程

我已经论证过，对待人的问题，应该把人性看作一个历史过程的产物，这个历史过程本身就是人类活动的逐步发展。在这个过程中的任何一个特定的时刻，人都是他所要成为的那样的人；这就是所有的一切，而且仅此而已；他做他所成为的人所必须做的事情。他所做的那些事情，即他的发展过程所继续的那些事情，就是他的自由；他所做的事情，就是各种各样与他的身份相称的必要的事情，他发现这是他必须做的(ἀνάγκαις[必然性]，例如，οὐ μαθηματικαίς ἀλλ' ἐρωτικας[不是数学的，而是性爱的])。①

如果这将是人类哲学的一个缩略图，那么对自然哲学又该说些什么呢？有些人会否认有这样的事情，即便如此，他们也会用他们自己的哲学术语来解释自然是什么或不是什么，这就是我所说的自然哲学的全部含义。顺便说一下，我要指出，当我谈到某个事物的性质时，我用小写字母来拼写；当我说到所谓自然事物的整体或系统时，我用大写字母来拼写。

人是否是自然的一部分，这可能会被轻视为一个单纯言语表述上的问题。因此，我将不再在这上面逗留。对于一名笛卡尔主义者来说，用人的心灵来定位人，用纯粹的物体来定位自然，答案是否定的；而对一名唯物论者来说，答案就是肯定的。对我来说，这两个答案似乎都不太令人满意。坦率地说，打个比方，人似乎是大自然的孩子，但却是个叛逆的孩子：一个浪子，也许是最小的儿子，像童话故事里一样，被派去寻找他的财富。在某种状态下，他为自己切断了所有的家庭关系而感到自豪；在另一种状态下，他为重新发现他的母亲而感到极大的满足，并沉浸在她的怀抱之中，直到他在那里恢复了力量，再次反叛。但是，我现在不会再深入讨论类似于这些形象所表达的思想。就目前而言，我将假定人与自然不是一个事物，而是两个，并且，为人类研究而制定的上述原则不会自动适用于自然研究。

---

① 大卫·盖洛普教授向编辑们建议，柯林武德在这里所说的可能不太准确。在《理想国》(458d5)中，柏拉图将"几何的"必然性与"性欲的"必然性——在此语境中，这种性冲动将驱使男性和女性的守护者相互交配——进行了对勘。作为一位现代译者，沃特菲尔德(R. Waterfield)在其翻译的《理想国》(Plato, *Republic*, Oxford, 1994, Oxford World's Classics, p. 409)中指出，希腊人通常说"几何的"必要性，而我们应该说"逻辑的"或"演绎的"必要性，人们可以读到柯林武德在这里开玩笑地对比了演绎论证的强迫性力量与性欲望的强迫性力量。当然，他也有可能想到了一种更广泛的强迫性力量，迫使人去做他必须做的事，在这种情况下，一个更模糊的术语，比如"激情"，可能会更好地传达他的意思。

人拥有历史，或者更确切地说，人是历史，但黑格尔的格言已经成为老生常谈，那就是大自然没有历史。如果这是对的，从历史这个术语的广义上来看，自然哲学一定与人类哲学有很大的不同。在那里，不变的自然的表象被分解成历史的实在；相反地，在这里，历史的表象必须被分解成不变的本质的实在。从这个观点来看，历史对于人来说是什么，本性对于自然就是什么：自然的事物之所以被称之为自然的，是因为它们具有它们自己的本性，具有固定的和不可改变的特征。

如果我们要接受这一学说，我们必须首先限定它。人类历史始于类人猿的历史；这意味着类人猿和所有等级的生物都有历史，或者更确切地说，是历史。因此，历史的发展至少离不开生命。这是古生物学为我们做好准备的地方，自达尔文以来，每个人对此都很熟悉。如果存在任何一个非历史的实在，我们是无法在生物学王国的任何地方寻找到它的。

因此，我们转向无机世界。但是，我们怎么才能划清界线呢？当然，我们可以划在这个星球上没有生命存在的那个时刻。在此之后，生命开始存在。我没有问这个奇怪的事件是如何发生的，也不会问它为什么发生。我的观点是，它发生在某个时刻，因此，这个时刻在地球存在的编年史上被标记为一个独特的时间：一个某事件只发生一次的时刻。现在我认为，在一个非历史世界的时钟时间和历史的时间二者之间的差异在于，时钟时间是重复的，事情一次又一次地发生，与以前发生过的事情没有什么不同；而在历史时间里，事情只发生一次。我认为可能存在没有历史的时间，在这样一个世界里，我们永远不会说打开了新世界（*nova rerum nascitur ordo*）：没有任何东西会变老，也没有什么任何东西会诞生；在无限的空间里，原子永远地跳动着，永远年轻。但是，如果在舞会上出现了一个从没有见过的新身影，从此成长和繁衍，并过着不断变化和发展的生活，那一刻将是历史的开始。如果这是已经运行的时间序列中的某个时刻，那么整个序列都可以从中向前和向后推算，就像一个时间的序列，每一个时刻都是唯一的和非重复的，比如说，公元前和公元后，每一个时刻都有其唯一的参照编号。

我们再换一种说法。如果存在一个特定的时间,生命开始在地球上存在,那么在那个特定的时间,地球必定是处于这样一种状态(或者,如果你愿意,也可以说是一种关系),它以前从未出现过,也不会再次出现。这是地球存在的一个时刻,它一定是经过一个准备过程才能到达;这里所讨论的状态一定是通过某些决定性的变化而建立起来的;而且,由于导致一个独特的和非重复性的顶点,每一个变化都必须是独一无二的和非重复性的。换言之,地球在生命出现之前所经历的变化本身就是历史性的。

我们似乎不可能避免这样的结论:即使是无机的自然,在其时间的变化中,也经历了一个历史性的过程,如果不是这样,生命就不可能开始。但是,这又让我们再次面对旧的困境。自然的历史过程,是在它那永恒不变的存在之上增添的某种东西吗?或者它是一个存在的谱系,而这个存在每一时刻都只是它自己过去的存在?

第一个答案似乎是正确的,因为它似乎是由物质和能量守恒的学说所蕴含的;因为(一般来说)整个物理学似乎都意味着每一件物质都是一样的,尽管它会运动或细分,或者与其他物质聚集在一起;因为赞同第二个答案,似乎意味着物质可以发展或生成,而显然这是一种更高层级存在的特权。

值得指出的是,这些答案无论在我们所谓的常识看来多么令人信服,都不会得到现代物理学家的认可。现代物理学家已经放弃了物质守恒,重新解释了能量守恒,直到物质不再意味着过去一代人所理解的含义。他们不再相信自己有能力说出物质粒子的自我同一性意味着什么,也绝不愿意说物质不能产生或消失。所谓的常识把这些怀疑当作是荒诞不经的东西来加以反对,只不过是17世纪的思想家们从希腊原子论者那里借来的构想物质方式的既定习惯而已。现代心理学的主要优点在于摆脱了人性的概念,取而代之的是一种自我发展和自我塑造的能量的概念,而现代物理学的主要优点则是摆脱旧的物质概念,并断言物质的整个存在都是由物质所做的事情组成的。因为从根本上讲,这似乎是现代物理学家对物质的看法;而作为所谓的经典物理学基础的希腊观点，是基于这样一种假设：无论给定的物质是什么，它完全独立于它所做的事情。

在某种程度上，将物质是什么识别为它做什么并不困难。例如，我们关于铁的性质可以说的一切，都可以分解成对具有某种结构的原子活动的描述；这种结构，就其特殊之处而言，并不在于原子构成了某种特殊的东西，而在于原子的组成部分以某种特殊的方式运动和排列。因此，铁的如此性质将自身转化为一种特殊的活动形式。

此外，这种活动在两个方面与有机体的历史活动相似。首先，一个给定的原子现在在做什么，取决于它过去做了什么。从这个意义上来说，在任何给定的时刻，它的位置就是它所在的地方，它的精确结构就是它所是的东西，因为在它的内部和外部的运动过程中，它已经到达了那个地方和那个状态。即使组成它的电子运动以某种方式在某一时刻是不连续的，这仍然是正确的：似乎在所有的历史过程中都存在着不连续性，诸如，有机体的进化或心灵的意识活动。其次，一个铁原子可以通过增加或移除电子来改变另一个原子，从而产生或消失。在这两个方面，原子的真实性和人类的真实性一样，它就是它变成的样子。它的特定性质，也就是它的活动的特定形式，就是它的过去所造就的。

但是，尽管如此，它的历史性似乎并不完整。我们似乎没有理由相信，如果一个铁原子是通过一个更重的原子失去电子而产生的，它就会在与其他方式产生的铁原子的活动方式不同的意义上携带那个过去。如果它实际上没有什么不同，我们必须这样来表达这一点，即原子和其他无机物质的组成部分，在它们现在的存在中并没有保存它们全部的过去；或者，从历史学家的观点来看，它们现在的存在，即使对于一个理想的完美历史学家来说，也无法为它们的全部过去提供证据。也可以这样说，在心灵的完整的历史性中，只有一个可能的过去是任何给定的现在的真正原因，但在物质的情况中，任何给定的现在都有很多可能的过去，换句话说，不同的原因可能产生同样的结果。同样地，我们没有理由认为，如果一个给定原子的一个电子被移除或被取代，这个给定原子的活动会有所不同。

这些都是不能过分强调的要点。我们对单个电子,甚至单个原子的活动知之甚少。物理学家向我们保证,他们对这种运动的概括描述只是"统计定律",就像描述一年内未寄出的信件的百分比的定律一样。如果是这样的话,这些定律并没有告诉我们任何一个原子或电子的运动情况。由于训练有素且习惯于精确,有些人可能从来没有寄过一封没有地址的信;也许没有任何两个人的未写地址的信件占其全部信件的百分比是一模一样的。尽管统计定律具有规律性,但最小的物质粒子的历史性在一定程度上也有可能是绝对的。

但从另一方面来看,物质的存在是否具有完全的历史性似乎值得怀疑。真正的历史性不仅在其自身的历史进程中逐渐发展其本质,而且实际上是在一个确定的时刻开始存在的。历史起点的概念是一个大难题。我们确定汽船或国际联盟的起始日期是相对容易的,但即使在这样的情况下,也总是有一个胚胎期或史前时期,即事物本身并不存在,但它是从其他事物中生长出来的,除非用某种武断的界线,否则无法与之区分开来。我们却同意,罗马皇帝在公元前 1 世纪末期就已经存在了,但在描述它的起源时,我们不能不提到恺撒、庞培、苏拉,甚至是格拉古兄弟。然而,我们仍然可以这样说,它是在基督诞生之前的最后一个世纪中出现的,无论我们是多么迟疑和试探性地做出这一判断。尽管在奥古斯都完成立宪工作之前,人们永远无法回答当时是什么东西产生了。关于人类何时开始存在,就更难说了。即使我们的古生物学记录如我们所希望的那样完整,我们也不能说这一事件发生在某个特定的日期;相反,我们应该像描述罗马帝国的起源一样,把人类的起源描述为一个占有一段时间的事件,而且事实上,相对于我们通常所说的历史,人类的起源占有一个相当长的时间。尽管如此,它还是在一定的范围内,并且可以在这个意义上确定日期。通过这种方式(可以顺便观察到),它类似于所有事件:任何事件,都不是落在某个时间点上,而是发生在一段时间之内;事件占有一段时间,而且在一瞬间中没有任何事件发生。

如果物质的存在是一种历史的存在,那么它就有了一个开端,而这个开端(在理论上)可以确定日期。这个命题是康德的第一个二律背反的"论题";他以"反题"的名义对此的回答是,如果世界在时间中有一个开端,那么它之前必须有一个空虚的时间(也就是说,一个没有事件的时间),并且在这样的时间里面,没有什么东西可以区分一个瞬间和另一个瞬间,因此,世界不可能在任何一个瞬间而不在另一个瞬间产生。柏拉图似乎回答了这个论题,坚持认为时间与世界一起开始;如果这一点能够被接受,物质存在的完全历史性作为一种假定,至少不会遭受无法克服的异议。在这里,我将不去追问这个问题:为了本文的目的,我将假设柏拉图的路线是可能的解决方案。我的当前论题引导我走向另一个方向。

我认为,现代物理学以及由亚历山大和怀特海以它为基础所提出的哲学宇宙论,已经确立了这样一个观点:正如所谓的人类"自然"转化成了历史,无机物的"自然"也会转化为过程。其结果是第一个重要的形而上学成就。粗略地说,它把存在问题转化成了发生问题。但是,我们不能妄下结论说,因为一切都是过程,所以一切都是历史。在这篇文章的前一节中,当我试图阐明将人类本性还原为人类历史的术语时,我识别了一个人是什么与他做了什么(以及在他身上发生了什么)之间的联系和区别。紧接着,我在讨论将物质存在还原为过程的时候,我识别了物质是什么与它做了什么(以及它身上发生了什么)之间的联系和区别。这两个短语之间的区别标志着历史和一个严格意义上的非历史过程之间的区别。

我们不可能将一个人是什么转化为一个人做了什么。说他的性格只是他的行为方式的一个统称远远不够。他的性格不是他行动的方式,而是引导他以这种方式来行动的东西;这是他行动的连续性原则,他从过去汲取力量,使他能够在现在采取这样的行动。忽视过去的这种力量,即一种既解放又约束的力量——使他能够做他不可能做的事,并使他不可能做他能够和将要做的事——是抽象自由意志论的错误。因此,当我们说一个人这样做是因为他是这样的人,他作为这样的人(他的性格)是因为他过去以某种方式行事。历史就是把整个过去聚集到现在的过程,它决定了现在通过自身的存在而创造的那种新奇。

当历史如此确切地与过程区分开来时,我们必须重新提出自然是否有历史的问题。当然,自然的过程不仅仅是变化。因为变化是完全没有创造性的。它用一只手给予,却用另一只手夺取,就像它所给予的一样多。在变化中,过去消逝了,不留痕迹。毫无疑问,没有永恒就不可能有变化;但是,变化所蕴含的永恒,无非是变化本身这一事实而已。因为单纯的变化并不意味着保持,而自然界的变化确实意味着保持(例如,在火中燃烧的煤炭不会消失,而是变成气体),这是对自然理论的重要发现,用康德的语言来说,这是一个综合命题。

自然的过程并不仅仅是变化。它是一个创造性的过程。它类似于历史,不仅导致了新的个体性事物的存在,而且还导致了新的秩序的存在,并使用一种秩序的事物作为材料,从中建造下一种秩序的事物。从这个意义上来说,就像历史一样,自然的过程是不断进步的:过去作为现在的基础在这个过程中保存下来。但是,即使在这里,自然过程和历史过程也存在着差别。过去保存的含义是不同的。假设一些分散的原子联合起来形成一个分子,如果你愿意这样说,它可能是一个具有以前从未存在过的化学性质的分子:一种新的创造物,不仅是个体性的,而且是全新的。在这里,过去被保存于现在,仅当存在于过去的原子仍然以个体的和相同的方式存在于现在。但是,原子过去的分散性不再存在。这个过程有这样一个变化的因素,过去的分散性完全消失了。新的分子一旦形成,就会忘记过去,不再拥有过去作为它现在存在的实质。它只是它现在所做的,而不是它已经做过的。

我们这样说,并不是要回到怀特海曾经告诫过我们的那个古老的错误,即试图构想"一瞬间的自然"。我所说的"现在"并不是指"在这一瞬间",我的意思是"在这个似是而非的现在"(specious present),因为如果我们采用莱布尼茨的说法,作为一个有用的隐喻,将物质描述为瞬间的灵魂(*mens momentanea*),那么我们所讨论的"时刻"就必须被构想为一段足够长的时间,以便能够确定发生在其中的过程的特性。如果我们问这个"时刻"到底是多长时间,答案是,这取决于我们正在谈论的是什么。一个电子的似是而非的现在是非常短的,一个原子的时间略长,一个分子的时间更长一点,一个有机体的时间则更长得多。我们似乎不得不得出这样的结论——物质只有它自身的似是而非的现在;那就是它的活动,也就是它的存在;它的过去只是它的过去所是,而不是它的现在所是。心灵不仅拥有它自己的似是而非的现在,而且以性格或实质的形态拥有它自己的过去。正是瞬间的灵魂这一短语表达了这种对比。

因此,物质本身的存在终究不是完全历史性的。到目前为止,黑格尔是对的。他甚至正确地谈到了自然无能为力(Ohnmacht der Natur),作为描述这一事实的方式,即自然不同于心灵,因此它缺乏这种力量:在现在之中保存自己过去的力量。说到这一点,我丝毫没有忘记怀特海关于实在与过程同一性的教导,以及亚历山大关于事物的历史性的教导。我只是说,亚历山大所阐述的事物的历史性在某些方面是无效的,正如我一直试图所描述的那样,事物的存在缺乏完全的历史性;而怀特海所理解的那一过程,类似于一个有机体生命的过程(他称自己的哲学为有机哲学,似乎是为了强调这个事实),而不是历史的过程。通过这种方式,在充分承认两者之间的相似之处的同时,我发现有必要将自然或物理的发展与历史的发展区分开来。

还有另一种方式,尝试将自然置于历史的概念之下,但我认为没有成功。其论点是,自然是一个思想或概念的系统,这些概念本身就是历史的,因为它们作为人类思想史上的各个阶段具有它们的有效存在。根据这一观点,自然意味着自然科学家所思考的对象;但是,有人认为科学家所构建的自然理论并不是对一个独立实在的描述,它们彼此之间是不同的,例如,非洲的各种地图就因无知和肆无忌惮的幻想逐渐被基于探索的知识所取代而有所不同;它们构成了一个自我发展的思想的历史链条上的各个环节,就像不同的法律或政治体系之间的相互关联一样,它们之间也是彼此关联的。为了支持这样一种观点,有人指出,一个特定时代的科学,就像同时代的音乐风格或同时代的建筑风格一样,显然都是这个时代精神的产物;而且,从某个时代的观点来看,过去时代的科学可能看起来与它自己时代的科学截然不同,因此,断言这是对同一实在的两种描述是毫无意义的。

从这个可以被称为观念论的观点来看,当然有自然科学这样的东西,作为一种必要的思想形式,自然科学在人类生活中有它自己的价值和地位;但是,没有自然这样的东西,当我们认为仿佛有自然的时候,我们只是置身于无知的迷雾中,被自己的思维和行动方式的阴影所笼罩。

在这里,我既不是要接受这个自然科学的观念论的描述,也不是把它看作荒诞不经的东西。很明显,这是自相矛盾的,有责任证明自己的情况;但同样明显的是,当我们把真正属于我们自己的东西和我们对它们的态度归因于我们周围的事物时,观念论者所宣称的发生在科学领域的事情,作为一个常识,确实经常发生。

就我现在的目的而言,我可以将其看作一个开放的问题;这不是我们要考虑的重点。无论观念论者是对还是错,有两件事是清楚的。

首先,科学理论在其实际发展中的继承,显然是历史性的。科学是否是人类对独立存在的自然的知识,人类在多大程度上获得这种知识,他们为获得这种知识而设计的手段,他们对自然的探索在多大程度上被推进或阻碍,或者被他们的一般兴趣、习惯和偏见而转变为这种或那种特殊的轨道——所有这一切都是历史问题。

其次,如果在科学思想史上的任何一个特定阶段,一位科学家都认为自然本身就包含时间性的发展或存在于时间性的发展之中,那么,这样认为的自然的发展阶段与科学史上的理论发展没有任何关系。正如康德曾经一劳永逸地指出的那样,我们的思维活动的次序是一个序列,而我们所思考的事件的次序完全是另一个序列。无论我们采取一种实在论或观念论或任何其他的知识观点,这仍旧是正确的。无论我们采取何种知识观,科学思维的历史性特征(科学理论的历史性)并不能在科学思考的对象(自然的历史性)中找到一个相似的特征。

因此,这是由一种类似于欺骗休谟的思维混乱造成的,当他用一系列的认知来识别一系列的认知事件时。在这里,我所要检验的观点是从科学的历史性到自然的历史性。如果这样的观点是正确的,那么将会得出这样的结论(例如),因为生命是比物质更晚的创造物,所以物质科学首先被创造出来,然后才是生命的科学。毫无疑问,人们有理由说物理学是17世纪的伟大成就,而生物学是19世纪的伟大成就;但是,19世纪生物学研究带来的总体的思想转向的一个结果,是对物理学本身的重新思考和非常剧烈的修正。因此,科学史上的每一个新阶段都涉及对所有科学的修正,也就是对整个自然概念的修正。

如果有人在一个熟悉的诉诸无知的论证(*argumentum ad ignorantiam*)中寻求庇护,认为到目前为止我们对自然的知识还很有限,将来我们可能会发现自然过程与我们现在所认为的历史过程并没有太大的不同。那么答案很简单,任何人都可以在子孙后代的账户上随心所欲开支票,但是,只有傻瓜才会接受用这些支票来偿还现在的债务。

历史学家能够不偏不倚吗?[①]

如果我一开始就问历史学家是否应该不偏不倚(impartial),我想我们大多数人都会认为自己知道答案。我们受过训练,认为所有的理智探究都应该是不偏不倚的,没有任何实际目的,也没有任何期望,唯一的目的就是发现真相,不管真相到底是什么。至少,这是我从我所属的学术和科学传统继承下来的观念。但我常常对此感到不安,并想知道这种理论与实践的完全分离是否可行。因此,在这篇论文中,我想在历史研究的单一实例中提出这个问题,我不是问历史学家是否应该不偏不倚,而是问他们能否做到不偏不倚,因为这是首要的问题。如果一个人不能做某事,他是否应该做某事的问题就不会出现。

如果不首先确立我们所说的公正(impartiality)及与之相反的偏袒(partiality)这两个语词的含义,我们就无法讨论这个问题。我认为我们可以有效地区分两种偏袒,一种取决于我们想要什么,另一种取决于我们认为的正确方式是什么。我们所说的偏袒,可能是简单的偏见(prejudices),也可能是价值的判断(judgments)。我承认两者的含义容易混为一谈,但把它们分开考虑会更清楚一些。[②]

(1)公正可能意味着不存在偏见。我所说的偏见,是指在证据之

[①] 标题下面还加了一句:"在斯塔布斯历史学会宣读的论文,1936年1月27日。"(博德利图书馆,柯林武德论文,des.12.)
[②] 在此之后,以下内容被划掉了:"如果我们不追问公正意味着什么,我们就不能很好地讨论这个问题。我认为它可能意味着两种不同的东西,我将其加以区分并分别对待。"

前预先判断问题或解决问题的倾向(tendency)。一个人可能要开始研究这样一个问题：牛津和剑桥谁首先建立了大学。如果他认为单纯的年岁对于一个机构来说是光荣的，并且要将自己的大学视为两所大学中更光荣的大学，他将偏向于赞同牛津比剑桥更古老的观点。类似地，当他调查1914年战争的起因，也许会偏向于赞同全部是德国的过错这一观点，或者当他探究诺曼征服时，他会偏向于赞同法国人征服英国人是件坏事这一观点，或者当他研究伯罗奔尼撒战争时，他偏向于赞同如下观点：既然雅典代表着民主，也就是自由，雅典的垮台就是文明的灾难。我选择这些事例是为了说明，偏见在历史知识领域播下了多么广泛的种子，历史知识不仅受到历史学家个人所关心问题的影响，而且受到他的家庭、家乡、祖国、民族、阶级、职业、宗教、种族等等问题的影响；当这些忠诚缺乏它们的直接形态时，他在他的研究主题中发现这些倾向的相似物，正如格罗特在雅典民主中发现了19世纪自由主义的相似物，或者说罗斯托夫采夫①在罗马帝国后期的士兵和工人中发现了布尔什维克主义的相似物。

我应该把偏见定义为一种愿望，即希望发现某个对所设问的问题的回答是正确的。如果你试图解决一个特定的历史问题，答案可能是A或B，假定你希望找出哪个答案是正确的；但是，你在头脑中通常还有另一个愿望，即希望正确答案是A。仅仅拥有第一个愿望就是一个无偏见的探究者；拥有两者就是一个有偏见的探究者；仅仅拥有第二个愿望是有偏见，但不是一位探究者——这是一种非常普遍的状态。

任何人都能看出，对于一个想要发现真相的人来说，偏见是危险的。如果他希望A是真的，这种愿望将会导致他强调所有有利于A的证据，并抹杀有利于B的证据。如果偏见足够强烈，他可以撇开对B

---

① 罗斯托夫采夫(Michael Ivanovich Rostovtzeff, 1870—1952)，俄裔美国考古学家、历史学家。著有《罗马帝国社会经济史》《希腊化世界的社会经济史》《古代世界史》等。——译者注

的确凿证据,并无中生有地制造有利于 A 的证据。显然,偏见是一件令人讨厌的事情,你不能有偏见。

但是,这个论证在一次跳跃中跨越了两个障碍。我曾说过,在我们询问历史学家是否**应该**公正之前,我们必须先问历史学家是否**能够**公正。这样说很好:"假如我是上帝,在创造历史学家的时候,我就应该让他们不带偏见。"但是,这个问题不会出现。让我们直说吧!历史学家**能够**不偏不倚吗?

当讨论那些触及甚至反映他们作为实践者的兴趣的问题时,历史学家显然无法做到不偏不倚。像格罗特、麦考莱、蒙森这样拥有积极政治生活和自身政治主张的人,会在他们所写的历史之中体现他们自己的政治经验和理想。哲学家(我曾看到他们争论)不应该写哲学史,因为他们偏向于支持与自己相似的哲学观点,等等。从这一切之中产生的原则非常简单明了。为了避免偏见,必须规定以下规则:任何对某个主题感兴趣的人都不得撰写该主题的历史。唯一没有偏见的政治史家是没有自己政治观点的人;艺术史家必须是一个没有艺术品位的人;军事史家如果参加过一场战斗,就会被取消撰写该主题的历史的资格;以此类推,直到你认识到这一点,唯一有能力评判女性美的人是阉人。我将冒昧地将这一原则称为历史学家的阉人学说。

无论这一学说在理论上有多么吸引人,在实践中却遇到了困难。首先,历史学家不是阉人,他们拥有良好的热情,他们为历史学贡献了最令人难忘的东西。还有什么比谴责吉本、格罗特、麦考莱、罗斯托夫采夫的偏见更愚蠢的呢?因为任何读者都能看到,这些偏见让他们的心灵变得更有热情,促使他们对历史问题进行更加热烈和富有成效的思考。罗斯托夫采夫憎恨那些毁了自己和他的朋友的共产主义者,这一事实使他对公元 3 世纪的历史提出了一个新解释,其他事例也是如此。其次,历史学的阉人理论是如何运作的呢?所有的历史思想都是历史学家对过去发生在人们身上的某些经验的重演。如果他没有任何政治和战争的经验,历史学家如何进入像黎塞留这样的政治家或者马尔伯勒这样的军事家的内心呢?如果我喜欢一个皮肤白皙的女人,我可能会觉得奇怪,竟然有人会爱上一个黑皮肤的女人;但比起我从未爱过任何一个女人来说,我更有可能理解他的经验。

因此,我应该用两种方式来表达我对阉人理论的异议。(ⅰ)这一理论的目标是不可能的。偏见的网撒得如此之广,如此之细,以致没有什么东西能够逃脱。历史学家在一个方向上回避了它,又在另一个方向上陷入其中。如果在写政治史时,历史学家没有基于自己的政治观点的偏见,他就会有其他的偏见,期望证明自己所敬佩的历史学家的观点是正确的,或者更微妙地说,期望证明自己所敬佩的历史学家的观点是错误的。我们的同行,伟大的斯塔布斯①说,如果没有一丝怨恨,就不可能完成任何历史工作。简而言之:我们可以把它当作一个公理,没有偏见的历史学家是不存在的。(ⅱ)这一理论的目标,虽然严格来说是不可能的,但就其达到的程度而言,在于损害历史研究的真正价值。一位历史学家越接近于没有偏见,他就离真正有能力处理他的研究主题越远,因为使得他有能力理解他的研究主题的经验是有缺陷的。

当然,困难依然存在。不可否认,偏见导致人们放大了一方的证据,而忽视了另一方的证据。然后怎么办呢?我必须提出两点建议。第一,我们不应该假惺惺而自鸣得意地说自己没有偏见,或者徒劳地试图摆脱它们,我们应该审视自己的思想,并找出自己的偏见是什么。我们可以肯定它们的存在;很好,让我们去发现它们,并训练自己特别注意那些有利于我们所偏向的观点的证据。这就是放弃辩护人的态度,并采取法官的态度。如果我们认为我们能够成功地做到这一点,这就是我们应该做的。

但是,第二,如果不能做到这一点,由于我们的偏见是如此强烈,以至于我们觉得自己无法克服它们,我们仍然应该去发现它们是什么,在

---

① 威廉·斯塔布斯(William Stubbs, 1825—1901),英国主教和历史学家。牛津学派创始人,曾任牛津大学近代史钦定教授。著有《英格兰政治体制的起源与发展史》《不列颠史料集成》等。——译者注

这种情况下，我们应该公开承认它们。其结果将是对历史进行坦率和诚实的有倾向性的阅读，我们没有理由说偏见不应该具有历史价值。相反，偏见的强大力量可能会增加它的价值。期望某个问题的某个特定答案是正确的，如果这一愿望非常强烈，它将促使历史学家对他的研究主题进行更密切和更深入的研究，以期证明自己的观点，因此，偏见本身将成为历史研究发动机中的蒸汽。

让我来做个比较。中世纪早期，发生在基督教和伊斯兰教哲学家之间的争论，始于对亚里士多德的两种对立解释，双方各自试图在哲学上证明自己信条的真实性；但是，这些争论所涉及的实际问题的重要性驱使基督教哲学家研究那些过于深奥和难解的逻辑和形而上学问题，如果没有某种强有力的激励，任何人都很难参与其中，而正是这项研究创造了中世纪后期的伟大体系，并奠定了所有现代思想的基础。

这就引出了我的观点。我看到我周围的人正在进行着有意识的尝试，试图从共产主义的角度来研究历史，并公开表示要有意对历史做出某种特定的解释。我对这些努力表示赞赏。创造这些解释的人抓住了一个伟大的真理，即所有真正的历史思想都始于偏见，否认这一点的人要么太愚蠢，以至于不能承认自己的偏见，要么就羞于承认自己的偏见。我赞同，所谓正统历史学家的无偏见的历史探究到头来将两头落空：要么充满了民族、阶级、思想流派的偏见等，要么由于它确实没有重要的偏见，所以是阉人的历史，是由那些对其主题缺乏洞察力的人所写的。我同意，既然所有真正的历史思想都必须从偏见开始，那么了解偏见是什么，并且对其毫不掩饰，这对自己的工作至关重要。我对历史思维的力量有足够的信心，我相信：单纯地开启一段历史研究的旅程，即使只是为了支持某个政治论点而没有其他目的，也会带来远远超过那一论题本身的历史成果。

我将大胆地指出我认为这些结果可能被期望的方向。

在我看来，今天在我们周围成长起来的带有坦率偏见的历史思想已经产生了非常有价值的结果，它正在驱使人们在努力支持他们的偏见的过程中,去解决有关历史解释的非常重要的问题,否则这些问题就不会被提出来;我相信,如果对这些问题的调查继续下去,就会在目前最薄弱的地方加强历史思想。因为尽管19世纪已经为我们创造了一项发现孤立的历史事实的伟大技术,一种历史研究和批评的技术,但它使我们茫然不知如何来处理我们所发现的事实;它没有教会我们如何去看亨利·詹姆斯所说的地毯上的图案。当我发现有些马克思主义历史学家为这种图式制定规律时,我常常认为他们做得不好,但在我看来,尽管结果不好是由于他们的偏见,但也正是因为这样的偏见,他们才能够承担起这项工作,重要的是,他们应该承担起这项工作。

(2)对"公正"这一层含义的解释就到这里。① 我想要考虑的另一层含义,是避免对历史事实做出道德判断或价值判断。从这个意义上说,公正的历史学家只是简单地发现和陈述发生了什么、人们做了什么,而不允许自己说这是一件好事或那是一件坏事,不允许说这个人是对的或那个人是错的。从这个词的这一含义上说,历史学家应该是公正的,这意味着他应该简单地把事实当作事实来接受,用一种超然的科学好奇心来看待它们,而他作为道德存在的本性绝不能干涉这种好奇心。他所承认的唯一的道德法则是对他自己负有责任的道德法则,规定着他有义务进行公正的研究。

我要追问的不是人们是否应该以这种方式看待历史,而是他们是否能够这样做。我知道人们可以用这种方式看待一些事情。值得注意的是,这是科学家能够并且确实这样来观察自然的方式。事实上,这是现代科学探索自然的伟大发现的一部分。柏拉图和亚里士多德用目的论的眼光来看待自然,寻问什么是建构自然的最好方式,并假定最好的方式就是自然必然存在的方式,现代科学通过抛弃这一观点而取得了

---

① 在此之后,以下内容被划掉了:"如果公正意味着没有偏见,我不认为历史学家能够公正。我认为他的偏见非但没有使得他失去历史思考的资格,反而为他的思想提供了一种驱动力,并为他解决难题提供了动力,而这是他无法从任何其他来源中获得的。"

胜利,并且专注于自然是什么,而不再关注它应该是什么。因此,自然科学的技巧某种程度上包括学习观察事物而不对它们做出任何价值判断。① 现代历史研究的技艺是在其长姐自然科学的庇护下,在过去一百五十年里发展起来的。人们常常认为,历史思想越是变得能与科学思想一样,它就会越好。因此,人们一直认为,在历史学中对所有价值判断的抑制,跟自然科学中一样是可能的,也是可取的,而这通常意味着历史学家应该不偏不倚。

这里有一种误解,我必须预先阻止。关于道德判断,我并不只是指在这个词的狭义上对行为进行道德或不道德的判断。权宜之计也是一种价值的形式,将一个人的行为描述为谨慎或轻率,这与描述他的行为是正确的或错误的一样,都是一种价值判断。每当我们说某人的行为是明智的、坚定的、一贯的、勇敢的、巧妙的、严谨的、慷慨的、公正的等等,或者其对立面,我们就会对这个人和他的行为做出价值判断。这些种类的任何判断都不会出现也不应该出现在一个秩序井然的科学思维中,就我们作为科学家的思维而言,我们并不认为肝吸虫对它寄生的绵羊表现出了不道德行为,或者姬蜂巧妙地选择一个在毛虫身上产卵的地方,它的产卵器在不杀死毛虫的情况下使其瘫痪是不道德的行为。当然,总是通过询问历史人物的行为是对还是错来判断其行为的人是令人讨厌的,但最令人讨厌的,莫过于他总是对他自己邻居的行为提出同样的问题。他出错的地方不在于他做出了价值判断,而在于他只认识到一种价值的形式。把一个人称为傻瓜,就像称他为无赖一样,是一种消极的价值判断。

那么,作为一名历史学家,从"判断"这个词的宽泛意义上,讨论人

---

① 在此之后,以下内容被划掉了:"实际上,这种技巧是在神学原则的影响下产生的,即认为上帝的方式是不可思议的,因此,既然自然是上帝的工作,那么人类就不能判断其价值,而必须简单地把它作为一个给定的事实来接受:理性的,因此是可理解的,因为上帝创造了它,而且出于同样的原因,它也是完美的,并且不服从我们的判断。但是,历史学是关于人类行动的,它的研究主题具有人类所有工作所附带的所有缺陷,因此,历史学家在讲述他的故事时,不能不关注这个缺陷和那个缺陷,从而显示出……"

类过去的事务，是否有可能不做出价值判断？从某种意义上说，这是可能的。你可以叙述一系列事件，按照正当的顺序和正确的日期来记述，并说出每一个事件是如何发生的，但却从不做出任何价值的判断。因此，我在《威尔士编年史》(Annales Cambriae)中读到：第126年，吉尔达斯去世了；第129年，阿尔德雷德战役发生了；第130年，修道院院长布兰登去世了；等等。我确信作者对所有这些事件都附加了价值判断，但他没有告诉我们是什么；因此，对我们来说，这只是对"贬值"事件的简单叙述，而且，当我们能够以这种方式学习并记住它们时，我们就有可能对这些"贬值"事件拥有某种知识。

但我们现在要问的是，这些知识是否是历史知识。在公元570年，也就是《威尔士编年史》的第126年，吉尔达斯去世。知道吉尔达斯在那一年去世却不知道吉尔达斯是谁，这算是历史知识吗？我认为这不是历史知识。在我看来，这只是一种准备接受历史知识的鸽子笼，也就是说，这是一个事件经度和纬度的框架，而不是事件本身。事件本身是一位著名的僧侣的死亡，他是凯尔特教会的圣徒，一位浮夸但很有威慑力的文体家，一位著名的小册子作家，他鞭笞了威尔士小国王的罪恶，描述了我们现在拥有的最好的关于英国在公元5世纪和6世纪早期的情况，等等。但是，当我在说这些的时候，我就是在进行价值判断。我不能把真正的历史知识放到标记吉尔达斯的鸽子笼里，而不对这个人进行价值判断，对他的睿智与愚蠢、见识与无知、雄辩与野蛮等等价值的奇特混合体进行判断，就如我不能把历史知识放进标记拿破仑的鸽子笼里，而不对这个人的军事天才进行价值判断。由此，我将知道历史事件的名称和知道历史事件本身区别开来：尽管我承认你可以知道事件的名称而不做出价值判断，但我认为，在这种情况下，你不可能知道事件本身。

举一个例子。尤利乌斯·恺撒在公元前44年3月15日遇刺身亡。这是一个被标记经度和纬度的事件。但是，到底发生了什么呢？简而言之，事情是这样的：尤利乌斯·恺撒是一个才华横溢的人，他比同时代的任何一个人都更清楚地认识到，罗马共和国的复兴已无望。

他看到了,而且相当正确地看到了,罗马需要一部新宪法。他能想到的最好的办法就是仿照希腊君主政体的模式。但是其他人,比他更愚蠢的人,却意识到这是行不通的,他们阻止这一切的唯一方法就是密谋刺杀恺撒。对这些事实的陈述充满了价值判断。恺撒因他的洞察力、主动性和勇气而受到称赞;然而,他却因未能正确估计出他的计划对他不得不任用的人造成的压力而遭受谴责。所有这些都是对价值的判断。没有价值的判断,就没有历史学。

为什么是这样?价值判断只不过是我们理解人类行动内在方面的思想的方式。外在地看,人类的行动仅仅是在特定地点和时间发生的某种特定的事件。内在地看,人类行动是一种思想的完成:它是思想本身,在周遭世界中外显自己。外在地看,恺撒的死只不过是鲜血洒在地板上,以及人体器官功能停止。内在地看,这是恺撒政策的瓦解,证明他犯了一个错误。因此,想要深入了解所描述的事件内部的历史学家,必须致力于做出价值判断:在这种情况下,他必须敢于指责恺撒犯了错误。但是,有人可能会问,为什么他要冒险进入这个危险的内部,而不满足于事件的外部?答案很简单。正是因为恺撒思想的戏剧性,历史学家对他的死比其他成千上万死于暴力的人更感兴趣。这是历史学家的价值判断,从已经发生的无数杂乱的事件中选择出值得思考的事情。

历史学家做出什么样的价值判断,将取决于他希望成为什么样的历史学家。研究 20 世纪诗歌的历史学家,可能会对艾略特赞不绝口,却对埃拉·惠勒·威尔科克斯①只字未提。为什么?是什么使一个人成为历史人物,而另一个人却没有?简单来说,是他们所写的诗的价值。诗歌史家必须首先是一个对什么是好的诗歌有明确观点的人,他的整个历史将是对这些观点的详细表现。如果去掉"这是好诗,那是烂诗"的价值判断,就根本不可能写出任何一部诗歌的历史。哲学史

---

① 埃拉·惠勒·威尔科克斯(Ella Wheeler Wilcox,1850—1919),美国著名作家和诗人,他的诗作《孤独》(Solitude)曾广为流传。——译者注

家在研究哲学史的时候,也同样必须知道什么是好的哲学;政治史家必须辨别政治能力;以此类推。

推论如下。价值的尺度会变化,也许不是很快。人因生活而改变,但改变得不够快;星转物移。如果一代人觉得自己的价值观与父辈的价值观有所不同,那么就必须重写历史。过去被认为是失败的,现在会被认为是成功的;过去被认为是野蛮行为,现在会被认为是更高理想的胜利;过去被认为是进步的,现在会被认为是堕落的。这种对历史的重新评价和随之而来的对历史的重写,可能看起来像是对失败的承认;它可能表明,在历史上,没有确定和永久的知识进步;但事实并非如此。知识的进步就在那里,但这不只是知识的进步,也是整个人类道德态度的进步。

最后,我敦促,作为历史学家,我们绝不能回避这一责任。让我们意识到,作为历史学家,我们已经承担了一项严肃的任务,不仅要发现实际发生的事情,而且要根据我们自己的道德理想进行判断。我们是作为人的存在,要对自己群体的过去做出判断。即便我们不愿意承担这一责任,但就我们作为历史学家而言,仍然要接受这一责任。如果我们觉得自己不能承担它,就应该放弃历史研究,而做些别的事情。我们所不能做的,就是继续玩弄历史研究,但却逃避评判我们所叙述的行为的责任:指出这是明智的,那是愚蠢的;这个勇敢,那个怯懦;这个做得好,那个做得不好。

历史编纂学的历史和历史哲学笔记①

人性与人类历史②

18世纪的哲学家们提出了一种关于人性的理论,常被人引证的是休谟的论述,他声称所有的科学,要么是人性理论的**一部分**(伦理学、政治学、逻辑学等),要么是人性理论的**函数**(数学、物理学等)。这个提议背后的观念是,我们的知识和其他能力都是被**给予的**(given),这是一个永久地调节任何在我们认知之下的东西(我们**可以**思考,等等,只能以人类可以思考的方式)的框架,因此,对人性的分析可以帮助我们解释为什么世界对我们来说是这样的。根据康德对休谟学说的发展,知识的先天要素是主观的,始于(liegen bereit)人性本身。这是康德开创的天赋论(innatism)。但康德对此进行了修正:在他成熟的(批判的)观点中,这一能力只有在实践运用中才能产生。即便如此,人类的理性仍是人类发展的目的论过程的预定目标。因为它有

---

① 这份手稿写于1936年春,显然是柯林武德为当年1—6月的历史哲学讲座所做的准备,诺克斯后来将这部分讲座的手稿编辑为《历史的观念》的第一至四编以及"后论"的第四、五、七节。这份手稿的第一节和第三节似乎也是柯林武德为1936年英国国家学术院的"人性与人类历史"的讲座准备的,该讲稿发表在《英国国家学术院学报》(*Proceedings of the British Academy*, 22[1937]),第97—127页,后收入《历史的观念》(第205—231页)。这份手稿共有十节,我们在这里选编了五节完整的手稿以及第六节的一部分。最后一个注释中给出了省略部分的列表。(博德利图书馆,柯林武德手稿,dep. 13.)
② 标注的写作日期是1936年3月9日。

一个预定的结局,这个过程并不是真正的历史,因为它不具有真正的创造性。

我想进一步推进这一观点。我想坚持的看法是,**所谓的人性就是人类历史的观点是错误的**。这一观点的基本论点应该是这样的:

(1)**人性是心灵**。我们不是在谈论身体的性质;只是在谈论心理的性质(前提[*proviso*]是,心灵总是意味着具身的心灵)。

(2)**心灵是纯粹的行动**。心灵除了它**所做的**以外,什么也不**是**。所谓心灵的力量或功能(δυνάμειζ)是真实的活动(ἐνέργειαι)。活动不会(a)**展示或揭示**心灵的本质,也不会(b)**发展或阐明**其未实现的潜能;它**就是**心灵。

(3)**纯粹的行动同时设定它自己和它自己的前提**。过去属于现在,而不是现在属于过去。在自然中,现在是过去造成的结果,在心灵中,过去是现在所要分析的内容。因此,心灵是什么以及它做了什么,分别是它的过去和现在。

(4)**过去的时间是心灵自我认识的图式**。它只能以过去的样式认识自己。认识自己只不过是认识自己的过去,反之亦然。人类心灵的哲学或科学=历史学。

我现在的困难是这样的。我认为我可以毫不费力地在人性=理性的情况下做出上述的结论:正如黑格尔所展示的,在极端的情况下,你所研究的是哲学的历史。但是你能走多远呢?黑格尔认为,你可以沿着客观的心灵走下去,但不能沿着主观的心灵走下去。

如果是这样的话,主观的心灵是非历史性的(尽管其本质肯定是流变[*fieri*];但不是历史性的流变[*historicè fieri*])。心理学(在客观意义上)没有历史。在作为生命的这一部分,人只是一种动物。这也就是说,他的本能不是历史性的条件。是这样吗?我想可能是。主观的心灵可以说是无意识的心灵,而历史性=意识=自我意识。必须这样来解决。

作为永恒客体的历史事件

事件依照其本义(*ex vi terminorum*)是转瞬即逝的。历史认识论的全部困难就在于此,由于这个原因,历史知识不仅从理性的真实(*vérité de raison*)的层次降级到事实的真实(*vérité de fait*)的层次,因此仅仅是经验的,而且退化到更差的状态,因为在这里的流动已经**流逝**,因此就达到了不再存在的经验"知识"的层次——流传的寓言(*une fable convenue*)。

我想说的是,即使是给我们这些结果的那种哲学的假设,也是可以被反驳的。

基于这些假设,最好和最完美的知识是纯粹的形式。形式可以是具身化的(ἔνυλος λόγος)或者非具身化的(ἄνευ ὕλης)。怀特海的永恒客体是具身化的(事件的组成部分,其中事件是实际的事件)。但是,要成为一个永恒的客体,形式不需要具身化。它的具身化与它的永恒性或客观性没有任何关系。形式的本质也不依赖于其具身的多样性——成为一种形式不是一种概括或"普遍性"。一个没有物质的形式是一个个体性的形式,而不是一个普遍性的形式。

在争论纯粹(= 非具身化)的形式是个体时,我(a)借助于亚里士多德的观点,(b)认为历史学作为对个体的知识,未必要亲知一个具身化形式的某个实例。我反对这一观点:认为理解人的概念是科学,亲知这个人就是历史学。历史学根本就不是亲知(acquaintance)。历史学只存在于历史知识的资料(证据)中,而不是历史知识本身(其对象)中。

历史学是关于个体的知识(例如诺曼征服),但是,(a)主观上,这不是经验知识(亲知),(b)客观上,它不是一种具身化形式的知识(具身化的知识必须被亲知)。它是一种非具身化形式的知识:但是,(a)主观上,它不是一种概括性的知识(科学),(b)客观上,它不是一种普遍性的知识(普遍性的知识必须是科学)。

我们所讨论的形式,一种被称为诺曼征服的结构模式,是非具身化的,因为它曾经被具身化的物质已经消亡了,也就是说,不再有任何以那种方式组织的东西。它是个体的,因为从来没有任何其他的东西以那种方式组织起来。它是永恒的,因为(a)主观上,它仍然是一个可能的知识对象;(b)客观上,它仍然是历史事件当前状态的前提——正如我们所说的,诺曼征服的影响是永恒的,永远不会被抹去。在最后一点上,人们可能会说:"**它**过去了,而且已经逝去了;持续的不是它,而是它的影响。你在信奉一个愚蠢的箴言:因果倒置(*cessante causa cessat et effectus*),忘记了原因在结果**之前**的道理。"我的回答是,历史事实的客观性是这样的:**那里存在过**这样一个事实。历史事实之所以具有客观性,正是因为它存在于过去。在这里,过去意味着"过去"这个词在历史的意义上的过去。**单纯的**过去只是过去;历史的过去不仅是过去,而且仍然是在历史上可知的,这仅仅是因为它仍然存在;不是存在于它的现实性(作为物质中具身化的形式)中,而是它的观念性(作为纯粹的形式)中。

历史是创造性的,它创造出的东西一旦形成,就是永恒的。在历史中,永恒的东西具有这种特性,它从时间中创生。历史的就是永恒的,在永恒(*in aeternum*)之中,而不是作为永恒(*ex aeterno*)。历史的存在克服时间而获得胜利,在这个意义上,它**变成了永恒的**,但它不是在它的现实性(作为具身化的形式)中变成永恒的,因为在这里,一旦具身化,它就会消亡;它是在它的观念性(作为非具身化的形式)之中变成永恒的。①

另一方面,我们可以说,历史形式从未脱离现实,因为如果是这样的话,它就不会是历史上可知的。

它的存在之所以是可知的,是因为它存在于我们自身之中。我们之所以知道诺曼征服,是因为作为它的继承者,我们在自己的心灵中(在我们的实际政治意识中)把它作为一个不可分割的因素。因此,它的永恒性只不过是以一种夸张的(而且不准确的)方式,表明它作为一种有效力的力量一直存在于现在。在这一点上,历史事实的永恒性仅

---

① 在此之后,手稿中出现了"第二点",这显然是笔误,因为没有"第一点"。

仅是历史传统的延续性:过去在现在的持续化身。

然而,我们要注意,这并不意味着过去的存在是历史上已知的。在这里,传统并不意味着有意识地认识过去。我们现在的政治意识是由诺曼征服这样的事件(经历)所形塑的,但不是在我们有意识地记住它们的条件下所形塑的。相反,这种意识是一个给定的事实,它是我们现在思考政治的方式。只有当我们追问**为什么**我们会这样思考的时候,通过分析这种意识,我们才会发现它是由过去的经验所形塑的。

这让我想到了历史的概念(=历史思想),作为在现在对过去的重演。① 就所有的历史都是思想的历史而言,它必须如此,因为一个人只能通过思考来理解一个思想,并通过重新思考来理解过去的思想。

但是,这个公式需要做大量的澄清工作。

可以这样说:"思想"这个词是模棱两可的。它可能意味着 τὸ νοεῖν [思想的行动] 或 τὸ νοούμενον [思想的东西] (νόησις [思考的行动]) (νόημα [思考的东西])。现在,你可以重新思考一个思想的东西,因为两个思想可能拥有相同的对象。但是,你不能重演一个思想的行动,因为新的思想的行动和旧的思想的行动是不同的。如果历史学意味着思考已经被思考过的思想(νοήματα),那么它只是任何非发现性的、非原创性的思想的名称。欧几里得的学习者是在重新思考毕达哥拉斯的一种思想,即考察数学的历史。这是荒谬的。

显然,我们必须取得资格。历史学不是重新思考以前已经思想的东西,而是思考自己正在重新思想它。数学的学习者也是一位数学的历史学家,就如他所思想的那样:我在这里思考毕达哥拉斯在我之前所思想的东西。

然而,在**这种情况**下,思想(思想的东西)是一个**纯粹的**思想的东西,在诺曼征服的例子中,它是一个思想着思想的东西(νόησις-νόημα)。

---

① 柯林武德在1936年春季的历史哲学讲座中处理了这一主题,标题是"历史学的本质是重演过去的经验",作为"形而上学后论"的一部分。诺克斯在编辑《历史的观念》(第282—302页)的第五部分时收录了它,但他将标题改为了"作为过去经验之重演的历史学"。

我的意思是：毕达哥拉斯正在思考这个三角关系，征服者威廉正在思考政治形势，这一形势不仅**被理解**，而且它是由某些思想行动所**构成**的。对于毕达哥拉斯来说，知道其他人如何思考这个三角形并不是思考三角形的必要部分；对威廉来说，理解其他人关于政治形势的思想不仅是思考局势的一个重要组成部分，而且是其中**最本质的**部分。没有任何政治局势与人们对它的思想是截然分离的。

因此，思想不是有**两种**，而是有**四种**含义：(a)行动(νόησις)；(b)对象(νόημα)；(c)一种特殊的行动，其对象是一种行动(νοησιεως νόημα[对思想的思想])；(d)一种特殊的对象，其本身就是一种行动(νόημα νοουμένη[思想的思想])。我们在历史学中所处理的是思想的第三种含义。历史学是对思想的思想。

为什么我说(c)是一种特殊的行动呢？有人会说，它与(a)并没有什么不同：它只是被重新思考了一遍，它的特殊之处只是在于它的对象。

我之所以这么说，是因为这个行动的特殊性在于它并没有**注视**它的对象。它不是θεωρία[凝视]。它改变了它所理解的局势。威廉的心灵是这种局势中的一个因素，正是因为威廉理解其他心灵，这些心灵也是因素。哈罗德的思想——他对局势的看法——对于哈罗德来说，不是局势的一个**因素**，而是**整个**局势。当威廉知道哈罗德在思考什么的时候，那个思想(νοησις)对于威廉而言，只是一个**因素**，仅此而已。对威廉来说，这是一个**对象**：他思考的对象之一，同时，这也是**他思考的阶乘方式**，因为他"进入"哈罗德的思想，像哈罗德一样思想，但他也思考其他事情。因此，对思想的思想不仅仅是思想的行动的一个**特例**，它是一种特殊**类型**的思想的行动，其中不仅对象，而且行动与其对象的关系(因此还有行动的特征)都是特殊的；因为在这种特殊情况下，行动吸收了对象本身，使其成为思想行动中的一个因素。

但反过来说，**任何**对思想的思想都超越了它的对象。**仅仅**重新思考一个思想的行动，就是对那个思想的行动的超越，并将其还原到一个因素的状态。这是所有史学理论中的一个关键点。它在哲学史上有这样的效果,例如,对他人哲学的哲学理解已经超越了那一哲学,并将其还原为自己思想中的一个过去或被吸收时刻的状态。

人性与人类历史①

(1)并不是所有的过程都是历史的过程。(2)只有理性的过程才是历史的过程。(3)非理性的过程是一个自然的过程。(4)具有一个历史过程=具有一个历史=成为历史的。(5)有一个自然过程=有一个自然=成为自然的。(6)因此,历史的过程没有自然,而且谈论它的本性就是将它置于这个边界的错误一边来伪造它。(7)但在这里,和其他地方一样,存在着类别的重叠(overlap of classes)。人处于一个模棱两可的位置。他一只脚站在自然里,一只脚站在历史中。(8)我不是在这里区分身与心。人作为单纯的身体(物质),是物理学和化学的一个研究主题,这些学科都不考虑人本身:人体内的碳不是人的碳,而仅仅是碳。(9)区别在于人的心灵(即人作为心灵)。这是 τὸ ἄλογον [非理性](人类的野蛮心灵)和 τὸ λόγον ἔχον [理性]之间的区别。(10)非理性包括感觉、本能、冲动和一般来说心理学的研究主题。(11)理性包括智力、意志及其它们的同义词和蕴涵:"理智的和想象的能力。"(休谟)(12)自然主义心理学的观念是有充分根据的,但如果它被确定为一门心灵科学,就会产生错误。它是关于 τὸ ἄλογον ἐν ἡμῖν [我们的非理性]、人类的野蛮心灵或马的感觉的一门科学。谈论"道德自我的心理学"或"推理的心理学"(鲍桑葵和拉吉罗的书名)②就是拥抱这个错误。(13)关于人类知性(洛克)或人性(休谟)的专门科学的观念是有充分根据的,但这门科学的正确名称是历史学。洛克和休谟把他们的新科学建立在自然科学的基础上,这是错误的。

---

① 标题后写着"再次"[iterum],标注的写作日期是1936年3月26日。
② 柯林武德在这里所指的是鲍桑葵的《道德自我的心理学》(Bernard Bosanquet, *Psychology of the Moral Self*, London, 1897)和拉吉罗的《推理的心理学》(Eugenio Rignano, *Psychology of Reasoning*, London, 1923; tr. of *Psychologie du raisonnement*, Paris, 1920)。

（14）因此，哲学科学的概念是一个非常危险的概念：通过使用这个术语，我们可能会不知不觉地将这种科学视为一种特殊的自然主义的科学，这将产生奇怪的悖论，**要么**歪曲了精神的概念，**要么**将"哲学科学"的术语简化为矛盾术语（contradictio in adjecto）的一个例子。

历史效力的观念①

在已经发生和我们能够知道已经发生的无数事件中，并非所有事件都值得研究。我们需要选择，把注意力集中在那些值得关注的事情上。选择暗含着价值或重要性的标准。我们选择的原则是什么呢？

阐述任何原则的困难源于以下悖论。如果使某一事件值得历史学家注意的是它的历史性**以外**的其他东西，那么这个其他的东西将是叠加在历史性之上的一种非历史性概念，历史不再是一种自律的思想形式：非历史的原则将决定对历史学家来说什么是重要的，这是一个矛盾的说法。但是，如果使一个事件值得关注的是它的历史性或与之相关的某些东西，那么选择就结束了：所有实际发生的事件都变得重要起来。

为了应对这个难题，有人可能会说，历史性这个术语是模棱两可的：(1)它指的是真正发生的事件；(2)它指的是具有历史重要性的事件。我们需要对这个词的第二层含义进行探究。

---

① 本节选自手稿的第46—57页，这里使用的标题曾是较长手稿后半部分的副标题，手稿从对爱德华·迈耶的《历史学的理论与方法论》（Eduard Meyer, *Zur Theorie Methodik der Geschichte*, Halle, 1902）一书的札记和一些批判性的考察开始。柯林武德在《历史的观念》（第176—181页）中讨论了迈耶的史学理论。本节可以被视为有关迈耶所讨论的历史效力（historical efficacy）观念的阐述。在手稿中的第40页，柯林武德提到了迈耶的立场："特定历史时期的材料非常庞大，价值也各不相同。在我们拥有证据的这些事件当中，哪些是**历史的**？一般来说，根据wirksam[有效]来判断。"然后他补充说："迈耶的意思似乎是，没有后果的事件都是非历史的。这是模棱两可的。(a)严格意义上来说，没有后果的事件没有留下任何证据，因此不可知。(b)因此，除了证据本身之外，没有任何后果的事件不一定是非历史的，例如：一项没有得到执行的少数派政策，或被当代思想所忽视的一种观念。"

顺便说一下,我注意到,这项建议并不能真正克服这个悖论。但我们要回到这个建议上来。

当我们在第(2)个意义上将事件称为历史事件时,我们的意思是,它的发生将事件的进程转变至一个新的方向:它是随后事件的决定性原因。历史性意味着**有效性**(*Wirksamkeit*)。因此,历史学家将注意力集中在那些历史事件上[在第(1)个意义上是历史的],这些历史事件在第(2)个意义上是历史性的,具有重大的后果。

人们很容易提出经验性的论证来证明这一论点的合理性。我将假设如此,并探讨对它的反对意见。

(1)它是循环的。事件 E_1 被称为重要事件,因为它产生了后果。但是,**所有**事件都有其后果:例如,十分钟前我把钢笔灌满了墨水,结果导致瓶里的墨水少了四分之一英寸,这又会导致我重新灌满瓶,买一瓶新墨水,借用一个开瓶器,等等。然而,就《大宪章》的签署是历史性的事件(第二层含义)而言,并不能使钢笔灌满墨水成为历史性的事件(第二层含义):作为结果的事件 E_2、E_3、E_4 与事件 E_1 一样不重要。因此,事件 E_1 的历史性(第二层含义)取决于事件 E_2、E_3、E_4 等的历史性(第二层含义)或该系列中至少一个事件的历史性。历史的重要性(现在作为该原则的真正含义出现)之所以重要,是因为它会导致重要的后果。

这个原则要么是循环的,要么是空的。如果要根据后果来判断任何事件的重要性,并且如果事件的重要性取决于这些后果的重要性,我们就会陷入恶性循环:E_1 很重要,因为它的后果 E_2 很重要,E_2 很重要,因为它的后果 E_3 很重要,以此类推,以至于无穷无尽(*ad infinitum*)。我们永远不会得到任何本身重要的东西,并且整个系列派生的重要性产生于**无**,最后消失。这不只是一个"逻辑"的反对意见,在"实践"中可以被忽略。在实践中使用这一重要性准则的历史学家发现,使用它会剥夺一切东西的重要性。

但是,如果我们承认有些事情本质上很重要,我们马上就要问:什么构成了这种本质上的重要性?由于我们无法回答这个问题,我们的境况也没有好转。

228 　　(2)它是基于错误的假设,即历史过程由因果序列中的事件组成:事件 E_1 **导致**事件 E_2,但这是一个非常可疑的学说。我购买墨水的原因(如果有人坚持要我使用这个短语的话),不是因为我没有墨水了,而是因为我决定购买新的墨水,而不是借用别人的墨水、使用铅笔等等。我卷入交通事故的原因,不是因为我当时在场,而是因为我在现场时的粗心大意。一系列的历史事件绝不是一个因果关系的系列,即在这个系列上,在前的事件决定了后来的事件。

　　尽管存在这些反对意见,该理论仍值得同情,并具有重要的优点。拒绝"固有重要性"的观点是一件好事——这确实是一个毫无意义的想法,并坚持认为,当我们说一个事件重要时,我们应该认识到我们有责任说明**为什么**说它重要。人们坚持认为,完整意义上的历史性不仅仅意味着已经发生的事情,而且更应该用价值来描述,这也是一件好事。我们需要的是在不遭遇我开头所说的悖论的情况下来重申这两种观点。

　　当历史学家说一个事件很重要时,他**似乎**(而正在研究的理论被这种表象所遮蔽)在谈论这件事本身,而撇开他自己对这件事的看法。但是,他实际上是在谈论它与他自己思想的关系。"重要"在这里的意思是"对我重要"。当然,这只是对于他作为历史学家这个**角色**来说。在这个**角色**中,他说一个事件是重要的,因为它阐明了他的思想,阐明了他所关心的问题。然而,这并不排除另一种可能性,即历史事件的重要性也可能是它及其结果对相关人员的重要性。就历史学家的思想是对过去思想的重新思考而言,对于他重新思考的人的思想来说很重要的事情,对他自己也同样重要。特拉法加战役的天气状况对这位海军历史学家很重要,因为它对维伦纽夫和纳尔逊很重要。对他们来说,天气状况决定了他们必须在什么条件下作战,对他来说,战争的天气状况对于理解战争是至关重要的。进一步来说,对于历史行动者来说不重要的事件,对于历史学家来说可能很重要,而且他有权说它很重要,尽

229 管当时没有人看到它的重要性。一个政治家可能认为他的政策受到少

数人的反对并不重要;对历史学家来说,这一少数群体的存在可能是一个重要的事实,因为它揭示了后来事态的发展。

因此,从根本上说,事件的重要性在于它们对历史学家的重要性。历史学家所关心的问题揭示了它们对他的重要性。事件的重要性不是固有的,而是相对于他所探究的方向而言的。正在研究的理论与事实相符合的特殊情况是,历史学家的问题是这样表述的:"导致某一给定事件 E 的事件是什么?"——例如伯罗奔尼撒战争或法国大革命。在这种情况下,他可能会详细论述麦加拉法令(Megarian Decree)①的重要性,但是,麦加拉法令的重要性并不在于它们引起了伯罗奔尼撒战争,而在于它们为他的问题提供了答案(或部分答案)。当然,那种将其主要任务看作是为给定事件"发现原因"的实证主义史学,倾向于把历史事件的重要性与该任务的相关性,即它的效力联系起来。

我现在转向重要性和选择之间的关系。当我们谈到选择时,我们旨在表明,我们可以回答两个可能被问到的问题:"从什么之中选择?"和"选择什么?"当我们说历史学家要选择的时候,这就意味着他首先要从面前的某一组事物开始,从这些事物中进行选择,然后再将被选择的对象提交给某个进一步的程序。那么,选择是根据什么做出的呢?它不可能是历史上已知的领域,因为这样就不需要进行进一步的程序,这个进一步的程序只能是历史研究的一个过程。它不可能仅仅是可知的,因为它根本没有呈现在历史学家的心中。它不可能是历史问题的总体,历史学家从中选出一些问题来尝试解决,因为不存在这样的总体;一个被忽视或搁置的问题不再是一个问题。出于同样的原因,它不可能是历史证据的全部,历史学家从中选择一些证据用于解释。只有当证据被解释时,证据才会变成证据。事实上,似乎只有在这样一种意义上,历史学家可以进行选择,那就是,他认为自己能够自由地选择这

---

① 公元前 432 年,雅典帝国在伯罗奔尼撒战争爆发前不久,对麦加拉实施了一系列经济制裁。该法令禁止麦加拉的居民进入整个雅典帝国的港口和市场,有效地遏制了麦加拉的经济。——译者注

条或那条研究路径,选择追求其中一个而不是另一个。历史学家选择的领域是可能进行历史探究的领域。它不是一个可选对象的领域,而是一个可选活动的领域。选择观念不属于历史知识的理论,而属于历史研究的伦理学。

  如此理解的话,选择观念必须以一种始终符合选择的伦理观念的方式被限定。选择所适用的情况既不像我们通常认为的那样常见,也不像我们通常认为的那样重要。作为一个规则(这个规则特别严格地适用于我们更重大的决策),我们不会发现自己处于停顿状态,面对两种或两种以上清晰构想的选择,而我们完全无动于衷地做出选择。相反,我们发现其中一种选择源自我们已经在做的事情,因此,它本身呈现出我们已经承诺要走的一条道路:它不是一个全新的出发点,它只是很久以前就开始的旅程的一个新阶段。毫无疑问,我们可能会改变主意,放弃我们的承诺,开始朝着一个新的方向前进,但即便这样,也不会在停顿之后进行:这将是一个新的发展,其根源可以追溯到我们过去活动的某个阶段。芝诺关于"飞矢不动"的论证对赫拉克勒斯的选择有着双重影响:如果他真的站在十字路口,他就永远不能沿着右边的路或者左边的路移动。因此,在历史探究中,我们的研究方向的选择从来都不是由一种漠不关心的自由抉择(*liberum arbitrium*)所决定的:我们的研究过程在我们追求它的过程中塑造了自己,它总是呈现出新的形状,发展出新的方面,但从来不涉及在两个无关紧要的过程之间进行选择。我们尽力而为,追求在我们面前开辟的可能性,以我们能做的任何方式发展我们对过去的探究,永远没有一个全新的开始。我们的心中总是有一些问题,我们的心从来都不是完全空白的,对每一个证据的迹象都毫无经验:这样的童贞永远不可能受孕,因为它完全缺乏对历史的兴趣。因此,在我们决定采取行动的任何特定时刻,我们所看到的方向,就是我们有机会阐明目前占据我们头脑的问题的方向。如果作为历史学家,重要性意味着对我们来说是重要的,因为它能阐明我们的问题;如果选择意味着追求某种特定的探究路线,那么毫无疑问,作为一名优秀的历史学家,他选择重要的,也就是说,追求他认为可能解决他心中存在的问题的探究路线。这正是该声明的全部合理含义。

克罗齐很好地指出,选择虽然严格地说在历史学上没有地位,但在古文物学和文献学的工作中具有重要意义:在那里,它意味着从古代遗物中挑选出对我们当前目的有用的东西,并拒绝(可能是摧毁)其余的遗物。他注意到,只有疯子才会珍惜**所有**的古代遗物,这是非常正确的;对他来说,文献学(philology)不是一种知识形式,而是经济活动的一个事例,文献学的特征当然是选择有用的东西(经济活动的标志)。因此,在他看来,将选择性的行为归于历史学家,属于文献学主义(philologism)或者用博物学替代历史学,除了这一错误之外,没有任何理由。我接受他的观点,但我认为实际上还有更深层的理由,即历史思维本身是一种自由活动的概念,涉及的不是在可感之物(*scibili*,这是荒谬的)之间的选择,而是在可能的探究过程之间的选择。这里的错误,只要是一个错误,就是一般道德理论中的错误,它把选择看作是真正的意志(即在任意意义上将意志自由设想为排除必要性)。

关于证据和确信的笔记

证据一词既适用于历史学,也适用于法律程序。这两种情况的含义是如此的一致,历史学家的证据就是那个给定的事实,迫使他断定某一事件已经发生;法庭的证据,作为给定的事实,迫使法官断定某人是否做了某种行为。但是,这两种情况是有区别的。法官有义务在呈现在他面前的方案之间立刻做出选择。有时,证据在某种程度上是决定性的,在这种情况下,法律证据接近历史证据的条件。但通常它们都不是决定性的,在这种情况下,只有通过应用一个有效性完全是实际的规则,才能做出决定——例如,除非控方确定了被告有罪,否则他必须被视为无罪。考虑这样一条规则的事实表明,法庭的程序和历史学家的程序之间存在很大的鸿沟。法院必须有这种类型的规则,因为它是共同体**有效**生活的一种功能。在某人被指控犯罪的情况下,共同体必须做一些事情:在将他视为有罪和将他视为无罪之间没有第三种选择。

法院必须决定的问题，虽然被称为一个事实问题(quaestio facti)，但实际上并不是一个事实的问题，而是一个面对面(faciendum)的问题，一个我们如何对待这个人的问题。如果我们既不把他当作罪犯，也不把他当作无辜的人，而只是把他当作**嫌疑人**来对待，那么只能把他送上法庭。对他进行审理的目的是消除第三种选择：如果法院将判决悬置下去，这样的结论将仅仅是宣告法律制度的破产。

  历史学家没有义务立刻就解决问题。他关心的不是对过去采取**行动**，而是**了解**过去。如果（由于缺乏证据或任何其他原因）他发现自己无法得出结论，他必须悬置判断，并满足于对有关问题的无知。对他来说，"**是**""**否**"和"**真伪不清**"(non liquet)这三种选择都是同样开放和截然不同的："真伪不清"并不是（就法庭而言，它必须是）仅仅说"**是**"或"**否**"的一种方式。

  可能性是一个令人担忧的概念，牵涉很多有争议的问题：但是，我（有点胆怯地）建议，当我们说"S 可能是 P"时，我们的意思是，"我们不知道 S 是不是 P，但我们在实践中假设它是"。这个建议相当于说，概率论不属于逻辑学，而属于伦理学。认为某事是可能的，并不是要对它做出一个判断或提出一个主张，而是要对它采取一种实践的态度——这种态度的实质是要把"真伪不清"当作"**是**"来对待。因此，当我说火车可能会准点的时候，我的意思是，"我不知道火车会不会准时到达，但我打算就像我知道它会准时一样行动"。有人可能会反对，我可能会说："火车可能会晚点，但无论如何，我们最好还是及时赶到车站。"但我的回应是，使用这种语言的人并没有完全说出他所说的意思——如果一个人**真**的认为火车可能会晚点，他就不会及时赶到，除非是根据"过于谨慎"(ex abundanti cautela)的原则。

  我认为，关于可能性的讨论常常走错了方向，用讨论什么是概率来代替对我们说某事是可能的理由的讨论。他们**发现**，如果袋子里有 99 个黑球和 1 个白球，那么这一概率（即黑球与白球的比例）并不**构成**可能性。**因为**这是 99 比 1 的概率，权宜之计的做法是，在你每 100 次把手伸进袋子里找球时，就有 99 次会得到一个黑色的球。我认为算术概率(如其所称)不是一种可能性,而是一种把可能发生的事件看成是有可能的理由。

因此,不确定性和可能性之间存在明显的区别。在严格科学的(我指的是 *wissenschaftlich*)语境下,有人说"S 可能是 P",他指的不是可能性,而是不确定性。因此,历史学家与概率无关。

我知道这是一个悖论。大多数人会说,历史学家总是在处理可能性的问题,有些人甚至从不处理这之外的其他问题。众所周知,历史证据经常缺乏论证,而在这种情况下,谨慎的历史学家所宣称的东西,不过是他有充分根据而宣称的东西。但在这种情况下,他能正当地宣称**什么呢**?如果我的建议是正确的,他只能宣称**可能性**。当历史学家说"某某可能发生"时,他正在做什么呢?克罗齐认为,他们正在进行浪漫或诗意的历史创作——他们相信的是自己所相信的东西,而不是证据所证明的东西。我可能会提出类似的批评:他们对事实采取了一种务实的态度,而不仅仅是一种理论上的态度,并且忽视了申明"我们不知道"的责任。还有另一种解释:他们对自己的探究过程采取务实的态度,实际上是在说,"我们应该明智地预期未来的研究过程将证明 A 或反驳 B"。这就好像历史学家在打赌一样,例如,打赌在某个地点发现早期铁器时代的遗迹。这是相当合理的,尽管它不能与历史知识混为一谈。

这种混淆可能以两种相反的方式发生。历史的可能性可以被认为是历史的确定性:打赌某个东西会在某个地方被发现,可能与知道某个东西就在那里相混淆。或者,历史的确定性可以被认为是历史的可能性,也就是说,知道证据确实证明了某件事,可能只是打赌进一步的证据将会证明它。

我认为,后一种困惑是在那些认为历史知识只不过是可能性的人的头脑中发现的。我应该以自我矛盾为由反对这一学说。我认为,真正的可能性意味着确证的可能性。除非我亲自到车站去,最终能确定火车是否准点,否则的话,说火车可能会准点是毫无意义的。在排除确证的情况下,可能性是一个空话。说"可能有一个上帝"是毫无意义的,除非有人准备好去界定我们知道是否有上帝的条件。因此,帕斯卡赌注①就是一个谬误。

同样地,说"恺撒很可能是被暗杀的"也是毫无意义的,除非有人准备定义证据的性质,对我们现在来说,这些证据将证实这种可能性,并使我们有权说,"我们现在知道他**是**被暗杀的"。但是,我们对过去的**所有**认识都是通过证据得来的——这绝不是经验主义的,只是因为过去已经过去,因此不可感知。我们关于过去的经验完全是历史性的经验,是通过推论而来的。因此,我们称之为可能的唯一条件是缺失的。②

---

① 帕斯卡在《思想录》中提出,上帝存在与否是一个类似打赌的非此即彼的问题,这一般被称为"帕斯卡赌注"(Pascal's Wager)。——译者注
② 手稿中所包含但未收录在此的条目如下:"摘录福斯特的笔记",关于爱德华·福斯特的《史学史新编》(Eduard Fueter, *Geschichte der neueren Historiographie*, Munich, 1936, pp. 334-485),处理从启蒙运动到兰克的史学;"黑格尔论历史学",关于他的历史哲学的一些零散笔记;"关于斯宾格勒的笔记",对《西方的没落》(*Der Untergang des Abendlandes*, 1918—1922)的批评性评论,使用的可能是英文翻译本(*The Decline of the West*, London, 1926—1928),因为柯林武德引用的是英文;一页关于《探索哲学》(*Exploratio Philosophica*, first part 1865, second, posthumously, 1900)的杂乱笔记,此书是由历史学家乔治·格罗特(George Grote)的哲学家兄弟约翰·格罗特(John Grote)所写的,柯林武德在《历史的观念》(第208页)曾提到约翰·格罗特;对爱德华·迈耶的《历史学的理论与方法论》的大量批评,柯林武德可能是为了准备他在《历史的观念》(第176—181页)中对迈耶的讨论;关于朱利安及其《高卢的历史》(C. Jullian, *Histoire de la Gaule*, Paris, 1920)的一些笔记。

历史编纂学笔记①

历史自然主义②

我用这个术语来形容那种未能进行历史思考所导致的失败,其结果是:(a)用自然事实**代替**人们试图思考的历史事实(完全消除它们之间的区别),或者(b)将自然事实凌驾于历史事实之上,作为这些历史事实的原因(它们之间的区别在表面上看是完好无损的;但这只是表面上的,因为在更有洞察力的人看来,这种区别被 μετάβασις εἰς ἄλλο γένος[转变成另一种],因而被摧毁,使得一种秩序的事实成为另一种秩序的事实的起因。只有历史事实才能作为历史事实的原因)。这两种形式的失败,都是**由**于思考者在历史思维方面相对不成熟和不称职所造成的,相比之下,他在追求自然科学方面拥有更大的自由和安逸:这给了他从一种他感到不自在的思维方式转变至感觉更自在的思维方式的一个持续的动机。当然,解决这个问题的方法就是历史方法论。

历史自然主义的例子:(1)**地理(和气候)的历史**,其中地理事实

---

① 这份手稿是柯林武德于1938年10月21日至1939年4月5日在荷兰东印度群岛疗养期间完成的,副标题是"写于1938—1939年东印度群岛之旅"。1939年2月9日,他开始着手撰写《史学原理》,作为写作的准备,这篇手稿具有特殊的意义。手稿中不仅包含了柯林武德将在《史学原理》中处理的问题的段落,而且包含了他对这本书的总体规划。这份手稿包括十八条"笔记",省略的部分将在最后的注释中给出说明。基于这个原因,我们在此没有复制柯林武德分配给特定段落的数字。(博德利图书馆,柯林武德手稿,dep. 13.)

② 柯林武德补充道:"1939年1月16日,驶进安博伊纳[荷兰东印度群岛的一个岛屿]。"

236　(包括地理中的气象学)被视为历史事实的原因(孟德斯鸠和其他18世纪的作家)。在这里,长远的观点很快就会消除这种错觉,因为它表明了据说会导致某种类型的历史发展的同样的地理事实,也能够导致另一种完全不同类型的历史发展。因此,导致这种类型发展的原因不是所讨论的地理事实,而是人们看待这些事实的方式,以及他们如何看待自己与这些事实之间的关系。(2)**生物的历史**(包括心理的历史,因为心理学是人的自然科学)。这里的因果关系是某些人**是**什么(这被认为是一个生物学问题)和他们**做**什么(历史)之间的因果关系。这一错误最著名的例子,或许是古代犹太思想中混淆的犹太人作为历史因素的特殊功能(尤其是宗教的历史,表现为传统上被称为"选民")和他们作为具有血缘关系、共同祖先的一群人的真实的或想象的生物学特征之间的关系。在这里,我们有:(α)一个真正的历史事实,某一历史群体的"使命",即犹太人对自身独特性或个性的意识;(β)这一事实的神话表达,即源自亚伯拉罕的共同血统的神话。我将其称为神话,并不是说它是虚构的。因为我跟别人一样,不知道所有自称"以色列选民"的人是否都来自一个共同的祖先;我的意思是,它是一种信仰,对于那些相信它的人来说,其重要性不在于它的字面意义——取决于"选民"一词的生物学意义,而在于它的象征意义——取决于使用同一术语来表示一种共同的生活方式和共同继承的传统;(γ)一个施为的神话,通过禁止异族通婚,小心翼翼地保持犹太血统的生物纯正性。这一禁令以一种**实践的**方式表现了历史事实、犹太人对其个体性的意识和源自亚伯拉罕的共同血统的生物学神话之间的混淆。

　　在一个人们已经学会接受罗马法并付诸实施的世界里,这个神话已经过时了;宣告这个神话的破产是基督教最伟大的胜利之一。(顺便说一句,这也证明了基督教并非如人们常常想象的那样,是一个天才的聪明才智[aperçus]的结晶,后来被他那些愚蠢的追随者所遮蔽。据

237　记载,基督教的创始人没有提出过这一点;甚至有一些证据表明,他本人对此有一点敌意。当然,这在他的立场的逻辑中是隐含的,但明确表述这一点的人是保罗。)保罗发现犹太律法已经过时了,这基于他(部

分而非完全地)认识到这样一个真理:共同生活方式的统一和共同血缘的统一是不同的东西,它们之间没有必然的联系。

在基督教世界中,一个独立的犹太民族的幸存也承载着历史生物主义的幸存。最近在德国爆发的对犹太人的迫害,并不是因为迫害者想要消灭历史生物主义,而是因为他们接受了这一错误学说。迫害者的官方学说是所谓的种族理论(Rassentheorie),根据这一学说,历史事实作为其原因的结果,服从于某些生物学事实,即人类物种分化成那些被称为人类"种族"的类别。这个种族理论是 18 世纪的事物——18 世纪的特征是,现代欧洲世界尚未成熟的历史意识在试验各种形式的历史自然主义,实际上是赫尔德根据当时普遍存在的一般类型的伪历史所构造的特殊版本。(质疑:有没有**直接的**证据证明赫尔德受到犹太思想的影响?当然,作为 18 世纪的德国人,他是《圣经》的读者,并且很可能会非常认真地对待他的《圣经》:在这样的事情上,你会**期望**他复述《圣经》教义的片段;但我想要的是证据。)因此,现代德国官方也犯了同样的错误,这种错误沾染了古代犹太人的思想,而保罗破除了这个错误——认为特定群体的历史功能与其生物学特征(即其成员的共同血缘)有关,因此,德国人迫害犹太人,乃是**因为他们认同他们的观点**。从理智上说,犹太人是当今发生在德国的冲突的胜利者(如果可以这么说的话)。犹太人已经成功地把他的选民(从生物学意义上讲,就是"民"这个词)观念强加于现代德国:这也许可以解释为什么这次迫害的受害者如此冷静地对待它。

历史中没有开端[①]

你可以将制度追溯到它**自身的早期形式**(相对的起点,a_2 由 a_1 引起),但仅限于此。你永远找不到一个绝对的开端。对绝对开端的叙述的渴望,不是对历史的渴望,而是对**神话**的渴望。例如:李维与罗马

---

① 标注的写作日期是 1939 年 1 月 17 日。

的起源、霍布斯与市民社会的起源、弗洛伊德与道德的起源。历史是**关于**一些没有开端也没有结局的事情。它与有开端和结局的事物(例如个人生命)**相联系**,但不存在这些事物的历史。

比较的方法

这是以实证主义的方式对反历史主义的神化。你不再关心一个事物**是**什么,而是通过说它**像**什么来自娱自乐。(在这里,对**相似性**概念进行批判的讨论将会很有用。)想象一下"比较病理学"。这种情况**类似于鼻黏膜炎**(但它是猩红热)。

历史学是知识的唯一类型

我已经证明了形而上学就是我所说的历史科学,即形而上学的问题无一例外都是历史问题。① 很容易证明,每一种所谓的哲学科学都是如此。因此作为一门独立学科的哲学,通过转化为历史学而被清算。只有当否定这一命题的人对历史学持有一种错误看法时,对这一命题的否定才是合法的,他觉得有必要通过**增加**他所遗漏的东西(并**纠正**他所犯的错误)来修正这一观点:引入**哲学**概念来调整他的历史概念。**自然科学**的问题不是历史问题,不能像哲学的问题那样获得解决。自然科学的方法也是截然不同的。但是,它是对历史的一种**抽象**。它的主要方法是从某些预设出发,并推论出结果。这些预设不是真的(或假的),因此,将它们连同它们的结果一起思考就不是知识(或谬误)。知识就是关于这些预设连同它们的结果被创造出来的知识,也就是历史知识。这种历史知识不仅仅是由其他人(即历史学家)所拥有的关于科学家的知识。它也被科学家们自己所拥有。如果一个人不知道他

---

① 柯林武德在这里提到了他的《形而上学论》,这是他在驶往荷兰东印度群岛的船上所写的第一稿。

正在做出的某些预设，他就不会是一位科学家。

历史中没有结局①

历史学家讲述的故事绝不是一个当他讲述的时候就结束了的故事。他可能会称他的主题为"罗马帝国的衰亡"，就好像这是一件已经发生并且已经结束的事情；但是，当他更准确地定义这个主题时，你会发现他将其定义为"野蛮和宗教的胜利"，也就是说，假设他真正叙述的是**那些**赤脚修道士后是如何来到朱庇特神殿的。②

以前，我认为历史学家叙述了过去已经发生的事件，现在，我认为历史中没有结局，这是因为所有的历史**也**都是第二级的历史，第二级的历史一直延续到今天，并延伸到未来。③ 我现在想说的**不止**这些。我想说的是，格罗特写的是自由党的历史，而蒙森写的是普鲁士的历史，所有真正的历史学家对过去感兴趣，仅当他们从历史中找到他们作为现实的人所认为的活生生的问题。不仅仅是与这些问题**类似的**问题，而是**同样的**问题（历史兴趣学说依赖于过去和现在之间的**相似性**，掩盖了这一事实）。如果历史是过去在现在的重演，那一定是这样的：因为一个如此重演的过去不是一个已经结束的过去，而是正在再次发生的过去。

历史重要性④

人们已经完全正确地指出，历史学家的任务并不是叙述过去的全

---

① 标注的写作日期是 1939 年 2 月 5 日。
② 吉本写道："1764 年 10 月 15 日，在罗马，当我坐在加比托山的废墟中沉思时，听着朱庇特神殿里赤脚修道士们唱起了晚祷曲，想要写下这座城市的衰落和灭亡的念头第一次涌上我的心头。"吉本：《吉本自传》(John Murray ed，*The Autobiographies of Edward Gibbon*，London，1897)，第 302 页，另见第 405—406 页。
③ 关于第二级历史的观念，柯林武德也称之为史学史，参见《历史哲学讲稿》(1926)，第 379—382、407—410 页；《历史哲学纲要》(1928)，第 461—469 页。
④ 标注的写作日期是 1939 年 2 月 5 日。

部,也可以补充说,他的任务甚至也不是叙述所有可以获得证据的过去(当然,这在任何时候都是不可能的),而是叙述具有历史重要性的过去。但是,人们所说的历史重要性意味着什么呢?有时人们认为,把某件事称为具有历史重要性的事情,就意味着它会"影响"随后发生的其他事情。这只是一种混乱的补救,以说明历史重要性意味着**对我们来说**意义重大。而对我们来说意义重大,意味着我们对它感兴趣,也就是说,它是我们希望在现在重演的过去。

在这种情况下,如果问题被提起,就是可能的,事实上通常很容易回答:但由于我们缺乏兴趣,这些问题不会出现。当然,还有其他一些情况,如果问题出现,缺乏证据会使回答问题变得困难或不可能,但这并不重要,因为问题没有出现。如果确实出现了一个问题,而且我们的兴趣足够大,那么证据总是会出现的,因为寻找它从来不会遇到原则上无法克服的障碍。这当然是洛克的重要观点:我们知道的"足够满足我们的需要"。我们所知道的局限性源于我们想要知道的局限性(想要=需要,而不是=欲望)。

历史的不完全性[①]

241　任何一部历史著作,无论其主题多么微小,无论有关其主题的证据多么稀少,都不会穷尽它的研究主题。(1)它的主题,由于每一次对历史研究主题进行有益的重新思考都会重新定义这一主题的界限。每一位有能力的历史学家在思考一个旧的历史主题时,都会发现自己在重新思考他正在处理的主题是什么,并对这个问题给出一个全新的和独特的答案。(2)它的证据,因为历史方法的每一次进步都是历史学家引用新证据的能力的进步。

历史的"确定性"这个概念,其隐藏的动机是一种嫉妒,就像米特

[①] 标注的写作日期是1939年2月5日。

拉达梯六世①杀死他的情妇那样；或者说，它表面上的动机是剪刀加浆糊的历史观念，根据这种观念，例如马拉松的"证据"是"权威"文本中的有限文字。后者是有可能被推翻的；但前者是一种难以治愈的情绪状态或"罪恶状态"。去想一个人的书终有一天会被取代，就像去想自己的身体终有一天会被蠕虫吃掉一样，都是与我们的意愿相违的。没有一本书是一座永恒的纪念碑（*monumentum aere perennius*）。书籍自有它们的命运（*Habent sua fata*）。

但是，即便历史学家知道他不可能做到完全性，难道就不应该**努力做到完美**吗？历史的完全性难道不是"理性的观念"吗？不是这样，历史学家不应着眼于完全性（completeness），而应以相关性（relevance）为目标。他的目标应该是，提供一个真正是他所问的问题的答案。（当然，通常只有在回答这个问题时，他才能弄清楚问题是什么。）

这一概念，尤其是当人们发现哲学将自己分解为历史时，与康德关于范畴的著名阐述中所提出的对完全性的要求发生了尖锐的冲突，他说道："只要还剩有该做的，那就算什么也没做（*Nil actum reputans si quid superesset agendum*）。"②我们必须明确的是，康德关于完全性的观念是他早年笛卡尔主义的遗存，事实上，他如此雄辩地抨击了这一谬论：哲学方法在本质上与数学方法是相同的。

---

① 米特拉达梯六世（Mithridates VI, 135—163 BC）为古代小亚细亚本都王国国王，是罗马共和国末期地中海地区的重要政治人物，他与罗马之间为争夺安纳托利亚而进行的三次战争，历史上称为"米特拉达梯战争"。——译者注
② 柯林武德在这里指的是康德在《纯粹理性批判》（BXXIII-BXXIV）中的一段话，康德在谈到形而上学时说："因此，形而上学也有这种独特的优势，因为它不属于任何一门研究对象的科学（因为**逻辑学**只研究一般的思维形式）。逻辑学作为科学的理论，通过这部批判，被置于一门科学的可靠道路上，它就能够完全把握属于它的整个领域。形而上学只和原则及它给自己的原则所规定的限制打交道，因此能够完成它的工作，并将其作为一种永远不能再有所增加的资本存放起来供后人使用。因此，它作为基础科学，必须要求这一完全性。我们必须能够说：只要还剩有该做的，那就算什么也没做（*nil actum reputans si quid superesset agendum*）。"（Immanuel Kant's *Critique of Pure Reason*, tr. Norman Kemp Smith, 2nd edn. London, 1933, p.26.）

逻辑学,一门历史科学[1]

逻辑学的目的是阐明有效思维的原则。人们总是想当然地认为,思想的有效性在任何时候都是一样的,不管人们在不同时期的思维习惯实际上是怎样的,因此,逻辑学所要发现的真理就是永恒的真理。但是,任何逻辑学家所做的或试图做的,都是阐述那些在他那个时代被他认为是有名望的思想家的有效思想的原则。这项事业是严格地历史性的。这是一项所谓的当代史的研究=历史学家视为自己所处的社会中的最近过去的历史。(因此,像穆勒、杰文斯[2]等这样的学者,在他们的"归纳逻辑"中,尽其所能地说明了这些条件,在此条件下,"现代科学家"认为某个"科学思维"是有效的,或认为某个"科学理论"是有根据的。)关于"当代"思想的原则是否在其他时代也得到了承认,如果没有,接下来会发生什么,这种历史研究经常伴随着大量的困惑或错误。实际上,19世纪归纳逻辑学家研究的这种思维在16世纪之前几乎不存在。逻辑学作为"科学方法的理论"在任何时候实际上都是科学方法的历史的一部分。

作为一门历史科学的伦理学[3]

(a)伦理学作为一种行动原则的解释,其内容取决于它试图解释的道德世界的结构。因此,古希腊的行为观念与基督教的行为观念是

---

[1] 标注的写作日期是1939年2月7日。柯林武德补充说,本节是"历史学是知识的唯一类型"这一节的延续。

[2] 威廉·斯坦利·杰文斯(William Stanley Jevons, 1835—1882),英国著名的经济学家和逻辑学家。他在《政治经济学理论》(1871)中提出了价值的边际效用理论,是边际效用学派的创始人之一,数理经济学派早期代表人物。——译者注

[3] 标注的写作日期是1939年2月7日。柯林武德认为,本节也是"历史学是知识的唯一类型"这一节的延续。在手稿中出现的关于逻辑学和伦理学的章节的标题并非完全一致,但这似乎并不是为了提出一个哲学观点。

不同的,因而,亚里士多德的伦理学(比方说)与 17 世纪至 20 世纪的任何伦理学都有很大的不同,而这并不意味着任何一方有错误。任何道德理论都试图说明,什么样的生活才是值得追求的,而问题总是由谁提出?(b)有政治学、经济学这样的分支伦理科学。在任何特定的时间和地点,这些分支伦理科学描述了当时和当地所接受的政治和经济原则。就经济学来说,有些马克思主义者已经看到了这一点,而凯恩斯也承认了这一点,但奇怪的结果是,后者试图构建一个"一般"的经济理论,阐述所谓永久性的一般原则,任何"特殊"的经济理论,如亚当·斯密的经济理论,都是一个特例。这当然是虚幻的。(c)甚至逻辑学和伦理学之间的区别也不过是历史性的,仅此而已。由于我们从希腊人那里继承了它,它当然没有永久的效力:印度人或中国人不会以任何我们在做决定时所预设的那种方式来区分思想和行为。

隐秘的历史学(Crypto-history)①

这个词可能被证明是一个有用的名称,用来表示这样的科学:它是一门历史科学,但却自称不是。因此,在军事院校中,战术是参照"当代"类型的武器和作战方法来教授的(其中"当代"的意思是"属于最近的过去"——参见"士兵们总是在为**最后**一场战争做准备"的言论),但是,不必如此教导,也不必总是通过这样一种方式教导,以便让学生们记住这一事实。甚至可以通过隐藏或否认这一事实来进行教导,然后,它成为一门隐秘的历史科学。所谓的古典经济学家写过一篇关于"工资铁律"的文章,这意味着在任何一种社会制度下,有关工资的某个定理必须总是正确的。实际上,这个定理适用于他们所写的社会系统,但在另一个社会系统下,它不一定是正确的。因此,所谓的古典经济学是一门隐秘的历史科学,他描述了一组短暂的历史条件,而认为他自己在陈述永恒的真理——人类学是隐秘的历史学。许多不同的历史复合体

---

① 标注的写作日期是 1939 年 2 月 7 日。

以"原始生活"或类似的名字集中在一起:它们所有的特征都有各自的历史背景,因此,从这些背景中抽象出来的虚构被视为一种矩阵(我是在地理学而不是数学的意义上隐喻地使用这个词),其中出现了历史形态。

伪历史(Pseudo-history)①

ἐσθλοὶ μὲν γὰρ ἁπλῶς, παντοδαπῶς δὲ κακοί["人之善者同出一辙。人之恶者殊途多方。"] 尽管如此,有一件东西是如此明显的伪历史,以至于它可以被授予 κατ᾽ἐξοχήν["卓越"] 这个名称:**变化**(change)。人们总是把历史当作短暂的或时间性的事物来谈论:"这只是历史的兴趣",意味着"只有对已经逝去的事物感兴趣的人才会对它感兴趣"。我本人坚持认为,历史是"已经结束发生的事件"的故事,并且今后必须谨慎对待这一点。但我也坚持认为,所有的历史都是思想的历史,历史学家通过在现在重演过去的思想来认识它。作为可重演的对象,历史并不是已经完成的事情。这是过去的事物历史地可知的**条件**,即它应该是真实的而不是死去的东西吗?或者,它是过去的事物历史上已知的**结果**吗?两者都不是:它与历史上已知的事物是一样的,事物的可知性,(当然)不存在任何"条件"——这是存在论的谬误。那么,伪历史性(Pseudo-historicity)就是我对亚历山大、怀特海等人所谓的历史性的称呼。伪历史是对变化的描述,无论是地质的、天文的、社会的变化,还是任何其他类型的变化,讲述这些变化的人并没有在他自己的头脑中重演这个人或人们的思想——他们的行动引起了这些变化。

《史学原理》的写作计划②

主要的论题包括:(1)单独说明历史学作为一门特殊科学最明显

---

① 标注的写作日期是1939年2月7日。
② 标注的写作日期是1939年2月9日。

的特征；(2)历史学与其他科学之间的关系；(3)作为思想的历史与现实生活的关系。依次为本书的第Ⅰ、Ⅱ、Ⅲ部分。

Ⅰ.1. 陈述并阐明**证据**的概念。这与**证词**的概念和**剪刀加浆糊的历史学**的含义形成对照。Ⅰ.2. 陈述并阐明**行动**(活动事迹)的概念。这与**过程**或**变化**的概念以及**伪历史**①的含义形成对照。Ⅰ.3. **重演**的概念。这与**死去的过去**和**完整性**的概念形成对照。Ⅰ.4. 历史学作为**心灵的自我认识**。排除其他心灵科学。

(关于"**历史**"一词，可能会有一个**导言**，说明它最初如何等于任何类型的调查，例如，自然志[historia naturalis]，以及它如何逐渐集中于希罗多德、修昔底德和波利比乌斯对它的使用。现代用法中对原初普遍意义的继承。本书探讨它的专门含义。)

Ⅱ.1. 历史学与自然科学。A. 它们之间的区别是不可化约的：A_1. 历史学不能化约为自然科学；A_2. 自然科学不应化约为历史学。B. 它们之间的关系：任何一门自然科学都是一项历史性的成就：它依赖于"事实"和"原则"，即某人观察到某个事物并以某种方式对其进行思考的**历史**事实。

Ⅱ.2. 历史学与人文科学。这些是隐秘的历史或正当的历史。

Ⅱ.3. 历史学与哲学。②

Ⅲ. 这里的主要观点是，历史学是对理论和实践之间的传统区别的否定。这种区别取决于——作为我们知识的典型事例——对自然的沉思，在那里，对象是预先设定的。而在历史学这里，对象是构造出来的，因此，它根本不是**对象**。如果历史是精心构造出来的，那么就应该很容易地理解某个历史道德和某个历史文明的特征，与我们的"科学"道德和"科学"文明形成鲜明对照。"科学"=自然科学的或属于**自然科学**的。一种科学的道德将从人的**本性**是一种需要征服或服从的东西

---

① 在括号里，柯林武德回顾了"伪历史"一节的内容。
② 柯林武德使用他自己的段落编号，在此附加了他两天前所写的"逻辑学，一门历史科学"和"作为一门历史科学的伦理学"的章节。

这一观点出发,一种历史的道德将否认存在这样的东西,并将我们是什么转化为我们做了什么。一个科学的社会将会产生这样的观念:要么**控制**人类(通过金钱、战争或类似的手段),要么**服务**人类(慈善事业)。一个历史的社会将会开启这样的观念:**理解**(understanding)人类。

历史学与实证主义[①]

(a)实证主义=认为自然科学是唯一的知识的论点。这涉及对历史学本身的直接攻击。(b)实证主义历史学最原始的形式(巴克尔)**就是**这样一种攻击。(c)它以一种削弱的形式掩盖了这种攻击,伪装成用类似于自然科学的方法(伯里)来解决历史问题。这些都是伪历史问题:历史学本身并没有因此而进步。(d)在第三种现代形式中,它把历史纳入作为**过程**或**事件**的自然之中(亚历山大、怀特海、李凯尔特)。这涉及将历史还原为伪历史。它被伪装成一种通过**进化**的观念将自然科学还原为历史学的观点,错误地假定这是一种历史观念。因此,它经常(尤其是在德国)被称为**历史主义**,在当前情况下,它应该被视为**伪历史主义**。

偶然事件

在亚里士多德的逻辑学中,偶然是指一个主语的谓词,它既不是其本质的一部分,也不是其本质的结果。在现代欧洲语言中,这层含义已经过时了,这个词是属于历史学的词汇。一个偶然事件是发生在一个人身上,而他却没有预料到它会发生的事件。如果有另一个人预料到它会发生,相对于第一个人来说,它仍然是一个偶然事件。但是,相对于两者结合在一起而言,它并非是个偶然事件。(将该术语的使用限定在意外事件的情况下是一种粗俗的做法,它只在某些特定的语境

[①] 标注的写作日期是1939年2月9日。

下——例如在保险词汇中——成立。)①

历史学与偶然性

如果历史学与事件有关,偶然性当然在历史学中扮演着重要的角色(例如,伯里对这一主题的处理暴露出了两种混淆,一种关于历史学是什么[他认为是关于事件的],另一种关于什么是偶然性[他认为其对立面不是意向性,而是因果性])。实际上,偶然或意外事件**在历史学中**根本不会发生:它们构成了历史学的背景或风景。一名水手被暴风雨困住了:这是一次意外事件。但是,仅当历史学家对水手如何处理这次偶然事件所引发的局势(或由其他事物所引起,如贸易委员会或气象局)感兴趣时,这场暴风雨才会出现在航海的历史上。自然本身是偶然的。②

自然与历史

自然可以被称为历史的背景或风景,但它在历史中并不是恒定不变的常数。它以不同的方式影响着历史的进程,因为人类应对它的方式不同。作为历史背景的自然是人类创造出来的。人们可能会推想,在所谓"人对自然的看法"的不断变化的事物背后,有一个不变的事物,即自然本身是什么;若真是这样,我们对此就没有任何知识。无论如何,自然科学并没有揭示这一点,因为自然科学总是与人类如何利用自然有关。因此,当人制造机器时,他的自然科学认为自然是由机器组成的;当他发现如何利用化学作用时,他的自然科学认为自然是由化学装置组成的。简而言之,自然科学在任何给定的时间所描述的"自然

---

① 标注的写作日期是 1939 年 2 月 10 日。
② 标注的写作日期是 1939 年 2 月 10 日。

力",都是人类学会操纵自然的方式。①

《史学原理》第一卷导言②

伯里说,"历史学是一门科学,不少也不多"。让我们承认它不少。但是,任何一门科学都不仅仅是一门科学:它是一门特殊类型的科学。科学只是一种有组织的知识体;但是,知识体绝不单单是有组织的,它还总是以某种特殊的方式组织起来。某些知识体,比如气象学,是通过搜集与某一类事件相关的观测资料而组织起来的,科学家可以在这些事件发生时观察这些资料,尽管他不能任意制造这些资料。其他一些知识体,比如化学,不仅是通过观察那些发生的事件,而且是通过在严格控制的条件下使之发生而组织起来的。还有一些知识体根本不是通过观察事件,而是通过做出某些假设并以极端的严谨推论其结果而组织起来的。历史学却不是以这些方式组织的。战争和革命,以及它所处理的其他事件,并非历史学家在实验室里为了进行研究而以科学的精确性有意地制造出来的。如果"观察"一词意味着自然科学家口中所蕴含的精确性和超然性,那么这些事件甚至都不会被观察到。气象学家和天文学家要进行艰苦而花费高昂的旅行,以便亲身观察他们感兴趣的那类事件,因为他们的观察标准使得他们不能满足于外行目击者的描述;但是,历史学家却没有配备一支前往正在进行战争和革命的国家的考察队。这并不是因为历史学家不如自然科学家精力充沛和勇敢,也不是因为他们更少获得考察所需的资金。这是因为这些考察的成果对他们来说没有科学价值。观察和实验的科学在这一点上是相似的,它们的目标是要在某一类的所有事件中探测出不变的或反复出现的特征。但是,历史学家没有这样的目标。如果他正在研究百年战争

---

① 标注的写作日期是1939年2月10日。
② 这显然是《史学原理》第一卷导言的开头,包含在《历史的观念》(第249—250页)"后论"的"历史的证据"这一节中。由于《历史的观念》的文本在某些方面与手稿的文本有所不同,所以在此保留了手稿中的文本。

或1688年革命，这对他来说并不是一种探究的预备阶段，其最终目标是……①

革命性的发明②

[这些]是不可能的，因为如果它们要具有革命性，就必须成功地满足一个要求；而且，没有什么需求是与经验无关的。人们想要的是这样一项发明，只要它能使他们把已经在做的事情做得更好**一点**，更容易**一点**或更便利**一点**（根据他们对做这项工作的兴趣，省事或省钱），例如，剃须而不需要用剃须刀，在房间里创作音乐而不需要学乐器，写字而不需要用钢笔蘸墨水。你可以肯定，除非水手们已经能够控制航向，否则没有人会使用罗盘。③

---

① 正文在此结束，并附注："复制并在其他地方继续"。标注的写作日期为1939年2月10日。
② 标注的写作日期是1939年3月8日。这意味着这篇手稿是柯林武德在返航途中所写的。这一段没有标题。我们使用第一句话的前两个单词（它们是斜体的）作为标题。
③ 《历史编纂学笔记》的上述选段中没有收录柯林武德对西德尼·李的《传记原理》(Sidney Lee, *Principles of Biography*, Cambridge, 1911) 和让·拉辛 (Jean Racine) 的几部历史剧的序言所做的零散的、批判性的评论。柯林武德用这样一句话结束对李的批评："他是做的工作是：(a) 把他在编辑《国家传记词典》时发现的便利的工作规则作为传记的永久性规则；(b) 把这些假想的规则建立在人性的一个（同样是假想的）永久性因素（即'纪念本能'）之上。把那些愚蠢的、浮夸的废话和伪哲学一笔勾销，这个讲座对'我是如何着手研究《国家传记词典》的材料'进行了相当精彩而有趣的描述。"柯林武德对让·拉辛的批评以这样一个评论结束："让·拉辛所做的也许可以被描述为制定历史小说或浪漫小说的游戏规则，这是一件比现在所理解的历史学更古老的事情。注意：历史小说并不是历史和小说的混合体，因为如果人们清楚地理解两者之间的区别，历史小说就不可能存在。历史小说是一种虚假的历史形式。（这一点值得详细说明。人们会拒绝相信它，但他们的拒绝应该是没什么借口的。）"这些言论可以和柯林武德在《史学原理》中对传记的评论相结合来解读。"笔记"的结尾是一些杂乱无章的言论，大多写于返航途中。其中，只有"革命性的发明"这一片段被收录在这里。

自然与心灵讲座的结论①

1935 年的结论

251　　我对自然观念发展的历史考察一直延续到现在,我希望从中得出的一般结论,我希望从考察本身就能看得很清楚。我将通过简单地指出我们目前所处形势的主要特点来结束这个讲座。

　　亚历山大最近写了一篇尚未发表的论文,题为"事物的历史性"(这篇论文将发表在致敬卡西尔教授的论文集中)。②我将以这个标题作为这些结论性评论的主题。

---

① 这份手稿由柯林武德于 1934 年、1935 年、1937 年和 1939 年在牛津大学开设的关于自然与心灵的讲座的两个结论组成,经过实质性的修改之后,柯林武德又于 1940 年将其题为"现代科学中的自然观念"。诺克斯于 1945 年在编辑《自然的观念》一书的时候,把前两个结论丢在一边,而赞同柯林武德写于 1940 年的第三个结论。这份手稿在诺克斯编辑完《自然的观念》之后就丢失了,直到 1995 年 1 月,这份手稿与《史学原理》手稿一起被发现。正如我们插入的标题所示,较短的结论可能是柯林武德于 1935 年所写,较长的结论可能是柯林武德于 1934 年所写。手稿的扉页上写着:"自然的观念(原名:自然与心灵),1934 年 9 月至 10 月为米迦勒学期的讲座而编写的讲稿。1937 年再次编写(基于该作品,修订工作占据了 1933 年 8 月至 1934 年 9 月期间的全部时间,记录在 5 本标有《论自然》[σερἱ φύσεως],A-E 的笔记本上)。1939 年 9 月进行广泛修订,并以书的形式重写。"柯林武德提到的这些笔记中包含了《通向一种形而上学笔记》。手稿中还包含了《自然的观念》的目录,在这里没有收录。(手稿可在牛津大学出版社的档案馆查阅。)
② 克利本斯基、帕顿编:《哲学和历史学》,第 11—25 页。——作者原注[这张便条是后来添加的。柯林武德作为牛津大学出版社的审稿人看到了这份手稿。这篇文章在《作为历史的实在》(《史学原理》第二部分第四篇)的开头和《历史的观念》(第 210 页)中提到。]

历史是一个过程，随着时间的推移，它创造了自己的载体。一切历史都是某个事物的历史。例如，英国史、中国艺术史、海军战术史——任何事物的历史都是事物本身变化的历史。历史不是一系列表面的变化，这些变化在某些事物的表面上流淌，而其内在的本质不变；历史过程所包含的变化，正是直接进入事物内在深处的变化。例如，英格兰的历史，不存在英格兰的一部分变化，而另一部分没有变化；整个英格兰都在变化，但在变化中，它仍然是它自己，因为变化是连续的，不包含中断。如果我们发现这一点很难理解，如果我们发现自己坚持这样一种信念：在历史事件不断变化的面纱后面，有一个本质的和实质性的英格兰仍然保持不变，那么纠正自己错误的方法是回想一下，如果我们回顾的历史足够远，英格兰本身就不存在：英格兰本身，换句话说，是历史进程的产物。因此，这就是历史的一般性质：一个将它所包含的一切都带入存在的过程，一个创造运动的运动。

对于这个适用于人类事务的概念，我不会说它是司空见惯的，但对于每一个思考过人类历史意味着什么的人来说，它却是相当熟悉的。我不会说这是一种老生常谈，因为如果是这样的话，我们就不会像我们经常做的那样，倾向于认为存在一种叫作人性的东西，它是历史进程的基础，不受历史进程的影响。为了真正把握人类历史观念的内涵，我们必须认识到，任何给定时刻的人性的是其所是，都是因为人类历史的发展而形成的，而说到人性，也只是一种将人类历史的总结果归结于现在的方式。

柏格森、亚历山大和怀特海等哲学家提出的自然概念，涉及我所界定的历史性的观念，他们不仅将历史性观念应用于人类，而且应用于自然。在19世纪后期，这种历史性的观念已经应用于人类，而没有应用于自然：这是区分自然科学（Naturwissenschaften）和精神科学（Geisteswissenschaf-ten）的基础，在当时德国哲学家的著作中很常见，比如在狄尔泰的著作中，精神科学被设想为历史科学，将实在的概念转化为过程的概念，自然科学是处理事物永恒不变本质的非历史科学。这种新的自然哲学所做的，就是将历史性的概念从其有限的人类事务领域扩展到一般的形而上学的普遍领域。物质本身，在从17世纪到19世纪占据主导地位的思想传统中，被认为本质上是惰性的、不变的，在它经历的所有运动和组合的背后，仍然保持着它的自我同一性，因而，人类本性也被类比地认为是由这些运动和组合所带来的东西。这种新哲学不仅认为精神存在与精神过程同一，而且认为物质存在与物质过程同一。

这种关于自然或物质世界的新概念，不仅仅是一个越过或背着科学家而提出的哲学家的概念。这个概念的提出者认为，它既是哲学也是科学的，既是科学也是哲学的。正如在笛卡尔时代一样，今天物理学和形而上学再次携手合作，这种新宇宙论最显著的特征之一就是这样一个事实：哲学与科学的分离已经消失了，我们长期以来就意识到这一点，几乎把它视为不可避免的罪恶。这一新形势的结果，对科学和哲学都应该是极为有益的，加强和丰富这两者：也许如此设想并不过分，这两种思潮的联姻和交叉融合，对文明的未来会产生有益的影响。在过去的几代人中，由于那些本应该成为知识分子领袖的人把大部分时间都花在了相互的斗争中，不仅损害了双方的声望，也没有给双方带来任何好处，给文明造成了极大的破坏。

有一个问题依然存在。我曾提到亚历山大的术语，即事物的历史性——描述了这种新哲学的主要概念。剩下的问题是，这个说法在多大程度上能够被证成。它的目的是表达这样一个事实，即自然实在同人类实在一样，现在被认为是完全在过程中形成的。但是，存在一种过程还是两种过程？严格而恰当地称为历史过程的人类事务的过程与自然的过程之间有什么区别吗？这些新的自然理论已经充分证明了，这两种过程——如果它们是两种过程的话——是非常相似的。尽管存在巨大的相似之处，但它们之间是否也有一些区别，仍有待观察；换句话说，事物的历史性这一说法是完整的和字面上合理的，还只是部分地和类比上地正确，仍有待观察。

这个问题太大了，现在还不能考虑。这将是我下学期讲座的基本主题，我将说明历史学，准确地描述历史学是什么，以及它是如何为人所知的。① 之后，我们将能够考虑这样一个问题：自然的过程和历史的过程在性质上有多大程度的同一性，如果它们有不同之处的话，又有多大程度的不同。

1934年的结论

最后，我现在必须对我所描述的思想发展所表明或要求的自然观做一些简要的说明。

1. 具有空间状态、经历时间运动的惰性物质的旧概念已经消失了，我们所剩下的针对所有存在的概念——不仅是心灵，而且是生命，甚至是物质，不仅渗透在活动中，而且与这种活动是同一的。

2. 这种活动是一个过程或发展，创造了自身的新形式；例如，它从作为无机物的第一阶段开始，经过作为生命的第二阶段，进入作为心灵的第三阶段。因此，这些阶段必须是连续的和有差别的；每一个阶段都必须以一种方式与它的前身相同，也必须以另一种方式与之截然不同。

3. 这个过程的起点，时空或广延的连续体(continuum)，是一个以外部性为最高统治原则的存在阶段。所有事物都在其他事物之外(空间中的点)，任何给定事物存在的一个阶段都在其他所有阶段之外(时间中的时刻)。

4. 这个过程的终点是一个以内在性或精神性为支配原则的存在阶段。这一阶段的存在将与处于最高发展阶段的心灵相一致。一个心灵的生命阶段，就其作为一个心灵而言，在时间上并不是并置的；过去作为记忆而存在，未来作为目的而存在。不同的心灵，就其作为心灵而言，并不是彼此外在的；他们分享彼此的活动，知道相同的事情，并追求相同的目标，因此，既然他们的活动就是他们的存在，他们实际上分享彼此的存在。确切地说，心灵越是完美地成为心灵，这一绝对相互内在性的观念就实现得越完美。

---

① 这里所指的是柯林武德1936年的讲座，这些讲稿后来成为《历史的观念》的基础。

5. 相互内在性并不意味着消除差别(例如,记忆中的过去确实是过去)。因此,在完美发展的心灵领域里,存在着各种各样的差别,但这些差别并不涉及实体的划分,更不能说它们与实体的划分是一致的。

6. 因此,世界的整个演化可以看作是从外在向内在的过渡。这一演化的每一阶段都是这一过渡的特殊情况。在任何一个特定的阶段,都已经达到了某种程度和种类的内在性,也有某种程度和种类的外在的形态的残余。因此,这个过程的下一个阶段将是克服这种特殊的外在性,并取代相应的内在性。

7. 在空间中运动的物体,例如电子,每一个物体都有自己的内在性,正如怀特海所说的自我享受(self-enjoyment),即每一个电子都拥有自己的质量、速度、确定的路径等。每一个电子对所有其他电子来说都是绝对的外在。这种相互外在性因它们结合成原子而被克服;因为这种结合产生了一组新的特性,这些特性不属于任何一个电子,而在整体上只属于原子;这些特性遍及整个原子,而且只存在于原子之内。因此,原子代表了对属于电子的特殊外在性的克服;只有当位于彼此之外的电子在原子中融合成一个单一的整体时,原子的独特的特性才会出现。电子的外在性并没有消失,而是被克服了。分子和所有的化学组合也是如此。

8. 物质的进化完全在于发现电子、质子等逐渐形成的新模式,以及模式的模式等等。这条进化线如果延伸到无穷,就永远不会产生生命。用生物学家的话说,生命的特殊性在于,生命的活动从出生到青年,从成熟到繁殖,再到衰老和死亡,都是以生命周期的形式进行的。每个生物体只经历一次这种循环。

9. 为什么存在形式会有这种特殊性呢? 如果我们的假设是正确的,那一定是因为我们克服了遍及整个物理-化学世界的某种特殊形式的外在性。①

---

① 在这之后,下面这句话被划掉了:"如果是这样的话,那么物质或物理-化学世界对生命的创造就有了一个内在的'奋争',也就是克服这种特殊形式的外在性。"

自然与心灵讲座的结论

10. 这种形式的外在性存在于事物与其环境之间的关系中。无论物质的物理-化学结构有多么复杂，物质世界中的每一个事物都绝对地处于另一个事物之外，并且永远地处于另一个事物之外。物体可以而且确实相互作用，但在任何情况下，一个物体都不可能成为另一个物体。任何给定物体及其环境的相互外在性都是彻底的。

11. 生命有机体依靠自身的营养而生存。在任何特定的时刻，有机体只是组成它的物质粒子；但是，构成其生命的活动是为了维持其生存，不是像纯粹物质的情况那样——抵抗来自它自身的力量，只是将自己结合在一起，而是通过将这种环境的一部分融入自身，并将它们整合到自己的结构中。在吃、喝、呼吸的过程中，有机体不断地将其环境转化为自身；这个过程的另一个方面是通过组织的消化，不断地将自身转化为周围的环境。

12. 因此，一个生命有机体的自我同一性或自我享受不仅得以保留，而且实际上取决于，甚至存在于构成有机体的物质粒子的不断变化之中。这是克服这些粒子相互外在性的一种全新的方式。它们现在以这样一种模式结合在一起，这种模式的独特之处在于，它每时每刻都在用新材料重塑自身。环境可以表现为不断地流入有机体，在那里呈现出一种特定的模式，然后再次消失，变成纯粹的环境。

13. 生命的原则是有机体不断克服自身和环境的相互外在性，只有在物质的组织达到可以通过化学和其他条件实现这种新陈代谢的程度时，生命才会出现。但是，即使已经达到了这一点，它也永远不会发生，除非从一开始就有一个朝向生产的"奋争"，这种生产并不完全是我们所知道的生命，而是某种存在的形式，其中一个事物和它的环境的相互外在性应当被克服。

14. 因此，不断进化的高级生命形式应该代表着对这种相互外在性的逐步克服。高等生物确实不能靠任何东西来滋养自己，物质的化学差异使它们有必要用化学上合适的东西来滋养自己，但是，最高级的有机体，也就是那些最有活力的有机体，将会找到一种方法，利用那些它们不能赖以生存的物质实体，作为发现它们能够依靠的物质实体的手段。它们会四处寻找食物,渐渐地发现这些食物的化学成分特别适合生命本身的需要。这可能就是从单纯的植物生命到动物生命,进而到高级动物物种的原则的一般性质。

15. 随着这一进化的进行,生命周期的自主性特征得到了加强。最低级有机体的生命周期相对来说是可变的,其特征仅因其个体年龄的不同而略有差异;最高级有机体的生命周期相对来说是固定的,其特征有规则地和有序地发展。一棵树的生命特征因季节的不同而有很大的不同,而不是因它的年龄不同而有很大的不同。这也就是说,它的生命,相对地是与无机世界的有节奏的生命联系在一起的。狗的生物学功能随季节变化不大,但却很大程度上取决于它是一岁、五岁还是十岁。因此,生命的进化似乎指向建立它自己特有的周期,独立于所有无机物的周期,并且每个周期都与相关个体的整个存在同延(coextensive)。如此看来,生命是大自然发现一种全新的过程或活动形式的方式,它经历了它自己特有的阶段,在这些阶段中,过程的每一个个体都只经历了一次。

16. 心灵,与生命不同,其独特性一般用"感觉"(sensation)这个词来描述最为恰当。心灵有更高的功能,但没有其他功能与它的整个存在范围同延。"感觉"一词的意思是(a)观看、感觉等行为,即对物体的感知;(b)感觉自己所谓的感受的行为,如温暖或寒冷、快乐或痛苦。这一功能与神经系统有关,神经系统以其最基本的形式表现出一种尚未分化为视觉、听觉等的感觉;在高等生物中,神经系统将自己分化为特定的不同部分,而感觉的行为也相应地分化成不同的部分。

17. 这个新的进化阶段,就像生命的起源一样,一定代表对某种形式的外在性的克服,而生命无论沿着自己的路线发展多远,都永远无法克服这种外在性。如果是这样的话,整个生物界都弥漫着一种向心灵进化的"奋争"。

18. "感觉"的特殊特征是,有机体外部的物质模式和节奏被吸收到有机体之中(例如,耳朵是在大脑中再生某种空气振动的机制;眼睛是产生视网膜图像的机制,再现有机体对于环境的视角);但是,在这种吸收过程中,它们不会被破坏或转化为其他任何东西,就像食物的化学性质的组成模式和节奏那样。当它吃东西的时候,有机体将食物吸收到自己体内,并破坏它们;当它听到声音时,它会将声波吸收到自己体内,但不会破坏它们。

19. 这构成了有机体与其环境之间的一种新的关系。在成为有机体身体的一部分时,它的食物就不再是环境;而在进入有机体的知觉领域时,它所感知的对象不会停止作为环境。牛吃的草不再是草了;但牛看到的草还是草;然而,尽管它仍然是草,仍然位于牛的外部,但它实际上已经进入了牛的存在,就那些作为光的物理基础的有节奏的干扰而言,它们在牛的大脑中复制了自己。

20. 这种新的关系克服了一种特定类型的外在性,即环境的两种状态在有机体的外部或内部区分开来。这是通过一种关系的出现而克服的,在这种关系中,环境的同一部分既在有机体的外部,又在有机体的内部。

21. 为了避免误解,我们必须提防说客体仍然在感知之外,并且感知之内只是它的复制品或再现。在感知神经系统中存在的光、声等物理基础的模式和节奏,与客体中存在的模式和节奏是完全相同的;因为这两种情况都是活动,活动既是主体的本质,也是客体的本质,它们就形成了主客体之间的实际同一性。当然,草并不会全部进入眼睛:只有一部分进入眼睛;但进入眼睛的并不是草的复制品,而是它实际存在的一部分。

22. 我们还必须意识到要分离——虽然我们必须仔细地加以区分——构成颜色或声音的物理基础的复杂模式及节奏与我们实际看到或听到的简单颜色或声音。这两种事物的关系,正如原子的电子模式与原子的化学性质的关系一样:在每一种情况下,都有一种确定的模式,当融合成一个整体时,就呈现出它作为一个整体所具有的独特的质性特征。空气振动的某种节奏通过鼓膜向耳朵传递信息;从物理上来讲,它是由有规则的时间间隔的撞击构成的;正如我们所听到的,只要振动持续下去,它就是一个持续均匀的连续声音。

23. 原子的性质和声音的性质的区别在于,原子本身具有其自身的化学性质,而空气中的振动模式,只有在它被有感知力的有机体的神经系统融合成一个整体时,才具有它的音响。在物理世界中,声音模式和光线模式只是一系列离散的事件;有洞察力的有机体的功能,是把它们融合成统一体,从而在统一体中引出它们本身仅潜在具有的质。

24. 因此,有知觉的有机体的感知行为对它的对象产生了影响,尽管它没有破坏它们。它给对象带来的不同之处在于,它将它们的某些模式和节奏融合成一个新的统一体,并唤起这种融合所产生的质。因此,正如有机体的生命可以从环境的角度被设想为一种特殊的方式,使得环境可以转变为一种新的存在方式,心灵的知觉活动也可以从客观世界的角度被设想为一种特殊的方式,使得这个世界可以将自己融合成一个新的统一体,并开始拥有在融合之前它所不具备的质。

25. 进化的每一个新阶段都有两个方面:(a)它产生了一种特定类型的新的存在形式;(b)由于所有其他形式的存在与这种新形式建立了新的关系,它在所有其他形式的存在中开创了一个新的阶段。因此,整个世界都参与到它的每一项创造性的进步中。

26. 因此,心灵的出现不仅影响了作为主体的有知觉活动所处的有机体,使它对它的世界有一种新态度;它也影响了它的世界的那一部分,即这种活动分布在其上的知觉场域,因为活动在某种意义上位于有机体内部,正如主体在另一种意义上位于作为其场域的所有对象之上。所有的活动都具有这种双重特征。它遍布整个场域,也聚集在一个中心(例如,一名总经理的活动,在某种意义上是在他的办公室内进行的,这是他活动的重点;在另一种意义上,它扩散到整个公司的员工,这是他活动的场域)。

27. 由此可见,心灵的出现不仅满足了成为其主体的有机体所包含的一个"奋争",也满足了成为其客体的世界所包含的一个"奋争"。正如生命意味着预先适应其维持的环境(劳伦斯·约瑟夫·亨德森:

《环境的适宜性》)①,这个环境可以共同促进生活,从而通过与之接触的活生生的有机体的存在来实现其自身的潜能;因此,心灵也意味着一种特殊的环境,即一种具有潜在的感性特质的环境,当它成为一个有知觉的有机体的感知场域时,它就开始享受这种潜能的实现。打个比方,我们可以说,这个世界已经想要被看到、听到和被普遍地感知到,并且通过创造心灵来满足这种愿望,它将整个自我提升到更高的存在层次,也就是说,提升到一个新的自我享受的内在境界。

28. 在心灵第一次出现时,它与生命紧密相连。有机体并不感知一切事物,作为一种努力完成其适当生命周期的生物,它只感知它感兴趣的事物。因此,它只感知可能促进或阻碍构成这个生命周期的活动的东西,它的感知受到它追求这些活动的欲望的影响;也就是说,它以饥饿感知食物,以恐惧或愤怒感知敌人,以性欲感知可能的伴侣,等等。任何不能成为这种情感的恰当对象的东西,它根本就不会感知。

29. 然而,从一开始,心灵就拥有一个自主性的原则;看到食物是一回事,吃又是另一回事。因为心灵是一种比生命更高的存在形式(我的意思是它在进化尺度上占据更高的位置,作为一种克服了生命不可剥夺的外在性的特殊形式的存在形式),在现实中,心灵不是生命存在的一种手段,而是相反,生命是心灵存在的一种手段。因此,心灵一旦成为一种新的存在形式,它不是通过强调这种最初的对生命的臣服,而是通过逐渐废除这种臣服来发展的。心灵在其进化过程中,不断地坚持自我。

30. 因此,更高级的心灵形式对其赖以成长的生命机能的态度越来越不感兴趣。认识这个世界,包括认识自己既是世界的一部分,又是世界的认知者,成为心灵活动集中的目的。这并不意味着要把所有的兴趣、努力和情感都抛诸脑后;它意味着这些东西以新的形式出现。一

---

① 劳伦斯·约瑟夫·亨德森(1879—1942),美国著名的生物学家、化学家和社会学家,在生物化学领域,提出"亨德森-哈塞尔巴尔赫方程"(Henderson-Hasselbalch equation),著有《环境的适宜性》(*The Fitness of the Environment: An Inquiry Into the Biological Significance of the Properties of Matter*)和《自然的秩序》(*The Order of Nature*)等著作。——译者注

个高度发达的心灵主要渴望了解自己和世界,而它的主要兴趣和情感与这种欲望的满足联系在一起。因为它的活动就是它的存在,所以这种认识自己和世界的愿望同时也是一种成为自己的愿望。

31. 心灵方面的这种渴望,通过认识自己和世界而成为自己,同时也是世界方面希望被人所认识的渴望,通过被人所知而开始享受这些在它被了解之前就潜在地存在于其中的质,但实际上,只有自然的模式、节奏和过程融合为一个统一体,从而在心灵的聚焦中出现它们适当的质,才可以实现。在某种程度上,像狗那样的低级心灵渴望与人那样的高级心灵结伴,在高级心灵的光照下,它感到自己以一种它无法理解的方式被理解而得到了圆满,因此,在客观世界中,除了应该认识它的智力之外,它仅仅是可理解的或潜在的被认识的,有一种不完整或未实现的潜能,只有当智力完成它的工作时,才能获得完全满足或转化为现实。这就是为什么大自然的创造过程进化了心灵。

32. 因此,心灵在一方面依赖于身体,在另一方面又独立于身体。依赖于它,因为心灵只能作为活生生的有机体的心理活动而产生,并且只能在一个由世界构成的领域中工作,这是一个始终是物质的、生命的和心理的世界;独立于它,是因为当心灵出现时,它为自己提供了自己的兴趣和目的。

33. 这里出现的问题是,这种独立是否达到了通常所说的不朽,或者心灵在它产生的身体死亡后仍能永生。作为回答这个问题的先决条件,我们应该记住,心灵在其最完美的发展过程中,作为意识到自己并致力于成为自己的理性,实现了对外在性可以想象到的最高程度的克服;它的场域一直扩展到所有的时间和空间,整个世界在它的焦点上被融合成新的质,甚至心灵与心灵的分离在原则上也被克服。但另一方面,焦点总是有它自己的位置和时间,在这个意义上,一个不位于空间某个地方的心灵,一个不在某段时间内穿越生命历史的心灵,似乎是不可想象的。我把这个问题留在这里,以后再谈。

我现在转向永恒客体的问题(怀特海的术语)。根据怀特海的观点,所有的质都是永恒的对象,具有双重功能:(a)作为发展过程的引力,或最终有效的原因;(b)作为实际场合中的因素,或形式原因。但我已经解释过,怀特海并没有给我们提供一个关于永恒客体的深思熟虑的世界观;我冒昧地认为,作为一个不变的抽象世界,它与变化的自然世界之间的关系,根本不可能被阐明。其结果是两个世界之间的形而上学二元论——一个不变的抽象世界和一个变化的事件世界,而怀特海没有解决这个二元论。然而,怀特海的观点有一个优点,那就是直面永恒或必然存在的问题,而亚历山大通过把一切事物都化减为时空来回避这个问题。我们的问题是:如果自然都是过程,怎么可能有永恒的东西呢?怀特海回答说,在自然之前,因此就在自然之外,可能存在一个永恒客体的领域;这当然是真的,但他没有权利将像蓝色或牙疼这样纯粹自然的和经验的质纳入其中。

过程的概念意味着,如果适当地加以考虑,同一事物可以是一个过程的产物,也可以是一个永恒的对象。因此,怀特海所认为的由他的问题带来的唯一出路——二元论就被避免了,而且我们可以说,过程的世界**就是**永恒客体的世界。怀特海没有意识到这一点,可能是因为他没有考虑过历史的本质和含义。①

34. 历史是一个过程。它的实质是人类的活动;这种物质的过程就是人类活动所经历的变化,这种变化不是由于外在原因的作用,而是由于它自身的自主发展。因此,英国的宪政史或多或少是英国自身统治方式的不断变化;这种变化是一种发展,因为它的每一步都只可能发生在它发生的地方——1832 年的《改革法案》不可能发生在 1688 年,1688 年的革命也不可能发生在 1215 年。此外,英国本身也随着宪政史的变迁而发生了变化;统治的观念也是如此——自诺曼征服以来,甚至自亨利八世以来,统治的观念经历了巨大的发展。因此,近代英国和现代政府实际上是在英国宪政历史的进程中形成的。在这种过程中,经历这个过程的事物形成它自己,或随着这个过程的进行而产生,这种

---

① 在手稿中,这一段被错误地编号为 33。前一段的编号也是 33,为了避免与前一段的数字混淆,我们删除了这个编号。

过程被称为**生成**（becoming）。

35. 生成的特点是具有创造性，或者更确切地说，它具有自我创造性。它所带来的**实存**（existence），又会再一次从**实存**中消失，但不会从**存在**（being）中消失。因此，1688年的革命是17世纪英国宪法自我发展所产生的，作为一个事件，它在时间中发生，然后停止发生，因为一个事件的实存就是它的发生，所以那个革命现在不存在，它就是一个现在不在场的事件。但是，历史学家仍然可以思考它，也就是说，它仍然是历史思想的一个对象。从这个意义上说，它的存在是永恒的，也就是说，它严格来说是一个永恒的客体。因此，一切历史事件都成为永恒的对象；如果历史就是这样，那么所有的自我创造过程也是如此。如果自然的整个过程是一种生成，就像怀特海所看到的那样，那么这种生成必然会产生永恒的客体。它并不像怀特海所认为的那样，预先假定所有这些永恒的客体，也不像他和亚历山大所假定的那样，仅仅产生短暂的客体。

36. 历史思想的永恒对象是具体的永恒对象，比如1688年革命；怀特海的永恒对象是抽象的永恒对象，比如某种蓝色，或者（回到1688年）詹姆斯二世将国玺扔进泰晤士河时溅起的水花的确切形状。它们之间的关系是什么？我认为抽象的永恒对象，只是一个具体的永恒对象在抽象中所取的自身的一个元素。在这里，真正永恒的对象是整个事件，即詹姆斯二世将国玺扔进泰晤士河；飞溅物的形状之所以具有它的永恒性，不是因为以下事实：具有完全相同形状的飞溅物可能在任何时候再次发生，假如这**是**一个事实的话（我怀疑不是），而是因为它是这个事件必不可少的一部分。

37. 一个历史事件的永恒存在，不在于或不取决于它是否为历史学家所知。1688年的革命通过成为英国人民政治经验中的一个永久因素，而享有其永恒性；即使他们忘记了这件事本身，他们经历过这件事这一事实，也会继续影响他们的政治观点，并影响他们的政治活动。只有历史事件在随后的历史进程中留下永久的痕迹，历史学家才能发现关于这件事的任何东西；因为历史学家从各种各样的文献和资料开始他的工作，而所有这些必定是与他同时存在于这个世界上的事物。

38. 历史知识不是经验知识,它不是感知或观察,它本质上是推论。历史学家对他的观念进行了论证;他认为,由于数据是这样的,而不是那样的,过去的事件一定是这样一种情况。因此,他的研究对象,即过去的事件,不仅是一个永恒的客体,而且是一个必然的客体,这个客体必须是其所是,并且在理解这种必然性时,它是被理性地加以认识的。

39. 将这些结果应用到我们对自然的认识:我们把自然看作是一个自我创造的过程,因此是对永恒客体的创造。这样一个永恒的客体,是在生命出现之前的物质世界,是纯粹的物质世界,是物理学家构想的世界。对于怀特海来说,这个世界是一个抽象的世界;我们此时此地所发现的实际存在的物质世界,是一个深受其与生命和心灵的关系深刻影响的物质世界,物理学家把这些关系抽象出来,以便设想一个纯粹的物理世界,即设想一个纯粹的理性存在者(ens rationis)。我的回复是:这不是一个理性存在者。这是自然进化的一个真实的过去阶段,物理学家在他的思想中重建了这个阶段,正如外科医生从阑尾的形状和颜色重建了阑尾炎在过去的发作一样。因此,怀特海物质概念中的主观主义的残余元素被克服了,而且,我们能够如何看待物质世界——就如我们不在那里观察它,它将会是什么样子——就变得更清楚了。

40. 然而,有一种永恒的客体,它不可能是宇宙过程的产物,也就是说,它是任何过程的基础或前提。我这样说,并不是指时空或者广延的连续体。在事件开始发生之前没有虚空的时间,在事物开始占据它之前也没有虚空的空间。我指的是某些基本概念,诸如存在、统一性、必然性等等,这些概念在逻辑上是由过程的观念本身所预先假定的;或者,用宇宙论的术语来说,所有过程本质上都是有限的,并且必须依赖于它自身以外的其他事物。

41. 我们可以用两种方式来构想这个"他者"。从逻辑上讲,它是我所提到的终极概念;从宇宙论上讲,它是构成任何事物存在的终极创造性力量,也就是说,它就是我们所说的上帝。

42. 我们通常对上帝的看法,归根结底是对某种(a)无限的和(b)有创造性的事物的概念。当我们说上帝是一种精神,上帝是爱,上帝是我们的天父,我们所表达的并不是我们对上帝的概念中的终极和基本元素,而是我所说的关于他的新发现,这些观念已经开始特征化和限定原初的观念。如果用与最初的和基本的概念相矛盾的方式来解释这些限定条件,那就是糟糕的神学:例如,当我们争辩说,因为上帝是一种精神,他是一个人,因此就是有限的,或者当我们争辩说,因为上帝是爱,他就不能创造一个充满邪恶的世界。

43. 上帝本身是无限的,他与世界的关系具有创造性。他自己并不是创造性的,只是无限的。他是纯粹的和绝对的存在,是无限制的和无差别的;如果我们问上帝是什么特殊种类的存在,答案是没有特殊种类的存在——不是精神上的,也不是肉体上的,甚至不是创造的或被创造的,而是根本没有任何种类;存在的海洋或深渊,与虚无的深渊难以区分。这个概念既是逻辑的出发点,又是神学的出发点,基于这两个原因,它必然是宇宙论的出发点。

44. 纯粹的存在并不是单纯的抽象、一个理性存在者,一种当我们把一切具体的东西都抽掉之后留在我们头脑里的空洞的形式;它是思想的一个真正对象,而且(正如黑格尔所指出的那样)绝不是难以思考的。它也不像某些现代逻辑学家认为的那样,是语言上诡辩的产物,一个谓词被切断的判断系词;它是一个必要的思想,任何关于逻辑的理论都无法解释清楚。

45. 这个纯粹的存在本身没有任何规定性;但是,它不仅是规定其他事物的基础,而且是属于它自身的规定性的来源。从逻辑学上讲,纯粹的存在不仅否定地,而且肯定地规定自身:它是一,它是自我同一的,它是必然的。这些规定都是由它产生的,因此也就限定了它;但无论如何,它本身在逻辑上先于一切,因为它是无限制的。因此,它经历了一个从纯粹的无规定性到规定性的过程。这个过程,是一个逻辑过程,本质上属于它,不是偶然强加给它的,也不是其他任何事物通过对它的操作而强加给它的。因此,严格地说,它不经历这个过程,它就是或规定它自己为这个过程。

46. 就神学或宇宙论而言,上帝本身就是纯粹的存在,但就他与自己的关系而言,他也是一个产生各种规定性的过程,在神学语言中是指实体(ὑποστάσεις)或人格(personae)。每一个实体都是它本身,而不是其他。因此,我们在思考它们时,用《亚他那修信经》①的话说,我们必须不使人感到迷惑;但它们不是独立的存在,它们是一个存在的规定,从自身中生长出来;因此,我们在思考它们时,不能把实体、实质(οὐσία)或本质,以及存在本身分开。

47. 存在的这些规定性在逻辑上是先于宇宙过程的永恒对象,并且在这个意义上独立于宇宙过程。宇宙的过程是一个空间和时间的过程,但是,存在的规定性有它自身的一个过程,它不是一个时空的过程,而是一个逻辑的过程。在神学中,这一过程被称为神的儿子由神的父亲所生:神父本身是纯粹的存在,用希腊神学家的话来说,是神的来源(πηγὴ θεότητος)或源泉之首,从中生出来的儿子,他本身是道(logos)或概念,是范畴的结构,诸如统一性、同一性、必然性;纯粹的存在和道之间的联接就是生命的元气(πνεῦμα)或气息,也就是过程本身。因此,我们就有了纯粹的存在、范畴和生成,这三者都是基督教神学所主张的作为先于世界被创造的预设。在逻辑学中,这意味着一个由范畴或永恒客体组成的世界,一切纯粹存在的规定性,以及一切被逻辑过程所渗透的规定性,在逻辑上先于任何事物的存在。

48. 接下来我们必须问,这个永恒客体的原初世界与不断变化的自然世界之间有什么关系?在与世界的关系中,上帝被认为是创造者;这也就是说,从逻辑学上讲,纯粹的存在,连同它的规定性和过程,不仅是现实存在的必要预设,而且是它的充分条件。自然的存在一定是纯粹存在的必然逻辑结果。

49. 神学家曾经说过,光是上帝的影子,这为回答我们的问题提供了线索。世界的过程始于广延的连续统或时空,这意味着一种完全由

---

① 据说此信经是4世纪时,亚他那修根据以前的信经及奥古斯丁的《论三位一体》写成的,最早在5世纪的拉丁教会中出现,而完整的形式则出现于9世纪。此信经是第一个阐述三位一体教义的信经,也是最好的一个。——译者注

外在性或广延性原则支配的事物状态,在这种状态下,你能说的关于任何一件事物(让我们将其称为亚历山大的"点-瞬间")的言论,都不是其他事物中的任何一个。这是一个完全由多元性、差异性和偶然性构成的世界。这些就是我们在上帝的属性或规定性中发现的统一性、同一性、必然性的逻辑对立物。每一个概念都有一个对立物,并且从它到它的对立物都有一个必然的逻辑过程;因此,当我们发现时空是纯粹存在的各种规定性的所有对立物的总和时,我们就可以看到,如果承认这些规定,时空就必然遵循这些规定。

50. 因此,时空是范畴的对立物,但它并不是纯粹存在的对立物,因为它确实存在。如果它是纯粹存在的对立物,它就是虚无,也不可能存在,因为它没有任何特征。因此,在宇宙论的术语中,时空并不是完全不同于上帝的东西;它是逻辑过程中一个必要的阶段,这个逻辑过程也即上帝的生命。上帝起初就内在于自然之中,自然的生命就是上帝在自然中的生命。

51. 因此,自然的整个过程,就是上帝对它的存在做出新规定的过程的一部分或一个阶段。自然界中的每一次创造性的进步都是上帝存在的一种增值或充实。这就是为什么大自然,虽然它完全由瞬间事件组成,却能够创造永恒的客体:自然的事件是永恒的,因为它们被纳入上帝的存在之中。

52. 自然进化的每一个阶段都是克服某种形式的外在性,从一种形式的外在性前进到相应的内在性的形式。正如我已经解释过的那样,心灵的完美发展将导致一种没有任何外在性尚未解决的存在形式,在这种存在形式中,不仅心灵与自然,甚至一个心灵与另一个心灵之间,不仅仅是有差异的,而且将这种差异融合为一个真正的统一体。因此,心灵的完美发展似乎是自然过程的真正顶点;不会导致任何进一步的发展,而是结束自然进化的进程。这样,自然世界就完成了它在上帝生命中的功能,它将停止存在。

53. 这就是为什么在试图定义上帝的时候,我们发现最好用心灵或精神来定义他。因为只要上帝生活在自然之中,并通过自然,他就会成为精神。但是,只有通过自然,上帝才成为心灵。在他自己身上,作为世界的创造者,他不是心灵,而是纯粹的存在。

54. 这又回到了不朽的问题。自然过程中的所有事件都具有一种永恒性,只要它们能够符合上帝的永恒存在;但是,心灵的不朽意味着更多的东西。心灵不仅是客体,而且是主体,它不仅是可知的,而且是一个认知者。因此,心灵的行动和经验,如果真的被带进了上帝的存在之中,不仅要被当作已经发生的事实,可以被称为客观的永恒性,而且要被当作正在进行的行动,也就是说,必须享有主观的永恒性。不仅行动,而且行动者都必须成为上帝存在的永恒增量。因此,所有的心灵都必须是不朽的;但是,只有当它们是真正的心灵时才能不朽,这也就是说,当它们克服了将它们与自然以及它们彼此间区分开来的外在性或纯粹的差异,它们才能不朽。虽然这只是一种象征,但在上帝的存在中,这种永恒性的精神生活可以通过人类社会的生活得到最好表现,在人类社会的生活中,人与人之间的差异通过体面的互动和友爱的交往而融合为一体。

55. 最后,我们所知道的自然,我们所称的**这个**世界,不需要并且不可能是这种进化的唯一领域。正如怀特海所指出的那样,我们这个世界的基本物理特征中具有一种任意性的要素。想象一个光速不同的世界,那个世界的结构和历史的每一个细节都与我们的世界不同。但是,有一件事我们可以肯定:它的演化过程将遵循同样的普遍规律,即每个阶段都涉及对外在性的克服。因此,它也会导致类似于我们所说的心灵的东西的创造;这是一种我们的心理学教科书所不能应用的心灵,但是,这种心灵能够通过认识真理、做正确的事、敬畏上帝和爱自己的同胞来理解我们所说的意思。可能存在无数个这样的世界。如果是这样的话,由于物理构造的差异,我们肯定看不见它们,所以,我们是否愿意想象它们在空间或时间上与我们相隔遥远,或者它们实际上与我们生活的世界相互渗透,这并不重要;因为,就像我们永远看不到它们一样,它们和我们之间也不可能有物理上的互动。它们是否存在,只有当我们在上帝的怀抱中,遇到它们所创造的心灵时,我们才能知道。

参考文献

柯林武德的出版著作

Religion and Philosophy (Oxford, 1916).

"Hadrian's Wall: A History of the Problem", *Journal of Roman Studies*, 11 (1921), 37-66.

Roman Britain (Oxford, 1923; rev. edn. 1932).

"Can the New Idealism Dispense with Mysticism?", *Proceedings of the Aristotelian Society*, Suppl. 3 (1923), 161-175; reprinted in *Faith and Reason: Essays in the Philosophy of Religion* by R. G. Coilingwood, ed. Lionel Rubinoff (Chicago, 1968), 270-282.

Speculum Mentis (Oxford, 1924).

"The Roman Frontier in Britain", *Antiquity*, 1 (1927), 15-30.

"Oswald Spengler and the Theory of Historical Cycles", *Antiquity*, 1 (1927), 311-325; reprinted in *Essays in the Philosophy of History*, ed. William Debbins (Austin, Tex., 1965), 57-75.

The Archaeology of Roman Britain (London, 1930; republished London, 1996).

The Philosophy of History, Historical Association Leaflet No. 79 (London, 1930); reprinted in *Essays in the Philosophy of History*, ed. William Debbins (Austin, Tex., 1965), 121-139.

An Essay on Philosophical Method (Oxford, 1933).

Roman Britain and the English Settlements, with J. N. L. Myres (Oxford, 1936).

"On the So-called Idea of Causation", *Proceedings of the Aristotelian Society*, 38 (19378), 85-112.

The Principles of Art (Oxford, 1938).

An Autobiography (Oxford, 1939).

An Essay on Metaphysics (Oxford, 1940; rev. edn. 1998).

The First Mate's Log of a Voyage to Greece in the Schooner Yacht "Fleur de Lys" (London, 1940; republished Bristol, 1994).

"Fascism and Nazism", *Philosophy*, 15 (1940), 16876; included in *Essays in Political Philosophy*, ed. David Boucher (Oxford, 1989), 187-196.

"Goodness, Rightness, Utility", Lectures, 1940, appended to *The New Leviathan*, rev. edn., ed. David Boucher (Oxford, 1992), 391-479.

The Three Laws of Politics, 1941, Hobhouse Memorial Lectures, 1941-1950 (London, 1952); included in *Essays in Political Philosophy*, ed. David Boucher (Oxford, 1989), 207-223.

The New Leviathan (Oxford, 1942; rev. edn. 1992).

The Idea of Nature (Oxford, 1945).

The Idea of History (Oxford, 1946; rev. edn. 1993).

The Roman Inscriptions of Britain, i: *Inscriptions on Stone*, with R. P. Wright (Oxford, 1965).

Essays in the Philosophy of History, ed. William Debbins (Austin, Tex., 1965).

Faith and Reason: Essays in the Philosophy of Religion by R. G. Collingwood, ed. Lionel Rubinoff (Chicago, 1968).

Essays in Political Philosophy, ed. David Boucher (Oxford, 1989).

柯林武德的未刊手稿

"Libellus de Generatione", 1920, Collingwood Manuscripts, Bodleian Library, dep. 28.

"History as the Understanding of the Present", 1933, Collingwood Manuscripts, Bodleian Library, dep. 15.

"Lectures on Moral Philosophy", 1933, Collingwood Manuscripts, Bodleian Library, dep. 8.

"Notes towards a Metaphysic", 19334, Collingwood Manuscripts, Bodleian Library, dep. 18.

"Conclusions to Lectures on Nature and Mind", 1934, 1935, Archives, Oxford University Press.

"Inaugural: Rough Notes", 1935, Collingwood Manuscripts, Bodleian Library, dep. 13.

"Reality as History", 1935, Collingwood Manuscripts, Bodleian Library, dep. 12.

"Can Historians be Impartial?", 1936, Collingwood Manuscripts, Bodleian Library, dep. 12.

"Notes on the History of Historiography and Philosophy of History", 1936, Collingwood Manuscripts, Bodleian Library, dep. 13.

"Folklore", 1936-1937, Collingwood Manuscripts, Bodleian Library, dep. 21.

"Notes on Historiography", 1939, Collingwood Manuscripts, Bodleian Library, dep. 13.

"The Principles of History", 1939, Archives, Oxford University Press.

二手著作

ALEXANDER, SAMUEL, "The Historicity of Things", in Raymond Klibansky and H. J. Paton (eds.), *Philosophy and History* (Oxford, 1936), 11-25.

BOUCHER, DAVID, *The Social and Political Thought of R. G. Collingwood* (Cambridge, 1989).

——"The Principles of History and the Cosmology Conclusion to The Idea of Nature", *Collingwood Studies*, 2, (Swansea, 1995), 140-174.

——"The Significance of R. G. Collingwood's Principles of History", *Journal of the History of Ideas*, 58 (1997), 309-330.

CONNELLY, JAMES, and MODOOD, TARIQ (eds.), *Philosophy, History and Civilization: Interdisciplinary Perspectives on R. G. Collingwood* (Cardiff, 1995).

BRINTON, CRANE, *A Decade of Revolution* (New York, 1934).

BURY, J. B., *Selected Essays*, ed. Harold Temperley (Cambridge, 1930).

参考文献

CEBIK, L. B., "Collingwood: Action, Re-enactment, and Evidence", *Philosophical Forum*, 2 (1970), 68-90.

DONAGAN, ALAN, *The Later Philosophy of R. G. Collingwood* (Oxford, 1962; republished Chicago, 1985).

DRAY, W. H., *History as Re-enactment: R. G. Collingwood's Idea of History* (Oxford, 1995).

——"Broadening the Subject-Matter in The Principles of History", *Collingwood Studies*, 4 (1997), 2-33.

DREISBACH, CHRISTOPHER, *R. G. Collingwood: A Bibliographic Checklist* (Bowling Green, Oh., 1993).

GOLDSTEIN, LEON, *The What and the Why of History* (Leiden, 1996).

KLIBANSKY, RAYMOND, and PATON, H. J. (eds.), *Philosophy and History: Essays Presented to Ernst Cassirer* (Oxford, 1936).

MARTIN, REX, *Historical Explanation: Re-enactment and Practical Inference* (Ithaca, NY, 1977).

——"Collingwood's Doctrine of Absolute Presuppositions and the Possibility of Historical Knowledge", in Leon Pompa and W. H. Dray (eds.), *Substance and Form in History* (Edinburgh, 1981).

——"Collingwood's Claim that Metaphysics is a Historical Discipline", *Monist*, 72 (1989), 489-525.

MINK, L. O., *Mind, History, and Dialectic: The Philosophy of R. G. Collingwood* (Bloomington, Ind., 1969; republished Middletown, Conn., 1987).

NIELSEN, MARGIT HURUP, "Re-enactment and Reconstruction in Collingwood's Philosophy of History", *History and Theory*, 20 (1981), 1-31.

OAKESHOTT, MICHAEL, *Experience and its Modes* (Cambridge, 1933).

PETERS, RIK, "Croce, Gentile and Collingwood on the Relation between History and Philosophy", in David Boucher, James Connelly, and Tariq Modood (eds.), *Philosophy, History and Civilization: Interdisciplinary Perspectives on R. G. Collingwood* (Cardiff, 1995), 152-167.

POMPA, LEON, and DRAY, W. H. (eds.), *Substance and Form in History* (Edinburgh, 1981).

RITTER, HARRY (ed.), *Dictionary of Concepts in History* (New York, 1986).

RUBINOFF, LIONEL, *Collingwood and the Reform of Metaphysics: A Study in the Philosophy of Mind* (Toronto, 1970).

SAARI, HEIKKI, *Re-enactment: A Study in R. G. Collingwood's Philosophy of History* (Åbo, 1984).

SIMISSEN, HERMAN, "On Understanding Disaster", *Philosophy of the Social Sciences*, 23 (1993), 352-367.

SKAGESTAD, PETER, *Making Sense of History: The Philosophies of Popper and Collingwood* (Oslo, 1975).

TAYLOR, D. S., *R. G. Collingwood: A Bibliography* (New York, 1988).

VAN DER DUSSEN, W. J., "Collingwood's Unpublished Manuscripts", *History and Theory*, 18 (1979), 287-315.

——*History as a Science: The Philosophy of R. G. Collingwood* (The Hague, 1981).

——"Collingwood's 'Lost' Manuscript of The Principles of History", *History and Theory*, 36 (1997), 32-62.

WEINGARTNER, R. H., "Historical Explanation", in Paul Edwards (ed.), *The Encyclopedia of Philosophy*, vol. iv (New York, 1962), 7-12.

索 引

（页码为原书页码，本书边码）

A

Abraham 236
absolute presuppositions lxiv, 239, 267
abstraction 123-124, 177-178, 204, 239, 263-266
 of eternal objects lxxxv-lxxxvi
 of historical object lxix, 128, 169
 of thought 135, 137, 138
accident lxxix, 247
acquaintance 143, 221
action xxxvii, xli, li, lxxiii-lxxiv, 49-50, 76, 111, 163
 as caused xlvii, 1
 compulsion of, 见 compulsion of action
 corporate 194
 as event xli, 55-56, 70, 76, 217
 as expression of thought, 见 thought as expressed in action
 inside/outside of 217
 senses of xviii, xliii, 44, 46-47
 as subject-matter of history xviii, xx, xxxiv-xxxvi, li, 45, 111, 245

 又见 cause of actions; events as actions; res gestae
Acton, Lord 37
aesthetic as science of language xxxi-xxxii, 52-54, 101
aesthetics xxxix, xlvi, 82, 84, 86, 108, 133
Africa 45, 206
agriculture, art of 94, 97
Alexander, Samuel xli-xlii, lxxii-lxxiii, lxxxi, 56-57, 76, 119, 122, 170, 171, 204, 206, 245, 247, 251-253, 268
Alyosha 162
American frontier lxxxiii
Anglesey 152
Anglo-Saxon Britain lxxxi
Annales Cambriae 216
annals 121, 183-184
anonymous individuals xl, 75
anthropology xxv, 43, 92, 180, 244
anthropomorphism 138-139
antiquarianism 65, 231

Antonine Wall xxx

Appetites xxxv-xxxvi, 45- 46, 93, 98-99, 225

a priori li, lii, 19, 152, 161-164, 166, 219

archaeology xiv, 154, 156

   methods of, 见 method, archaeological

   resemblance to history xxx-xxxi, xxxii, 15-16, 75-77

   又见 practice, archaeological; sites, archaeological; sources, archaeological

architecture 206

Ardderyd, battle of 216

argument, practical xxxv

Aristotelian logic 9-10, 247

Aristotle 8, 58, 59, 133, 159, 213-214, 221, 243

art:

   amusement and magical xxxix

   history of 211

artefacts xxxiv

Aryan descent 74

astronomy xliv, 4, 61, 138, 245, 249

Athanasian Creed 267

Athens 210

Augustan constitution lxxxvi

Augustus, emperor 168, 203

Aurelian, emperor 81

authority lxxi, 12-14, 21, 25, 114, 143-150, 153, 156-162

   of the historian 16, 31, 149

   limited lxxi, 155-157

   of memory 45

Autocrat of the Breakfast-Table 111

autonomy xiii, xxix, xlii, liv, lvii, 21, 30-31, 102, 226, 263

   of the historian 38, 54;

   relative to natural science 101, 106-107, 109-110

   of historical practice lii, 11, 41-43

   of historical self-development 263

   of life and mind 257, 261

auxiliary sciences lxxi

Aztec state 124

B

Bacon, Francis 8, 20, 24-25, 29, 103, 135, 147, 154

Batavia (Jakarta) lx, lxi

beginnings/endings lxxi, lxxix, 61, 140, 199, 202-203, 238, 239, 244, 252

Bergson, Henri 170, 185, 252

Bible 146, 237

biography xxi, xxxix-xli, xliv, liv, lxxxiv, 69-75, 144, 250

   emotion in, 见 emotion in biography

biology 61, 85, 163, 193, 197, 199, 208

Bloomsbury 72

body and mind, 见 mind and body

Bolshevism/Communism 210-211, 213

Bosanquet, Bernard 225

botany xlii, xlvi, 79

Boucher, David xviii, xxi, xxvii, xxviii, xxxv, lv, lix, lxii, lxiv, lxv, lxvii, lxxx, 123

Boudicca, queen 152

Boulogne 151

Bradley, F. H. 159-161

Brendan, abbot 216

Brinton, Crane xxxviii

Britain, invasion of 147

British dominions 160

Bronze Age 52

Browne, Sir Thomas 121

brute:

　fact lxxii, 96, 163, 172

　force xlix, 95

　-mind 225

Buckle, H. T. 73, 246

Bury, J. B. lvii, 3, 246, 247, 248

C

Caesar, Julius 119, 143-144, 147-148, 151, 203, 217, 234

Cambridge University 37, 209-210

Cana of Galilee 160

Cape St Vincent lxi

caprice 18, 21

Cartesianism 242

Cassirer, Ernst 251

categories 122, 128, 241, 267

cause lxx, 220, 222, 247

of actions xxxvii, xlvii-l, lxxiii, 78, 93, 95, 191

　as conditional xxxvii, xlviii, 119, 120, 191-192

direct/indirect xlvii, 92-95

historical facts as xlv-xlvi, 80-81, 91-95, 108, 119, 229, 237

natural xlv, xlviii, l, lxxiii, 60, 79-80, 85, 91-98, 105, 109, 220, 235

nomological 1, 178

as requiring active response lxx, 120

senses of 1, 133, 138-139, 262

又见 freedom and causality

Cebik, L. B. lxvi

Celtic Church 216

certainty xxix, xxxii, xxxiii, lii, 114, 167

change xviii, xx, xli, xlii, lxix, lxxxi, 121, 124, 127, 130, 204-205, 244, 252-253

character lxxiii-lxxv, lxxxi, 161-162, 190-192, 204

chemistry 3, 195-196, 225, 248

Chinese 243

　art, history of 251

Christian:

　ethics 83, 243

　philosophy, 见 philosophers, Christian and Mohammedan

　theology, 见 theology

Christianity 236

chronology xlii, 6, 19, 61-62, 76, 77,

121, 182-183
Cicero   143-144
civilization   75, 80, 92-94, 210
historical/scientific   xix, lxxxvii, 246
classification   xlii, 61, 77, 79, 86, 174, 180
Claudius, emperor   148
Cleopatra   163
Collingwood, Ethel   xxvii, liii, 3
Collingwood, Kate   xvii
Collingwood, R. G.:
  as archaeologist   xiv, xxix-xxx
  career   xlv, xiii, lxii, lv, lxxi
  development   xiv, xv-xix, xxi-xxvii, liv-lv, lix, lxii-lxvii, lxix, lxxiv-lxxvi, lxxx-lxxxii
  health   xxiii, liii-liv, lviii, lx-lxii
  as historian   xiv, lxxvii
  political ideas   lx
  status and reception   xiii, xvi-xvii, xxi, xxii, xxvii, lv, lxxxvii
  view of PH   xvi-xvii, xxi-xxii, lviii
  as writer   xxiii-xxiv, xxvi-xxvii, liv, lv, lxviii
common sense   42, 201
  view of history, 见 theory of history, common-sense
comparative method, 见 method, comparative
completeness   138, 141, 188-189, 241-242, 245

compulsion:
  of action   lxxiv, 46, 98, 99-100, 193
  of thought   xxix-xxx, 9-10, 16-18, 40, 43, 64
  又见 proof, compulsive
Comte, Auguste   19
Comtism   21, 180
concreteness   lxix, lxxxv-lxxxvi, 128, 135, 137, 169, 180-181, 264
Connelly, James   123
Conrad, Joseph   161, 163
consciousness   29, 130-133, 135, 236
consequences   lxxvi, 227, 248, 267
constructionism   lxvi, lxxxvi
consulting philosophers, 见 philosophers, consulting
contemporary history   242
contingency   lxxix, 142, 247, 268
continuity   lxxxi, lxxii, lxxiii, lxxxii, 126, 184, 201, 204, 252, 254
Copernican Revolution in history   xliv, 160
cosmogony   61
cosmology   xli, lxix, lxii, lxxxi, lxxxiii, lxxxiv, lxxxvi, lxxxvii, 119, 204, 268
Crawford, O. G. S.   lx
criteriology   xlvi-xlvii, lxviii, lxxix, 50, 84-88, 108
Croce, Benedetto   lxix, 121, 123, 124, 127-129, 231, 233
Crusoe, Robinson   140

索 引

crypto-history xix, lxxviii, 243-244, 246
Cymbeline 153

D

Danes 46
Darwin, Charles 58, 171, 199
Darwinian science 124, 176, 196
Debbins, William xiii, xxiv
Delphic test 174
dementalization xix, 175
Descartes, René 29, 103, 165-168, 198, 253
detective analogy xx, xxx, 21-28, 37-38, 103, 153-154
development 138, 178, 198, 230
 in history 97, 121, 123, 127-129, 197, 229, 236
 of mind lxxxiii, 124, 176, 262
 in nature xlii, lxxiv, 93, 124
 of thought 177, 207, 219, 251, 263-264
 in the world process lxxxiii, 254
dialectic 103-107, 109-110, 122, 124
Die (France) lxiii
Dilthey, Wilhelm 252
Dio 147-148
Diocletian, emperor lxvi, 50
documents xxix, xxxi, xxxiv, li, 112, 136, 154, 164-165
 as evidence, 见 evidence, documents as
 interpretation of xxxi, xxxiv, 14, 51, 126
Donagan, Alan xvi, xli

Dostoevsky, Feodor 161
Dray, W. H. xxxv, xxxviii
Dreisbach, Christopher xiv, xvi, xvii, 140
dualism 263
Dutch East Indies xvi, xxii, lx-lxii, 3, 84, 235, 238
duty xxv, 41, 50, 86

E

Eastlanders and Westlanders 63-66
economics xlvi, 82, 84, 108, 243-244
Edict of Nantes lxvi, 50
Edward I 74
Egyptians 45
Einstein, Albert 58, 130
Elegy Written in a Country Churchyard 68
Eliot, T. S. 218
Elizabeth I xl
emotion xxv, xl, 93, 129, 155, 241
 in biography xxxix, 70-71
 essential xxxvii-xxxviii, liv, lxv, 67-68, 77
emotion (*cont.*):
 relation to thought xxi, xxxvi-xxxviii, lxvii-lxviii, lxx, 67-68, 77, 129-130
 as subject-matter of history xxi, lxv, lxx
 又见 the past, emotional idea of; reason and emotion

empiricism 122, 159

England, history of lxxxi, 251-252, 263

English constitution 263-264

Enlightenment 234

eppur si muove 39, 42, 169, 218

eschatology 61

eternal objects lxix, lxxvii, lxxxiii, lxxxv-lxxxvi, 134-135, 220-222, 262-265, 267-268

   abstraction of, 见 abstraction of eternal objects

Ethelred the Unready 46

ethics xlvi, lxxix, 82, 84, 86, 88, 108, 174, 190, 243

Euclid 18-19

eugenics 74

eunuch-history lxxv, 211-212

Europe 149, 196

European:

   civilization 80

   languages 247

events 56-57, 67, 135, 185, 227, 229, 247

   as actions 55, 76-77

   mere xli, 62

   natural 58, 61, 79, 246

   as subject-matter of history 4, 108, 112, 154, 162-163, 171, 244

   as temporally located xli, 6, 55, 121, 216, 264

   又见 latitude and longitude of events;

   science of events

evidence xxii, xxv, xxvii-xxx, xxxii, lxxxv, 7-8, 48-54, 146-147, 149, 152, 160, 164-165, 210, 229, 241

   documents as xxxi, xxxiv, 8, 54, 112-113, 164-165

   in history and law courts, 见 law courts and history

   interpreting xxxii-xxxiii, lxvi, lxx, 140, 153, 164-166, 229

   in natural history xlii, xlv

   numismatic, 见 numismatic evidee

   potential/actual 36-38

   presently observable 38-40, 52-53, 67, 136

   readable as language xlii, 48-54, 66-67, 76, 111

   relation to questioning xxix, 36-40, 240

   v. testimony xiv, xxviii-xxxiv, 11, 34-35, 75, 146-147, 245

   又见 sources as evidence; statements as evidence

evolution xlv, lxxxii-lxxxiii, 119, 129, 193, 247, 256-260, 269

explanation lxxxiii-lxxxiv

   limits of lxx, lxxii, 124, 141, 174, 178-181, 189

   nomological xliii, xlvi, xlvii, lxxii, lxxiii, 79-80, 91-94, 181, 185-186

   non-nomological xliii, xlix, lxxi,

索 引

lxxiii-lxxxv, 96-98, 178, 184-185, 191, 204
  only possible, of human's present senses of lxxv 182-183
  又见 history as non-explanatory; history as self-explanatory; scientific explanation
extrapolation xxviii, 10, 20

F

fact lxxvi, 30, 80, 129, 135, 136, 150, 151, 162-164, 193, 229, 246, 269
  brute, 见 brute fact
  given/inferred 149, 153-154, 158, 162
  hard xlviii, 95-96, 100
  historical xlvi, lxxiv, lxxvi, 32, 36, 78, 81, 120, 131, 141, 195, 214, 235
  mere 140
  natural xlv-xlvi, 20, 181, 235-236
  observed 5, 159
  as value-constituted xlvii, lxxv, 217
  又见 cause, historical facts as
Fascism 85, 129
Faust 175
feeling xxxv, xxxviii, lxvii, 70, 82, 129
  又见 thought and feelings
feudal system 119
Fueter, Eduard 234
fiction 152-153, 159, 236, 250
finality 156, 158, 166, 189

Flavian pottery lxx, 140
flux of events 171-178, 183, 189
Foden, Peter xviii
forgery xxxi, 51-52, 149
form and matter 127
Forster E, M. 161
four-level analysis in history xxxi-xxxiv, 51-52
France lxiii, 183, 185
freedom lxix, 1, 9, 19, 46, 105, 122, 124, 141, 190, 198, 230
  and causality xlix-l, 98-99, 101, 109, 127
  of speech and press 41
  of will 102, 142, 191, 231
Frege, Gottlob xlviii
French Revolution 119, 134, 180-181, 229
Freud, Sigmund 177, 238

G

Galileo 123
Gallop, David 198
Gaulish potters 149
Geisteswissenschaften 179-180, 182, 252
Gentile, Giovanni lxix, 122, 123, 127-129
geography xlvi, 79
geology xlii, xliv, 61-62, 66, 76-77, 125, 245
German philosophy, 见 philosophers, German

Germany 15, 43, 85, 141, 147, 167, 210, 237, 247
Gibbon, Edward 211, 239
Gibson, J. P. xxx
Gildas lxxv, 216
Gladstone, W. E. 69
God lxxxiii, 11, 36, 44, 59-60, 83, 211, 215, 234, 266-270
 又见 nature, God as immanent in; nature as the work of God
Goldstein, L. J. lxxxvi
Goya y Lucientes, F. de 68
Gracchi 203
La Graufesenque Samian pottery 140
Gray, Thomas 68
Great Britain 183
Great Fear xxxviii
Great Seal lxxxvi, 264
Greco-Roman world 13, 105
Greece 173
Greek:
 ethics 243
 history 16, 165
 islands, voyage to lxi-lxii
 language 3, 165
 logicians 9
 mathematics 9
 philosophy, 见 philosophy, Greek
 theology, 见 theology, Greek
 thought, 见 thought, Greek
Greeks xvi, 61, 139, 171-173, 198, 243
Grey, Sir Edward 69
Grote, George 16, 145, 210-211, 239
Grote, John 234
Gulliver, Lemuel and Philip 89
Gulliver's Travels xlvi, 108

H

habit 64, 191-193
Hadrian, emperor xxx
Hadrian's Wall xxx
Harold, king 224
Hastings, battle of lxxvii
Haverfield, F. 152
Hegel, G. W. F. lvi-lvii, 19, 58-60, 76, 103-107, 109-110, 121, 123-124, 127-129, 199, 206, 220, 234, 266
Hellenistic:
 city 160
 monarchy 217
Helvetii 119
Henderson, L. J. 260
Henley, W. E. 99
Henry I xxxi, xxxiv, lxvi-lxvii, 51
Henry VII 154
Henry VIII 263
Heraclitus 58
Herakles 230
heraldry 74-75
Herder, J. G. 237
Herodotus 16, 25, 45, 245

索引

Highbury xxxiv, 63-67

historicism 247

historicity xli, lxxix, lxxxi, lxxxv, 58, 207, 226-228, 252-254

    as limited in nature lxxii, lxxiv, lxxxii, 76, 171, 202, 206, 245

history xviii, xix, li-lii, lix, lxiv, lxxii, lxxxiv, 19-20, 35, 79, 112, 137-138, 164, 207, 246

    a parte subjecti and a parte objecti xxx, l, lvi, 39, 43-44, 141

    constructive lxxi, 150-153

    critical lxxi, 14-15, 17, 45, 146-148, 157, 160-161

    economic 81, 106-107, 136, 149-150

    incapsulation in lxxviii

    intellectual lxiv

history (*cont.*):

    likeness to natural science xxix, xli

    as non-explanatory 78, 182

    in pupilage to natural science 78, 80, 98, 106-108, 110, 215

    scientific xxiii, xxviii-xxix, xlix-l, liii, lxxi, lxxix, 3-6, 12-13, 18-21, 25-26, 30-32, 34-38, 45, 48-49, 66-67, 78, 80-81, 102-103, 108-110, 245, 248

    as self-explanatory 163-164

    as self-knowledge of mind, 见 self-knowledge, history as

    senses of xviii, xx, xliii, xliv, lxix, lxxiv, lxxxii, 126-127, 171, 178, 190, 245

    unlikeness to natural science xiv, xix, xlii, 4, 20, 56-57, 80, 138, 162, 238, 245

又见 archaeology, resemblance to history; crypto-history; development in history; emotion as subject-matter of history; fact, historical; human nature and history; ideality of history; indeterminism of history; individuality of history; knowledge, historical; literature, historical; literature and history; logic and history; logic as history; memory and history; method, historical; methodology of history; moral judgements in history; morality, history and; morality, historical; natural history and human history; natural science and history; naturalism, historical; nature and history; object, historical; objectivity, historical; the past, historical; patterns in history; philosophy and history; philosophy as history; philosophy of history; pigeonholing in history; point of view in history; practical life and history; practice, historical; principles, historical; probability in history; problems, historical; process, historical; pseudo-history; question and answer in history; questions, historical; reality, historical; re-enactment, history as; relics, historical; res gestae, history of; research, historical; responsibility of historian; re-thinking, history as; rewriting of history; scepticism, historical; scholarship, historical; scissors and paste, history as; second-order history; selection, historical; sequence, historical; situations, historical; sources, historical; spirit, historical; subject-matter of history; theory of history; thought, historical; thought, history being the history of; thought in history; time, historical; truth, historical; understanding, historical; value judgement in history

Hitler, Adoph 73

Hobbes, Thomas 57, 238

holism lxxxiv

Holmes, Oliver Wendell 111

Holmes, Sherlock 37

134, 168-169, 178, 180-182, 221
  in literature 161-162
  of moral judgement xxv
Industrial Revolution lxxxiii
inference lii, 7-8, 11, 18, 32, 53, 147, 169
  abductive xxxiii
  asserted 6, 32, 265
  constructive 150, 165
  deductive xxix, xxxiii, lxxii, 9-10, 114
  denied xxxii, lxx, 140-141
  inductive xxix, xxxiii, lxxii, 9-10, 16, 79, 81-82, 187, 242
instincts 47, 82, 176-177, 195-196, 220, 225
  natural lxxiv, 194
institutions 46, 64, 194-195, 209
intention lxvii-lxviii, 67, 96, 147-148, 247
interpolation xxxiii, 151-153, 158, 162
intolerance 413, 80, 88, 179
intuition 185
Iron Age 233
Italian idealists 170
Italy 85, 167

J

James II lxxxvi, 264
James, Henry 214
Japan 183
Java lviii, lxiii, 97

Javanese agriculture 97
Jevons, W. S. 242
Jewish:
  people 236-237
  thought, 见 thought, Jewish
John, king 141
Joseph, H. W. B. 124
Jullian, C. 234
Junius letters 50
Jupiter Capitolinus 239

K

Kant, Immanuel 19, 60, 119, 122, 152, 166-168, 203, 205, 207, 219, 241
Keynes, J. M. 243
Klibansky, Raymond xxi, xli, 171, 251
knowledge 7, 131, 139, 159, 168-169, 174-175, 177, 188-189, 207, 216, 220, 239, 246, 248
  by causes 78
  historical 7-8, 12, 50-51, 65-67, 139, 145, 147, 152, 156-158, 165, 170-171, 177, 188, 210, 216, 220-221, 234, 239, 265
  advancement of 164, 167, 218
  object of 172, 221
  problem of 178
  of situations, 见 situations, historical
  theory of 174
  又见 self-knowledge, history as

史学原理

Knox, Sir Malcolm   xiii, xv-xviii, xxii, xxiii, xxv-xxviii, liii-lx, lxiii, lxiv, lxxviii, lxxx, lxxxiii, 37, 103, 219, 223, 251
Kulturvölker   125

L

language   102
 as expression of thought, 见 thought as expressed in language
 and history   xxxi-xxxiv, xlii, liv, 51, 54, 67, 76, 111
 science of   52
 theory of   101
  understanding of, 见 understanding of language
 又见 aesthetic as science of language; evidence readable as language; logic and language
Latin   3, 52-53, 74, 174
latitude and longitude of events   216-217
law courts and history   lxxviii, 23-24, 231-232
law of wages   244
laws   177-180, 182-183
 of nature   61, 83, 97, 173, 187
 statistical, 见 statistical laws
 subsumption under general   182-183, 185-186
League of Nations   203
Lee, Sir Sidney   73, 250

Leibniz, G. W.   lxxxv, 123, 132, 205
Liberal party   239
liberalism   210
libertarianism   lxxiii, 190, 204, 230
life   199-200, 208, 254, 256-258, 260-261, 265
life (*cont.*):
 development to mind   lxxxii, 254
 evolution of   257
 origin of   258
 the past of   131
 relation to environment   260
 又见 primitive life
literature:
 historical   72-73
 and history   lxxii, 52
Livy   25, 146, 238
Locke, John   132, 196, 225, 240
logic   xlvi, 9-10, 29, 82, 84, 86-88, 101-102, 104-105, 108, 122, 219, 232, 242-243, 266-267
 and history   xxxiii, lvii, 37, 105-107, 110
 as history   lxxix, lxxx, 242-243
 and language   102
 of question and answer, 见 question and answer, logic of
 of questioning   29
 又见 pseudo-logic; science of human thought
logical:

entities 122

necessity,见 necessity, logical

order,见 order, logical

process,见 process, logical

sequence,见 sequence, logical

London 152

loom-weights 66-67

Louis XIV lxvi, 50

M

Macaulay, T. B. 211

McMorris, Jenny xviii

magic 21, 61

又见 art, amusement and magical; value, magical

Magna Carta 227

malice xxxix, 70-71, 77

man 197-199, 221, 225

philosophy of 人,见 philosophy of man

science of,见 science of man

Marathon, battle of 241

Marlborough, Duke of 168, 211

Martin, Rex xxxv, xxxvii, lxiv, lxxx, lxxxi

Marx, Karl lvi-lvii, 19, 60, 103-107, 109-110

Marxism 21

Marxist historians 214

Marxists 243

materialism, dialectical 105-107, 110

又见 dialectic

mathematics xxix, xxxii, 5, 9, 18-19, 134, 174, 180, 219

history of 223

又见 thought, scientific, in relation to mathematical thought

matter 163, 178, 197, 200-206, 208, 221, 253-254, 256-257

development to life lxxxii, lxxxiii, 254, 256

evolution of 256

the past of,见 the past of matter

又见 form and matter

measuring 89, 108

medicine 61

medieval:

historians 13

science 43, 87

Medway, battle on the 148

Megarian Decrees 229

memory 130-132, 135, 255

authority of,见 authority of memory

and history 7-8, 12, 45, 136, 143-144, 149, 162, 222

Mendelian factors 197

Mephistopheles 176

metaphysics lxxvii, 134, 170, 177, 197, 204, 213, 253

evolutionary lxxxii

as a historical science lxxx, 238

meteorology xlvi, 3-4, 79, 248-249

method:

archaeological xxxiv, 32, 62-67, 76-77, 149

comparative lxxix, 238

geological 62-63, 76

historical xxx, 16-19, 24, 37, 43-44, 48, 52, 55, 60-61, 75, 76, 102-103, 111, 123, 153, 157, 168

improvement of 164, 241

naturalistic, 见 naturalistic methods

philosophical 114, 242

scientific 41-42, 81, 83, 174-175, 242-243

stratigraphical 62, 76

methodological individualism xli, lxxvii, lxxxiv

methodology of history:

a priori lii

empirical xxxi, xxxii

four-level analysis, 见 four-level analysis in history

Meyer, Eduard lxxvi, 226, 234

Middle Ages 4-5, 9, 13, 167, 213

Mill, John Stuart 119, 242

mind xxxv, lxxxiii, 104, 132, 165-166, 170, 179, 182, 205, 220, 225, 254-255, 258, 260-262, 268-269

as being in time 129

and body 225, 262

corporate lxxxv

as developing, 见 development of mind

evolution of 258, 261

historicity of 202

immortality of 269

naturalistic science of xlvi, xlvii, lxxii, 175

and nature, 见 nature and mind

objective and subjective 220

philosophy of, 见 philosophy of mind

relation to environment 260

relation to nature 104, 109, 268

science of, 见 science of mind

unconscious 220

又见 brute-mind; process, mental

Mink, L. O. xvi, xxi, xxxviii

Miocene period 196

miracles 146, 160

Mithridates 241

mode of experience in Oakeshott 142

Modood, Tariq 123

Molière, J.-B. P. 186

Mommsen, Theodor 211, 239

Monypenny, W. F. 73

monographs 35

Montesquieu, Ch. L. 235

moral:

advice 155

agent 155

ideals 218

judgements in history lxxv, 214-215

philosophy xvii, xxiv, xxxvi

morality:

historical xix, 246

索 引

history and xix, xxv
scientific 246
morals 219
origins of 238
Morgan, C. Lloyd 119
Morley, John 73
Murray, John 239
music xlvi, 89-90, 132-133, 163, 184-185, 206
science of 89, 91, 108
Mussolini, Benito 73
Myres, J. N. L. xiv
myth 174, 236, 238

N

Napoleon I 216
narrative, historical xlii, lxxii, 150, 161, 163, 182, 239, 240
natural:
conditions xlvii, 91
craving 194
environment xlviii, 92, 163
and history 79-80
as stage of history 163, 248
events, 见 events, natural
facts, 见 fact, natural
influence on history 92-95, 109
instincts, 见 instincts, natural
laws, 见 laws of nature
natural history xlii, xliii, xliv, xlv, lxvii, lxix, lxxiv, lxxxii, lxxxvi, 58-62, 78, 204
evidence in, 见 evidence in natural history and human history xx, xxv, xlii-lii, xlv, lxx, lxxiv, lxxv, lxxxi, lxxxii, 123, 125-126
natural science 139, 167, 174, 206-207, 215, 248
and history xiv, xix, xxix, xli, xlii, xlv, l, lxix, lxxii, lxxiii, lxxxi, 56-57, 60-61, 76, 78-81, 92-93, 98, 101-102, 106-108, 110, 123, 136-138, 147, 167, 215, 235, 238-239, 245-247
又见 history, likeness to natural science; history in pupilage to natural science; history, unlikeness to natural science
history of lxxxvii, 80, 206-207
presuppositions in 239
naturalism, historical xxi, xxv, xliv, xlv-l, liv, lvi, lxvii, lxxviii, 78-82, 92, 94, 98, 105, 107-110, 235-236
naturalistic:
methods 83, 88, 92
science 225
science of human reason and thought 84, 86
science of mind, 见 mind, naturalistic science of
nature 139, 159, 175, 182, 193-194, 198-200, 205, 207-208, 215, 252-

253, 254
nature (cont.):
  animal 46-47, 70
  as changing 124, 127, 130
  development in, 见 development in nature
  evolution of 265, 269
  forms of 173
  God as immanent in 268-269
  as having no history 59-60, 76, 160, 179, 181, 199
  and history 94, 104, 110, 124, 171, 204, 206-207, 225, 235, 248
  human, 见 human nature
  in itself 95-98, 109, 139, 247-248
  laws of, 见 laws of nature
  manipulation of 248
  and mind 92, 206, 220
  past of, 见 the past of nature
  philosophy of, 见 philosophy of nature
  as process xli, xlii, lxxiv, lxxxi, lxxx, 61, 204-205, 225, 262-263, 268
  sciences of, 见 science of nature
  and spirit 123, 125
  thought about 96-98, 109
  and time, 见 time in nature
  as the work of God 83, 215
  又见 historicity, as limited in nature
Naturvölker 124-125
Naturwissenschaften 179, 252

navigation, art of 94, 97
Nazi mentality 141
Neanderthal man 196
necessary connections 186-187
necessity xl, 182, 198
  causal 119-121
  of development 161, 163
  historical lxx, lxxii
  logical 106
  rational xliii
  and succession 182-184
Nelson, Horatio 228
New Testament 160
Newton, Isaac 123, 130
Nicias 96
Nielsen, Margit Hurup lxiii, lxvi
nisus lxxxiii-lxxxiv, lxxxv, 257-258, 260
Norman Conquest lxxxv, 137, 210, 221-223, 263
North Riding 74
novel 184
novelist 157, 161
  historical 152, 159
  picture of the, 见 picture of the novelist
numismatic evidence 81

O

Oakeshott, Michael li, 140, 142
object:
  historical lxix, lxxxvi, 39-40, 43,

索 引

48, 50, 55, 102, 124, 134-135, 179, 182, 189, 264-265

 abstraction of, 见 abstraction of historical object

of knowledge, 见 knowledge, object of scientific 182

objectivity 134-135

 of the historian's past li, 136-138

 historical lxx, 222

Oedipus 173-174

order:

 logical 120-122, 130

 temporal 121-122, 130

organism 201, 205, 256-260

 relation to environment 258-260

originality, historical 144, 149-150

origins in history xlii, lxxix, 140, 202-203, 238

overcoming of externality 256-259, 261-262, 268-269

Oxford English Dictionary 67, 114

Oxford University xiv, lxxi, 209-210

Oxford University Press xvi, xvii-xviii, xxvii, xli, liii, liv, lviii, lxi-lxii, 170

P

Pacific, islands of the 79

painter 163

palaeographer 154

palaeontology xliv, 125, 199, 203

partiality lxxv, 209

又见 prejudice

Pascal, Blaise 163, 234

past, the li, lxvii, lxix-lxx, 111-113, 192-193, 222, 234

 a priori idea of li

 as abstraction from the present in Gentile 128

 corporate 218

 as dead 192, 245

 as determining possibilities, 见 possibilities, the past as determining the present 192-193, 204

 emotional idea of li, 112

 historical liv, lxxxi, 136-137, 166, 168, 222

 as objective, 见 objectivity of the historian's past

 ideality of li, 136, 222

 as an innate idea 165-166

 of life, 见 life, the past of

 as living in the present xix, lxvii, lxxiv, lxxv, lxxix, 130, 132, 193, 205-206, 222

 of matter 202-203

 of nature lxvi, lxvii, lxxiv-lxxv, 130, 205

 as object of historical inquiry xx, 55

 picture of, 见 picture of the past

 relation with the present xiv, lxx, lxxi, 111-112, 126, 128, 130, 132, 135, 138, 140-142, 191-192, 195,

200, 204-205, 220, 222-224, 240, 244-245, 255
pathfinding, art of 94, 97
patient, agent as 120
Paton, H. J. xxi, xli, 171, 251
patterns 131, 133, 257
 in history lxxvii, 19-20, 105-106, 214
Paul, St 237
pedigree 74, 197, 237
Peirce, Charles xxxiii
Peloponnesian War 16, 168, 210, 229
Peninsular War, history of the 69
petisiero pensante and pensiero pensato,
 Gentile on 122, 129
perception 172-174
 and history xxix, xxxvii-xxxviii, 52-53, 76, 111, 132, 135, 151, 162, 164-166, 168, 189, 265
 又见 evidence, presently observable
Pericles 49
periods, historical xlv, 37
perspective:
 in history xxii, lxx
 of past time 128-129
Peters, Rik lxxxv, 122, 124
Petrie, Flinders 19
Peyrol 161-162
philology 52, 231
 comparative 180
philosophers:
 Christian and Mohammedan 213

consulting lii, lxxx, 41-43
eighteenth-century 219
German 179, 252
and historians 56-57, 158
as inquisitors 41-43, 76
philosophy xxxix, xl, lxv, lxxviii, 173
Greek lxxxiv, 172-174, 177-179, 201
and history xix-xx, lii, lviii-lix, 114, 158, 167-169, 241, 246
as history lviii, lxxviii-lxxix, lxxxiii, 238
history of 106-107, 110, 167, 189, 211, 218, 220, 224
of history xvii, xxiv, xxxviii, lxiv, lxxii, lxxx, 128
in narrow sense xv
of man 198
of mind xiii, xxxviii
moral, 见 moral philosophy
of nature 198, 253
problems of 166-167
and science, 见 science and philosophy
subject-matter of, 见 subject-matter of philosophy the universal in, 见 the universal in philosophy
 又见 method, philosophical; pseudo-philosophy; science, philosophical; understanding, philosophical
Phoenicians 160
physician 147
 consulting 39

索 引

physics　42, 56, 58, 60-61, 176, 200-201, 204, 208, 219, 253, 265
picture:
　historical　xxiii, lxxii, 156, 162-165
　of the novelist　161-163
　of the past　lxxii, 166
pigeon-holing in history　20-21, 216
Pithecanthropus Erectus　196
Plato　29, 58-59, 198, 203, 214
Platonic forms　104
poem　184
poet　163
poetry　218
point of view in history　165, 213
Poirot, Hercule　37
political history　106, 212, 218
　又见 thought, history of political, and political history
politics　138, 211, 219, 243
Polybius　245
Pompa, Leon　lxiv
Pompey　203
positivism　xliii, 246
　and history　229, 238, 246-247
possiblities, the past as determining　lxxi, 142
possibility　lxxv, 146, 203, 233
practical:
　argument, 见 argument, practical
　attitude　232-233
　judgement　51

life　12, 24
　and history　xix, lix, lxxv, 137-138, 211, 239-240, 245
reason, 见 reason, practical
practice:
　archaeological　xxx
　historical　xiv, xxi, lii, 43, 76, 227
　and theory　xix, lviii, lix, 209, 233, 246
　又见 autonomy of historical practice
predictability　xl, 136
prehistory　65-66, 203
prejudice　lxxv-lxxvi, 13, 154, 207, 209-214
present, the　126, 128
　as determined by the past, 见 the past as determining the present
　relation with the past, 见 the past, relation with the present
　specious　li, 205
presentism　lxxi
The Presuppositions of Critical History　159
Price, H. H.　lxxx, lxxxi
primitive life　244
principles:
　a priori　xxxiii
　general　103, 243
　historical　45, 56, 165, 226
probability in history　li-liii, lv, lxxviii, 18, 26, 114-115, 232-234
problems　138, 188

historical 5, 11, 14-15, 17, 30, 37, 65, 153, 158, 164, 214, 230-231, 238, 246

philosophy, 见 philosophy, problems of

process xviii, xx, xli, 171, 176, 189, 204-206, 245-246, 253-255, 263-269

  cosmic 265, 267

  creative 205, 252, 264-265

  historical xiv, 121, 127, 165, 189, 193, 195, 197, 198, 201, 205-206, 225, 228, 251-252, 263

  logical 267-268

  mental 253

  natural, 见 nature as process

  natural vs. historical xlii, lxxii, lxxxi-lxxxii, lxxxvi, 200-206, 208, 225, 252-254

  from outwardness to inwardness lxxxii-lxxxiii, 255-257

  reality as, 见 reality as process

  teleological 219

  temporal 121

progress 205

proof 5, 7, 18, 24, 83, 114, 165

  compulsive 10, 16-18, 43, 64

  permissive 10, 16-18, 44, 64

propaganda 11, 16, 92

Protestant countries 41

Prussia 239

pseudo-:

  historical sciences 180

history xviii, xx, xliii, xliv, li, lxvii, lxxv, lxxviii, 17, 237, 244-247

  logic 122

  philosophy 169, 250

  science 17, 179

  of mind 87

  of nature 87

  time 122

psyche xxxv, 84, 124

psychology xix, xxxviii, xxxix, xlvi-xlvii, lxxiii, 82, 84, 86-88, 108, 131, 174-176, 195-197, 201, 220, 225, 236

Preudian 177

pure:

  being 267-269

  concept, the, Croce's doctrine of 121

  forms 221

Pythagoras 18, 223

Q

Quebec 68

question and answer 24, 29, 48, 147

  logic of 64

  in history xxix, 11-12, 37, 52, 65, 155, 210, 212, 229, 240-241

questions 29, 38, 213, 216

  historical xiv, xxix, xxxiii, 25-26, 29, 31, 33-34, 50, 65, 137, 155-156, 164, 210, 232; and evidence, 见 evidence, relation to questioning 又见 logic of questioning; witness, cross-examining of

R

race　92, 193, 197, 237
　theory　43, 237
Racine, Jean　250
Ranke, Leopold von　234
rational activity　108
　as free from the domination of nature
　　101-102
rationality　46-47
　of animals　71
　human　xxxv, lxxvii, 76, 94, 99, 175, 219
　of human nature　220
　又见 necessity, rational
ready-made：
　history as　20
　statements, 见 statements, ready-made
realism　xvi, 207
reality　177-178
　being historical　170, 171, 177
　historical　128, 135, 195, 199
　of nature　199
　as process　171, 190, 252-253
　sub specie praeteritorum　135, 142
reason：
　as being criteriological, 见 criteriology
　and emotion　129-130
　and experience, 见 thought and experience
　in history　lxxxv

　human　xxxv, lxv, 46-47, 99-100
　idea of　241
　practical　85, 88
　theoretical　88
reasoning, historical　xxix-xxxiv, lxxii-lxxv
receptive attitude of pre-critical historian
　　25, 145, 147
reconstruction：
　in history　xiv, lxvi, lxxvii
　of past thought　126
re-enactment, history as　xiv-xv, xix-xx,
　xxv, xxxv-xxxvi, xxxviii, lxii-lxviii,
　lxxii, lxxvii, lxxix, lxxxii, lxxxvi, 211,
　223, 240, 244-245
　又见 re-thinking, history as
Reform Bill of 1832：263
relics, historical　xxviii-xxix, xxx, xxxi,
　xlii, lxx, 14, 62-63, 108, 231
religion　lxx, 11, 21, 36, 138,
　195, 239
　history of　236
　and science　11, 43, 83, 129
Renaissance science　43
Republic　198
res gestae, history of　xviii, xxxiv, 40,
　44, 46-50, 55-56, 76, 78, 82, 94,
　101, 111, 245
research, historical　78, 209, 212-213,
　215, 218, 230
responsibility　lxxiv, 99, 190-191
　of historian　154, 218, 228

re-thinking, history as   224, 228

retrodiction   li, lxxv

Revolution of 1688:   4, 249, 263-264

revolutionary inventions   249

revolutions   4, 73, 96, 103, 111, 249, 264

rewriting of history   165, 218

Rhesus, S. S.   lx

Richelieu, Cardinal   168

Rickert, Heinrich   247

Rignano, Eugenio   225

rightness   209-210, 212, 214-215

Ritter, Harry   lxxiii

Ritter, Joachim   lxxxv

Rolls Series   51

Roman:

  Britain, history of   xiv, xxx, xl, lxxvii, 64, 147-148, 152-153

  Constitution   lxxxvi

  Empire, history of   136, 149-150, 160, 210, 239

  law   236

  monetary system   81

  principate   203

  Republic   217

  roads   156

Romans   67, 153

Rome   lxxvii, 146, 151, 217, 238, 239

Rosalind   126

Rostovtseff, M. I.   210-211

Rubinoff, Lionel   xvi, 122

rules, explanatory role of   lxxii, 181

S

Saari, Heikki   xxxv

Salamanca, battle of   69

Sawah-cultivation   97

scale of forms   lxx, 119, 126

scheme, historical   19, 21

scepticism   7

  historical   34

scholarship:

  historical   214

  textual   xxxi, 51-52

science   3-11, 24, 39, 174, 219, 221, 248-249

  criteriological, 见 criteriology

  ethical   243

  of events   56

  and history   180, 183

  history of   206-208

  of human nature   xlvi, 82, 91-92, 108, 225

  of human thought   82, 87-88

  of the human understanding, 见 understanding, science of the human

  of man   78-79, 82, 84, 236

  of mind   182, 220, 225

  modern   175, 197, 214-215

  of music, 见 music, science of

  naturalistic, 见 naturalistic science

  of nature   79, 252-253

  philosophical   225-226

and philosophy 253

and religion, 见 religion and science

social xix

spirit, 见 spirit, science of

the universal in, 见 the universal in science

又见 pseudo-science; thought, scientific

scientific：

attitude 181

consciousness 168

explanation 179, 181, 183

history, 见 history, scientific

laws 186

method, 见 method, scientific

object, 见 object, scientific

spirit 180

theories 207, 242

thought, 见 thought, scientific

understanding, 见 understanding, scientific

scientists 176, 206, 214-215, 239

consulting 39

modern 242

scissors and paste, history as xviii, xx, xxix, xliv, lvii, 13-21, 24-25, 30-37, 38, 44-45, 48, 66-67, 72-73, 77- 78, 80-81, 102, 106-108, 110, 241, 245

second-order history 239

Second World War lxxxvii

selection, historical lxxvii, 144-145, 226, 229-231

self-knowledge, history as xix-xx, 1, 220, 245

sensation 258

sequence 207

chronological 121

historical xliii-xliv, lxxii, 142, 171, 184-186, 216

logical 122

temporal 122, 130

Seton, Ernest Thompson 47

Severus, emperor xxx

Shakespeare, William 126, 154

similarity, idea of 238

Simissen, Herman xxxvi

Simpson, Gerald xxx, lviii

Simpson, Grace xxx, lviii

sites, archaeological 65

prehistoric 65-66

situations, historical xxxvi, xlviii, xlix, lxvi, lxxvii, 50-51, 95-96, 99, 247

as thoughts xlviii, 99-100, 223-224

Skagestad, Peter lxvi

Smith, Adam 243

smoking, habit of 194

Smuts, Jan Christiaan 119

society：

historical/scientific 246

human 269

sociology xlvi, 180-181

又见 science, social

Socrates 29, 48, 173, 178
Soerabaja (Surabaya) lviii, lx
Sordomute 90
sources, historical xxix, xxxiii, 14, 25, 32-33, 45, 66, 73, 136, 145-146, 14, 153-155, 265
 archaeological 75
 as evidence 35
 interpretation of 154
 meaning of 15
 unwritten lxxi, 14, 16
 written and unwritten xxix, 32-33, 38, 148-149
space and time 123, 169, 254, 263, 265, 267-268, 270
 localization in lxxxiii, 5, 137, 262
species:
 fixed 196
 human 197
Spencer, Herbert 124
Spengler, Oswald xl, xliv, 19, 175, 234
Sphinx, riddle of the 172
Spinoza, Benedict de lxxxv, 60, 122
spirit lxxxiii, 124-125, 226, 269
 historical 155-156, 167
 history of 126, 130
 and nature, 见 nature and spirit
 and its past 130
 science of 252
 scientific, 见 scientific spirit

statements 31-33, 45, 66, 73, 143-150, 153-155, 157, 159-161
 as evidence 30-31, 36, 38
 ready-made 30-33, 54, 66, 73, 148
statistical:
 investigation 86
 laws 202
Steed, H. Wickam 58
Strachey, Lytton 72
Stubbs, William 212
Stubbs Historical Society 209
subject and object, relation between xix, 39, 169
subjectivism 265
subject-matter:
 of history iv, xxv, xxx, xxxiv-xli, xliv, xlviii, l, li, lxv, lxxv, 35, 45, 70-71, 109, 210, 212-213, 215, 239, 241, 251
 action as, 见 action as subject-matter of history;
 emotion as, 见 emotion as subject-matter of history;
 events as, 见 events as subject-matter of history
 of philosophy 167
success and failure xxxvi, xlix, 39, 44, 75, 83-84, 99
Suetonius Paulinus 152-153
Sulla 203
superstition 13, 46, 60, 89, 97-98,

100, 129, 195
sympathy xxxix, 70-71, 77
Syracuse, siege of 97

T

Tacitus 25, 145, 152
tactics, military 243-244
Taylor, D. S. xiv, xvi, xvii, xxv, xxviii, 140
teleology lxxxv, 215
 又见 process, teleological
Temperley, H. lvii
testimony xiv, xviii, xxviii, xliv, lii, 12-13, 15, 17, 21-22, 34-37, 40, 75, 146, 153, 245
 又见 evidence versus testimony
Thames lxxxvi, 148, 264
Theodosian Code lxvi
theology 11, 83-84, 167, 266-267
 Greek 267
theory of:
 history xxiii, 107, 109, 149, 168, 224
 common-sense 143, 145-146, 149, 151, 153-154, 156-158, 160
 nature 254
 又见 reason, theoretical; scientific theories
thought:
 abstraction of, 见 abstraction of thought
 act of 223-224
 and action xxxvii, 68, 94

compulsion of, 见 compulsion of thought
contemporary 242
as criteriological, 见 criteriology
development of, 见 development of thought
and emotions, 见 emotion, relation to thought
and experience 133-134, 137
as expressed in action xiv, 48-50, 55, 60, 62, 70, 76-77, 82, 93-94, 104, 108, 217
as expressed in language 49-50, 55, 66
and feelings 93
as free from the domination of natural science 101, 109
Greek 173-174, 177-179
historical xxv, xxxi-xxxiii, 9, 51-53, 78, 93, 101, 106-108, 110-112, 114, 126, 136, 143-144, 146, 150-151, 157-158, 165-169, 178-181, 189, 211, 213-215, 223-224, 231, 235, 264
in relation to scientific thought 180
in history xiv, 40, 66-67, 77, 96, 109, 228
history as the history of 67, 77, 92, 98, 100, 223, 244
history of 75, 130, 206
thought (cont.):
 history of political, and political history 69

Jewish 236-237

modern 174, 177, 213

nature of lxxvii, 188, 223-224

about nature, 见 nature, thought about

necessary 266

object of 223-224, 266

ordinary 143

as being public 134

rational and irrational xxxv-xxxvii

  in relation to nature in Hegel 104, 109

science of human, 见 science of human thought; naturalistic science of human reason and thought

scientific 30, 36, 123, 162, 169, 175, 178-179, 181-182, 185, 215, 242

in relation to mathematical thought 180

theory of 101

types of 134

validity in 242

Three Blind Mice 90

Thucydides 16, 25, 119, 145, 245

Tiger and Lady xli, 57

Timaeus 59

time 132, 200, 203

  accumulation in 131

  clock- 199

  and existence 129

  geological 125

  and history xli, 55, 125, 199-200, 222, 244

  in nature 58-61

  in nature and history lxx, lxxiv, 56, 125

  velocity of 125

  又见 events as temporally located; mind as being in time; order, temporal; process, temporal; pseudotime; sequence, temporal

timefulness xli, lxxiv, 56, 58-60, 244

The Times Literary Supplement xiii

Tower of London 154

Toynbee, Arnold lxvii, 19

traces 111, 140

tradition 131, 143, 149, 222, 236

  cultural 193

  historical 222

Trafalgar, battle of 228

travelling 93

truth 209-210, 213, 242, 244

  historical 158, 160, 163-164, 166

U

understanding 172-174, 178, 182-187, 246

  aesthetic 53

  of emotions lxvii-lxviii

  historical xviii-xix, lxvi-lxvii, lxxiii, 141-142, 184-187, 189, 212, 228; as critical lxviii

  of language xx, xxxii, 54

  philosophical 224

science of the human 225

scientific 181, 184-187, 189

  in terms of generalities lxxiii

unique, the, in history 162

universal, the 186, 221

  in philosophy 114

  in relation to the individual in Hegel 128

  in science 162, 169, 186

universal history 20

universities 57

V

value:

  amusement 21, 37, 73

  gossip xxxix, 70, 73, 75, 77

  historical 73

  magical 21, 37, 73

  scales of 218

  snobbery 73, 75

  又见 fact as value-constituted

value judgement 209

  in history xlvii, lxxv-lxxvi, 214-218

  又见 importance, judgements of; moral judgements in history

van der Dussen, W. J. xvii, xviii, xxi, xxv, xxviii, xxxiii, xxxviii, lv, lvii, lviii, lix, lxxxiv

verification 234

vérité de raison and *vérité de fait* 220-221

Vespasian 140

Vico, Giambattista lxxix, 15, 19

Villeneuve, Pierre Charles de 228

Völkerpsychologie 180

W

Wales, kings of 216

war lxxiv, 4-5, 73, 96, 176, 194, 211, 249

  in 1914: 210

Waterfield, R. 198

Waterloo, battle of xlviii

weighing 89, 108

Weingartner, R. H. lxxiii

Wellington, duke of xlviii, 68-69

Wellsian time machine 7

Wessex 63

Westland and Eastland peoples, 见 Eastlanders and Westlanders

Whitehead, A. N. xli, lxxxv-lxxxvi, 58-59, 61, 119, 170, 204-206, 221, 245, 247, 252, 255, 262-265, 269

Wilcox, Ella Wheeler 218

William, duke of Normandy lxxvii, 223-224

witness 25, 81, 147-148, 153

  cross-examining of 14, 147, 153

Wittgenstein, Ludwig xxi

Wolf, F. A. 15

Wolfe, James 68

Wright, R. P. xiv

Y

Yogyakarta lx
Yorkshire 74-75

Z

Zeno 230
Zola, Emile 161

译后记

  1938年初,柯林武德遭受多次中风,他意识到自己将不久于人世,在病重的情况下开始撰写思想《自传》,以此整理尚未发表的东西。对于终生用笔思考的人来说,柯林武德非常坚定地认为:"任何疾病都不会妨碍我思想和写作的能力,也不会妨碍我思想和写作的质量。当我感到不适,写下一些哲学断想就是我唯一能做的事,停笔之前我会忘了所有病痛。"①然而,长时间的过度工作只会加重病情。

  写完《自传》之后,柯林武德暂时离开讲台,从英格兰的默西河出发,前往荷属东印度航行,借此恢复日渐恶化的病情。② 在旅行期间,从1938年10月24日至11月13日,柯林武德在阿尔克诺俄斯(Alcinous)号轮船上完成了《形而上学论》(起初命名为《形而上学导论》)一书的初稿,尝试总结自《哲学方法论》之后开始思考的形而上学问题,而且其文体像《自传》一样,保持着激昂的战斗精神。当时牛津大学的分析哲学运动青年健将艾耶尔在《语言、真理与逻辑》(1936)一书中声称"形而上学"都是一些无意义的问题,柯林武德作为牛津大学温弗莱特形而上学讲座教授,深感要进行有力的回击,他在文中激烈地抨击了牛津实在论者解决人类文明问题的无能,重申了形而上学对于欧洲文明的重要性。

  1939年2月9日,柯林武德开始写作《史学原理》一书,并草拟了

---

① 柯林武德:《柯林武德自传》,陈静译,北京大学出版社,2005年,第110页。
② Fred Inglis, *History Man: The Life of R. G. Collingwood*, Princeton University Press, 2010, pp. 247-287.

写作大纲,虽说他生前只完成了写作大纲第一部分的前三章,但他写给考古学朋友辛普森(F. G. Simpson)的信件中明确表示此书是他的毕生之作,"我已经在爪哇写了4万字,这是一本我一生都在准备的书。假如能够完成,我也就没有遗憾了"。① 然而,遗憾的是,随着欧洲局势的突变,柯林武德转向了更为紧迫的《新利维坦》一书的写作,以此总结他在道德哲学领域的思索。

1939年9月1日,德国突袭波兰,拉开了第二次世界大战的序幕。其实早在1938年,柯林武德在《自传》中就意识到这一天将要到来。在他看来,第一次世界大战爆发是因为局势失去了控制,最终签订和平条约也只是因为一方打不动了,而不是局势得到了控制。战争爆发的根本原因在于"现代欧洲精神在控制物体和物力方面取得了全面的胜利,面对人类存在和人的精神,却表现得无能为力"。② 战争是自然科学的空前胜利,但自然科学的力量正在把欧洲变成野蛮之地,这无疑是人类理性的空前耻辱。

作为职业的思想家,从一战之后,柯林武德用了近20年时间来思考如何建立一门人文科学,希冀从中学到处理人类事务的技巧,这就是狭义的历史哲学("历史学的知识论")所要解决的问题。作为现实的行动者,柯林武德同样意识到自己要战斗起来,不仅要与自己的身体疾病做斗争,而且要与欧洲的心灵疾病做斗争!同样从一战之后,柯林武德就在思考道德哲学的问题,这也就是广义的历史哲学("历史的形而上学")所要解决的问题,与实在论者的战斗就意味着反对他们所认为的道德哲学只是纯粹理论的科学,而与人类的实际行动本身毫无关系。在柯林武德看来,知识论与形而上学并不矛盾,"哲学家就其思考历史的主体方面而言,就是一个认识论学家,就其思考历史的客体方面而言,就是一个形而上学家;但是这种说法,由于

---

① Letter from R. G. Collingwood to F. G. Simpson, Easter Monday 1939, 转引自 W. J. van der Dussen, *History as a Science: The Philosophy of R. G. Collingwood*, Martinus Nijhoff, 1981, pp. 443-444.
② 柯林武德:《柯林武德自传》,第86—87页。

提示他的工作的认识论部分和形而上学部分是可以分别对待的,将是危险的,而且它也会是一个错误。哲学不能把认识过程的研究和被认识的事物的研究分别开来"。① 努力重建历史学与哲学的融通关系,也就意味着致力于理论与实践的融通,反对那种科学玩具似的哲学,而认同作为武器的哲学。柯林武德用生命书写的最后一部著作——《新利维坦》(1942年1月16日)——无疑是那个时代的一把利剑,直刺欧洲野蛮主义的心脏。

几乎是在完成《新利维坦》写作的同时,柯林武德再次被中风彻底击倒了,左侧身体瘫痪,只能坐在轮椅上。在其要求下,他与妻子在德国空袭伦敦而造成交通不便的情形下,极为艰难地从牛津返回到他父亲生前在康尼斯顿(Coniston)的居所。1943年1月9日,在二战的炮火声中,柯林武德悄然离世,安葬于他父亲的身边,享年53岁。

柯林武德的生命画上了悲痛的句号,但他给此后的欧洲乃至整个世界留下了崇高的思想遗产。1939年10月18日和19日,柯林武德在写给牛津大学出版社的信件中提到了他规划的出版计划,打算把以前发表的一些著作编成一套系统的文集。

这套文集分成三类:"哲学论集""哲学的原理"和"观念史研究"。第一类"哲学论集",包括《哲学方法论》和《形而上学论》;第二类"哲学的原理",包括《艺术原理》和《史学原理》;第三类"观念史研究",包括《自然的观念》和《历史的观念》。显然,柯林武德生前只出版了这一计划的二分之一,剩下二分之一的出版则由他的继承者所承担。由于各种原因和时代命运使然,他的毕生之作《史学原理》的手稿却被掩藏了半个多世纪,1999年才由德雷和杜森编辑出版。假如柯林武德没有英年早逝,假如没有爆发两次世界大战,假如……《史学原理》是不是今天这个样子?英美的史学理论界还是不是今天这个样子?只可惜历史并没有假如。

---

① 柯林武德:《历史的观念》(增补版),何兆武、张文杰、陈新译,北京大学出版社,2010年,第5页。

一

柯林武德去世后,手稿交由他的学生诺克斯来编辑出版。《自然的观念》这份手稿并未做多少编辑就出版了,但是,《历史的观念》则做了大量的增补工作。诺克斯并未按照柯林武德的意愿来编辑出版《史学原理》,他给出的理由是健康原因导致柯林武德未能完成原有的写作计划,单独出版显然是不成熟的。诺克斯只是将《史学原理》书稿中的"证据"和"自由"这两篇的内容编入了《历史的观念》,并增补了柯林武德就任温弗莱特形而上学哲学教授的就职演讲("历史的想象")和提交给英国国家学术院的讲稿("人性和人类历史"),连同柯林武德1936年写作的三篇"形而上学后论",共同构成了《历史的观念》一书的"后论"部分。

诺克斯爵士作为英国的黑格尔研究专家,显然把柯林武德塑造成了一位新黑格尔主义者。众所周知,黑格尔早在《世界历史的哲学》一书中就曾提出"一切历史都是思想史"的命题,由此,世界历史就是自由的精神(思想)从东方向西方发展的历史。在此意义上,《历史的观念》同样可以被看作是一部"普世史",世界史学的发展过程,从希腊罗马开始,随后经历基督教的洗礼和文艺复兴以来的辩证发展,最终在现代西欧社会中壮大和成熟。

只不过,柯林武德并没有像黑格尔思考历史过程那样,将东方世界作为"科学历史学"的开端,而是将开端聚焦在地中海地区的欧洲史学,没有触及印度和中国这样更远的东方史学。在柯林武德看来,美索不达米亚的近东地区的神权历史学和神话只是一种"准历史学",真正的科学历史学是由公元前5世纪的希腊历史学家希罗多德所创立的。此外,基于"历史"一词的二重性含义,黑格尔的历史哲学聚焦在"历史客体"的过程上,常被称为思辨的历史哲学或历史的形而上学,而柯林武德的历史哲学则集中在"历史主体"的思维上,常被称为批判的历史哲学或历史学的知识论。柯林武德的历史哲学之"新",就新在他提出

译后记

了"一切历史学都是思想的历史学"这一论题。

从黑格尔的"世界历史的哲学演讲录"(1822)到柯林武德的"历史的观念演讲录"(1936)的一百多年间,恰好是欧洲职业历史学蓬勃发展的一个世纪。欧洲人擅长逻辑地思想,然而历史地思想,则是欧洲近代的最新发明。历史学对于整个知识体系来说,到底意味着什么?不仅历史学家从史学实践的层面来归纳和总结历史学的理论和方法,如德罗伊森的《历史知识理论》(1868)、伯伦汉的《史学方法论》(1889)和朗格诺瓦、瑟诺博斯的《历史研究导论》(1898),而且,几乎与此同时,哲学家也开始从逻辑和概念的层面来介入"历史知识何以可能"这一话题,就像康德对16世纪发展起来的自然科学的前提和条件进行"纯粹理性批判"一样,新康德主义者也试图对19世纪发展起来的历史科学的前提和条件进行"历史理性批判",如布莱德雷的《批判历史学的前提假设》(1874)、狄尔泰的《精神科学导论》(1883)、李凯尔特的《自然科学概念形成的界限》)(1896—1902)。肩负历史学家和哲学家的双重身份,柯林武德无疑继承和发展了这一思想遗产。

随着战后柯林武德研究社群的扩展,特别是1978年,柯林武德的女儿特蕾莎·斯密斯(Teresa Smith)女士把柯林武德去世时留下的4000页左右的手稿存放在牛津大学的博德利图书馆,供读者查阅,新材料的发现就促成了柯林武德研究的又一个高潮。荷兰学者杜森利用未刊手稿比对和评价了诺克斯版《历史的观念》的得失,重新增补了柯林武德在1926年、1927年和1928年的历史哲学讲稿,于1993年出版了杜森版《历史的观念》,使得原先混杂的版本变得清晰起来。1995年,《史学原理》的手稿也失而复得,沉睡半个多世纪的《史学原理》于1999年编辑出版,德雷和杜森为此撰写了长篇导言详细介绍了《史学原理》的内容,并增补了柯林武德1933年至1939年的历史哲学论文和笔记。由此,这两本著作的重新修订出版,为我们进一步探究柯林武德的历史哲学思想打下了坚实的文献基础。

《历史的观念》所增补的三篇历史哲学手稿,充分展现了柯林武德的新康德主义面向,特别是在《历史哲学纲要》(1928)一文中,出于对康德批判哲学的敬意,柯林武德分别以质、量、关系和模态四个范畴来探究历史学的知识论问题。在这里,柯林武德首次提出了历史的观念性学说:"一切历史学都是思想的历史学。"与此同时,我们也能看到,柯林武德对历史学的知识论的探讨,并没有像分析的历史哲学家那样,割裂和拒斥历史的形而上学问题。"如果一个法则确实是逻辑法则,也就是说,是一个具有有效性的思想法则,而不仅仅是一个心理法则,那它必定也是一个形而上学的法则,从这个意义上来说,逻辑和形而上学便是相同的;……因为这个原因,如果把历史哲学简单地称为历史方法的科学、历史的方法论,那就会是一种误解。它既是历史思想的方法论,又是历史实在的形而上学,只有主观方面和客观方面合在一起,它才是一门令人满意的科学。"①在 1936 年写作的《历史哲学》(《历史的观念》导论)一文中,柯林武德重申了这一观点,并将历史哲学区分为狭义的历史哲学和广义的历史哲学,前者是对历史学何以可能的探讨,后者则是从历史观点所构思的一套完整的哲学。在柯林武德看来,从康德到黑格尔,也许只是一步之遥。《史学原理》与《历史的观念》,也应该是一个连续的统一体。

二

关于《史学原理》这部大书,柯林武德计划写作的主题包括三个部分:"(1)单独说明历史学作为一门特殊科学最明显的特征;(2)历史学与其他科学之间的关系;(3)作为思想的历史与现实生活的关系。依次为本书的第 I、II、III 部分。"就第一部分而言,柯林武德计划写作的主题包括四个章节:"I.1. 陈述并阐明证据的概念。这与证词的概念和剪刀加浆糊的历史学的含义形成对照。I.2. 陈述并阐明行动(活动事迹)的概念。这与过程或变化的概念以及伪历史的含义形成对照。I.3. 重演的概念。这与死去的过去和完全性的概念形成对照。I.4. 历

---

① 柯林武德:《历史的观念》(增补版),第 422 页。

史学作为心灵的自我认识。排除其他心灵科学。"①

令人惋惜的是,柯林武德生前只完成了第一部分前两章节的写作。如果我们对勘柯林武德在《历史的观念》的导论中关于"历史学的性质、对象、方法和价值"的讨论,我们或许可以补充和重构《史学原理》的丰富内涵。关于《史学原理》的整个构思,我们可以说,一部分源自他的考古学经验,另一部分来自他的哲学反思。在这个意义上,柯林武德在导论中总结的历史学的四个准入性条件和标准,也可以看作是他的史学原理:一位优秀的历史学家所应该具有的一种思维框架和认知结构。

(1)历史学的性质:"历史学是一种研究(research)或探讨(inquiry)。"②我们知道,在西方的史学思想传统中,从古希腊开始,historia这个词就是"探究"和"研究"的意思,也就预示着历史学在原初的时刻就等同于一门科学。我们还知道,science这个词在英语世界,往往就是指自然科学,或者说精确科学或实验科学。历史学要想成为一门科学,往往也就是依照这个自然科学的标准来构思的科学,比如说实证主义史学。但是,这恰恰是柯林武德所要加以反驳的史学观念,他认为历史科学与自然科学有其同一的地方,也同样存在着很大的差异。柯林武德认为历史学是一门科学,是认为历史学是一门有组织的系统科学,德语世界的Wissenshaft这个词或许能够更好地表达历史学这门科学的性质。

柯林武德还进一步指出,历史学作为一门科学,"就是提出问题并试图做出答案所依靠的那种思想形式"。③ 首先,这正是柯林武德在考古学经验的基础上所提出的"问答逻辑",不同于自然科学意义上的"命题逻辑"。其次,这也跟柯林武德强调史学的"认识论转向"有关,历史认知主体的心灵或大脑不是一面物理学意义上的镜子,不可能客

---

① 参见"《史学原理》的写作计划",本书第234页。
② 柯林武德:《历史的观念》(增补版),第10页。
③ 同上。

观地映射历史认知的客体,但这并非一种历史怀疑主义,主体性并非一定导致主观性,因为当历史认识的主体从被动语态转到了主动语态,反而能够更好地解决历史研究过程中所面对的实际问题:历史学家不断地重写历史。

由此可见,历史学家研究自己所提出的问题,而不是研究客观存在的年代,真正的历史知识要从提问开始,然后通过过去遗留下的证据做出回答。可是,我们也看到,在实证主义历史学家看来,历史学应从收集材料开始,等把材料收集完之后,再进行研究。柯林武德则认为,我们在收集材料的那一刻起,已经隐含地提出了自己的问题,可能在一开始,我们对自己的问题是自发的,我们对自己的问题还不够自觉,但我们并不是漫无目的地找材料,而是带着某种意图来找材料的,任何意义上"竭泽而渔"式的材料收集都隐含着认知主体所设定的"认知框架"。再者,关于"问答逻辑",我们还可以追溯到古希腊的苏格拉底那里,苏格拉底常常称自己是一位"灵魂助产士",他习惯到热闹的雅典广场上发表演说和与人辩论,其方式就是不断地提问,不断地追问问题的前提和条件,最后逼出那个最后的答案:"认识你自己"。

关于"历史学的性质"这个话题,可以对应《史学原理》第二部分的计划。这个话题可谓是贯穿柯林武德整个历史哲学的一条主线。柯林武德是从历史思维的层面来加以论证的,某种意义上跟新康德主义的立场也是一致的,他倾向于认为历史学是一门不同于自然科学的人文科学。此外,柯林武德之所以将他的历史哲学命名为"史学原理",某种意义上有着与罗素的《数学原理》争胜的意味。"II.1.历史学与自然科学。A.它们之间的区别是不可化约的:A1.历史学不能化约为自然科学;A2.自然科学不应化约为历史学。B.它们之间的关系:任何一门自然科学都是一项历史性的成就:它依赖于'事实'和'原则',即某人观察到某个事物并以某种方式对其进行思考的历史事实。"①

(2)历史学的对象:"*res gestae*[活动事迹]:即人类在过去的所作

---

① 参见"《史学原理》的写作计划",本书第235页。

所为","历史学是关于 res gestae[活动事迹]的科学,即企图回答人类在过去的所作所为的问题"。①

关于"历史学的对象"这个主题,恰好可以对应《史学原理》第一部分的第二章节的计划。在实际的写作中,柯林武德用了"行动"和"自然与行动"两个章节的内容来刻画历史学的研究对象。这里有着丰富的内涵需要阐释,柯林武德并没有称历史学的研究对象是过去的事件,而是要研究人们在过去的所作所为,这也是他认为历史学不同于自然科学的地方。自然科学意义上的"事件",总是从一个外在的观察者的角度去观看这个事件,而历史学意义上的"行动",则多了一层内在的思想层面,也就是"意向性"的内涵,也就需要有一个重演和理解的维度在里面,而不只是外在的观察和因果解释。

此外,柯林武德还先天地规定行动是"人类"在过去所做的行为,规定也即否定,由此也就否定了"神"的所作所为,也否定了生物学意义上的"动物"的所作所为。基于"人类"的行动总是朝向某种目的而做出的行为,这里的行动是一个理性的历史行动者所做出的行为,从这个定义,我们也可以看出,柯林武德先天地规定了历史学是人文主义和理性主义的。柯林武德在"自然与行动"这一章节特别讨论了黑格尔在《历史哲学》中所涉及的自由问题,但却是在"历史思维"的自律性的论证过程中来推论出人类的理性活动是一项自由的事业。我们可以再次看到,他所说的历史学的知识论与历史的形而上学之间的同一性。"(a)历史思想不受自然科学的支配,并且是一门自律的科学;(b)理性行动不受大自然的支配,而是以它自己的设计和自己的方式建立自己的人类事务、活动事迹的世界;(c)这两个命题之间存在密切的关联。"②

(3)历史学的方法:"历史学是通过对证据的解释而进行的:证据在这里是那些个别的就叫做文献的东西的总称;""历史学的程序或方

---

① 柯林武德:《历史的观念》(增补版),第10页。
② 参见本书第三章第五节"自由",第98页。

法根本上就在于解释证据。"①

关于"历史学的方法",正好可以对应《史学原理》第一部分第一章节的内容(这一章节被诺克斯编入《历史的观念》的"后论")。我们知道,职业历史学家对史学方法进行过很多的经验性的归纳和总结,一般而言,历史学的方法无非就是收集文献和考证文献,进而得出历史事实,最后再归纳概括出历史的规律。

但是,柯林武德在"证据"这一章节中曾戏称实证主义史学方法有可能流弊为"剪刀加浆糊的历史学"或"鸽子笼式的历史学",其主要原因就在于缺乏"历史思维"的自律性。在柯林武德看来,既然历史学是一门问答科学,问题与证据总是相互关联的。过去所遗留下来的所有痕迹(trace),不仅是书面的,而且还包括非书面的考古遗迹,都可以成为证明某一问题的潜在证据。就像科学家不断地质问大自然一样,历史学家要不断地质问任何上手的史料,将其转化成历史推论的现实证据。

在这个意义上,历史学家并不是要复原过去的本来面目,而是从上手的历史证据中回答历史学家心中所设定的问题。在柯林武德看来,过去并不是客观存在在那里,等待着我们去发现的历史实在;就好像我们去某一个地方那样,我们可以像观察沿途的风景那样去发现过去,由此而言,历史实在论不过是一种历史时间"空间化"的隐喻表达。一旦我们意识到时间的"空间化"是一种隐喻性的表达,我们转而就能理解过去只是我们通过过去在当下的痕迹而建构出来的过去,而且,这种建构的过去是一种开放的过去,能够给未来的重新建构提供某种自由的空间。

我们这里可以借用美国逻辑实用主义者蒯因的一句话,过去只是我们的"本体论承诺",比如说,如果我们去追问华盛顿是否存在这样的本体论问题,我们并不能先天地假定华盛顿是存在的,然后再去收集相关的历史材料去证明华盛顿的存在性,而是通过将我们上手的历史

---

① 柯林武德:《历史的观念》(增补版),第11页。

材料转换为证明华盛顿存在的证据,当现有的证据能够否定关于华盛顿不存在的疑问,或者证明华盛顿不存在的概率是零,也就迫使我们不得不暂且相信华盛顿是存在的,华盛顿的存在状态只是我们的本体论承诺而已。

由此,这也启示我们,历史学家应该具有这样一种美德,即敢于承认历史的"不完全性",历史知识往往就是上手证据迫使我们不得不相信的"信念之网"。换言之,历史学家不能基于一种虚妄的"上帝之眼"来欺骗读者说自己能够复原所谓的历史的本来面目,或者以"历史代言人"自居。由此,历史知识才会随着时代和问题的不断变化,而不断地获得重写,就像我们对未来的期待那样,我们应该对过去同样有一种开放的态度。

(4)历史学的价值:"历史学是'为了'人类的自我认识。""认识你自己就意味着,首先,认识成其为一个人的是什么;第二,认识成为你那种人的是什么;第三,认识成为你这个人而不是别的人的是什么。"①

关于"历史学到底有什么用"这个问题,可以对应《史学原理》第一部分第四章节的计划。柯林武德认为历史学是作为心灵的自我认识。在这里,历史学的价值既不是"资政",也不是"育人",但似乎又在逻辑上隐含着历史学既可以"资政",又可以"育人"。这一观点看起来有点唯心论,乃至唯我论的色彩。实际上,柯林武德提到了历史学作为自我认识相互依存的三个层次。第一个是作为一般的人,第二个是作为特殊的人,第三个是作为个体的人。从第三个层次来看,柯林武德已经改造了古希腊的这个"认识你自己",在其中加入了历史性的维度。我们知道,古希腊哲人所谓的"认识你自己",往往是认识永恒的自我,这个自我的同一性是不变的,具有实质主义的陷阱,而柯林武德认为的"自我"是不断变化的和不断创造的历史人。既然自我是不断生成和变化的,过去的自我与现在的自我、未来的自我就存在着某种差异性,在这个意义上,我们可以说过去就是一个他者,只有通过当前的自我与过去

---

① 柯林武德:《历史的观念》(增补版),第11页。

的他者进行比较和对照,我们才能真正的认识我们自己是谁。如果没有过去或他者这个维度,可能就没有所谓的自我了。而且,从第一个层次来看,过去的自我与现在的自我、未来的自我也具有某种同一性,这也就是说,过去的自我与现在的自我、未来的自我之间存在着某种连续性,只有在自我与他者之间存在着某种可通约性,我们才能得出普通的或一般的人。但这个一般的人不是无差别的人,而是有差别的人,也就是历史的人。有差别,才意味着变化,意味着发展或进步的可能性,但这种差别又是可通约的差别,而不是绝对的差别,因为绝对的差别意味着没有变化。在这里,我们可以看到,历史总是一与多的统一体,变与不变的统一体,继承与创新的统一体。绝对的变不是历史,就像赫拉克利特所说的"万物皆流",绝对的不变也同样不是历史,就像芝诺所论证的"飞矢不动"。换言之,中文世界中的"沿革"或"损益"这些语词恰好能够表达历史的本质内涵,"沿"就是延续,"革"就是变革,历史既有沿续的层面,也有革新的层面。

此外,关于"历史学的价值"这个问题,也应该对应于《史学原理》第三部分的计划。柯林武德提出在这个部分要讨论历史思想与现实生活之间的关系。"这里的主要观点是,历史学是对理论和实践之间的传统区别的否定。这种区别取决于——作为我们知识的典型事例——对自然的沉思,在那里,对象是预先设定的。而在历史学这里,对象是构造出来的,因此,它根本不是对象。如果历史是精心构造出来的,那么就应该很容易地理解某个历史道德和某个历史文明的特征,与我们的'科学'道德和'科学'文明形成鲜明对照。……一种科学的道德将从人的本性是一种需要征服或服从的东西这一观点出发:一种历史的道德将否认存在这样的东西,并将我们是什么转化为我们做了什么。"[①]由此,从历史性的角度出发,"是什么"就等于"做了什么"。这句话同样可以在维柯"真理等同于创造"的意义上来理解,"认识你自己就意味着认识你能做什么;而且既然没有谁在尝试之前就知道他能

---

① 参见"《史学原理》的写作计划",本书第 235 页。

做什么,所以人能做什么的唯一线索就是人已经做过什么。因而历史学的价值就在于,它告诉我们人已经做过什么,因此就告诉我们人是什么"。①

总而言之,虽然柯林武德生前未能完成《史学原理》这部大书,但借助于柯林武德整体著述中的思想网络,我们仍然能够重演和重构这部大书的关键内涵。就如大卫·布彻在《柯林武德的社会和政治思想》一书中所示:柯林武德的历史哲学体系有长期的规划和短期的规划之分。短期的规划就是从早期的"历史哲学讲稿"(1926)到《史学原理》(1939),长期的规划则是从早期的"道德哲学讲稿"(1921)到《新利维坦》(1942)。在这个长期的规划中,布彻认为柯林武德的"重演论"在理论理性上的困境将会在实践理性的层面得到解决。"理论与实践的亲缘总是浓缩到历史学与哲学的关联,事实上,对于柯林武德来说,历史学提供了一把克服理论与实践相分离的钥匙。"②由此可见,柯林武德的《史学原理》不仅是一部"历史理性批判",而且是一部"道德理性批判"。《史学原理》第三部分的规划将在《新利维坦》中得到实现。

三

"星转物移"(Eppur si Muove),柯林武德在《史学原理》中曾经引用了伽利略的这句名言,以此来阐述他的历史主义思想,他同样在《自传》中多次提到,他关于历史学的理解和看法并不是一个终极的观点,而只是一个阶段性的"中期报告"。由此,我们可以说,柯林武德终其一生都在历史哲学的层面反思和批判西方历史思想中的实质主义和自然主义传统,从而倡导一种彻底的人文主义和历史主义思想,为后世留

---

① 柯林武德:《历史的观念》,第 11 页。
② David Boucher, *The Social and Political Thought of R. G. Collingwood*, Cambridge University Press, 1989, p. 51.

下了重新思考"历史学是什么"的史学理论遗产。

尽管说柯林武德念兹在兹的情怀是试图教会欧洲人如何历史地思想,但他论说历史理性的方式无疑又属于西方的逻辑理性传统。在某种意义上,这就像维柯的《新科学》也是在倡导一种历史主义的思想,但他论说的方式总是带有逻辑理性的鲜明印迹。换句话说,这或许就是西方学者思考史学理论问题的一大特点。

从发展的眼光来看,柯林武德的"史学原理"是基于他自身的历史经验所概括和总结出来的,或者说是基于19世纪以来欧洲历史学的发展而总结出来的一套史学理论,所以说,他的这部《史学原理》也并非放之四海而皆准,推之百世而不悖。总体而言,他关于历史学的性质、对象、方法和价值的观点,属于典型的西欧现代主义风格,他关于"科学历史学"的论述具有显著的人文主义和理性主义的色彩,随着20世纪70年代以来后现代主义历史哲学的兴起,人们关于历史学的性质、对象、方法和价值的看法也发生了天翻地覆的变化。如果说柯林武德的历史哲学主要强调历史学中的理性主义,那么后现代主义历史哲学则要凸显历史学中的非理性主义。

这里值得一提的是,根据地质学家的研究,地球现在处于"人类世"(The Anthropocene)的新阶段,开始的起点是18世纪的工业革命,人类逐渐在自然世界处于主导地位。这个概念引发了很多人文学者的讨论,即对人类中心主义进行的反思,后人文主义(Posthumanism)也就成为人们广泛使用的一个新术语,而在后人文主义语境下兴起的情感史、动物史这样的史学实践,无疑也在挑战着柯林武德的"史学原理"。

进一步而言,在柯林武德试图将他构造的"史学原理"与具体时空的历史学的发展结合起来,并将其开端定位在了希腊的希罗多德身上的时候,他所设定的"科学历史学"就自然变成了某种实质,不可避免地带有欧洲中心论的色彩。当今全球史学史的写作和实践告诉我们,柯林武德关于世界史学的论述已不合时宜。

举一个例子来说,在《跨文化比较史学的若干理论分析》一文中,吕森明确提出要避免把西方历史思想的文化传统作为比较的基础,并进一步分析了跨文化比较的理论框架问题。寻找理论框架,首先要找到人类社会的普遍性以及各民族文化传统的最大公约数。

在吕森看来,欧洲近代以来所形成的作为一个学科的历史学并不能充当这样的理想类型或范式,他认为"历史意识"和"文化记忆"可以作为一种人类学意义上的普遍类型。就此而言,柯林武德所构造的"科学历史学"的标准恰好是基于近代欧洲的史学实践和历史观念,由此,在纵向历程上,他就将文字书写之前的文化记忆排斥在历史学的合法讨论之外,在横向范围上,他将欧洲和近东之外的世界也排除在历史学的范围之外,而吕森的理论框架在一定程度上克服了柯林武德设定的标准背后所隐含的欧洲中心论。吕森进一步提出可以从共时性和历史性两个层面来进行跨文化比较,在共时性方面,"应当考虑(a)有关历史叙述之文化实践的类型,(b)历史感知或意义的类型,(c)历史意识的状况,(d)历史意识的内在策略与运用,(e)历史感知的主题(topoi),(f)历史学的表现、媒介、种类及其形式,以及(g)历史定性的不同功能"。在历时性方面,"历史学最好运用一种与人类交往的主导性媒介相关的一般性历史分期。人们或许以区分三个时代开始,它们分别由三种媒介规定:口述性、书写性和'电子性'媒介"。[1] 一方面,吕森基于人类交往的主导性媒介所提出的历史分期突破了"古代—中世纪—近代"的分期模式,适应了互联网和大数据新时代的变化。另一方面,吕森所构造的跨文化比较的类型也吸收了20世纪70年代以来后现代主义历史哲学的最新成果,突破了近代西欧"科学历史学"的藩篱,尽管在某种意义上来说,这个理论框架仍是基于西方的历史经验而总结出来的。

换言之,历史研究的实践永远在路上,人们对于史学实践的理论反思也同样是在通往未来的路上。在此意义上,《史学原理》仍旧是一部

---

[1] Jörn Rüsen, "Some Theoretical Approaches to Intercultural Comparative Historiography", *History and Theory*, Vol. 35, No. 4, Theme Issue 35: Chinese Historiography in Comparative Perspective (Dec., 1996), pp. 5-22.

不断生成和改写的大书。

  本书的翻译，是陈新老师交给我的一项任务。自 2009 年跟随陈师在复旦大学读博士以来，陈师就期望学生都能完成一篇像样的博士论文和翻译一部西方史学理论领域的经典著作。经过几番周转，博士论文最后选定柯林武德的历史哲学为研究对象，期间就曾细致研读过《史学原理》，深刻体会到柯林武德在这个领域的开创性工作。由于博士论文研究的重心是柯林武德早期、1926 年至 1928 年的历史哲学讲稿，当时尚无能力和精力完成翻译的工作。工作之后，陈师把这项工作交付给我，感谢陈师对我的信任和厚望，与此同时，也深感任重而道远。众所周知，20 世纪 80 年代，由何兆武先生和张文杰先生翻译出版柯林武德的《历史的观念》一书，对于我们重新反思历史学是什么这个史学理论问题提供了一个重要的思考空间。虽然说《史学原理》是柯林武德晚年的未竟之作，但此书无疑对于我们全面理解和深入研究柯林武德的史学理论具有重要的价值和意义。

  翻译本书，历时大约四年之久，主要集中两个寒暑假把初稿翻译了出来，深感翻译工作艰辛。书中"证据"这一章内容已被诺克斯编入《历史的观念》，在翻译的过程中，我参考了何兆武先生和张文杰先生的译本以及台湾学者陈明福先生的译本，受益良多，在此特别感谢前辈们的指引。对于柯林武德的文本来说，字词语法的理解倒是其次，难就难在如何准确把握柯林武德文字背后所要表达的思想。柯林武德在写作中娴熟运用逻辑思维和辩证思维，稍不留意，就可能会被他带入他所要反驳的观点之中。诚如柯林武德所言，历史研究总是历史思维所创造的进步过程的"中期报告"，翻译工作也大抵如此，其中的错谬舛误之处，也恳请读者不吝赐教。

  本书的责任编辑李学宜女士对译稿进行了极为认真细致的审阅和校对，并提出了诸多宝贵的修改意见，感谢她所付出的辛勤劳动。上海师范大学人文学院的康凯老师帮助我核对了希腊文与和拉丁文的词语，在此深表谢忱。清华大学历史系彭刚老师、北京师范大学历史学院董立河老师、首都师范大学历史学院岳秀坤老师都对此项翻译寄予很大的期望,衷心感谢他们的鼓励和指点。中山大学历史学系的领导们以及世界史教研室的同事们也关心着翻译工作的进展情况,为我营造了宽松而愉快的学术氛围,让我感激万分。

在本书校对期间和即将付梓之际,犬子元元也静静地来到了这个世界上,给全家带来了莫大的欢乐,也让我体会到了生命的奇妙。每当破译他啼哭的一个意图,就像识别柯氏一段文字背后的思想一样,虽历程艰辛,却收获满满。人生的第一部书,就算是献给妻子和儿子的小小礼物,感谢我们共同经历的生活。

顾晓伟
2020 年 5 月 1 日初稿
2022 年 10 月 28 改订
中山大学康乐园

历史的观念译丛

已出书目

01 德罗伊森:《历史知识理论》(胡昌智译,2006.07)
    Johann Gustav Droysen, *Historik*

02 帕拉雷丝-伯克(编):《新史学:自白与对话》(彭刚译,2006.07)
    Pallares-Burke, ed., *The New History: Confessions and Conversations*

03 李凯尔特:《李凯尔特的历史哲学》(涂纪亮译,2007.05)
    Heinrchi Rickert, *Rickert: Geschichtsphilosophie*

04 哈拉尔德·韦尔策(编):《社会记忆》(白锡堃等译,2007.05)
    Harald Welzer, hg., *Das soziale Gedaechtnis*

05 布克哈特:《世界历史沉思录》(金寿福译,2007.06)
    Jacob Burckhardt, *Weltgeschichtliche Betrachtungen*

06 布莱德雷:《批判历史学的前提假设》(何兆武译,2007.05)
    F.H.Bradley, *The Presuppositions of Critical History*

07 多曼斯卡(编):《邂逅:后现代主义之后的历史哲学》(彭刚译,2007.12)
    Ewa Domanska, *Encounters: Philosophy of History after Postmodernism*

08 沃尔什:《历史哲学导论》(何兆武、张文杰译,2008.10)
    W.H.Walsh, *An Introduction to Philosophy of History*

09 坦纳:《历史人类学导论》(白锡堃译,2008.10)
    Jakob Tanner, *Historische Anthropologie zur Einführung*

10 布罗代尔:《论历史》(刘北成、周立红译,2008.10)
    Fernand Braudel, *Ecrits sur l'histoire I*

11 柯林武德:《历史的观念》(增补版)(何兆武、张文杰、陈新译,2010.01)
    R.G.Collingwood, *The Idea of History: With Lectures 1926-1928*

12 兰克:《历史上的各个时代——兰克史学文选之一》(杨培英译,2010.01)
    Jürn Rüsen & Stefan Jordan eds., Ranke: *Selected Texts*, Vol.1, *Über die Epochen der neueren Geschichte*

13 安克斯密特:《历史表现》(周建漳译,2011.09)
    F.R.Ankersmit, *Historical Representation*

14 曼德尔鲍姆:《历史知识问题》(涂纪亮译,2012.02)
   Maurice Mandelbaum, *The Problem of Historical Knowledge*

15 约尔丹(编):《历史科学基本概念辞典》(孟钟捷译,2012.02)
   Stefan Jordan, hg., *Lexikon Geschichtswissenschaft*

16 卡尔·贝克尔:《人人都是他自己的历史学家》(马万利译,2013.02)
   Carl L. Becker, *Everyman His Own Historian*

17 孔多塞:《人类精神进步史表纲要》(何兆武、何冰译,2013.08)
   Marquis de Condorcet, *Esquisse d'un Tableau Historique des Progrès de l'Esprit Humain*

18 卡尔·贝克尔:《18世纪哲学家的天城》(何兆武译,2013.09)
   Carl L. Becker, *The Heavenly City of the Eighteenth-Century Philosophers*

19 扬·阿斯曼:《文化记忆》
   Jan Assmann, *Das kulturelle Gedaechtnis*

20 洛伦茨:《跨界:历史与哲学之间》
   Chris Lorenz, *Bordercrossings: Explorations between History and Philosophy*

21 阿莱达·阿斯曼:《回忆空间》
   Aleida Assmann, *Erinnerungsräume*

22 利奥波德·冯·兰克:《近代史家批判》
   Leopold von Ranke, *Zur Kritik neuerer Geschichtsschreiber*

23 梅吉尔:《历史知识与历史谬误:当代史学实践导论》
   Allan Megill, *Historical Knowledge, Historical Error: A Contemporary Guide to Practice*

24 柯林武德:《史学原理》
   R. G. Collingwood, *The Principles of History: And Other Writings in Philosophy of History*

待出书目

柯林武德:《柯林武德历史哲学文选》
R. G. Collingwood, *Collingwood: Selected Texts*

吕森:《吕森史学文选》
Jürn Rüsen, *Rüsen: Selected Texts*

德罗伊森:《德罗伊森史学文选》
Johann Gustav Droysen, *Droysen: Selected Texts*

科泽勒克:《科泽勒克文选》
Lucian Hoelscher, hg., *Reinhart Koselleck: Selected Texts*

赫尔德:《赫尔德历史哲学文选》
Herder, *Herder: Selected Texts*

兰克:《世界史的理念:兰克史学文选之二》
Lanke, *Ranke: Selected Texts*

安克斯密特:《安克斯密特历史哲学文选》
Ankersmit, *Ankersmit: Selected Essays*

海登·怀特:《海登·怀特历史哲学文选》
Hayden White, *Hayden White: Selected Essays*

吕森:《历史学:叙事、解释与方向》
Jürn Rüsen, *History: Narration, Interpretation, Orientation*

罗素:《论历史》
Bertrand Russell, *Essays on History*

赫尔德:《人类历史哲学的观念》
Herder, *Ideen zur Philosophie der Geschichte der Menschheit*

特勒尔奇:《历史主义及其问题》
Ernst Troeltsch, *Der Historismus und seine Probleme*

梅尼克:《历史学的理论与哲学》
Meinecke, *Zur Theorie und Philosophie der Geschichte*

耶格尔(编):《历史学:范畴、概念、范式》
Friedrich Jäger, hg., *Geschichte: Ideen, Konzepte, Paradigmen*

布克哈特:《历史断想》
Jacob Burckhardt, *Historische Fragmente*

艾克克·鲁尼亚:《由过去推动:非连续性与历史突变》
Eelco Runia, *Moved by the Past: Discontinuity and Historical Mutation*

阿斯特丽德·埃尔:《文化记忆与集体记忆引论》
Astrid Erll, *Gedachtnis und Erinnerungskulturen Eine Einfuhrung*

尤尼-马蒂·库卡宁:《后叙事主义史学哲学》
Jouni-Matti Kuukkanen, *Postnarrativist Philosophy of Historiography*

尤尼-马蒂·库卡宁:《历史哲学:21世纪的视角》
Jouni-Matti Kuukkanen, *Philosophy of History: Twenty-First-Century Perspectives*

亚历山大·贝维拉夸,弗雷德里克·克拉克:《以过去时思考:历史学家访谈录》
Alexander Bevilacqua, Frederic Clark, *Thinking in the Past Tense: Eight Conversations*

卡勒·皮莱宁:《历史学的工作:建构主义和关于过去的政治》
Kalle Pihlainen, *The Work of History: Constructism and a Politics of the Past*
托波尔斯基:《历史知识的理论与方法论》
Jerzy Topolski, *Theory and Methodology of Historical Knowledge: An Anthology*